Roman Herzog
Jahre der Politik

Roman Herzog

Jahre der Politik
Die Erinnerungen

Siedler Verlag

Bildnachweis
Presse- und Informationsamt der Bundesregierung:
S. 173, 193, 226, 243, 271, 283, 370, 390.
picture-alliance / dpa: S. 129.
Privatarchiv des Autors: S. 184.

Verlagsgruppe Random House FSC-DEU-0100
Das für dieses Buch verwendete FSC-zertifizierte
Papier *EOS* liefert Salzer, St. Pölten.

Erste Auflage

© der deutschsprachigen Ausgabe 2007 by Siedler Verlag, München,
in der Verlagsgruppe Random House GmbH

Umschlaggestaltung: Rothfos + Gabler, Hamburg
Lektorat: Annalisa Viviani, München
Satz: Ditta Ahmadi, Berlin
Reproduktionen: Mega Satz GmbH, Berlin
Druck und Bindung: GGP Media GmbH, Pößneck
Printed in Germany 2007
ISBN 978-3-88680-870-0

www.siedler-verlag.de

Inhalt

Vorwort 9

AUFTAKT
Meine Vorfahren 13
Von der Universität zur Politik 21
Apropos: Sicher ist sicher 33

DIE FRÜHEN ÄMTER
Als Landesbevollmächtigter in Bonn 37
Die Alltagsarbeit einer Landesvertretung 38
Bundesratspolitik 45 Kreuth und die Lehren 56
Apropos: Grenzüberschreitendes Beamtenrecht 62

Kultusminister in Baden-Württemberg 64
Ist-Zustand und neue Zielsetzung 68 Lehrplanarbeit 74
Apropos: Die Liebe des Mannes ... 83

Innenpolitik in Baden-Württemberg 85
Mutlangen 86 Die Stuttgarter Linie 90 Der Eisenfresser 96
Hausbesetzungen 101 Großeinsatz in Freiburg 104
Kommunalpolitik – mal so mal so 106
Apropos: Das SEK und die Mädchen 110

PAUSE VON DER POLITIK
Richter am Bundesverfassungsgericht 115
Das Bundesverfassungsgericht von innen 116 Reflexionen
über politische Gerichtsbarkeit 122 17. Juni 1988 129
Internationale Aufgaben 133
Apropos: Die Kraft der Assoziation 147

DAS BUNDESPRÄSIDENTENAMT

Die Wahl 151
Vorboten einer Kandidatur 151 Die Kandidatur 155
Der Wahltag 159 Der Staatssekretär 163
Apropos: »Alle Jahre wieder ...« 168

In der Außenpolitik 170
Paris 170 Bill Clinton 173 Warschau 174 Die zentraleuropäischen Präsidenten 183 Planungen für die Zukunft 185
Apropos: Mordwaffe Orden 188

Die fünfzigsten Gedenktage 190
Auswahl der Schwerpunkte 190
Auschwitz, 26./27. Januar 1995 192
Dresden, 13. Februar 1995 197
Bergen-Belsen, 27. April 1995 200 Jahrestag des
Endes des Zweiten Weltkriegs, 7./8. Mai 1995 202
Apropos: Margot Hausenstein 207

DAS LAND ERNEUERN

Globalisierung und Regionalisierung 213
Die Weltordnung nach dem Zweiten Weltkrieg 214
Von der Verwaltungs- zur sozialen Marktwirtschaft 216 Öffnung für
die Globalisierung 218 Strategien der Erneuerung 221
Apropos: »Auferstanden aus Ruinen ...« 225

Ansätze interkultureller Politik 228
Der erste Schritt 228 Islam, Fundamentalismus,
Terrorismus 230 Ansätze zu einem interkulturellen Dialog 238
Apropos: Wie ich den Papst vom rechten Weg abbrachte 245

Europa und die Weltpolitik 247
Bündnisse zwischen den Blöcken 248
Auf dem Weg zum Weltstaat? 251 Die Energiefrage 256
Apropos: Am Victoria-See 262

Technik und Innovation 264
Überlebensstrategien 264
Popularisierung der modernen Technik 269
Apropos: Konrad Zuse 273

INHALT

Die Kernfrage: Freiheit und Initiative 275
Der Grund der Unsicherheit 275 Wer steuert das System? 278
Wohin steuert das System? 280 Auf der Suche nach Bindungen 281
Die »Ruck-Rede« 286 Die Sache mit dem Neoliberalismus 289
Apropos: Arbeitslosigkeit im Unternehmerlager 293

Europäische Verfassungspolitik 295
Der Grundrechtskonvent 295
Der europäische Verfassungsentwurf 305
Apropos: Händel, Haydn und die Leitkultur 313

REISEN UND BEGEGNUNGEN

Das »alte« Europa, USA, Osteuropa und Asien 317
Bei den Verbündeten 318 In Osteuropa 333 In Finnland und in
den baltischen Staaten 346 In Mittelasien 347 In Japan 354
Apropos: Die zentralamerikanische Einladung 357

Der Nahe Osten 359
Erste Besuche in Israel 361 Akteure des Oslo-Prozesses 366
Der Staatsbesuch Ezer Weizmans 368
Auf dem Weg zur King-Hussein-Bridge 372
Apropos: Armut und Würde 378

China 379
Li Peng und Jiang Zemin in Deutschland 379
Staatsbesuch in China 384
Apropos: »Pfiat di God, Herr General!« 394

Ausklang 397

Anmerkungen 407 Literaturangaben 410
Biographie 411 Personenregister 414

Vorwort

Lange habe ich mich standhaft geweigert, so etwas wie Memoiren zu schreiben, denn von Lebenserinnerungen, die sich teils wie Familiengeschichten und teils wie Bildungsromane lesen, halte ich nicht viel. Wenn dann noch hinzukommt, dass der Autor viele Jahre lang Ämter ausgeübt hat, die ihn in den interessantesten Fragen zur Vertraulichkeit verpflichten, besteht zudem die Gefahr, dass seine Berichte steril wirken.

Als mich der Siedler Verlag einlud, meine Erinnerungen zu schreiben, habe ich alle diese Argumente noch einmal vorgebracht. Ich sähe, so sagte ich, bisher keine Art von Literatur, in der man all diese Schwierigkeiten überwinden und dabei vielleicht auch noch die eine oder andere komische Erinnerung einflechten könne. Mein Gesprächspartner hat mir im Prinzip Recht gegeben. Dann sagte er aber, er könne sich vorstellen, dass ich anders verfahren könnte, das heißt, über die Probleme schreiben, mit denen ich mich in meinem politischen Leben herumzuschlagen hatte, und das Persönliche darum herum drapieren, soweit es eben zu den Problemen passe.

Das hat mich dann doch gereizt, und das Ergebnis dieses Versuchs liegt hier vor. Die frühen Ämter – Landesbevollmächtigter, Landesminister, Verfassungsrichter – sind eher historisch-chronologisch dargestellt, das ergibt sich aus der Natur der Sache. Die vielfältigen Themen, die ich als Bundespräsident verfolgt habe, werden hingegen zugunsten der Übersichtlichkeit und Verständlichkeit eher systematisch abgehandelt. Zwischen die Kapitel sind kurze Geschichten eingestreut, die dem Leser zeigen sollen, wie viel Menschliches, oft sogar Komisches man auch in hohen Ämtern erleben kann, sofern man Sinn dafür hat.

AUFTAKT

Meine Vorfahren

Wahrscheinlich hat mich das Milieu, aus dem ich stamme, doch mehr geprägt, als ich es selbst lange Zeit angenommen habe. Meine Großeltern kamen aus verschiedenen Gegenden Deutschlands, überwiegend aus dem süddeutschen Raum, und stammten aus ähnlichen sozialen Milieus.

Mein Großvater Georg Herzog kam aus einer Familie bayerischer Schwaben, deren Mitglieder vor allem als Maurer, später als Baumeister, sowie auch als Heimweber ihr Dasein fristeten. Seine Frau Katharina Frankl stammte vom Lechrain, der sich nördlich von Schongau zu beiden Seiten des Lechs erstreckt. Zu ihren Vorfahren gehörten sowohl kleine Landwirte als auch Flößer, die auf Lech und Donau wahrscheinlich bis nach Wien, Budapest oder Belgrad kamen. Durch sie bin ich auch mit vielen der berühmten Wessobrunner Stuckatoren des 18. Jahrhunderts verwandt. In Südwestdeutschland und in der angrenzenden Schweiz gibt es kaum eine Barockkirche, in der nicht Verwandte von mir oder zumindest ihre Mitarbeiter Zeugnisse ihres Könnens hinterlassen haben; genannt seien nur Sankt Gallen, Lindau, Isny, Sankt Blasien, Sankt Georgen und Sankt Peter im Schwarzwald.

Ernst Schulze, der Vater meiner Mutter, war gelernter Elektrotechniker und kam aus einer völlig anderen Gegend. Er wurde zwar in Angermünde in der Uckermark geboren, wo sein Vater ein Steinmetzgeschäft betrieb, seine Familie stammte jedoch aus der Oberlausitz, und seine Frau Luise Graf (von meinen Großeltern lernte ich nur sie kennen) stammte von Winzerfamilien aus der Würzburger Gegend ab, die hohenzollerisch-ansbachische Untertanen und deshalb, trotz der Nähe der Bischofsstadt, evangelisch waren.

Mein Vater war katholisch, meine Mutter evangelisch und ich daher das Produkt einer so genannten Mischehe. Bei meinen Eltern hat allerdings die konfessionelle Frage nie eine Rolle gespielt. Aus ihrer Ehe habe ich möglicherweise früh gelernt, dass es auf wichtige Fragen zwei verschiedene Antworten geben und dass jeder seine Überzeugung aufrechterhalten kann und man trotzdem friedlich miteinander zu leben vermag.

Fast alle Vorfahren meiner Großeltern haben dem Bauernstand angehört; nur wenige waren, meist neben einer kleinen Landwirtschaft, Handwerker, übrigens auch die erwähnten Stuckatoren, die ihren Beruf, der Zeit entsprechend, als Handwerk ausübten. In meiner Ahnentafel finden sich Landwirte aller denkbaren Größenordnungen – vom geldstrotzenden Großbauern bis zu kleinsten »Söldnern«, die vom Ertrag ihrer Anwesen nicht leben konnten und sich daher bei größeren Bauern oder Adelsherren als Tagelöhner verdingen mussten. Der erste Vorfahre meines Namens, der sich ermitteln ließ wanderte beispielsweise um 1638 aus Bayern in das damals aufgrund des Krieges fast menschenleere Schwaben ein. Er brachte zwar eine junge Frau mit, aber kein Geld; die kleine Sölde, die er erwarb, bezahlte er ausschließlich mit geliehenem Geld, und selbstverständlich war er dann sein ganzes Leben auf den jammervollen Nebenverdienst angewiesen, den das Tagelöhnern ihm einbrachte. So blieb es nach ihm noch fünf Generationen lang, erst die sechste hatte dann ein festes Handwerk als Nebenverdienst, eben das des Maurers, wie ich bereits erwähnt habe.

Bei dieser Ausgangslage mag es überraschen, dass die meisten von meinen Vorfahren aus verhältnismäßig großen und wohlhabenden Bauernfamilien stammen. Das Rätsel lässt sich aber schnell lösen, wenn man weiß, dass alle diese Familien, als sie in die Familie Herzog einheirateten, schon einen nachhaltigen Abstieg hinter sich hatten. Meist war der Ernährer in zwei aufeinanderfolgenden Generationen sehr jung verstorben, und das hatte entweder den Niedergang des Hofes oder dessen Übergang an den zweiten Mann der Frau und dessen Familie zur Folge gehabt.

Die beruflichen Laufbahnen meiner Vorfahren geben noch zu anderen Überlegungen Anlass. Man könnte ja vermuten, dass die verwandtschaftlichen Beziehungen zu den Wessobrunner Baumeistern, Innenarchitekten, Stuckatoren und Orgelbauern bei meinem Bruder und mir irgendwie durchgeschlagen wären, und tatsächlich

Meine Vorfahren

hat es in meiner Familie zu allen Zeiten beachtliche Beispiele für künstlerische Begabungen gegeben. Eine solche Neigung brachte ich allerdings kaum auf, abgesehen vielleicht von einem passiven Interesse an Musik und Malerei. Mein Blick war stets eher der Politik und der Gestaltung des Gemeinwohls zugewandt.

Ich weiß nicht, ob auch ein solches Interesse durch Gene vererbt wird. Wenn es sich so verhielte, böte meine Ahnentafel ein treffliches Anschauungsmaterial dafür. Mit Ministern, Hofratspräsidenten und Konsistorialräten kann ich freilich nicht aufwarten, denn dafür lebten meine Vorfahren in zu kleinen Verhältnissen. Aber eine fast nicht abreißende Kette von Ortsvorstehern, Bürgermeistern, Vögten, Gerichtsmitgliedern, Zunftmeistern hat es unter meinen Vorfahren sehr wohl gegeben. Auch die Wirte sollte man dabei nicht völlig vergessen: Ihre Gaststuben waren oft genug Umschlagplätze für Informationen sowie für Parolen. Ich könnte mindestens zwei nachweisbare Fälle aufzählen, bei denen ein solcher Wirt in wichtigen Fragen offenbar das große Wort führte und dadurch in Schwierigkeiten geriet. Ein Schwerpunkt politischer Mandatsträger waren übrigens die Ahnen meiner unterfränkischen Großmutter, also die besagten Winzerfamilien. Seit Beginn des 17. Jahrhunderts bekleidete jeder von ihnen ein – wenn auch bescheidenes – öffentliches Amt.

Wirklich bedeutend ist freilich nur einer aus meiner Familie geworden, und zwar nicht so sehr wegen der politischen Entscheidungen, die er in seinem hohen Amt zu treffen hatte, sondern wegen einer Maßnahme von höchster kultureller Relevanz: der Prämonstratensermönch Hyazinth Gaßner, der in der ersten Hälfte des 18. Jahrhunderts fast zwanzig Jahre lang dem Kloster Steingaden bei Füssen vorstand und es durch hervorragende Bauten bereichert hat. Er wurde 1692 als Sohn eines reichen und angesehenen Gastwirts und Vogts im schwäbischen Dorf Balzhausen geboren, und von einer seiner Schwestern stamme ich in direkter Linie ab.

Unsterblich gemacht hat ihn der Bau der heute weltbekannten Wieskirche bei Steingaden im oberbayerischen Pfaffenwinkel, den er 1745 in Auftrag gab und für den er den damals schon berühmten Dominikus Zimmermann gewann. Anlass war die Wallfahrt zum »Gegeißelten Heiland auf der Wies«, die während seiner Amtszeit begonnen hatte. Zunächst hatte er ihr sehr skeptisch gegenübergestanden; als sie aber dann immer größere Menschenmengen aus ganz Europa anlockte, zog er die unausweichlichen organisatorischen und schließlich auch baulichen Konsequenzen.

Der anspruchsvolle Bau der Wieskirche, der etwa 200 000 Gulden kostete, führte zum wirtschaftlichen Ruin des Klosters Steingaden und zu seiner Sequestrierung durch die kurfürstlich-bayerische Regierung. Unter Marianus II. Mayr, dem Nachfolger Hyazinth Gaßners, verlor also Steingaden noch lange vor der Säkularisation seine Unabhängigkeit. Gaßners Biographen betonen einmütig, dass Abt Hyazinth nicht daran schuld gewesen sei, denn er habe den Baubeginn erst angeordnet, als er einen soliden finanziellen Grundstock angesammelt hatte – mehr als 30 000 Gulden, was damals bei Gott eine Menge Geld war. Die eklatante Kluft zwischen den anvisierten und den wirklichen Baukosten lässt jedoch vermuten, dass das Bauvorhaben von Anfang auf einer unrealistischen finanziellen Grundlage stand und dem Abt hätte bekannt sein müssen, dass der von ihm beauftragte Baumeister mit Kostenvoranschlägen sehr großzügig umzugehen pflegte. Wie dem auch sei, immerhin ist mit der stattlichen Summe etwas Außerordentliches geschaffen worden, das 1984 zum Weltkulturgut der UNESCO erhoben wurde – hätte das Kloster am Ende noch Geld übrig gehabt, wäre es bei der Säkularisation im Jahre 1803 im Staatssäckel verschwunden oder in den napoleonischen Kriegen verpulvert worden.

Übrigens wäre es wahrscheinlich weder zum Zusammenbruch des Klosters noch zu dem Prachtbau in der Wies gekommen, wenn sich Abt Hyazinth an den Dienstweg gehalten hätte. Eigentlich hätte er nämlich bei der kurfürstlichen Regierung in München um eine weltliche und beim Bischof von Augsburg um eine kirchliche Erlaubnis nachsuchen müssen, ehe er mit dem Bau begann. Seine Biographen sind sich aber darin einig, dass er weder das eine noch das andere getan hat. Er war also zu allem Überfluss auch noch ein »Schwarzbauer«. So leid es mir tut, ich kann mich auch darüber nicht entrüsten. Denn was gehen mich heute noch der Kurfürst von Bayern und der damalige Bischof von Augsburg an?

Aus der Fülle des Materials, das mir vorliegt, habe ich bewusst nur das Nötigste berichtet. Klar ist aber doch wohl geworden, dass meine Vorfahren in ihrer jeweiligen Zeit nicht zu den führenden Schichten gehört haben; sie haben weder Bücher verfasst, noch Regimenter kommandiert, noch in Ministerien Akten vollgeschrieben. Aus heutiger Perspektive betrachtet muss es also in den letzten Jahrzehnten das gegeben haben, was man als sozialen Aufstieg bezeichnet.

Obwohl ihm das gewiss nicht bewusst war, hat den Grund dazu mein Großvater Georg Herzog gelegt. Er stammte, wie gesagt, aus sehr bescheidenen agrarischen Verhältnissen. Sein Vater war noch ein kleiner schwäbischer Landwirt, ein Söldner, wie man damals sagte, und verdiente sich nebenher ein paar Gulden, später Mark, als Maurer. Mein Großvater, der das elterliche Anwesen nicht übernehmen konnte, erlernte das Bäckerhandwerk und übte es auch einige Jahre in Landsberg am Lech aus. Dann aber verlobte sich seine ältere Schwester mit einem jungen Eisenbahnbeamten. Der sah sich seinen Schwager genau an und empfahl ihm, in den Staatsdienst zu gehen. Die Argumentation kann man sich unschwer vorstellen: »Da hast du dein Sicheres, und eines Tages bekommst du auch noch eine Pension.«

Mein Großvater, kaum zweiundzwanzigjährig, bewarb sich infolgedessen bei der Königlich Bayerischen Armee und verpflichtete sich dort auf sechzehn Jahre; er wurde also das, was man seinerzeit einen »Sechzehnender« nannte. Von nun an begann ein zwar bescheidener, aber doch recht befriedigender Aufstieg in den Unteroffiziersrängen, vom Korporal über den Sergeanten und Feldwebel bis zum Kompaniefeldwebel (»Spieß«). Kriege gab es während seiner Dienstzeit nicht. Die endete nämlich im Jahre 1908, und damit hatte mein Großvater Anspruch auf eine zivile Verwendung, selbstverständlich wieder nur in sehr bescheidenen Rängen. Man bot ihm zur Auswahl eine Stelle als Aufseher im Gefängnis Aschaffenburg und eine als Rechnungsbeamter bei der neu errichteten Landesversicherungsanstalt für Niederbayern in Landshut an. Für den Strafvollzugsdienst konnte er sich offenbar nicht erwärmen, aber die Stadt Landshut hatte er während eines Manövers kennengelernt, und sie hatte ihm hinlänglich gefallen. Also entschied er sich für sie, und so ist im Jahre 1908 aus der schwäbischen Familie Herzog nach 270 Jahren wieder eine bayerische geworden. Von einem wirklichen sozialen Aufstieg kann man da gewiss noch nicht reden, aber den Grund dazu haben Georg Herzog und seine Frau immerhin gelegt. Zunächst einmal schickten sie ihre drei Söhne auf Mittelschulen – heute würde man wahrscheinlich von weiterführenden Schulen sprechen. Sodann förderten sie – fast möchte man sagen seltsamerweise – alles, was nach musischer Beschäftigung aussah. In der Familie wurde der Gesang gepflegt, die Buben erhielten Violinunterricht – eine Disziplin, in der es mein Vater zu Amateurleistungen von erstaunlicher Qualität gebracht hat –, und zudem sind von allen drei Zeichnungen erhalten, zu denen heute kein Mitglied unserer Familie mehr fähig wäre. Wahrscheinlich ist hier das Erbgut der Wessobrunner Vorfahren durchgeschlagen, von denen meine Großmutter ja abstammte.

Die berufliche Ausbildung, die meinem Vater Theo Herzog zuteil wurde, lässt nicht darauf schließen, dass meine Großeltern große Aufstiegsträume mit ihr verbanden. Bestenfalls ging es ihnen darum, ihrem jüngsten Sohn einen »schreibenden Beruf« oder, anders ausgedrückt, einen »White-collar-Job« zu sichern. Wahrscheinlich war es der übliche Wunsch kleinbürgerlicher Eltern: Ihr Sohn sollte sich bei der Arbeit nicht körperlich plagen und schon gar nicht schmutzig machen müssen. Der junge Theo Herzog unterzog sich also einer Banklehre, und er hat oft erzählt, wie wenig ihn das zufriedengestellt hat.

Nach Abschluss der Lehre war er einige Zeit bei einer Landshuter Bank beschäftigt, aber schon bald wechselte er zu einer jener Fabriken, in denen der damals für Bayern lebenswichtige Schnupftabak hergestellt wurde. Dort stieg er binnen kurzer Zeit zu einem der beiden leitenden Angestellten mit einem Gehalt auf, um das ihn viele seiner Kollegen beneideten – und begann das, was später seinen eigentlichen beruflichen Aufstieg ausmachte. Er hätte mit seiner Position und wohl noch mehr mit seinem Einkommen durchaus zufrieden sein können, aber er war es nicht. Seine Tätigkeit füllte ihn nicht aus und, was offenbar das Schlimmste war, er war mit seiner Arbeit meist schon nach wenigen Stunden fertig und wäre gern gewandert oder wenigstens spazieren gegangen. Aber sein Chef verlangte – verständlicherweise – die pünktliche Einhaltung der Dienststunden, schon um keinen arbeitsrechtlichen Berufungsfall entstehen zu lassen.

Also fing mein Vater an, Bücher zu lesen, zuerst wohl eher nach dem Zufallsprinzip. Allmählich aber kristallisierte sich ein breit gefächertes historisches, nicht zuletzt lokal- und regionalhistorisches Interesse heraus. Er trat dem Historischen Verein bei, der seinerzeit, als es noch keine elektronischen Medien gab, jede Menge Anregungen vermitteln konnte, nahm an wissenschaftlichen Exkursionen teil und begann, sich an eigenen geschichtlichen Vorträgen zu versuchen. In die Jahre kurz vor dem Zweiten Weltkrieg und in die frühen Kriegsjahre, in denen er noch nicht zur Wehrmacht eingezogen war, fallen erste wissenschaftliche Publikationen, die teilweise noch heute anerkannt sind, beispielsweise ein Aufsatz über die Maler und Malereien in der Landshuter Residenz. Außerdem ist in dieser Zeit das erste groß angelegte Quellenwerk entstanden, eine Landshuter Häuserchronik, die allerdings erst Jahre nach dem Krieg im Druck erscheinen konnte.

Nach Kriegsende war auch die Zeit des Schnupftabaks vorbei, und die Firmen, die bis dahin gut davon gelebt hatten, mussten entweder schließen oder mit anderen fusionieren. Für meinen Vater war das der Anlass zu einem Berufswechsel. Hatte er vorher schon im Auftrag der Stadt Landshut an der Wiederaufstellung der Sammlungen des Stadtmuseums mitgewirkt, so ließ er sich nunmehr zum Stadtarchivar und Museumsdirektor ernennen. Mehr als zwanzig Jahre hat er, obwohl ursprünglich nur Autodidakt, diese beiden Ämter versehen und sich dabei trotz mancher Widerstände, die er sich durch Dickköpfigkeit auch selbst einhandelte, zu einem weit über die Grenzen Niederbayerns hinaus anerkannten Regionalhistoriker entwickelt. Aus seiner umfangreichen Publikationenliste möchte ich nur noch das zweite große Quellenwerk erwähnen, das *Landshuter Urkundenbuch*, die enorm materialreichen Bände seiner auf die Nachkriegsjahrzehnte bezogenen Stadtchronik(en) und die wirklich faszinierende Geschichte der Stadt Landshut im 19. Jahrhundert.

Der soziale Aufstieg der Familie war damit geschafft. Mein Bruder und ich konnten mühelos darauf aufbauen. Der Übertritt auf das Gymnasium bedurfte nicht wie bei manchen unserer Freunde wochenlanger Debatten, sondern er war selbstverständlich. An Büchern, die wir lesen wollten, gab es keinen Mangel. Das Elternhaus war ausgesprochen anregend, nicht zuletzt deshalb, weil auch unsere Eltern nie aufgehört haben zu lernen und wir infolgedessen schon früh als gleichberechtigte Gesprächspartner anerkannt wurden. Das galt sowohl für meinen Bruder, der, obwohl er Physik studierte, in seinem ganzen Leben Musiker geblieben ist, als auch für mich. Dass ich Universitätsprofessor wurde, hat meine Eltern bestimmt mit Stolz erfüllt, den Übergang in die Politik haben sie wahrscheinlich nicht verstanden, aber sie haben auch nichts dagegen gesagt.

Vielleicht hätte ich das, was ich beruflich wirklich erreicht habe, auch ohne meine Eltern geschafft. Von der Startrampe aus, die sie, besonders mein Vater, gebaut hatten, war es jedoch unendlich leichter. Und noch eines: Mein Vater konnte große Gedankengebäude und Theorien nicht leiden, vor allem nicht, wenn sie empirisch nicht abgesichert waren. Dann blähten sich seine sonst recht schmalen Nasenflügel, begannen ganz leise zu zittern und wurden weiß, fast durchsichtig. Und das vernichtende Urteil ließ nicht lange auf sich warten: »Wasserläus'!« Noch heute denke ich genauso wie er – und dieses Wort verwende ich ebenfalls, wenn auch nur in seltenen Fällen.

Von der Universität zur Politik

Als ich im Juli 1953 mein Abitur abgelegt hatte, galt es zu entscheiden, in welchem Fach ich mich an der Universität München immatrikulieren wollte. In Frage kamen nach meiner Interessenausrichtung Jura, Geschichte und Physik, und mir fiel es nicht leicht, die richtige Auswahl zu treffen. Ein Geschichtsstudium hätte mich für meinen Geschmack zu wenig mit gewöhnlichen Menschen in Kontakt gebracht, also beschloss ich, meinen historischen Interessen auch künftig als Amateur, gewissermaßen auf dem Hobbyweg, nachzugehen. Folglich musste ich zwischen Rechtswissenschaft und Physik wählen. Diese Entscheidung war schwerer zu treffen, und, wie so oft in meinem späteren Leben, habe ich sie zu diesem frühen Zeitpunkt auch noch gar nicht getroffen. Zwar schrieb ich mich in die Juristische Fakultät ein, aber zwei Semester lang habe ich doch Physik-Lehrveranstaltungen besucht, wann immer es mir die Zeit erlaubte (die für »echte« Physiker vorgeschriebenen Mathematik-Vorlesungen und Übungen habe ich mir allerdings geflissentlich erspart). Im Laufe des zweiten Semesters wurde mir dann allerdings klar, dass ich als Physiker zweifellos in der Theoretischen Physik landen würde, und die war mir dann doch zu theoretisch. Also entschied ich mich endgültig für die Jurisprudenz, die ungleich praktischer war – und vergaß dabei all diese höchst theoretischen Erwägungen. Sie fielen mir erst wieder ein, als ich ordentlicher Professor der Rechte war und damit auch wieder voll in der Theorie steckte. Daraufhin habe ich jeden Versuch einer weiteren Karriereplanung aufgegeben. Meine ganze spätere Laufbahn wurde mehr von Zufällen gelenkt – allerdings habe ich diese stets sehr schnell analysiert und gegebenenfalls auch wahrgenommen.

Als ich später längst Präsident des Bundesverfassungsgerichts war, bin ich einmal von einer hochgestellten Persönlichkeit gefragt worden, wie ich denn meine Karriere geplant und aufgebaut hätte, denn jede Stufe ergebe sich so folgerichtig aus den vorhergehenden, dass man an Planlosigkeit und Zufall kaum glauben könne. Damals habe ich das Bild vom Geißeltierchen entwickelt, dem ich in meiner Karriere stets gefolgt sei. »Ja, aber wie macht es ein Geißeltierchen?«, war die Reaktion. Ich antwortete: »Das Geißeltierchen liegt im warmen Wasser und lässt seine Fangarme spielen. Und wenn etwas Interessantes vorbeikommt, schlägt es zu.« Man mag das Bild, das ich verwendet habe, für etwas arrogant halten. Aber es entspricht genau meiner Lebenshaltung. Ich habe meine Karriere nicht geplant, nachdem ich einmal Universitätsprofessor war. Alles andere hat sich so ergeben – ich habe dann allerdings stets versucht, das Beste daraus zu machen und vor allem mein Bestes zu geben. (Übrigens hatte ich mit dieser Einstellung nur ein Minimum an Misserfolgen; doch wenn man kein bestimmtes Ziel anstrebt, kann man auch keines verfehlen.)

Mein Jurastudium habe ich ausschließlich an der Münchener Universität absolviert und 1958 mit der Promotion abgeschlossen. Da ich es überwiegend durch Nachhilfeunterricht finanzierte, wäre ein Wechsel auch ziemlich teuer geworden. Trotzdem hatte ich vor, für ein oder zwei Semester nach Heidelberg zu gehen, wo ich einige bestimmte Professoren hören wollte. Allerdings wusste ich zunächst nicht, dass sie alle zu der fraglichen Zeit gerade einen Ruf nach München erhalten hatten. Im Laufe eines einzigen Jahres waren sie alle in München, und mein Umzug nach Heidelberg erübrigte sich. Meiner Kasse hat das sehr gut getan.

Die Assistentenzeit, die sich an mein Studium anschloss und bis 1964 währte, gehörte, wie ich heute weiß, zu meinen schönsten und freiesten Jahren. Ich war Assistent bei Theodor Maunz, der just zu dieser Zeit bayerischer Kultusminister war und für sein Institut daher kaum Zeit hatte. Dieses wurde also von seinen Assistenten »regiert«. Das waren zuerst Klaus Stern und ich, später trat Walter Schick an die Stelle von Stern.

Der damalige, noch enge Assistentenkreis war einer der anregendsten Personenkreise, mit denen ich es in meinem Leben zu tun hatte. Außer Klaus Stern, dem späteren langjährigen Rektor der Universität Köln, gehörten noch viele andere dazu, die es später zu

Von der Universität zur Politik   23

bedeutenden akademischen und anderen Würden brachten. Andreas Heldrich stand viele Jahre der Westdeutschen Rektorenkonferenz vor, Wolfgang Knies wurde erst im Saarland, dann in Niedersachsen Kultusminister, Ekkehard Schumann war lange Zeit ein erfolgreiches Mitglied des Bayerischen Senats, am Ende sogar dessen Erster Vizepräsident. Sie alle und viele andere nahmen regelmäßig an unserem gemeinsamen Mittagessen, an ausgedehnten Spaziergängen und an Ausflügen teil, bei denen nicht gealbert, sondern, genau genommen, gearbeitet wurde: Wer immer ein wissenschaftliches Problem hatte und wer immer in einer der damals noch üblichen Schulenstreitigkeiten Position beziehen wollte, trommelte die Kollegen zusammen, trug ihnen sein Problem vor und fachte damit eine heiße Diskussion an. Unsere Chefs tolerierten das, ohne ein Wort dazu zu sagen, auch wenn sie uns manchmal öfter im Englischen Garten oder im Café Kreutzkamm sahen als an unseren Schreibtischen. Sie wussten, dass dort gearbeitet wurde. Ich habe ein Leben lang daran festgehalten, dass es nicht darauf ankommt, wann und wo, sondern was gearbeitet wird. Das habe ich damals gelernt.

Von meiner Münchener Zeit ist nicht viel mehr zu berichten. Am 9. Mai 1964 bin ich von der Juristischen Fakultät für die öffentlich-rechtlichen Fächer habilitiert worden, im Sommersemester 1965 nahm ich vertretungsweise die Funktionen eines ordentlichen Professors an der Freien Universität Berlin wahr, noch im gleichen Semester schlug mich die Fakultät zur Berufung auf einen ihrer freien Lehrstühle vor, und am 16. Januar 1966 hielt ich die Ernennungsurkunde zum ordentlichen Professor an der Freien Universität Berlin in den Händen.

Dieser 16. Januar wurde für mich zu einem denkwürdigen Tag. Nicht weil ich damals mit noch nicht zweiunddreißig Jahren ordentlicher Professor wurde, sondern weil er mich zu seltsamen Gedankengängen veranlasste. Als ich nach der Ernennung in meinem Dienstzimmer saß und auf das leicht verschneite Dahlem hinausblickte, kam mir nämlich allmählich die Erkenntnis, dass ich mich von jetzt an auf ein anderes Lebensgefühl einstellen müsste. Bisher war mein Aufstieg vom Abiturienten bis zum Professor zwar folgerichtig, aber doch sehr glatt und rasch verlaufen. Nun würde aber kein weiterer Aufstieg möglich sein, sechsunddreißig Jahre lang, bis zur Emeritierung, die damals mit achtundsechzig Jahren anstand. Ich weiß noch heute, dass ich mir das in den Kategorien der Unteroffizierslaufbahn klarmachte: Von jetzt an kannst du nicht mehr befördert werden, nicht zum Ober-, nicht zum Haupt- und nicht zum Stabsprofessor; selbst der Titel »Geheimrat« wird heutzutage nicht mehr verliehen. Nach einem Aufstieg von zehn (oder dreizehn) Jahren also sechsunddreißig Jahre, in denen sich, vielleicht von einigen Berufungen an andere Universitäten abgesehen, beruflich nichts mehr bewegen würde! Mir war klar, dass dies im gewählten Beruf unvermeidlich war. Ebenso klar wurde mir in dieser Stunde aber auch, dass ich mich darauf einstellen musste, um nicht irgendwann einmal sehr unzufrieden zu werden. Das nahm ich mir mit allem Ernst vor. An einen Berufswechsel oder gar an eine politische Laufbahn dachte ich nicht im Entferntesten.

In dieser Zeit ereignete sich etwas, was für mein ganzes späteres Leben entscheidend sein sollte. Zur Juristischen Fakultät der Universität München gehörte damals Siegfried Grundmann, ordentlicher Professor für öffentliches und Kirchenrecht, gewissermaßen ein »Lehrstuhlnachbar« meines Lehrers Theodor Maunz. Zusammen mit Bischof Hermann Kunst arbeitete er seit den frühen sechziger Jahren an einem Sammelwerk, das den Titel *Evangelisches Staatslexikon* erhalten sollte. Der spätere Bundesrichter Hanns D. Engelhardt und ich waren von Anfang an daran beteiligt, zunächst als Assistenten, dann, beim Erscheinen der 1. Auflage, als Juniorpartner; die späteren Auflagen habe ich als Mitherausgeber betreut.[1] Grundmann und ich kannten uns zunächst nur aus gelegentlichen Unterhaltungen, die Arbeit am *Staatslexikon* förderte aber nicht nur gegenseitige Hochachtung, sondern im Laufe der Zeit auch eine herzliche Verbundenheit und Freundschaft zutage. Als ich nach Berlin berufen wurde, sagte er mir voraus, dass er mich binnen weniger Jahre nach München »zurückholen« werde. Seine Frau erzählte mir später, dass er immer wieder von der Zusammenarbeit geschwärmt habe, die er sich von meiner Rückkehr versprach und von der er offenbar Wunderdinge erwartete. Ich selbst wäre zu jener Zeit auch gern nach München zurückgekehrt, allerdings erst nach einer längeren Reihe von Berliner Jahren. Aber das kann man sich im Leben ja nie nach Wunsch einrichten.

Es kam ganz anders. Siegfried Grundmann hatte vom Krieg und von einer mehrjährigen Gefangenschaft in der Sowjetunion einen schweren Leberschaden davongetragen, der ihn immer wieder zu längeren Klinikaufenthalten zwang. Eines Tages aber konnten die Ärzte nichts mehr für ihn tun, und er starb, gerade einundfünfzig Jahre alt. Hätte er länger zu leben gehabt, so hätte er aufgrund seines wachsenden Einflusses in der Fakultät meine Rückberufung wahrscheinlich bewirken können. So aber kamen verständlicherweise ältere Münchener Habilitanden zum Zuge. Ich nahm einen Ruf an die Verwaltungshochschule Speyer an, wo ich glückliche und fruchtbare Jahre verlebte – und wo ich in die Politik geriet. Wollte man die Dinge dramatisieren, so müsste man sagen: Siegfried Grundmann musste so jung sterben, damit ich Präsident des Bundesverfassungsgerichts und schließlich Bundespräsident werden konnte. Solche Gedanken haben mich zwar zu keiner Zeit belastet, nachdenklich haben sie mich aber des Öftern gestimmt ...

Vom Standpunkt meiner wissenschaftlichen Arbeit aus gesehen hätten die Jahre in Berlin gut werden können. Jedenfalls ließen sie sich so an. Der Ruf auf den Lehrstuhl war bereits unterwegs, als ich mit einem Referat vor der Vereinigung der Deutschen Staatsrechtslehrer gleichsam mein Gesellenstück bei den Zunftgenossen ablegen konnte. Das *Evangelische Staatslexikon*, das ich stark mitgeprägt hatte, erschien ein Jahr später und stieß allenthalben auf Zustimmung. Die Herausgeber des größten Kommentars zum Grundgesetz, Theodor Maunz und Günther Dürig, nahmen mich als Dritten im Bunde auf, sodass das Werk nunmehr Maunz-Dürig-Herzog hieß. Vor allem aber legte ich eine *Allgemeine Staatslehre* auf Kiel, die mein wissenschaftliches Interesse auf Jahre in Anspruch nahm. Bei der Arbeit stellte ich nämlich fest, dass weder im politischen Leben noch in der wissenschaftlichen Literatur halbwegs klare Vorstellungen über die Aufgaben des Staates vorhanden waren. Das wollte ich doch genauer wissen, und so begann ich, mir Literatur über das zu verschaffen, was dazu in früheren Jahrhunderten geschrieben worden war, vor allem aber über die Aufgaben, die *historische* Staaten *tatsächlich* wahrgenommen hatten – die Realität geht meiner Meinung nach der Theorie auch in dieser Thematik vor. Aus diesen Forschungen sind sehr viel später einige größere Aufsätze hervorgegangen, vor allem aber das Buch *Staaten der Frühzeit*, in dem ich gezeigt habe, dass es »geborene« Staatsaufgaben in der Geschichte so gut wie gar nicht gegeben hat, sodass fast alles von den äußeren Gegebenheiten und vom Willen politischer Führung abhängig war. Dass dieses Defizit bis heute besteht und auf dem besten Wege ist, in vielen westlichen Demokratien die Staatsfinanzen und damit den wirtschaftlichen Fortschritt zu ruinieren, habe ich nie verschwiegen.

Trotzdem waren die Berliner Jahre für mich, so sehr ich die Stadt selbst lieben lernte, nicht gerade ersprießlich. Einerseits gab es in den Fakultäten der Freien Universität beträchtliche Verkrustungen, unter denen junge Professoren wie ich wahrscheinlich mehr litten als die Studenten, andererseits wurde zu dieser Zeit die Bewegung der so genannten Achtundsechziger ins Leben gerufen, die ich weder ihrer Themen noch ihrer Wortführer wegen besonders schätzte (und die heute bei weitem überschätzt wird). Ihre Kraft reichte aber dazu, dass sich ein harter Kern bildete, der mit den berechtigten Anliegen einer Hochschulreform nicht mehr das Geringste zu tun hatte, sondern schlichtweg auf Unruhestiftung, ja Umsturz ausging. Was mich betrifft, so wurde ich zu allem Unglück viel zu früh zum Dekan meiner Fakultät gewählt, was mich unweigerlich in die Hochschulpolitik verwickelte – und dafür hatte ich eigentlich nie den mindesten Sinn. Zwar haben sich in dieser schwierigen Zeit über alle politischen und Fakultätsgrenzen hinweg Freundschaften, ja Kameradschaften gebildet, die für das ganze Leben halten werden, doch wohlfühlen konnte man sich an der Hochschule nicht mehr – selbst wenn man die eindrucksvollen Schwächen der politischen Führung Berlins großzügig übersah. Es reichte, jedenfalls für mich, die Erfahrung aus, dass ich in den Jahren, in denen ich in meinem Fach viel hätte leisten können, stets mit neuen Gesetz- und Satzungsentwürfen konfrontiert wurde, die mich nicht im Geringsten interessierten, und dass sich mein Leben allmählich nur noch in Sitzungen, Beratungen, Kommissionen, in Vorstellungen

Von der Universität zur Politik

und Gegenvorstellungen erschöpfte. Dazu war ich nicht Professor geworden.

Allerdings habe ich in meinen Berliner Jahren etwas gelernt, das ich später noch gut gebrauchen konnte: den Umgang mit der Polizei. Am 2. Juni 1967 fand der Besuch des Schahs Reza Pahlevi in Berlin statt. Am Abend sollte das Kaiserpaar der Aufführung der *Zauberflöte* in der Deutschen Oper beiwohnen, vor der sich Demonstranten versammelt hatten. Es wurden Sprechchöre laut, und es flogen Tomaten und Farbeier. Nachdem der Schah die Oper unversehrt erreicht hatte, rückten die Demonstranten langsam ab, um sich nach Beendigung der Vorstellung erneut zu versammeln. Anstatt die Studenten abziehen zu lassen, begannen jedoch die Polizisten mit Schlagstöcken gegen die Demonstranten vorzugehen. Blutüberströmt brachen viele von ihnen zusammen, während die anderen durch Nebenstraßen zu entkommen versuchten, unter ihnen auch der sechsundzwanzigjährige Romanistikstudent Benno Ohnesorg, der an diesem Tag zum ersten Mal an einer Demonstration teilgenommen hatte. Er geriet zusammen mit einigen anderen Demonstranten in ein Handgemenge mit der Polizei. Während des Gerangels löste sich aus der Pistole des Kriminalobermeisters Karl-Heinz Kurras ein Schuss, der Ohnesorg die Schädeldecke zertrümmerte.

Nach diesen Vorgängen befanden sich Stadt und Universität in heller Aufregung, zumal der Polizeieinsatz ja ein Menschenleben gekostet hatte. Um den Studenten Grundlagen für eine halbwegs gerechte Beurteilung zu vermitteln, hielt ich eine Sondervorlesung, in der ich mich mit der polizeirechtlichen Lage beschäftigte. Die Veranstaltung war so überfüllt, dass sie in einen weiteren Hörsaal übertragen werden musste, und an ihr nahmen, ohne dass ich das gewusst hätte, Mitglieder des Abgeordnetenhauses von Berlin teil. Die Folge war, dass ich zu den Sitzungen des Untersuchungsausschusses, der sich mit dem 2. Juni befassen sollte, als Sachverständiger geladen wurde (was mir erstmals eine ganz unerwartete Publicity einbrachte). Daraus ergab sich später, dass ich zu einer ganzen Reihe polizeirechtlicher und auch polizeitaktischer Tagungen und Konferenzen hinzugezogen wurde, in denen es vor allem darum ging, die Polizei vor Überreaktionen zu bewahren und ihr rechtlich so weite Ermes-

sensspielräume zu schaffen, dass die zunehmend nervöser, ja gewalttätiger werdenden Demonstranten ihr Verhalten nicht einfach vor-
ausberechnen konnten. Die Institutsbesetzungen, die bald darauf an der Freien Universität begannen, die Störung von Lehrveranstaltungen, die zeitweise
fast an der Tagesordnung war, und manches andere mehr brachten
eine nahezu ununterbrochene Beratung des Rektors in Polizeifragen
und entsprechende Kontakte mit den Innenbehörden mit sich. Mit
einem Wort: Ich bin in diesen Monaten zum Spezialisten in Polizei-
angelegenheiten geworden. In Berlin habe ich Polizeiarbeit und Poli-
zeiprobleme wirklich von der Pike auf gelernt.

Als mich der Chef der rheinland-pfälzischen Staatskanzlei auf
einen freien Lehrstuhl an der Hochschule für Verwaltungswissen-
schaften in Speyer berief, nahm ich diesen Ruf trotzdem kurz entschlossen an. Zum einen konnte ich nunmehr in Ruhe meine *Allgemeine Staatslehre* fertigstellen,[2] zum anderen konnte ich mit bereits
diplomierten Studenten (Juristen, Volkswirten, Historikern usw.) arbeiten. Das Beste aber war: Die Speyerer Hochschule wurde nicht
von einem Kultusministerium, sondern von einem Verwaltungsrat
gesteuert, der aus dem Bundesinnenminister und den (damals) elf
Landesinnenministern bzw. ihren Vertretern bestand. Die laufenden
Verwaltungsaufgaben, soweit sie nicht überhaupt von der Hochschule erledigt wurden, nahm die rheinland-pfälzische Staatskanzlei
in Mainz wahr. Das sollte mein Schicksal werden, aber das konnte
ich damals noch nicht ahnen.

Die ersten Jahre in Speyer waren fruchtbare Jahre. Es machte
Spaß, mit bereits gut ausgebildeten Studenten zu arbeiten, die Arbeitsgebiete der Kollegen reichten weit über die Grenzen einer normalen Juristischen Fakultät hinaus, und die Kontakte, die sich von
Speyer aus zur Verwaltungspraxis und zu Verwaltungspraktikern ergaben, taten das Ihrige dazu. Von der Politik blieb ich zunächst noch
verschont.

Den jungen Ministerpräsidenten von Rheinland-Pfalz, Dr. Hel-
mut Kohl, lernte ich zwar ebenso kennen wie den Oppositionsführer
Wilhelm Dröscher und seinen jugendlichen Mitarbeiter Rudolf
Scharping, aber selbst die Begegnungen mit dem MP (so sagte man

damals in Mainz) beschränkten sich auf das Unvermeidliche, auf die gemeinsame Teilnahme an einer Podiumsdiskussion in Mainz etwa bei den 2. Tagen der Mainzer Fernsehkritik, und auf seinen Besuch zum 25. Jubiläum der Speyerer Hochschule im Jahre 1972, bei dem ich mit ihm sogar etwas aneinandergeriet.

Bewegung gab es erst im November 1972, kurz nachdem die CDU die vorgezogene Bundestagswahl haushoch verloren hatte. Die Sitzungen des Verwaltungsrates fanden alle paar Monate im Senatssaal der Hochschule statt, immer an einem Mittwoch. Den Vorsitz führte der Chef der Mainzer Staatskanzlei, Willibald Hilf, der später viele Jahre lang Intendant des Südwestfunks werden sollte. Zu seiner Linken saß der Rektor der Hochschule, mein Freund Rudolf Morsey, und an dessen linker Seite ich, weil ich zu dieser Zeit Prorektor war. Das war gewissermaßen die Bühne, auf der alles begann.

Akteure waren unsere Studenten (beziehungsweise einige von ihnen), die mit einem gewissen Recht mehr Mitspracherechte für sich verlangten und sich dafür merkwürdigerweise nicht den Senat, sondern den Verwaltungsrat ausgesucht hatten. Sie veranstalteten ein so genanntes Go-in, das heißt, sie drangen in den Sitzungsraum ein, blieben dann aber verlegen stehen und wussten offenbar nicht mehr so genau, wie es nun weitergehen sollte. Während Rektor Morsey aufsprang und sie zum Verlassen des Raumes veranlasste, ergriff der Vertreter der Freien und Hansestadt Hamburg das Wort und begann, mit windelweichen Worten um Verständnis für die jungen Leute zu werben. Verständnis für die Studenten hatte ich bis zu einem gewissen Grad auch, weniger jedoch für das Gefasel des Hanseaten, und so beugte ich mich denn über den leeren Stuhl des Rektors zu Hilf hinüber und sagte leise zu ihm: »Hilf, haben Sie nicht einen anständigen Job für mich? Mir stinkt hier etwas.«

Die Bemerkung war nicht ernst gemeint. Hilf kam aber nach der Sitzung auf mich zu und fragte mich ganz offen, ob meine Frage ernst oder doch nur spaßhaft gemeint gewesen sei. Erst da wurde ich aufmerksam und antwortete: »Eigentlich war sie nur scherzhaft gemeint, aber haben Sie denn etwas Ordentliches anzubieten?« Und er wiederum: »Ich lasse von mir hören.« Zwei Tage später rief er mich an, und seine Stimme klang etwas besorgt. Er hatte dem »MP« über unser Gespräch berichtet und der war, wie Hilf sagte, darauf »so hereingesprungen«, dass er, Hilf, nun die größten Schwierigkeiten mit ihm befürchtete, wenn ich mein Interesse zurückziehen würde.

Da sagte ich, ich müsse allerdings wissen, um welche Position es denn eigentlich gehen solle; Ministerialdirigent im Landwirtschaftsministerium wolle ich nämlich nicht werden. Er nannte nun erstmals das Amt des Landesbevollmächtigten in Bonn, das durch die Wahl von Alois Mertes zum Bundestagsabgeordneten frei geworden sei, und ich erwiderte, wieder einmal kurz entschlossen, darüber könne man reden.

Einige Tage später meldete sich Helmut Kohl bei mir und fragte mich, ob ich ihn möglichst schnell aufsuchen könne. Ich setzte mich also in mein Auto und fuhr nach Mainz in die Staatskanzlei. Er gab mir einen kurzen Überblick über die politische Lage, auch über seine Absicht, erneut (und wieder gegen Rainer Barzel) für das Amt des CDU-Bundesvorsitzenden zu kandidieren. Außerdem schilderte er meine künftigen Aufgaben, auch die künftigen Kollegen aus den zehn anderen Bundesländern und fragte mich dann, ob ich irgendwelche Bedingungen stellte. Ich bat mir nur eine Woche zur Überlegung und Beratung mit meiner Frau aus und verabschiedete mich. So cool, wie das hier klingt, kann ich aber doch nicht gewesen sein. Einige Zeit später erhielt ich nämlich ein Strafmandat, weil ich am fraglichen Tag das Dorf Nackenheim im stolzen Tempo von achtzig Stundenkilometern durchquert hatte, und das ist nicht mein normales Tempo durch geschlossene Ortschaften.

Über die eigentliche Ernennung ist nichts weiter zu berichten. Sie fand am 17. Januar 1973 statt, also fast auf den Tag genau sieben Jahre nach meiner Ernennung zum ordentlichen Professor. Kohl überreichte mir die Ernennungsurkunde zum Staatssekretär, und wir stießen mit einem Glas rheinland-pfälzischen Sekt auf eine gute Zusammenarbeit an. Dann gingen wir wieder an unsere Arbeitsplätze zurück, er in die Mainzer Staatskanzlei, ich in die Speyerer Hochschule.

Für mich war damit noch keine wirkliche Lebensentscheidung getroffen. Ich glaubte vielmehr, ich könnte nun meine verfassungsrechtlichen Kenntnisse durch einige Jahre »Feldforschung« ergänzen und dann wieder auf einen Lehrstuhl zurückkehren. Die Zukunft zeigte aber: Das war ein Irrtum.

Mit Kohl habe ich nie darüber gesprochen, heute glaube ich aber, dass er schon lang vor der Bundestagswahl 1972 ein Auge auf mich geworfen hatte und deshalb, wie Willibald Hilf es ausgedrückt hatte, so auf die sich in meiner Person bietende Möglichkeit »hereingesprungen« war. Sowohl der frühere Bundestagspräsident Eugen Gerstenmaier als auch der rheinland-pfälzische Bundestagsabgeordnete August Hanz aus Meudt im Westerwald haben mir später – unabhängig voneinander – erzählt, sie hätten im Sommer 1972 Kohl vorgehalten, es sei ein Fehler, Alois Mertes ziehen zu lassen, und hätten darauf zur Antwort bekommen, er habe für ihn einen vollwertigen Ersatz im Auge – nämlich Professor Roman Herzog aus Speyer. Da ich mittlerweile die Art kenne, in der Helmut Kohl damals Personalpolitik machte, habe ich keinen Anlass, an der Wahrheit dieser Berichte zu zweifeln.

Übrigens hat er mich in dem entscheidenden Gespräch weder nach einer CDU-Mitgliedschaft gefragt, noch diese als Voraussetzung für meine Ernennung genannt. Ich war aber längst Parteimitglied geworden, nicht an meinem Arbeitsort in Rheinland-Pfalz, sondern am Wohnort in Baden-Württemberg, und davon konnte Kohl, damals erst rheinland-pfälzischer Landesvorsitzender, auch gar nichts wissen.

Mein Weg zur Union war keineswegs geradlinig verlaufen. Ich stammte zwar aus dem »schwarzen« Niederbayern, war aber evangelisch, was dort stets einen gewissen Abstand zum Mainstream bedeutete. Mein Elternhaus war in politischen Fragen eher liberal gewesen, bei mir war dazu noch ein starker sozialer Akzent vorhanden. Ich hätte also durchaus auch Sozialdemokrat werden können. Das änderte sich allerdings in meinen Berliner Jahren. Weder konnte mich die schwächliche Sicherheitspolitik, die die SPD in Berlin trieb, für sie einnehmen, noch war ihre Politik gegenüber dem Osten dazu angetan. Mit der neuen Ostpolitik, vor allem mit dem Moskauer Vertrag, hätte ich mich ohne weiteres einverstanden erklären können, doch waren aus der Partei ja auch andere Töne zu vernehmen, z. B. Töne neutralistischer Art und Forderungen nach Anerkennung der DDR-Bürgerschaft, die die letzte verfassungsrechtliche Barriere zur einseitigen Anerkennung der DDR geschleift hätten. Selbstverständlich war das nie offizielle Parteimeinung. In solchen Fragen bin ich aber dafür, den Anfängen zu wehren. Sobald ich meine neue Wohnung in Ziegelhausen bei Heidelberg bezogen hatte, trat ich also in die CDU ein.

Apropos: Sicher ist sicher

Im Mai 1957 legte ich in München mein Referendarexamen ab. Dabei lernte ich ein leuchtendes Beispiel für behördliche Vorsicht kennen. Es ging, um es kurz zu machen, um die Frage, welche Druckerzeugnisse ein Prüfling während der Examensklausuren mit sich führen durfte und welche vor Beginn der Arbeit beim Aufsichtführenden, einem schon deutlich angegrauten Amtsrichter, abzugeben waren.

Wir Prüflinge hatten zu diesem Problem eine Reihe berechtigter Fragen, und ich behaupte, dass wenigstens die beiden ersten noch durchaus ernst gemeint waren. Selbstverständlich musste ein Lehrbuch des Verwaltungsrechts, das einer von uns bei sich hatte, abgegeben werden. Ebenso entschied unser Amtsrichter aber auch bei einem Werk der Weltliteratur, das ein anderer bei sich führte, denn, so sagte er, daraus könnten immerhin orthographische Zweifelsfragen geklärt werden, was ja ebenfalls Einfluss auf die Bewertung der Arbeit haben könnte.

Ob die nun folgenden weiteren Fragen genauso ernst gemeint waren, ist mir nicht ganz so klar. Der nächste Frager hatte nämlich eine Tageszeitung bei sich. Aber auch die musste er abgeben, weil, wie unser Amtsrichter meinte, das Orthographie-Argument auch hier seine Berechtigung habe.

Da erkannte ich, dass nunmehr die Zeit der Nagelprobe gekommen war. Objekt dieser alles entscheidenden Probe war ein Kriminalroman, vulgo Krimi, der sich ausgerechnet in meiner Aktentasche befand. Ich begab mich also zum Vorstandstisch und fragte, ob ich wenigstens diesen Krimi behalten dürfe. Der Aufsichtsbeamte, den man heute korrekterweise wohl als Aufsichtsrichter bezeichnen müsste, stutzte einen Moment, wahrscheinlich weil er nicht damit gerechnet hatte, dass ein junger Mensch nach sieben Semestern akademischen Studiums überhaupt noch Krimis las. Aber er ermannte sich und ordnete erneut die Ablieferung an. Schließlich könne auch ein Kriminalroman zur Lösung orthographischer Fragen missbraucht werden.

Wie gern hätte ich die Sache nun auf sich beruhen lassen! Doch das ließ weder mein Interesse für schwierige Rechtsfragen noch der gegebene Tatbestand zu. Mein Krimi stammte nämlich von der weltberühmten Agatha Christie, hieß *The Murder of Roger Ackroyd* und war – der Leser ahnt es schon – in englischer Sprache und obendrein natürlich nach den Regeln der englischen Orthographie geschrieben.

Unser Aufsichtsrichter verschluckte sich fast, als ich ihn mit diesem Sachverhalt konfrontierte. Aber wiederum ermannte er sich und bestimmte trotz allem, dass auch dieses Hilfsmittel während der Prüfungszeit nicht auf meinem, sondern auf seinem Tisch zu liegen habe. »Denn«, so sagte er zur Begründung dieses Hoheitsaktes, »sicher ist sicher«, und die Richtigkeit *dieses* Satzes konnte man ihm ja auch nicht bestreiten.

Er hat es bestimmt gut gemeint. Wahrscheinlich sah er die Gefahr, dass während unserer Arbeitszeit ein Vorgesetzter erschien und eine andere Rechtsauffassung vertrat – und das hätte dann ja nicht nur ihn, sondern vor allem mich in Schwierigkeiten gebracht. Trotzdem erscheint es mir auch heute noch nicht als Ungerechtigkeit, wenn ich behaupte, ich wüsste gerade aus diesem Erlebnis, warum es in unserer Verwaltung oft so langsam vorangeht. Natürlich ist sicher sicher. Aber was heißt das in einer Zeit, in der fast nichts mehr sicher ist?

DIE FRÜHEN ÄMTER

Als Landesbevollmächtigter in Bonn

Nun war ich also Landesbevollmächtigter oder, der Exaktheit halber, Bevollmächtigter des Landes Rheinland-Pfalz beim Bund mit Sitz in Bonn, und damit zugleich Chef einer kleinen, aber formbaren Behörde von Mitarbeitern. Was eine Landesvertretung zu tun hat, konnte ich mir damals nur aufgrund meiner rechtlichen und politikwissenschaftlichen Kenntnisse über den Bundesrat und die Fachministerkonferenzen zusammenreimen. Das dazu nötige Know-how besaß ich aber nicht, ja ich war, um ehrlich zu sein, bis dahin noch kein einziges Mal in einer Landesvertretung gewesen. Freilich hatte ich bei all dem einen unschätzbaren Vorteil: Die rheinland-pfälzische Vertretung hatte sich bis zu jenem Zeitpunkt in Bonn noch nie durch besondere Aktivitäten hervorgetan.

Mein Vor-Vorgänger, der durch die Folgen einer schweren Kinderlähmung an größeren Auftritten gehindert war, hatte ohnehin eine ganz andere Amtsauffassung vertreten als manche seiner Kollegen und später auch ich. Alois Mertes, gewissermaßen unser »Zwischenfolger«, hatte das Amt nur zehn Monate ausüben und ihm daher keinen eigenen Stempel aufdrücken können. Soweit es mir darum ging, Rheinland-Pfalz in der Bundeshauptstadt politisch und gesellschaftlich sichtbar zu machen, war ich also auf meine eigene Fantasie (und die lange zur Untätigkeit verurteilte meiner Mitarbeiter) angewiesen. Andererseits war alles, was ich unternahm, mehr als das, was bisher geschehen war – also ein Fortschritt, hinter dem sich größere oder kleinere Pannen mühelos verstecken ließen. Die Voraussetzungen waren also keineswegs ungünstig, und die Arbeit konnte beginnen.

Die Alltagsarbeit einer Landesvertretung

Die Tätigkeit einer Landesvertretung ist wahrscheinlich interessanter als die jedes Landesministeriums. Auch wenn sie einem fast nie das angenehme Gefühl beschert, eine Sache aus eigener Initiative angefangen und nach geraumer Zeit zu Ende geführt zu haben, hat sie den großen Vorzug, dass sie fast an allen Projekten des Bundes und an vielen des eigenen Landes beteiligt ist, anders ausgedrückt: dass sie am Puls der aktuellen Politik ist – und zwar fast uneingeschränkt.

Dem folgt auch die innere Organisation solcher Behörden, die ich bei anderen Landesvertretungen kennengelernt und dann auch in meiner eigenen eingeführt habe. Dem Prinzip nach muss es für jedes heimische Ressort in der Landesvertretung einen Mann (oder eine Frau) geben, der (die) die Interessen dieses Ressorts gegenüber den Ausschüssen des Bundestags, in den Ausschüssen des Bundesrats und auch gegenüber der hauptstädtischen Medienwelt wahrnimmt, nötigenfalls sogar gegenüber den einschlägigen Bundesbehörden. Diese Tätigkeit erfordert ständigen Kontakt mit dem »Mutterhaus« in der Landeshauptstadt, Sichtung und Weiterleitung der vom Bund verbreiteten Dokumente, Beschaffung und gegebenenfalls Weitervermittlung zusätzlicher Informationen, Arbeit in den zuständigen Ausschüssen und Kommissionen, Pressearbeit usw.

Meiner Erfahrung nach sind die Mitarbeiter völlig unterschiedlicher Provenienz. Etwa die Hälfte von ihnen wurde zu meiner Zeit auf Planstellen geführt, die im Landeshaushalt unmittelbar der Landesvertretung zugeordnet waren. Die andere Hälfte bestand aus Ministerialbeamten des Landes, die nur auf Zeit zur Landesvertretung abgeordnet waren. Diese Mischung hat sich durchaus bewährt. Zwar besteht bei fest angestellten Kadern immer die Gefahr der Ermattung und Abflachung, doch die Verbindungen zu den anderen Ländern und vor allem auch zu den zahlreichen ausländischen Botschaften und den Verbandszentralen verlangen auch länger am Ort arbeitende Mitarbeiter. Entscheidend ist also die Mischung, verbunden mit der Fähigkeit und Bereitschaft der Beteiligten, neben ihrem eigentlichen Zuständigkeitsbereich zusätzliche Aktivitäten zu entfal-

Als Landesbevollmächtigter in Bonn 39

ten und weitere Pflichten zu übernehmen, wie die folgenden Beispiele aus meinem eigenen Erfahrungsbereich belegen.

Mein Wirtschaftsreferent entwickelte nebenher sehr enge freundschaftliche Beziehungen zu den Botschaften aus der Dritten Welt, um die sich sonst kaum jemand kümmerte. Der Justizreferent erklärte sich bereit, Informationen aus der Außenpolitik zu beschaffen und aufzuarbeiten. Der Referent für Kulturpolitik ersetzte, gleichsam im Nebenamt, den Pressereferenten, als dieser ins Konrad-Adenauer-Haus überwechselte, und mauserte sich später zum allgemeinen politischen Referenten. Mit ganz wenigen Ausnahmen erwiesen sich also fast alle als das, was man »Mehrbänderleute« nennt. Man musste nur ihre besonderen Fähigkeiten und Interessen herausfinden, sie zu ihrer Nutzung motivieren und im Übrigen darauf achten, dass nicht einer im Eifer dem anderen die Butter vom Brot holte.

Eine Sonderstellung nahm die seinerzeit berühmte »Finanzgruppe« ein, die im Auftrag des Finanzministers Johann Wilhelm Gaddum die Steuerpolitik der sozialliberalen Bundesregierung kritisch begleitete und teilweise trotz der geringen Zahl ihrer Mitglieder sogar konterkarierte. Sie bestand aus drei früheren Beamten des Bundesfinanzministeriums und stand unter der Leitung von Franz Klein, dem späteren profilierten Präsidenten des Bundesfinanzhofs. Franz Klein, übrigens ein Schwiegersohn meines akademischen Lehrers Theodor Maunz, hätte die Gruppe gern in die Landesvertretung eingegliedert. Sachlich wäre ich damit einverstanden gewesen, weil es sich wirklich um ein Juwel handelte. Hätten aber sie und eine ihr nachgebildete Gruppe Sozialpolitik auch formal zur Vertretung gehört, so wäre diese allmählich mächtiger als die Mainzer Staatskanzlei geworden, und das wäre ein Verstoß gegen alle Regeln der Regierungsorganisation gewesen. Folgerichtig habe also ich die Eingliederung immer abgelehnt. Praktisch gab es allerdings keinen Unterschied: Klein und seine Mitarbeiter haben sich zur Landesvertretung immer loyal verhalten, und ebenso habe ich, wenn es nötig war, meine schützende Hand über sie gehalten.

Mit den Botschaftern hielt ich, soweit möglich, selbst Kontakt, nicht nur in politischen Gesprächen, sondern auch durch Einladungen in das Land oder zumindest in die Landesvertretung. Die Botschafter ganz »großer Staaten« waren allerdings für den Repräsentanten eines Landes, zudem eines relativ kleinen Landes, kaum zu erreichen. Die Vertreter der Dritte-Welt-Länder jedoch sehen auch heute noch die höchsten Würdenträger Deutschlands nur in Ausnahmefällen, und ihre Botschaftsräte und Attachés können nicht einmal darauf hoffen. Solche jungen Diplomaten habe ich in unregelmäßigen Abständen bewusst zu kleinen Diners eingeladen. Sie waren davon hellauf begeistert, und ich war überzeugt, es sei besser, einen dreißigjährigen Botschaftsrat für Deutschland zu gewinnen als einen sechzigjährigen Botschafter. Vom Ersten hat unser Land noch dreißig bis fünfunddreißig Jahre einen Nutzen, vom Letzteren höchstens fünf bis zehn. Die besorgten Hinweise meiner Mitarbeiter, ich könnte mir durch solche Einladungen selbst einen Zacken aus der Krone brechen, habe ich dafür gern in Kauf genommen.

Mein eigener Status in der damaligen Bundeshauptstadt Bonn war übrigens merkwürdig zwiespältig. Dem Rang nach war ich beamteter Staatssekretär, also nicht, wie es in einigen Biographien heißt, Bundesratsminister. Im Landeskabinett hatte ich zwar einen geschäftsordnungsmäßig festgeschriebenen Sitz, aber keine Stimme (was in einem Kabinett, in dem praktisch nie abgestimmt wurde, allerdings nicht viel bedeutete). Im Plenum des Bundesrates stand mir darum kein Rederecht zu; allerdings habe ich später, als ich von Baden-Württemberg aus Vollmitglied der Zweiten Kammer wurde, von diesem Recht kaum Gebrauch gemacht.

Diese Statusnachteile ließen sich auf andere Weise leicht ausgleichen. Im Unterschied zu meinen Kollegen, die den Ministerrang innehatten, brauchte ich in der Landeshauptstadt kein Ressort zu führen und folglich auch nicht an Landtagssitzungen teilzunehmen. Mein Amtssitz und mein Wohnsitz waren ausschließlich in Bonn, und nur einmal in der Woche, am Dienstag, musste ich für einige Stunden in Mainz an der Kabinettssitzung teilnehmen. Ich konnte mich also vollständig auf die Bonner Politik konzentrieren und hatte außerdem noch den Vorteil, dass mein Regierungschef Bundesvorsitzender der größten Oppositionspartei, das heißt, praktisch der Führer der Opposition war. Wer die Jahre 1973 bis 1978 in Bonn erlebt hat, wird bestätigen, dass es kaum eine Übertreibung ist, wenn ich behaupte, dass nach einer relativ kurzen Anlaufzeit so gut wie nichts mehr an mir und meiner Landesvertretung vorbeilief. Das Haus in der Schedestraße war zu einem Kraftzentrum der deutschen Innenpolitik geworden.

Das war vor allem deshalb möglich, weil sich das Verhältnis zwischen Helmut Kohl und mir von Anfang an hervorragend entwickelte. Vor meiner Berufung hatten wir uns so gut wie nicht gekannt und uns nur auf allgemeine Eindrücke vom anderen verlassen. Nun stützten wir uns beide auf die selbstverständlichen Regeln korrekter Zusammenarbeit, aus deren Beachtung im Laufe der Zeit Vertrauen erwuchs. Kohls vielfältige Aufgaben und meine Abwesenheit von Mainz brachten es mit sich, dass ich in Bonn oft agieren musste, ohne mich vorher mit ihm abgesprochen zu haben. Nie aber bin ich für ihn oder für Rheinland-Pfalz ins Obligo gegangen, ohne redlich versucht zu haben, ihn zu erreichen und mich mit ihm abzustimmen. Andererseits verließ er sich auf meine Korrektheit und nahm Entscheidungen, die ich dann doch selbst hatte treffen müssen, nie zurück, wie es vielen meiner Kollegen passierte. Am Ende profitierten wir beide davon – Kohl, weil auf diese Weise der Eindruck entstand, er habe sein Land fest in der Hand, und ich, weil ich so zum gefragten und geschätzten Gesprächs- und Verhandlungspartner in der Bundeshauptstadt wurde.

In diesem Zusammenhang sei eine Institution erwähnt, die ich selbst ins Leben gerufen habe, die mir sehr viel Spaß gemacht hat und an die ich noch heute gern zurückdenke. Jeden Mittwochmittag veranstaltete ich im Weinkeller meiner Landesvertretung eine Art Seminar, in dem die aktuellen Fragen der Politik, gelegentlich aber auch längerfristige Probleme besprochen wurden, auf die man auch in der Tagespolitik zu achten hatte. Der Teilnehmerkreis wechselte, doch gab es einen festen Kern, der, so gut es ging, regelmäßig an diesen Besprechungen teilnahm. Dazu gehörte mein Pressesprecher Wolfgang Bergsdorf, der später im Bundespresseamt als Abteilungsleiter wirkte, sich nebenher habilitierte und heute Präsident der Universität Erfurt ist; damals befand er sich gerade auf dem Absprung ins Konrad-Adenauer-Haus, wo er Sprecher des Bundesvorsitzenden werden sollte. Neben ihm spielte Warnfried Dettling eine Rolle, der heute als selbstständiger und höchst kritischer Publizist einen Namen hat. Der Kulturreferent Johannes Neukirchen kam nach einiger Zeit als mein nebenamtlicher Pressesprecher hinzu und wuchs gerade von hier aus in die Aufgabe eines allgemeinen politischen Referenten hinein. Zu uns stieß ferner Horst Teltschik, damals noch in Mainz stationiert, wenn er in Bonn zu tun hatte, dazu einzelne meiner Fachreferenten, wenn sich eine Diskussion auf ihr Aufgabengebiet bezog, und manchmal kamen auch die Sprecher der Bundespartei als Gäste.

Große Politik wurde in diesem Kreis zwar diskutiert, aber nicht eigentlich »gemacht«; dazu waren die Spitzen von Partei und Bundestagsfraktion denn doch zu selbstständig. Es war aber wichtig, dass die führenden Mitarbeiter des Ministerpräsidenten und Bundesvorsitzenden über den Tellerrand der bloßen Aktualität hinaus zu sehen lernten – und vor allem, dass nicht jeder in eine andere Richtung schaute. Dabei entstanden menschliche Bindungen, die teilweise bis heute gehalten haben. In der Nacht vom 30. September zum 1. Oktober 1990, als die überdimensionale schwarz-rot-goldene Fahne vor dem Reichstag hochgezogen wurde und die Spitzen der Verfassungsorgane auf das berühmte Podest eilten, hatten sich die soeben genannten »jungen Leute« gerade auf den Stufen des Reichstags um mich versammelt. Ich bin nicht auf das Podest gestiegen und habe es vorgezogen, den historischen Augenblick in ihrer Mitte zu erleben.

Auch ein anderer Personenkreis tagte regelmäßig in meiner Landesvertretung. Das waren die alten Leute aus der Bonner Politik der ersten Jahre, der so genannte (erste) Krone-Kreis, der alle paar Wochen unter dem Vorsitz des früheren Bundesministers Heinrich Krone und des früheren Bundestagspräsidenten Eugen Gerstenmaier zusammenkam, die alten Zeiten wieder aufleben ließ, aber selbstverständlich auch die aktuelle Politik kommentierte. Ich hatte gehört, dass sich die Mitglieder dieses Kreises in den Hinterzimmern irgendwelcher Gaststätten nicht sehr wohl fühlten, und habe sie deshalb »nach Rheinland-Pfalz« eingeladen. Zwanzig in Ehren ergraute Politiker der ersten Stunde waren es immer, die da zusammenkamen, an gut besuchten Abenden wesentlich mehr, und gelegentlich befand sich darunter ein ganzes Bundeskabinett, von Ludwig Erhard und Heinrich Krone über Elisabeth Schwarzhaupt, Paul Lücke und Werner Schwarz bis zu Hans-Joachim von Merkatz. An solchen Abenden saß ich nur schweigend dabei; denn es war faszinierend, wie sie dachten und wie sie vor allem die ersten Jahre der Bundesrepublik erlebt hatten und immer noch interpretierten. Aus diesem Zuhören habe ich viel für meine Arbeit gelernt. Manchmal bestand der Gewinn für mich allerdings nur in der Erkenntnis, warum in der Vergangenheit so manches schiefgelaufen war. (Außerdem verdankte ich den alten Damen und Herren, die ihre Fehler meist immer noch nicht erkannten oder anerkannten, auch noch eine ganz persönliche Propaganda. Alte Menschen telefonieren viel, und sie haben samt und sonders bei diesen Telefongesprächen mein Loblied gesungen. Das soll man gerade in einer politischen Partei nicht gering veranschlagen.)

Anrührend war in ihren Unterhaltungen der Respekt und die kaum verhüllte Zuneigung, die sie für Konrad Adenauer – den »alten Herrn«, wie sie ihn nannten – empfanden. Kaum ein Thema, bei dem sie nicht auf seine Ansichten und seine Einstellung zurückgekommen wären, meist mit uneingeschränkter Zustimmung, bisweilen aber auch mit vorsichtiger, bedauernder Kritik. Wie unter Kindern habe ich mich gefühlt, wenn sie, ohne es auszusprechen, miteinander darüber konkurrierten, wer dem Herzen des »alten Herrn« am nächsten gestanden hatte. Als Klaus Gotto den zweiten Teil der Tagebücher Heinrich Krones herausgab und sich dabei herausstellte, dass Adenauer gegen Ende seiner Amtszeit an eine völlig neue Ostpolitik dachte, veranstaltete Eugen Gerstenmaier ein Treffen und stellte – obwohl er selbst oft genug ein Umdenken in der Ostpolitik gefordert hatte – empört fest, so habe der »alte Herr« nie und nimmer gedacht. Heinrich Krone hörte sich das an und sagte dann ganz ruhig: »Sei still, Gerschtemaier, er hat doch so gedacht. Und ich war dabei.« Schwerer hätte er den aufbrausenden Schwaben nicht treffen können; mit diesen wenigen Worten hatte er ihm den ganzen Abend verdorben. Übrigens riet mir Gerstenmaier im Jahre 1978, als ich als Kultusminister nach Baden-Württemberg gehen sollte, in einem nahezu dramatischen Appell davon ab. Heinrich Krone, der davon hörte, rief mich daraufhin an und empfahl mir, mich nicht von meinen Absichten abbringen zu lassen, Baden-Württemberg sei genau das Richtige für mich. Vielleicht hat er dabei an die weltberühmte Stuppacher Madonna gedacht, die er über alles liebte und immer wieder aufsuchte. Heute lebe ich in ihrer Nähe, und wenn es geht, besuche ich sie auch – Heinrich Krone zum Gedächtnis, in dem ich stets so etwas wie den getreuen Eckart der CDU gesehen habe.

Wolfgang Bergsdorf hatte, so jung er damals noch war, einen ausgezeichneten Draht zu Künstler- und Literaturkreisen, die für die CDU im Allgemeinen eine schwierige Klientel sind. Ihm verdanke ich ein stundenlanges, eingehendes Gespräch mit Heinrich Böll, das wir Mitte der 1970er Jahre eines Nachts in Bergsdorfs Wohnung führten. Wir sprachen über die absehbaren Entwicklungen der deutschen Gesellschaft und ihrer jungen Künstler sowie über Fragen der Kirchen, über das Ost-West-Verhältnis und vieles andere mehr. Es war ein gutes, vor allem ruhiges, nachdenkliches Gespräch. Böll lag offenbar nichts an einseitigem Dozieren, ich versuchte, es ihm in diesem Punkt gleichzutun – ruhig zuhören konnten wir offenbar beide. Geblieben ist mir die Erinnerung an eine höchst angeregte Unterhaltung – und an zwei Besonderheiten, deren eine mich sogar sehr überraschte. Während der ganzen Nacht hatte ich immer wieder den Eindruck, dass Böll weder mit der katholischen Kirche noch mit dem Kölner Klüngel, den er so oft literarisch dargestellt hat, innerlich wirklich fertig geworden war; sonst hätte er nicht immer wieder auf diese Themen zurückkommen müssen. Freilich war ich dafür nicht ganz der richtige Gesprächspartner. Beiden Kreisen habe ich nie angehört und hatte deshalb auch keinen Grund, mich über sie zu beklagen. Überrascht hat mich, dass Böll am Schluss unserer Diskussion, als es um das Ost-West-Verhältnis ging, das Verhalten der Sowjetunion ausschließlich aus der russischen Geschichte und Mentalität zu erklären versuchte. Damit hatte er selbstverständlich nicht ganz Unrecht. Meine Hinweise auf die Kehrseite der Medaille, den totalitären Marxismus–Leninismus, haben ihn doch überrascht. Wir haben wohl eine knappe Stunde darüber diskutiert, und ich habe dabei eine Reihe von Fragen beantwortet, die er mir stellte. Geäußert hat er sich dazu letztlich nicht.

Ein anderer Gesprächspartner aus dem Kreis der großen Künstler war Joseph Beuys, den ich um die gleiche Zeit, wiederum auf Anregung Bergsdorfs, im Hause des Bildhauers Günther Oellers in Linz am Rhein getroffen habe. Das Werk dieses Mannes kannte ich schon von früher; damit meine ich allerdings nicht die Objekte, mit denen er in der Öffentlichkeit Aufsehen erregte (wie die berühmte Drahtkommode oder die Badewanne), sondern vor allem seine Grafiken, die mit zum Besten gehören, was ich auf diesem Gebiet je gesehen habe. Aus unserer Unterhaltung sind mir seine unaufdringlichen, aber ernsthaften Darlegungen zu der Aufstellung von Kunstwerken in Erinnerung, die sich mancher Organisator oder Kurator von Ausstellungen noch heute als Vorbild nehmen könnte. Ein unvergesslicher Höhepunkt jedoch waren seine Ausführungen über das Leben in einer herrschafts- und insbesondere staatsfreien Gesellschaft, die er ernsthaft für möglich und erstrebenswert hielt. An jenem Nachmittag hatte ich den Eindruck, Rousseau dozieren zu hören – Rousseau ohne die auf ihn folgende, unvermeidliche Erfahrung Robespierres, seiner totalitären Demokratie und seiner Guillotine. Ich brachte es nicht übers Herz, ihm diese unausweichliche Konsequenz seines Wunschtraums in aller Härte vor Augen zu führen. Dazu hatte er mich zu sehr fasziniert, und dazu war seine Utopie zu schön. Noch heute, wenn ich mich an ihn und seine Ideen erinnere, fühle ich ein tiefes Bedauern darüber, dass sie Utopien bleiben müssen, weil die Gefahren, die sie in sich bergen, zu schrecklich sind.

Bundesratspolitik

Als ich 1973 in die Bundesratsarbeit einstieg, regierte in Bonn die sozialliberale Koalition, zunächst unter Willy Brandt, bald danach unter Helmut Schmidt, und da sie schon seit einigen Jahren (1969) im Amt war, stand ihr im Bundesrat eine oppositionelle Mehrheit gegenüber. Unionsregiert waren die Länder Baden-Württemberg, Bayern, Rheinland-Pfalz, Saarland und Schleswig-Holstein, die in der

Zweiten Kammer zusammen 21 Stimmen besaßen. Die SPD-regierten Länder Bremen, Hamburg, Hessen, Niedersachsen und Nordrhein-Westfalen verfügten nur über 20 Stimmen, konnten also, wenn die Unionsländer zusammenhielten, jederzeit überstimmt werden.

In solchen Situationen pflegt die Bundesregierung, gleichgültig welche Partei sie stellt, sich heftig über den Bundesrat zu empören und seine Politik lautstark als Blockade zu bezeichnen. In der Tat wurden in der Zeit, in der ich dem Bundesrat zugehörte, zahlreiche Gesetze entweder an den Vermittlungsausschuss verwiesen, oder es wurde ihnen die Zustimmung verweigert. Der Wahrheit halber muss ich aber, was die Regierungsparteien und die ihnen nahestehenden Medien oft geflissentlich verschwiegen, betonen, dass es selbst bei 21 zu 20-Ergebnissen bei weitem nicht immer die Unionsländer allein waren, die sich querlegten, sondern oft gemischte Mehrheiten aus CDU/CSU- und SPD-Ländern. (Und auch damit nicht genug: Einmal habe ich einen führenden Landespolitiker der SPD, der neben mir im Bundesrat saß, rufen hören: »Wie gut, dass es euch gibt!« Das war also die Methode: zustimmen, wenn Ablehnung gesichert.)

Die Medien haben sich übrigens regelmäßig auch darüber falsche Vorstellungen gemacht, wie die inkriminierten »einfarbigen« Mehrheiten zustande kamen. Da war von Weisungen aus dem Konrad-Adenauer-Haus, also aus der Geschäftsstelle der CDU, die Rede. Aber solche Weisungen waren meist gar nicht nötig. Bei Gesetzen, in denen sich die Grundüberzeugungen der politischen Lager gegenüberstanden, war von vornherein klar, wie die Regierungen beider Seiten abstimmen würden; alles andere war nur politisches Getöse. Koordinationsbedarf konnte höchstens in Verfahrensfragen entstehen, ob zum Beispiel die Zustimmung zu einem Gesetz sogleich verweigert oder ob vorher noch der Vermittlungsausschuss angerufen werden sollte. In Sachfragen dagegen konnte ohnehin nicht nach Parteibuch abgestimmt werden, sondern nach den jeweiligen Landesinteressen – und die machten die meisten Punkte auf den allmonatlichen Tagesordnungen des Bundesrates aus.

Das erste »Geschäft«, das ich für Rheinland-Pfalz tätigte, war ein solcher Fall. Es ging um eine Regelung zugunsten der Weinwirtschaft, die wir in einem neuen Gesetz erreichen wollten. Die »Weinländer« hatten aber nicht die Mehrheit, sodass ich noch einige andere Stimmen hinzugewinnen musste. Die bekam ich von den »Kohleländern« Nordrhein-Westfalen und Saarland, die wir bald darauf bei einem ihrer Anliegen mit unseren Stimmen unterstützten. Besonders in Erinnerung ist mir allerdings eine Besprechung geblieben, die sich um die Interessen der Zonenrandgebiete drehte. Es war nahezu rührend zu beobachten, wie sich die vier betroffenen Länder damals gegenseitig unterstützten, als ob sie nicht auf ganz verschiedenen politischen Seiten stünden: das schwarze Schleswig-Holstein, das rote Niedersachsen, das tiefrote Hessen und das tiefschwarze Bayern. So ist es seither immer gewesen, und die von beiden Seiten erhobenen Vorwürfe einer totalen Blockadepolitik sind daher nichts als Theaterdonner – und Blödsinn.

Der Einfluss des Bundesrates ist bei den so genannten Zustimmungsgesetzen besonders groß, weil er bei diesen nicht vom Bundestag überstimmt werden kann. Deshalb ist es bis zu einem gewissen Grad auch verständlich, dass eine zur Opposition zählende Bundesratsmehrheit bestrebt ist, bei möglichst vielen Bundesgesetzen Gründe für ihre Zustimmungsbedürftigkeit zu finden. Anfangs habe auch ich mich an solchen Spielen beteiligt, aber schon bald nach meinem Amtsantritt kamen mir doch Zweifel. Man kann das Spiel nämlich auch folgendermaßen sehen: Man hindert die Bundesregierung und die sie tragende Bundestagsmehrheit gerade in den politisch umstrittensten Punkten daran, ihre eigene Ideologie durchzudrücken, und erspart den Wählern dadurch die gravierendsten Folgen der Regierungspolitik, die man als Oppositioneller ja für falsch hält. Zu diesem Zweck muss man aber den im Vermittlungsverfahren übriggebliebenen Rest mittragen – und am nächsten Abend, in der nächsten Versammlung der eigenen Partei, bezieht man für den Kompromiss, der dort natürlich als »faul« gilt, auch noch Prügel. Ist es da nicht besser, von Anfang an klare Verantwortlichkeiten zu schaffen – hier Regierung, dort Opposition? Ich habe mich jedenfalls nur noch ausnahmsweise am Aufsuchen von Gründen für die Zustimmungsbedürftigkeit eines Gesetzes beteiligt, und bin noch heute immer mit von der Partie, wenn es darum geht, die Zahl der zustimmungsbedürftigen Bundesgesetze nach Kräften zu reduzieren. Als durch die erste Stufe der so genannten Föderalismus-reform im Jahre 2006 die Zahl der zustimmungsbedürftigen Bundes-gesetze kräftig reduziert werden sollte, hat sich der Konvent für Deutschland, dessen Vorsitzender ich bin, mehrfach mit Nachdruck dafür ausgesprochen. Und dass diese Reform nach einigem Hin und Her geltendes Verfassungsrecht wurde, ist nicht zuletzt das Ver-dienst dieses Gremiums und seiner Öffentlichkeitsarbeit.

Spezielle Fragen warf damals bei knappen Bundesratsmehrhei-ten – heute längst vergessen – der Sonderstatus von (West-)Berlin auf. Nach dem Genehmigungsschreiben der Militärgouverneure vom Mai 1949 durften sich die Vertreter Berlins in Bundestag und Bundesrat nicht an Entscheidungen dieser Bundesorgane beteiligen. Die deutsche Interpretation, die natürlich darauf ausging, Berlin so wenig wie möglich zu beeinträchtigen, leitete daraus her, dass die Berliner Stimmen bei Geschäftsordnungsfragen sehr wohl mitge-zählt werden durften. In diesen Fällen hatten die SPD-regierten Län-der dann also die Mehrheit. Das machte in den meisten Fällen keine Schwierigkeiten. Es gab aber doch immer wieder Zweifelsfragen, beispielsweise wenn ein politisch brisanter Antrag eines unionsge-führten Landes ausschließlich mit SPD-Stimmen von der Tagesord-nung abgesetzt, also vertagt werden sollte; denn die Abstimmung darüber konnte auf die nächste Sitzung, aber auch auf den Sankt-Nimmerleins-Tag verschoben werden. Solche Probleme wurden je-doch von den Bevollmächtigten – möglichst ohne öffentliches Auf-sehen, damit der Status Berlins nicht weiter gefährdet wurde – hinter den Kulissen durch Absprachen aus der Welt geschafft, und solche Vereinbarungen wurden ausnahmslos eingehalten.

Da das Plenum des Bundesrates in der Regel nur alle vier Wo-chen tagt, hat die Arbeit der Ausschüsse hier folgerichtig noch we-sentlich mehr Gewicht als die der Bundestagsausschüsse. Aber auch die Bundesratsausschüsse haben meist nur wenig Zeit und werden in der Regel nicht von den zuständigen Landesministern, sondern von deren fachkundigen Beamten wahrgenommen. Das ist für die Qua-lität der geleisteten Arbeit nur vorteilhaft, führt mehr als im Bundes-tag aber auch dazu, dass in den Empfehlungen, die die Ausschüsse am Ende ihrer Arbeit dem Plenum vorlegen, eher auf Ressort- als auf

Als Landesbevollmächtigter in Bonn 49

Gesamtstaatsinteressen geachtet wird. Zu der Zeit, die ich selbst erlebt habe, war es daher fast die Regel, dass die verschiedenen Ausschüsse zu diametral gegensätzlichen Empfehlungen gelangten – und jeweils mit 11 zu 0 Stimmen. Man kann sich das ohne weiteres vorstellen: Bei einem Gesetz, das höhere Sozialleistungen vorsah, waren alle elf Sozialministerien dafür, alle elf Finanzministerien aber dagegen, und die Reihe der Beispiele, die mir hier einfallen, könnte fast beliebig verlängert werden.

In solchen Fällen wurde es zu Beginn einer Bundesratswoche spannend. Um abschätzen zu können, zu welchem Ergebnis das Plenum kommen würde, musste man nämlich eine Vorstellung davon haben, wie sich die einzelnen Landesregierungen, die in der Regel am Dienstag tagten, entscheiden würden. Natürlich war aus den einzelnen Landeshauptstädten, vor allem aus den Staatskanzleien, das eine oder andere zu hören. Ich hatte bald meine eigene Methode der Zukunftsdeutung entwickelt und bin damit meist sehr gut gefahren. Ich sagte mir nämlich, dass der Ministerpräsident einer Koalitionsregierung eher dem Koalitionspartner zustimmen würde, als wegen einer bundespolitischen Detailfrage seine Koalition und folglich seine eigene politische Existenz zu gefährden. Ein weiterer Gesichtspunkt betraf die Vergangenheit der Ministerpräsidenten selbst; denn naturgemäß stehen sie Ressorts näher, die sie selbst einmal geleitet haben. Und schließlich kam es auch auf das »Standing« der beteiligten Landesminister an: Befand sich einer der Kontrahenten schon auf dem »absteigenden Ast«, so war es weniger wahrscheinlich, dass er sich durchsetzte, als wenn er ein rasch aufsteigender Newcomer war. Mit dieser Methode hatte ich alsbald beträchtliche Erfolge und galt im Kreise meiner Kollegen nicht zuletzt dadurch als sehr gut informiert. Ich hatte mich meist aber gar nicht informiert, sondern nur bekannte Tatsachen richtig bewertet und kombiniert!

Die Erwähnung der 11 zu 0-Entscheidungen erinnert mich daran, dass es in den Ausschüssen des Bundesrates zu meiner Zeit – wie übrigens auch unter den Landesbevollmächtigten — eine enge Solidarität zwischen den Vertretern der verschiedenen Länder gab, vor allem in den weniger politischen Disziplinen. Mein Speyerer Kollege Frido Wagener hat solche harmonischen, vom gemeinsamen

Fachinteresse, aber eben auch von persönlichen Sympathien getragenen Staatsorgane gern als »Amtsbruderschaften« bezeichnet, womit zugleich das Positive als auch das Negative solcher Erscheinungen treffend qualifiziert war. Ich selbst habe gegen diese Form der Kooperation nie etwas einzuwenden gehabt, sie bedarf allerdings ständiger kritischer Beobachtung, wie ich selbst erlebt habe. Einmal rechnete der zuständige Fachminister in Mainz damit, dass ein Abteilungsleiter, der ihn in einem Ausschuss des Bundesrates vertreten sollte, trotz ausdrücklich erteilter Weisung anders abstimmen würde, als es die Landesregierung erwartete – eben weil die »Amtsbrüder« alle anderer Meinung waren. Ich musste also an der Sitzung teilnehmen und das Stimmrecht des Landes an mich ziehen – ein gewiss ungewöhnlicher Vorgang, der mir in lebhafter Erinnerung geblieben ist.

Wie bereits erwähnt, findet die Arbeit des Bundesrates noch mehr als die des Bundestages in den Ausschüssen statt. Der Bundesrat besitzt daher eine verhältnismäßig große Zahl von Ausschüssen; gewöhnlich ist jedem Bundesministerium ein eigener Bundesratsausschuss zugeordnet. Da ist es natürlich ausgeschlossen, dass der Landesbevollmächtigte, zusammen mit seinen Mitarbeitern, die gesamte Ausschussarbeit leistet. So ist das vom Grundgesetz auch gar nicht vorgesehen. Dieses geht davon aus, dass in den Fachausschüssen die Ressortminister der Länder und deren Beamte tätig werden. Die Landesvertretungen, deren zuständige Beamte ebenfalls als stellvertretende Ausschussmitglieder benannt sind, werden nur tätig, wenn im Einzelfall genauere Hauptstadt-Kenntnisse nötig sind oder wenn die Vertreter ihres »Mutterhauses« sie darum ersuchen.

Ich selbst war natürlich von Anfang an ebenfalls stellvertretendes Mitglied in allen bestehenden Ausschüssen, aber an den Sitzungen von Fachausschüssen habe ich nur bei hochpolitischen Tagesordnungspunkten teilgenommen, beispielsweise im Rechtsausschuss, als es um die höchst umstrittene Strafrechtsreform der siebziger Jahre ging, oder im Finanzausschuss bei der Steuerreform 1975, sonst nur, wenn mich der zuständige Landesminister darum bat.

Anders verhielt es sich mit den »hochpolitischen« Ausschüssen des Bundesrates. Davon gab es seinerzeit drei: den Auswärtigen

Ausschuss, den innerdeutschen Ausschuss und den Verteidigungs-ausschuss. Hier musste man zum einen das Terrain der Bundes-hauptstadt genau kennen, um das eigene Land richtig vertreten zu können, und zum anderen gab es zu diesen Komplexen in den Lan-desregierungen gar keine eigenen Ressorts, die im Bundesrat an Stelle der Landesvertretung hätten agieren können.

Am schwierigsten war in jenen Jahren die Arbeit im innerdeut-schen Ausschuss, weil er üblicherweise in Berlin tagte und damit im-mer wieder einmal Proteste der DDR-Regierung hervorrief. Wir ha-ben aber am üblichen Tagungsort, wenn auch mit unterschiedlicher Begeisterung, festgehalten und damit letztlich Recht behalten. Eine meiner ersten Tätigkeiten in diesem Ausschuss bezog sich auf ein Gesetz, durch das der Status der neu geschaffenen DDR-Vertretung in Bonn geregelt werden musste und für das die Zustimmung des Bundesrates erforderlich war, so dass es an der CDU/CSU-Mehrheit des Hauses hätte scheitern können. Es war nicht ganz leicht, alle Mitglieder dieser Mehrheit davon zu überzeugen, dass man hier nicht noch einmal nachkarten solle, nachdem der so genannte Grund-lagenvertrag nun einmal bestand. Und um falschen Vermutungen vorzubeugen, sei hier ausdrücklich betont, dass diese Bedenken nicht von der CSU und ihrem Vorsitzenden kamen.

Auch aus meiner Tätigkeit im Auswärtigen Ausschuss möchte ich nur ein Beispiel erwähnen, das mich wie viele andere wochen-lang in Atem gehalten hat: die Debatten um den Warschauer Ver-trag, mit dem die neue Ostpolitik der Regierung Brandt-Scheel fort-gesetzt werden sollte. Praktisch ging es dabei vor allem um die Frage der Spätaussiedler, also der Deutschen, die noch immer in Polen leb-ten, für die aber ein Ausreiserecht geschaffen werden sollte. Die ur-sprünglichen Vertragstexte sahen das nur für eine ganz bestimmte Zahl solcher Menschen vor. Darauf konnte sich die Union nicht ein-lassen. Durch Neuverhandlungen konnte aber eine befriedigende Lösung gefunden werden, sodass die Unionsparteien im Plenum des Bundesrates zur allgemeinen Überraschung dem Vertrag zustimm-ten. Heute kann man sich kaum mehr vorstellen, dass es vor knapp drei Jahrzehnten einmal solche Probleme gab und dass sie ein ganzes Volk erschütterten.

Wenn die Landeskabinette am Dienstag beschlossen haben, wie sie am Freitag in der Plenarsitzung abstimmen wollen, beginnt die Hauptarbeit der Landesbevollmächtigten. Es liegt nunmehr vor allem an ihnen, die Haltung der einzelnen Länder so aufeinander abzustimmen, dass Mehrheiten nicht etwa an Spezialhaltungen einzelner Regierungen scheitern, und in Fällen, in denen ihr Regierungschef noch »freie Hand« hat, dessen Entscheidung weiter vorzubereiten und gegebenenfalls auch nach allen Seiten abzusichern. In den siebzig Stunden zwischen den Kabinettssitzungen der Länder und dem Beginn des Bundesratsplenums kann also noch sehr viel geschehen. Oft gibt es noch am frühen Freitagmorgen neue Anträge, über die dann in der Vorbesprechung um 9 Uhr oder gar in »Zimmer 13«, dem Beratungszimmer des Bundesratsdirektors, verhandelt werden muss. Es ist dann zwar nicht üblich, aber auch keineswegs ungewöhnlich, dass die neuesten Drucksachen erst während der Plenarsitzung auf den Tisch kommen.

Dass unter solchen Umständen auch Fehler passieren, die meist der Bundesratsdirektor entdeckt und die der Präsident sodann mündlich berichtigen muss, versteht sich fast von selbst. Wie weit das aber gehen kann, zeigt die folgende kleine Geschichte, für deren Wahrheit ich mich verbürge. Es ging um die Beamtenbesoldung – eine Reihe von Besoldungsgruppen sollte durch Gesetz »angehoben« werden. Am Morgen des Plenartags beantragte ein Land »Zimmer 13«, was bedeutete, dass die Ministerpräsidenten und Landesbevollmächtigten sich zu einer absolut vertraulichen Besprechung dorthin zu begeben hatten. Im Schutz der Vertraulichkeit trug der Regierungschef des Antrag stellenden Landes sodann vor, dass die geplanten Gehaltserhöhungen zumindest in den höheren Beamtenrängen nicht in die finanzpolitische Landschaft passten. Er schlage darum vor, die Ämter der Besoldungsordnung B, also die Ämter vom Ministerialrat an aufwärts, von der Erhöhung auszunehmen. Dem stimmten alle Länder zu, und damit die Betroffenen nicht gleich merkten, wer ihnen diesen Tort angetan hatte, beschloss man, einen Elf-Länder-Antrag einzubringen, der die Vorlage der Bundesregierung im besprochenen Sinne abändern sollte.

So weit so gut. Wir begaben uns in den Plenarsaal des Bundes-

Als Landesbevollmächtigter in Bonn   53

rates und begannen, die Tagesordnung abzuarbeiten. Nach einiger
Zeit verteilte das Büro des Bundesratsdirektors den Ausdruck des
soeben besprochenen Antrags, und alles hätte, wie gesagt, gut verlaufen können, wenn da nicht gestanden hätte:»Die in der Besoldungsordnung B vorgesehenen Ämter werden gestrichen.« Man
bedenke, was das bedeutet hätte: Ein kriegsstarkes Bataillon von
Ministerialräten, Ministerialdirigenten, Ministerialdirektoren, Staats-
sekretären, Generälen, Admirälen, Botschaftern und ähnlichen Würdenträgern wären amts- und brotlos geworden, weil ihre Ämter in
der Sonne des bundesrätlichen Irrtums wie Butter oder Schnee ge-
schmolzen wären – die Republik wäre führungslos gewesen! Und
das alles war ja gar nicht beabsichtigt; gestrichen werden sollten
doch nicht die Ämter, sondern lediglich einige Stellenanhebungen,
die nicht in die finanzielle Landschaft passten. Natürlich wäre der
Fehler im weiteren Gesetzgebungsverfahren noch entdeckt und aus-
gemerzt worden, eine riesige Blamage für den Bundesrat wäre daraus aber allemal entstanden. Es war also doch ganz gut, dass wenigstens der Bevollmächtigte des Landes Rheinland-Pfalz den Irrtum
bemerkte und noch rechtzeitig berichtigen ließ. (Übrigens: Der Bundestag braucht sich überhaupt nicht zu mokieren, wenn er diese Geschichte liest. Er erlässt mittlerweile ja sogar Gesetze, die schon korrigiert werden müssen, ehe sie überhaupt in Kraft getreten sind.)
    Ein auf den ersten Blick ähnlich gelagerter Vorfall, bei dem es
sich meines Erachtens aber nicht mehr um eine amüsante Panne,
sondern um einen handfesten Skandal handelte, ereignete sich anlässlich der Steuerreform 1975. Später erlangte diese eine gewisse Be-
rühmtheit dadurch, dass der damalige Bundesfinanzminister Hans
Apel, als er bestimmte Folgen entdeckte, sich dahingehend äußerte,
er glaube, ihn trete ein Pferd. Im Sommer 1975 war es aber noch
nicht so weit, sondern da tagte der Vermittlungsausschuss fast ununterbrochen über besagte Steuerreform. Beide Seiten näherten sich
immer weiter an, sodass eine gewisse Aussicht auf das Gelingen bestand. Am Ende aber trat – meiner Erinnerung nach in sechs Punkten – eine Phase ein, in der sich nichts mehr bewegte. Um diese
Streitpunkte zu klären, mussten also die höchsten Würdenträger aus
ihrem an sich wohlverdienten Urlaub herbeigeholt werden. Sie tra-

fen sich in einer Sommernacht zu einer Besprechung im Bundeskanzleramt: seitens der Unionsparteien Helmut Kohl, Franz Josef Strauß und Gerhard Stoltenberg, seitens der sozialliberalen Koalition Helmut Schmidt, Hans Apel und Hans-Dietrich Genscher. Die Vertreter der CDU/ CSU starteten von meiner Landesvertretung aus, und als sie – nach langen Stunden – morgens nach vier Uhr zurückkamen, war die Steuerreform 1975 unter Dach und Fach.

Das alles wäre heute nicht mehr erwähnenswert, wenn in jener Nacht nicht hinter dem Rücken der Entscheidungsträger noch eine Manipulation stattgefunden hätte, die zunächst niemand bemerkte, die den Staat aber viel Geld kostete und erst nach einigen Jahren behoben wurde. Bis zu jener Zeit gab es nämlich im Steuerrecht das Ärgernis, dass Beamte ihre Ausgaben für Kranken- und zusätzliche Rentenversicherungen im gleichen Maße als Sonderausgaben abziehen konnten wie normale Arbeitnehmer, obwohl sie aufgrund der bestehenden Vorschriften (Ruhegehalt, Beihilfe) dafür viel weniger aufzubringen hatten. Die natürliche Folge war, dass sie zum Beispiel vermögensbildende Maßnahmen wie Beiträge an Bausparkassen in viel höherem Maße steuerbegünstigt treffen konnten als alle anderen Arbeitnehmer. Dieser Missstand sollte nun beseitigt werden, und das war weder zwischen Regierung und Opposition umstritten, noch gehörte es zu den sechs übrig gebliebenen Streitpunkten, die erst in dem nächtlichen Spitzentreffen gelöst werden sollten. Nur hatte der hohe Finanzbeamte, der nach dem Treffen den endgültigen Gesetzestext zu entwerfen hatte, bei dieser Gelegenheit die ihm offenbar unangenehme neue Regelung einfach unter den Tisch fallen lassen. Die ursprünglich geplante Neuregelung kam erst drei oder vier Jahre später zustande, und ich frage mich noch heute, warum es seinerzeit nicht zu einem Skandal gekommen ist.

Diese Geschichte verrät übrigens auch einen Wesenszug von mir. So wie in jener Nacht war ich auch zu anderen entscheidenden Zeitpunkten, soweit ich sie nicht unmittelbar miterlebt habe, gewissermaßen »im Nebenzimmer«. In dieser Rolle, die teils der Unterstützung der eigentlich Entscheidenden, teils ihrer unmittelbaren Beratung diente, habe ich mich meist wohler gefühlt, als wenn ich selbst zu entscheiden hatte. Langwierige Diskussionen und Kompro-

Als Landesbevollmächtigter in Bonn 55

missverhandlungen mit Menschen, die eine andere Einstellung zu einem Problem haben als ich, sind nie meine Sache gewesen, und so sehr ich davon überzeugt bin, dass gute Politik meistens aus Kompromissen entsteht, so schwer ist es mir immer gefallen, dabei die nötige Geduld zu wahren und stundenlang um Bagatellen zu feilschen, nur weil ein anderer sie nicht als solche erkennt.

Diese Einstellung hat freilich einen unbestreitbaren Nachteil. Bei vielen hochinteressanten Entscheidungen war ich, obwohl ich ein klares Bild von ihnen habe und dieses in vielen Punkten von den üblichen Einschätzungen abweicht, eben doch nicht zugegen, und die Vertraulichkeit, die automatisch mit einer Beraterfunktion verbunden ist, verbietet es mir auch heute noch, in solchen Zusammenhängen allzu sehr aus dem Nähkästchen zu plaudern. Das gilt etwa für das lange Tauziehen um die Zustimmung der Unionsparteien zum Warschauer Vertrag zwischen der Bundesrepublik und Polen sowie für Krisen wie die Entführung des Arbeitgeberpräsidenten Hanns-Martin Schleyer in Köln am 5. September 1977 und damit zusammenhängend des Lufthansa-Flugzeugs »Landshut« am 13. Oktober 1977 durch Terroristen der Rote-Armee-Fraktion und der Volksfront zur Befreiung Palästinas und die »Mogadischu-Affäre«, also die Befreiung der Geiseln in Mogadischu durch die von Kreta eingeflogene GSG-9-Truppe, die Antiterrorismuseinheit der deutschen Bundespolizei.

Ein weiterer Fall dieser Art, der von prinzipieller Bedeutung für das deutsche Parteiensystem war und zu Überlegungen führte, die an Aktualität nicht eingebüßt haben, waren die Ereignisse um die Beschlüsse, die die CSU im Herbst 1976 in Kreuth fasste. Sie führten zur zeitweisen Aufkündigung der Fraktionsgemeinschaft zwischen CDU und CSU und hätten damals leicht zur Aufsplitterung des Unionslagers führen können.

Kreuth und die Lehren

Die Bombe platzte am 20. November 1976, wenige Wochen nach einem großartigen Wahlerfolg der Unionsparteien (der allerdings nicht ausgereicht hatte, die sozialliberale Koalition aus dem Sattel zu heben). Die neu gewählte Landesgruppe der CSU traf sich wie üblich in Kreuth mit der CSU-Führung. Jedermann erwartete interessante, vielleicht auch hitzige Analysen der politischen Lage, niemand rechnete dagegen mit irgendwelchen Aufsehen erregenden Beschlüssen.

Am Nachmittag dieses Tages war ich auf dem Weg nach Mainz, um dort an einer Kommissionssitzung teilzunehmen, die sich mit Fragen einer Verwaltungsreform beschäftigen sollte. Da hörte ich in den Südwestfunk-Nachrichten zu meiner grenzenlosen Überraschung, dass die CSU, gewissermaßen aus heiterem Himmel, die Fraktionsgemeinschaft mit der CDU aufgehoben hatte.

Von dieser Nachricht war ich verständlicherweise aufs Äußerste beunruhigt. Im Allgemeinen habe ich auch für Entscheidungen, die ich nicht billige, hinreichendes Verständnis. Wenn aber jemand etwas beschließt, womit er ausschließlich sich selbst schadet, dann fehlt mir jeder Zugang zu dieser Entscheidung, und genauso verhielt es sich in diesem Fall. Die unmittelbarste Konsequenz der Trennung war ja, dass die CSU nie wieder die Chance haben würde, den Bundeskanzler zu stellen (und das war doch das erklärte Ziel ihres Landesvorsitzenden), ja noch nicht einmal den Bundestagspräsidenten (und auch dafür gab es erkennbar Interessenten unter ihrem Führungspersonal). Natürlich stand das Ganze in engem Zusammenhang mit den Fantasien über ein bundesweites Auftreten der CSU, die zu der Zeit durch alle Gazetten, aber auch durch viele politische Köpfe geisterten. Aber so wirklichkeitsfremd konnte nicht einmal der hitzigste Anhänger einer – wie man damals zählte – vierten Partei sein, dass er sich für diese den Rang als stärkste Partei im deutschen Parteienspektrum ausrechnete. Dass sich ein Problem der allerersten Größenordnung anbahnte, war mir natürlich sofort klar, und ich war, wie gesagt, aufs Äußerste beunruhigt.

Trotzdem ging ich, in Mainz angekommen, zunächst in meine Sitzung. Aber meine Beunruhigung wuchs von Minute zu Minute.

Also verließ ich die Sitzung unter einem Vorwand und begab mich in das Vorzimmer des Ministerpräsidenten, wo gewöhnlich die kluge Juliane Weber saß. Als ich sie nicht vorfand und aus dem Chefzimmer überdies erregte Stimmen hörte, betrat ich einfach den Raum. Das war damals in Mainz üblich. Vor den normalen Kabinettssitzungen traf sich eine kleine Gruppe im Zimmer des »MP«, um außerhalb der Tagesordnung wichtige Fragen zu besprechen. Zu dieser Gruppe gehörten einige Minister wie der Landwirtschaftsminister und stellvertretende Ministerpräsident Otto Meyer, dessen abgewogenes und unaufgeregtes Urteil allseits geschätzt war, der versierte Finanzminister Johann Wilhelm Gaddum sowie wichtige Beamte aus der Staatskanzlei und, sehr bald nach meinem Amtsantritt, auch ich. Die Gruppe war also offenbar zusammengerufen worden, um die Neuigkeiten aus Kreuth zu diskutieren.

Dass Strauß mit seinen Maßnahmen eine äußerst gefährliche Situation heraufbeschworen hatte, war uns allen klar, ebenso aber auch, dass ihm ein Teil der CSU-Granden nur sehr widerwillig Folge geleistet haben konnte. Das mahnte dazu, wenigstens nach außen, gegenüber der CSU als Ganzem, zunächst einmal nicht so heftig aufzutreten, wie es eigentlich nötig gewesen wäre. Dementsprechend verfolgte Helmut Kohl in den auf Kreuth folgenden Wochen eine Linie der Besonnenheit, die sich letzten Endes auszahlte. Ich hätte mir damals durchaus eine härtere Linie gewünscht, auch um der einfachen CDU-Mitglieder willen, die sich gerade nach einem so engagiert geführten und erfolgreichen Wahlkampf schwer gekränkt fühlen mussten. In jener nachmittäglichen Besprechung habe ich das auch deutlich gesagt, bin damit aber nicht durchgedrungen, und heute muss ich zugeben, dass ich mit meiner Meinung falsch lag.

Eine solche Politik des Maßhaltens nach außen funktioniert allerdings nur, wenn man nach innen zeigt, »dass man auch anders kann«, und wenn einem das auch zugetraut wird. Damit waren wir bei dem Thema, das uns ebenso wie die Gazetten in jener Zeit immer wieder beschäftigte. Wenn die SPD so stark blieb, wie sie es damals war, und die FDP nicht bereit war, sich aus der Koalition mit ihr zu lösen, war es dann doch nicht besser und vor allem aussichtsreicher, dass die CSU sich als vierte bundesweit agierende Partei etablierte?

Und wenn es dazu kam, musste die CDU dann nicht folgerichtig auch einen bayerischen Landesverband gründen, also – wie damals manche Journalisten es ausdrückten – »nach Bayern einmarschieren«?

Auch hier muss ich wieder gestehen, dass ich in jenem Gespräch die harte Linie verfocht – allerdings nur für alle Eventualitäten, denn noch wusste niemand, was Strauß wirklich beabsichtigte. Helmut Kohl konnte sich, wie ich mich genau erinnere, von Anfang an nicht mit dem Gedanken an eine Aufspaltung des Unionslagers anfreunden, und er hatte auch seine Gründe dafür. Er hatte es in der Pfalz zwar nicht mehr selbst erlebt, mit welchen Problemen das Nebeneinander zweier christlicher Parteien verbunden ist, aber in der pfälzischen CDU befanden sich noch viele ältere Mitglieder, die die Zeiten, in denen sich Zentrum und Bayerische Volkspartei gegenüberstanden (und dann natürlich auch bekämpften), noch miterlebt hatten und darüber trefflich berichten konnten.

Seine Argumente waren, wie ich heute zugeben muss, absolut richtig. Bei einer Konkurrenz zwischen CDU und CSU hätten beide Parteien vielleicht einige zusätzliche Stimmen gewonnen, die CSU auf dem rechten Flügel, die CDU in der liberalen Mitte. Aber es wären alle Direktmandate verlorengegangen, die nur knapp gewonnen waren. Die SPD hätte dadurch nach damals geltendem Recht mit einer stattlichen Anzahl von Überhangmandaten rechnen können, die die zusätzlich gewonnenen Stimmen für CDU/CSU spielend ausgeglichen hätten. Der gelegentlich geäußerte Vorschlag, dann müssten beide Parteien eben gemeinsame Direktkandidaten aufstellen, war ohnehin Unsinn. Das wäre beim Ehrgeiz potenzieller Kandidaten niemals geglückt, und außerdem hätten sich die Wähler auf solche Spielchen auch gar nicht eingelassen. Wichtiger waren aber wahrscheinlich die Alltagsschwierigkeiten, die sich aus der Konkurrenz zweier Parteien ergeben hätten. Es hätte zu einer Aufteilung der vorhandenen Finanzmittel, der bestehenden Schulden, der parteieigenen Häuser und aller sonstigen Aktiva sowie Passiva kommen müssen, und daraus hätten sich die schönsten Zivilprozesse ergeben. In jeder Wahlversammlung hätte der Redner, statt den politischen Gegner zu bekämpfen, die erste Viertelstunde auf die Frage verwenden müssen, warum die Bürger gerade seine christliche Partei und nicht die andere wählen sollten. Und vor allem: Die jeweils neue Partei wäre ja nicht im luftleeren Raum gegründet worden, sondern sie hätte sich des schon vorhandenen Personals bedienen müssen, das heißt derer, die in der »alten« Partei bei der letzten Kandidatenaufstellung oder bei der Wahl zum Orts- oder Kreisvorsitzenden oder in die Gremien unterlegen waren und deshalb mit ihr ohnehin noch ein Hühnchen zu rupfen hatten. Ich selbst habe nach den Tagen von Kreuth aus Bayern eine stattliche Zahl von Briefen erhalten, deren Absender das Angebot machten, in ihrer Region die CDU zu gründen, und es waren ausnahmslos die Unterlegenen aus früheren Wahlen innerhalb der CSU. Da habe ich rasch begriffen, wie recht Helmut Kohl mit seiner Linie hatte. Folgerichtig hat er von mir diese Briefe auch gar nicht erhalten.

Die Krise, die die Kreuther Beschlüsse ausgelöst hatten, ist bekanntlich nach kurzer Zeit beigelegt worden. Daran haben mit Sicherheit besonnene Stimmen mitgewirkt, die sich in der CSU bemerkbar machten. Entscheidend war meiner Meinung nach aber die gelassene Ruhe, mit der Helmut Kohl die Dinge handhabe, noch mehr jedoch die ebenfalls in dieser Ruhe dokumentierte Entschlossenheit, wenn nötig auch eine bayerische CDU ins Leben zu rufen. Die Mittel dafür waren vorhanden, dafür hatte der Bundesvorsitzende rechtzeitig und für Eingeweihte erkennbar gesorgt, und Geld ist in einer solchen Lage immer ein schlagendes Argument. Ich habe die Möglichkeit einer solchen Neugründung für historische Studien zur bayerischen Geschichte genutzt, die im Ernstfall durchaus nützlich gewesen wären. Aber dazu muss ich etwas weiter ausholen.

Die meisten Pressestimmen, die sich damals mit der Gründung einer bayerischen CDU beschäftigten, waren der Ansicht, dass es sich dabei überwiegend um eine fränkisch-schwäbische Partei handeln werde, während der altbayerische Teil des Landes wohl bei der CSU bleiben werde. Das war gewiss nicht falsch gedacht, da die erstgenannten Landesteile seit jeher eine größere Neigung zu liberalen Ideen hatten als die altbayerischen. Nur hätte eine solche Neugründung von Anfang an das Argument des regionalen Separatismus gegen sich gehabt und wäre in vielen Augen auch gar keine adäquate Antwort auf eine bundesweite CSU gewesen. Entweder erfasste die Neugründung alle Landesteile Bayerns mit annähernd gleicher Intensität, oder man konnte gleich darauf verzichten; das war jedenfalls meine Überzeugung – und ich kenne die bayerische Mentalität nicht schlecht. Die eigentliche Frage war also, ob es der CDU nicht doch möglich war, auch in Altbayern (im Baiern mit »i«) Fuß zu fassen, und das war im Lichte der bayerischen Parteiengeschichte keineswegs ausgeschlossen.

Der bayerische Landtag wurde spätestens seit den sechziger Jahren des 19. Jahrhunderts von der Patriotenpartei beherrscht, die sich später zum Zentrum weiterentwickelte und deren Vertreter im Reichstag des Bismarckreichs dementsprechend auch der Zentrumsfraktion angehörten. Das wurde kritisch, als der Reichskanzler Leo von Caprivi sich in den 1890er Jahren gegen die bisherige Schutzzollpolitik des Reiches entschied (was vor allem die Einfuhr landwirtschaftlicher Produkte beträchtlich erleichterte) und dadurch natürlich in Konflikt mit den Bauern geriet. Das Zentrum, das nicht zuletzt die katholischen Bauern Süddeutschlands repräsentierte und im Reichstag das Zünglein an der Waage bildete, verweigerte den Caprivischen Gesetzen zunächst seine Zustimmung und brachte sie dadurch zu Fall. Bei einem erneuten Anlauf des Kanzlers änderte es jedoch seinen Kurs und fiel damit den Bauern in den Rücken – so jedenfalls legten es diese aus.

Die Reaktionen waren dramatisch, besonders in Bayern. Zahllose Bauern wandten sich nunmehr vom Zentrum ab, Abgeordnete der Partei und Geistliche wurden öffentlich verprügelt, es entwickelte sich eine zwar konservative, aber deutlich antiklerikale Volksbewegung, die im Bayerischen Bauernbund ihre organisatorische Verfestigung und in dessen Führungsschicht eine Reihe höchst populärer Sprachrohre fand. (Ludwig Thoma hat die Situation in seinem in bayerischer Mundart geschriebenen großen Bauernroman *Andreas Vöst* eindringlich geschildert.) Erst nach dem Ersten Weltkrieg konnten Bauernbund und Zentrum wieder vereinigt werden, wenn auch nur mit Mühe. Das Ergebnis war die Bayerische Volkspartei, die darum auch nicht mehr als Zentrum firmieren konnte.

Dass die CSU bis heute einen eigenen Namen führt, hat auch hierin seinen fortbestehenden Grund.

Dieser innere Bruch, der durch die bayerische Parteienlandschaft ging, hat sich bis weit in die zweite Hälfte des 20. Jahrhunderts nicht ausgewachsen. Die Gegenden, die einst der Bauernbund beherrscht hatte, wählten um 1950 herum wieder nicht die CSU, sondern die – liberalere – Bayernpartei, und innerhalb der CSU trennte der nämliche Bruch den Flügel von Alois Hundhammer von den Anhängern Josef Müllers, des »Ochsensepp«. Erst Franz Josef Strauß hat dieses Konfliktpotenzial mit der Macht seiner leidenschaftlichen Persönlichkeit und wahrscheinlich auch mit seiner Industrialisierungspolitik neutralisiert. 1976 war ich aber sicher (und bin es heute noch), dass die CDU in den Gegenden, die eine bauernbündische Tradition hatten, auch damals noch leicht hätte Fuß fassen können. Die Landkarten waren 1976 jedenfalls gezeichnet und hätten jederzeit genutzt werden können. Dass dies letztlich nicht notwendig wurde, war dann aber wesentlich besser. Helmut Kohl hat von diesen historischen Studien ohnehin nichts gewusst, und ich berichte hier nur davon, weil es dem einen oder anderen Nichtbayern vielleicht manche Besonderheiten der dortigen Politik zu erklären vermag.

Apropos:
Grenzüberschreitendes Beamtenrecht

Eines Tages im Frühjahr 1978 wurde ich vom baden-württembergischen Ministerpräsidenten mit Zustimmung des baden-württembergischen Landtags zum baden-württembergischen Minister berufen. Das wäre an sich nichts Schlimmes gewesen, auch nicht unter rechtlichen Gesichtspunkten. Ich erhielt, wie sich das gehört, eine Ernennungsurkunde. Meine Rechte und Pflichten aber regelten sich nach dem Ministergesetz, das Baden-Württemberg wie jedes andere anständige Bundesland besaß.

Wäre ich vorher baden-württembergischer Professor und Staatssekretär gewesen, so hätte es keine Schwierigkeiten gegeben. Nach dem Beamtengesetz des Landes hätte ich zwar aus dem Beamtenverhältnis ausscheiden müssen. Nach einem Sturz als Minister hätte ich aber Anspruch auf Wiedereinstellung mit dem früheren beamtenrechtlichen Rang gehabt. Für mein weiteres Fortkommen wäre also trefflich gesorgt gewesen.

Das Missliche war nur, dass ich bisher nicht baden-württembergischer, sondern rheinland-pfälzischer Professor und Staatssekretär gewesen war und dass die Verhältnisse in Rheinland-Pfalz anders geregelt waren. Wäre ich dort Minister geworden, so hätte ich als Staatssekretär (und übrigens auch als Professor) in den einstweiligen Ruhestand versetzt werden müssen. Nach einem Sturz als Minister wäre die Ruhestandsversetzung automatisch unwirksam geworden, und ich hätte die Wiederbeschäftigung als Professor bzw. Staatssekretär verlangen können. Dass aber einmal ein rheinland-pfälzischer Beamter in Baden-Württemberg zum Minister berufen würde, das hatte der Mainzer Gesetzgeber bei allen sonstigen divinatorischen Fähigkeiten nicht vorausgesehen, und der Stuttgarter Gesetzgeber seinerseits hatte nicht daran gedacht, dass einmal ein Minister aus einem anderen Bundesland geholt werden könnte. Es klaffte also eine Gesetzeslücke, und mitten in dieser saß ich.

Als Landesbevollmächtigter in Bonn   63

Ich hätte ja freiwillig aus dem rheinland-pfälzischen Staatsdienst ausscheiden können. Aber dann hätte ich nach dem Ende meiner Ministerzeit kein Recht auf Wiederbeschäftigung als Beamter gehabt und wäre brotlos geworden; denn so weit sind wir in Deutschland noch lange nicht, dass ein Land dem anderen vorschreiben kann, wen es als Beamten beschäftigen muss.

Die Sache war einige Tage in der Schwebe, und beide Staatskanzleien dachten darüber nach, wie man aus dem Dilemma herauskommen könne, ohne gleich den Gesetzgeber damit belasten zu müssen. Schließlich gab sich das Stuttgarter Staatsministerium einen Ruck und erklärte sich damit einverstanden, dass ich in Rheinland-Pfalz nur in den einstweiligen Ruhestand versetzt wurde, nicht aber aus dem Beamtenverhältnis ausschied. Es wurde also, wie das so schön heißt, unkonventionell und unbürokratisch gehandelt.

Um zarte Gemüter zu beruhigen, füge ich hinzu, dass ich natürlich keine zwei Gehälter bekommen habe. Dem stand das Beamtenbesoldungsgesetz im Wege, nach welchem von mehreren Gehältern bzw. Ruhegehältern aus öffentlichen Kassen stets nur das höchste ausgezahlt werden darf. Insofern gab es also keine Gesetzeslücke.

Allerdings erhielt ich von da an jahrelang Abrechnungen, in denen mir ein pflichtbewusster rheinland-pfälzischer Computer mitteilte, welche Ruhestandszahlung ich bekommen hätte, sofern ich eine bekommen hätte. Da vom Endbetrag stets das Stuttgarter Ministergehalt abgezogen wurde, stand ganz hinten in diesen Bescheiden immer eine dicke Null. Nur das Porto, das musste Rheinland-Pfalz selbst tragen.

Kultusminister in Baden-Württemberg

Es war in den ersten Wochen des Jahres 1978, am Donnerstag vor Karneval, der in den deutschen Regionen ganz verschiedene Namen führt – Weiberfastnacht, schmutziger Donnerstag, Fettdonnerstag oder, je nach Bedarf, auch unsinniger Donnerstag. Ich hatte mir, wie es der Stellenbeschreibung eines Politikers und Behördenchefs im Rheinland entspricht, meine Krawatte abschneiden lassen und dann mit meinen Mitarbeitern etwas gefeiert. Nun war ich zu Hause, in meinem Einfamilienhaus im Bonner Vorort Röttgen, und wollte mir ein paar ruhige Stunden machen. Doch daraus wurde nichts. Es läutete nämlich das Telefon, und am Apparat war der baden-württembergische Ministerpräsident Hans Filbinger. Er habe schon seit langer Zeit vor, mit mir ein gründliches Gespräch zu führen, sei durch unglückliche Umstände daran immer wieder gehindert worden, nun aber sei es möglich und übrigens auch sehr dringend geworden. Ob ich denn in den kommenden Karnevalstagen Zeit hätte, ihn aufzusuchen. Die Frage, die er mit mir erörtern wolle, sei so delikat, dass er sie mir am Telefon nicht stellen könne.

Meinetwegen hätte er nicht so vorsichtig sein müssen. Ich wusste genau, was er von mir wollte – ich sollte als Nachfolger von Wilhelm Hahn in Stuttgart Kultusminister werden, zumindest zur Hälfte, in einem neu zu bildenden Schulministerium. Das hatte mir Johannes Neukirchen, mein politischer Referent, dem nichts verborgen blieb, seit Wochen signalisiert, und Filbinger selbst hatte schon seit Monaten immer wieder Zeichen seiner Sympathie für mich erkennen lassen. Ich sagte ihm also, dass ich ihm am nächsten Tag zur Verfügung stehen könne. Ich wollte die Faschingstage ohnehin in meiner bayerischen Ferienwohnung verbringen. Da konnte ich in Stuttgart mühelos von der Autobahn abfahren und Filbinger in seiner Dienstvilla auf der Solitude besuchen.

So geschah es denn auch am folgenden Freitag, und das Ge-

Kultusminister in Baden-Württemberg

spräch verlief so, wie es zu erwarten war. Filbinger erklärte mir, dass er sich von Wilhelm Hahn trennen müsse, das Kultusministerium in ein Schul- und ein Hochschulministerium aufspalten und mich als Schulminister, freilich mit dem Titel »Kultusminister«, gewinnen wolle. Das waren drei Fragen auf einmal. Mit zweien davon kam ich ohne weiteres zurecht. In Rheinland-Pfalz gab es auf absehbare Zeit keine interessante Aufstiegschance, außerdem wollte ich meinen Lebensschwerpunkt gern wieder in den Süden verlagern – ein Ministeramt in Baden-Württemberg war unter diesen Umständen ein interessantes Angebot. Auch die Aufteilung des Stuttgarter Kultusministeriums hielt ich für richtig. Unter den Fachleuten gab es seinerzeit genauso wie heute höchst diffizile Argumente für und wider. Für mich ist das aber eine reine Quantitätsfrage. In einem kleinen Land ist die Aufteilung gewiss nicht nötig und auch nicht sinnvoll. In Baden-Württemberg, wo es damals schon mehr als achtzigtausend fest angestellte bzw. verbeamtete Lehrer und fünfzig Hochschulen von unterschiedlicher Ausrichtung und Größe gab, musste der Umfang der damit verbundenen Probleme aber zwangsläufig dazu führen, dass die meisten Entscheidungen nicht vom Minister, sondern von Beamten getroffen wurden, und das ist in einer parlamentarischen Demokratie nie gut. Also sprach alles für eine Teilung.

Das Problem war Wilhelm Hahn, den ich stets verehrt habe und zu dem ich im Evangelischen Arbeitskreis der CDU/CSU auch ein ausgezeichnetes Verhältnis aufgebaut hatte. Ich hatte nicht den geringsten Grund, ihn aus seinem Sessel zu verdrängen oder mich auch nur an seiner Verdrängung zu beteiligen, und das erklärte ich Filbinger in aller Offenheit.

Ihn störte das keineswegs, sondern er sagte sofort zu, meinen Namen überhaupt erst ins Gespräch zu bringen, wenn Hahn bereits seine Bereitschaft zum Rücktritt erklärt hätte – und dass es dazu aus mehr oder weniger freien Stücken kommen würde, davon ging er in dem Gespräch mit mir erkennbar aus. Nachträglich ist mir nicht mehr klar, ob er das ernsthaft glaubte oder ob er mich nicht doch mit einer etwas geschönten Argumentation beruhigen wollte. Jedenfalls habe ich mich damals mit dieser Linie einverstanden erklärt. In den entscheidenden Tagen, nachdem einerseits Wilhelm

Hahn nolens volens seine Bereitschaft zum Rücktritt, andererseits ich meine Bereitschaft zu seiner Nachfolge erklärt hatte, haben Hahn und ich engen telefonischen Kontakt gehalten und, wie ich glaube, diese kritische Phase in unserem Verhältnis ganz gut überstanden.

Aus meiner heutigen Sicht hat es sich damals zwischen Filbinger und Hahn um einen Streit zwischen zwei alternden Männern gehandelt, die das Gefühl hatten, sich gemeinsam nicht mehr lange halten zu können, von denen aber jeder dem anderen beim Ausscheiden aus der Politik den Vortritt lassen wollte. Wilhelm Hahn war ein großartiger Mann, der mit seinem Kongress »Mut zur Erziehung« die Bildungspolitik wieder auf ernsthafte Grundlagen gestellt hatte, im Lande aber überwiegend sein Ministerium agieren ließ und dadurch mehr und mehr zu einer wirklichen Belastung wurde. (Beispielsweise hatte er nichts gegen die seinerzeit sehr umstrittene Oberstufenreform unternommen, wollte für sie aber auch nicht geradestehen und hinterließ sie daher mir zur Unterschrift.) Filbinger wollte sich also wohl zu Recht einer Belastung entledigen, damit in der Öffentlichkeit nicht plötzlich auch sein eigenes Alter diskutiert wurde. Hahn dagegen hätte es wohl nichts ausgemacht, diesen Versuch abzuschmettern und seinerseits den Sessel von Filbinger einzunehmen.

Wie dem auch sei – am 9. Mai 1978 wurden im baden-württembergischen Landtag Helmut Engler als Wissenschaftsminister und ich als Minister für Kultus und Sport bestätigt und anschließend vereidigt. Es begann mein Ausflug in die Bildungspolitik, die ich zwar stets als eines der wichtigsten Politikfelder unserer Zeit betrachtet habe, mit der ich aber in der Tagespraxis nie ganz warm geworden bin.

Ärger gab es eigentlich schon vor dem Amtsantritt. Eifrige Journalisten befragten mich nämlich über den ihrer Ansicht nach katastrophalen Unterrichtsausfall in Baden-Württemberg, der ziemlich genau bei fünf Prozent lag. Das war gewiss eine ganze Menge, aber ich kam aus Nordrhein-Westfalen, wo an der Schule meiner Kinder mehr als zwölf Prozent des vorgesehenen Unterrichts auszufallen pflegten. Man hätte unter diesen Umständen verstehen sollen, dass ich das Thema nicht allzu ernst nahm. Ich hätte aber natürlich einsehen sollen, dass ich auch nicht allzu großzügig darüber hinwegsehen durfte. Ich sagte zwar, dass selbstverständlich alles gegen Unterrichtsausfall unternommen werden müsse, dass ich mich aber als Schüler über Freistunden immer sehr gefreut hätte. Die Aufregung, die diese Äußerung im Land verursachte, war ungeheuer, zumindest in den Lehrerverbänden und den berufs- und gewohnheitsmäßigen Elternbeiräten. Noch ein Jahr später führten mich Lehrer einer Schule, der ich einen Besuch abstattete, an ihr Schwarzes Brett, wo immer noch ein Zeitungsbericht über meine Erklärung zur ewigen Dokumentation meiner Schande angeheftet war.

Ich habe das mit Würde getragen, heute sehe ich aber klarer, worum es damals wirklich ging. Weder die Lehrerschaft noch die organisierten Eltern konnten es ertragen, dass ich vom ersten bis zum letzten Tag meiner Zeit als Kultusminister bildungspolitische Probleme nicht aus ihrem Blickwinkel, sondern aus dem der Schüler betrachtete, für die unser Bildungswesen ja schließlich da ist. Darauf beharre ich, und darauf beruht vor allem auch der Kernpunkt meiner heutigen bildungspolitischen Überzeugungen: Es kommt nicht darauf an, was in der Schule gelehrt wird, sondern darauf, was die Schüler davon beim Verlassen der Schule noch wissen.[3]

Helmut Engler und ich befanden uns übrigens noch in den hundert Tagen, die angeblich jeden neuen Minister vor Kritik und Opposition schützen, als wir bereits unsere Ämter wieder verloren und gewissermaßen »geschäftsführend« wurden. Denn Ministerpräsident Filbinger hatte schon im August 1978 zurücktreten müssen – unmittelbar wegen seiner Tätigkeit als Marinerichter während des Zweiten Weltkriegs, mittelbar aber wegen der unglaublichen Ungeschicklichkeiten, die er sich in den Debatten über die gegen ihn erhobenen Vorwürfe leistete. Ein Urteil über diese Vorwürfe will ich mir hier ersparen, denn es würde den Umfang des vorliegenden Buches sprengen. Was hinter den Kulissen der Landespartei vor sich ging, ist mir unbekannt. Ich war ja damals in Baden-Württemberg neu und gehörte weder zu den inneren noch zu den äußeren Zirkeln, die es in solchen Vereinigungen gibt. Jedenfalls übernahm Lothar Späth, der sich nach meinen Beobachtungen (und soweit das sachlich überhaupt möglich war) lange Zeit bis zur Selbstgefährdung für Filbin-

ger geschlagen hatte, nach dessen Rücktritt das Amt des Ministerpräsidenten. Und da er das Kabinett praktisch unverändert bestehen
ließ, änderte sich auch an meiner Stellung nichts.

Ist-Zustand und neue Zielsetzung

Das baden-württembergische Schulwesen, für das ich nun verantwortlich zeichnete, war, aufs Ganze gesehen, in einem ausgezeichneten Zustand. Unter Wilhelm Hahn hatte ein staunenswerter Ausbau
des Netzes weiterführender Schulen stattgefunden. Das altherge-
brachte Problem, dass eine ländliche oder kleinstädtische Familie,
die ihre Kinder auf eine Realschule oder gar ein Gymnasium schicken wollte, sich auf Jahre von ihnen trennen und sie in ein Internat
und in die Obhut fremder Leute geben musste, stellte sich nun nicht
mehr; fast für alle war eine weiterführende Schule in leicht erreich-
barer Nähe. Der Lehrermangel, den gerade auch dieser Ausbau mit
sich gebracht hatte, war so gut wie behoben. Während meiner kurzen
Amtszeit sollte er sogar in ein Überangebot und die damit zwangsläufig beginnende Lehrerarbeitslosigkeit übergehen. Die Schulen
waren im Allgemeinen auch gut ausgestattet, und eine zwar teuere,
aber effektive Beförderung der Schüler vom Wohn- zum Schulort
trug dazu bei, jedem Schüler die ihm adäquaten Bildungsmöglich-
keiten zu sichern. Die Gesamtschule, die in SPD-regierten Ländern
protegiert wurde, lehnte man in Baden-Württemberg aus, wie ich
fand, guten Gründen ab, doch waren die drei Zweige des allgemeinbildenden Schulwesens, nämlich Hauptschule, Realschule und
Gymnasium, durch so genannte Verteilerkreise nach der 6. und
10. Klasse und, auf dem Weg zur Hochschule, noch einmal nach
dem 13. Schuljahr miteinander verbunden, sodass Schüler, die sich
ersichtlich für einen anderen Schultyp eigneten als für den, in dem
sie sich befanden, verhältnismäßig leicht und in geordnetem Verfahren in diesen überführt werden konnten. Das galt besonders für die
Verbindung zwischen dem allgemeinbildenden und dem berufsbil-
denden Schulwesen. Letzteres war geradezu fantastisch ausgebaut,
nicht zuletzt aufgrund des dichten Netzes von Berufsfachschulen,

durch das sich Baden und Württemberg schon von jeher ausgezeichnet hatten. Über den Berufsschulen und Berufsfachschulen gab es ein lückenloses Netz beruflicher Gymnasien, die zum Abitur führten, und darüber noch ein Netz von Berufsakademien, die zwar nicht meinem Ressort unterstanden, dafür aber eindeutig als Hochschulen konzipiert und anerkannt waren.

Erst bei genauerem Hinsehen konnte man erkennen, dass selbst in diesem großzügig angelegten System nicht alle Stellschrauben richtig fixiert waren. Lediglich drei Schwachpunkte, die ich ziemlich rasch entdeckte (ohne dass ich sagen könnte, ich hätte sie vollständig beheben können), seien im Folgenden angeführt.

Zunächst fiel mir auf, dass es unter den Schulleitern erstaunlich wenige Frauen gab; nicht einmal unter den Leitern hauswirtschaftlicher Berufsschulen waren Frauen in der Überzahl. In dieser Frage machte ich sehr schnell beachtlichen Druck. Meine Versuche fanden unter den Lehrerinnen durchaus Anerkennung, Gefolgschaft fanden sie aber nicht. Im Gegensatz zu meinen Erwartungen gab es nur wenige Frauen, die bereit waren, eine leitende Position zu übernehmen. Meine Vermutung, das hänge mit der Doppelbelastung von Beruf und Familie zusammen, erwies sich zwar keineswegs als falsch, aber es stellte sich zu meiner Überraschung heraus, dass das nicht der einzige Grund für den ausbleibenden Erfolg war. Der andere Grund lag in der Besoldung, die dem Bundesrecht unterlag und auf die folglich ein Landeskultusminister kaum Einfluss hatte: Über den Stellen für Studien- und Oberstudienräte gab es nämlich Direktorenstellen für solche Lehrer, die eine eigene Abteilung ihrer Schule leiteten, aber viel weniger verantwortungsvolle Aufgaben – wie Verwaltung von Physik- bzw. Chemiesälen, von Unterrichtsmaterial wie Landkarten usw. – wahrzunehmen hatten, und erst darüber standen dann die Oberstudiendirektoren als Schulleiter. Das Unglück bestand nun darin, dass der finanzielle Abstand zwischen den Lehrern und den Studiendirektoren relativ groß, der zwischen den Direktoren und Oberstudiendirektoren aber verhältnismäßig klein war, jedenfalls zu klein, als dass es für eine berufstätige Frau und Mutter hätte Anlass sein können, die erhebliche Mehrbelastung einer Schulleitung attraktiv zu finden.

Das zweite Beispiel gehört in den Themenbereich der damals so genannten Schulreform. In den Jahren vor meiner Ernennung zum Kultusminister hatte ja die große Auseinandersetzung zwischen den Anhängern des gegliederten Schulwesens und der Gesamtschule stattgefunden – von der ich heute glaube, dass sie in ihrer Bedeutung von beiden Seiten überschätzt wurde und eigentlich nur Lehrerinteressen diente. Baden-Württemberg hatte sich nachdrücklich gegen die Gesamtschule entschieden, hatte aber ein knappes Dutzend von Gesamtschulversuchen angestellt, die zum Teil weit entfernt von herkömmlichen Gymnasien, zum Teil aber am gleichen Ort wie solche durchgeführt wurden. Diese Versuchsschulen waren nach Mitteln und Personal ungleich besser ausgestattet als vergleichbare Schulen herkömmlicher Art, und da begann die Sache unehrlich zu werden. Sollte mit den Versuchen nur ermittelt werden, wie eine Gesamtschule funktionieren kann, so war der Versuch überflüssig; denn dass eine Schule mit mehr Lehrern, einigen Psychologen und mehr flüssigen Mitteln zu besseren Leistungen imstande ist als eine, die das alles nicht hat, ist eine Selbstverständlichkeit und bedarf keiner experimentellen Absicherung. Wo aber Schulen der beiden Typen einander konkurrierend gegenüberstanden, wurde dieses Konkurrenzverhältnis auf ziemlich unfaire Art und Weise gestört, und auch das hätte man von vornherein wissen können – ein Versuch war auch dazu nicht nötig. Es lag daher auf der Hand, dass diese Versuche nur aus politischen Gründen, um des lieben Friedens willen, unternommen worden waren, in Wirklichkeit also keine echten Versuche waren. Nur die Konkurrenz war gestört, und das war wenig ehrlich. Ich habe hier zu helfen versucht, indem ich den benachteiligten Schulen den einen oder anderen zusätzlichen Lehrer zuordnete.

Mein drittes Beispiel bezieht sich auf die Anzahl der wöchentlichen Unterrichtsstunden, das heißt auf die Stundentafeln in der Mittelstufe von Hauptschule, Realschule und Gymnasium. Man konnte hier schon auf den ersten Blick sehen, dass die Stundenzahlen nach allen möglichen Gesichtspunkten, nicht jedoch nach den Interessen der Schüler festgelegt worden waren, obwohl diese auf der Mittelstufe, also zwischen dem dreizehnten und siebzehnten Lebensjahr, ohnehin in einer sehr schwierigen Phase stecken. Die Stun-

Kultusminister in Baden-Württemberg

denzahlen, die den Schülern in den einzelnen Schuljahren angeboten wurden, schwankten zwischen 31 und 36 Stunden pro Woche. Ich hielt das für pädagogisch und kinderpsychologisch unvertretbar und bin noch heute der Meinung, dass dieses abstruse Zahlenspiel ausschließlich auf Kompromissen beruhte, die in den Verhandlungen mit den einzelnen Fachlehrerverbänden geschlossen worden waren, die erfahrungsgemäß mit Zähnen und Klauen um »ihre« Unterrichtsstunden zu kämpfen pflegen. Ich war aber nicht bereit, das anzuerkennen, sondern ich entschied, dass die Stundentafeln für die Mittelstufe einheitlich auf 32 Wochenstunden festzulegen waren – was ich noch heute für richtig halte.

Aufs Ganze gesehen bedeutete diese Entscheidung, dass eine erhebliche Stundenzahl eingespart wurde: ungefähr 5000 so genannte Lehrerdeputate, das heißt eine Stundenzahl, zu deren Gewährleistung 5000 Lehrer notwendig gewesen wären und durch deren Einsparung folgerichtig 5000 Lehrer anders eingesetzt werden konnten. Das bot mir die Möglichkeit, eine ganze Reihe vernünftiger Forderungen auf einmal zu befriedigen. So konnte ich beispielsweise die Pflichtstunden der Grundschullehrer, die in Baden-Württemberg damals noch über dem Bundesdurchschnitt lagen, diesem anpassen und eine Lehrerreserve schaffen, die bei Schwangerschaften und längerer Erkrankung von Lehrern einspringen und dadurch die Unterrichtsausfälle weiter reduzieren konnte, sowie noch einiges mehr. Die Krönung des Ganzen war, dass ich monatlich einen zweiten schulfreien Samstag einführen konnte, was mir je nach dem Charakter der betroffenen Eltern Lob oder Tadel einbrachte. Im Allgemeinen war aber die Zustimmung groß, was für das Unternehmen durchaus nicht unwichtig war: Wer den zweiten schulfreien Samstag wollte, der konnte auch nicht gegen die Beschneidung der Stundentafeln sein, und diese Kröte haben manche der tangierten Fachlehrerverbände schon wesentlich weniger gern geschluckt. Sie haben sich dann, zumindest teilweise, eine Art Ersatzbefriedigung gesucht, indem sie mir falsches methodisches Vorgehen vorwarfen: Ich hätte nicht zuerst den schulfreien Samstag festlegen dürfen, sondern die Angleichung der Stundentafeln. Diesen Vorwurf habe ich nicht verstanden. Schließlich hatte ich beides gleichzeitig verfügt, und Ausgangspunkt meiner internen Überlegungen war auch nicht der schulfreie Samstag, sondern die merkwürdige Inkonsequenz in den Unterrichtsstunden gewesen, die ich bei meinem Amtsantritt vorgefunden hatte. Für die seltsame Logik, mit der in unserem Land in bildungspolitischen Fragen gearbeitet wird, ist dieser ein Vierteljahrhundert zurückliegende Vorgang auch heute noch typisch. Das hat mir in den zwei Jahren, die ich Kultusminister war, immer wieder zu schaffen gemacht. Diese Beispiele charakterisieren das Umfeld, in dem auch heute noch Schulpolitik betrieben werden muss – ein Umfeld, in dem Tatkraft und Schaffensfreude sehr rasch gedämpft werden können.

Damals wie heute trifft es zu, dass die Arbeit von Lehrern und Schülern, die doch mehr als fast jede andere Arbeit von Persönlichkeit und Individualität der Beteiligten abhängt, durch eine Flut von Vorschriften eingeengt wird. Die Klagen der Lehrer über die Verrechtlichung ihrer Arbeit sind also berechtigt und waren es auch zu jener Zeit schon. Von Anfang an habe ich darauf hingearbeitet, unnötige Bestimmungen ausfindig zu machen und außer Kraft zu setzen. Aber so etwas braucht seine Zeit, zumal wenn nicht alle Mitarbeiter der gleichen Ansicht sind, und so war es fast unvermeidlich, dass das Problem in der Zwischenzeit in allen Lehrer- und Elternversammlungen, an denen ich teilnahm, ganz oben auf der Tagesordnung stand.

Das war an sich selbstverständlich und hätte keinem der Beteiligten Schwierigkeiten gemacht. Nur liefen all diese Versammlungen nach einem gänzlich anderen, völlig irrationalen Schema ab: Im ersten Teil wurde – natürlich neben anderen Themen, die den Teilnehmern ebenfalls auf den Nägeln brannten – heftig über die Verrechtlichung der Schule Klage geführt, im zweiten Teil wurde dann aber ebenso heftig beklagt, dass die eine oder andere Vorschrift, die plötzlich für außerordentlich wichtig erklärt wurde, immer noch nicht erlassen sei. Zu allem Übel bemerkten die Teilnehmer nicht einmal ihre eigene Widersprüchlichkeit, und wenn ich sie dann darauf hinwies, waren sie auch noch beleidigt. Das Schönste war aber, dass mein Nachfolger, als er das von mir angestoßene Entrümpelungswerk endlich abschließen konnte, sofort mit der Forderung nach Gehaltserhöhungen konfrontiert wurde. Grund: Die Lehrer seien durch

Kultusminister in Baden-Württemberg 73

den Wegfall so vieler Bestimmungen mit zusätzlicher Verantwortung belastet. So macht man bei uns Bildungspolitik!

Zwei weitere Erlebnisse sollen veranschaulichen, in welche Probleme man als Minister beim Schulrecht geraten kann. Eines Tages berichtete mir die Schulabteilung von einem Fall, in dem eine bandenmäßig organisierte Gruppe von Schülern andere, meist jüngere Kinder, systematisch terrorisierte. Da es zunächst den Anschein hatte, als ob da auch neonazistische Elemente eine Rolle spielten, schickte ich einen sehr fähigen, energischen jungen Beamten an die Schule mit dem Auftrag, die Bande auf möglichst geräuschlose Weise auseinanderzujagen. Zwei Tage später war das, auch durch die Mitarbeit von Eltern und Lehrern, geschafft. Alle in Frage kommenden Schüler waren entweder von den Eltern von der Schule genommen oder einzeln auf andere Schulen verteilt worden. Man hat nie wieder etwas Negatives von ihnen gehört.

So weit so gut. Das Ministerium legte mir aber einige Wochen später eine Verordnung zur Unterschrift vor, durch die in über siebzig Paragraphen die Ausübung schulischer Disziplinargewalt geregelt werden sollte. Ich habe die zuständige Abteilung gefragt, ob der erwähnte Fall bei Beachtung dieser Verordnung auch so elegant und wirkungsvoll hätte gelöst werden können, und erhielt umgehend die Antwort, mir sei doch wohl selbst klar, dass das nicht möglich gewesen wäre. Da habe ich mich geweigert, das Konvolut zu unterzeichnen.

Ich weiß nicht, ob meine Nachfolger es jemals getan haben. Sicher ist aber: Wenn sie es nicht getan haben und daraufhin irgendeine disziplinarische Maßnahme vor dem Verwaltungsgericht gelandet wäre, wäre sie höchstwahrscheinlich aufgehoben worden – wegen fehlender Rechtsgrundlage.

Wieder anders war der folgende Fall gelagert. Man legte mir einen Erlass vor, der das Stillen von Kindern durch Lehrerinnen während der Unterrichtszeit regeln sollte. Obwohl die vorgeschlagene Regelung durchaus überzeugend war, weigerte ich mich, sie zu unterschreiben, weil ich der Überzeugung war, dass man die Frage ruhig der freien Übereinkunft der Beteiligten überlassen könne. Die Schulabteilung schlug aber die Hände über dem Kopf zusammen:

Drei Jahre habe man jetzt mit der Gewerkschaft Erziehung und Wissenschaft (GEW) über den Erlass verhandelt. Nunmehr habe man ein alle zufriedenstellendes Ergebnis erzielt, und wenn ich mich da querlegte, sei der ganze Frieden wieder gefährdet. Ich habe dann doch unterschrieben – im wahrsten Sinne des Wortes um des lieben Friedens willen.

Lehrplanarbeit

Die erwähnten organisatorischen und rechtlichen Fragen betrafen nach meiner Überzeugung nicht den Kern der Sache. Sie waren zum einen in einer so großen Organisation wie dem Schulwesen unvermeidlich, zum anderen ganz einfach von politischen bzw. pädagogischen Moden oder auch von schieren Lehrerinteressen diktiert. Eine Diskussion über die Bildungsinhalte aber, wie ich sie mehrfach in Gang zu setzen versuchte, kam nicht zustande, und heute muss ich mir vielleicht sogar den Vorwurf machen, auf dieser Forderung nicht hartnäckig genug beharrt zu haben. (Allerdings ist eine solche Debatte, genau genommen, bis heute nicht in Gang gekommen; vielleicht habe ich die Gesellschaft der Bundesrepublik einfach überschätzt.)

Für mich, der ich Schulfragen immer zunächst aus der Schülerperspektive zu sehen gewohnt war, war es damals (und ist es noch heute) ziemlich gleichgültig, wie das Schulwesen aufgebaut ist und wie die Institute heißen, an denen Lehrer ausgebildet werden. Mich interessiert ausschließlich, was die Schüler im Unterricht an Wissen angeboten bekommen, und vor allem, ob das so geschieht, dass sie es behalten und in ihr künftiges Leben »mitnehmen« können. Gewiss ist es albern, heute noch zu sagen, dass wir nicht für die Schule, sondern für das Leben lernen. Wenn der Schüler aber das, was er in der Schule gelernt hat, am Tag der Schulentlassung schon wieder vergessen hat, ist doch auch nichts gewonnen. Dann kann man sich das teure Unternehmen »Schule« genauso gut ganz sparen.

Als ich Kultusminister wurde, waren allerdings einige grundsätzliche Entscheidungen in dieser Hinsicht bereits getroffen und auch nicht ohne weiteres wieder zu korrigieren, und das war für meine Amtszeit ein einziges Dilemma.

Der erste Fehler lag schon darin, dass man die wichtigsten Impulse für die Lehr- und Lerninhalte von den offiziellen Lehrplänen – manchmal auch Richtlinien genannt – erwartete. Das war bei theoretischer Betrachtung recht und schön. Man hätte aber doch wissen können, dass viele Lehrer, wenn man ihnen einmal gesagt hat, was in welchem Fach zu behandeln ist, dann eine Wahl zwischen den auf dem Markt befindlichen Schulbüchern treffen und ihren Unterricht nach dem Schulbuch und nicht mehr so sehr nach dem Lehrplan gestalten. Mir ist das immer sehr einleuchtend erschienen, nur müsste man sich dann um die Schulbücher kümmern und diese nicht ausschließlich nach formalen Gesichtspunkten zulassen bzw. ablehnen. Das ist aber nie geschehen, schon weil man die dann unvermeidlichen Auseinandersetzungen um Presse- und Wissenschaftsfreiheit im Schulbuchbereich nicht zu führen wagte – übrigens bis heute nicht.

Eine andere Möglichkeit, auf die Lehrinhalte Einfluss zu nehmen, war und ist die Lehrerbildung. Um diese stand es in Baden-Württemberg damals gar nicht schlecht. Aber auch hier wirkten verfassungsrechtliche Fragen herein, denn die jungen Lehrer wurden nicht mehr in staatlich gelenkten Lehrerbildungsanstalten, sondern in pädagogischen Hochschulen ausgebildet, und die achteten auf ihre jüngst gewonnene akademische Freiheit schon aus Prestigegründen aufs Angelegentlichste. Für mich als Juristen war das schwer zu begreifen; denn meine Disziplin lehrt ja bereits ein Recht, das auf politischen Wegen gemacht worden ist, und sie tut das auch nach staatlichen Studien- und Prüfungsordnungen, ohne zu glauben, dass dadurch ihre akademische Freiheit beschnitten wird. Mit dieser Meinung stand ich in »meinem Haus«, unter lauter in den Ministerialdienst aufgestiegenen Lehrern, aber allein da. Hätte ich da wirklich kämpfen wollen, hätte ich alle meine Hunde zum Jagen tragen müssen, und damit kann man nur scheitern. Also ließ ich es zunächst einmal.

Der Punkt, an dem man noch am ehesten ansetzen konnte, war also die Lehrplanarbeit. Mit ihr habe ich mich infolgedessen besonders befasst. Um die Probleme, mit denen man hierbei zu tun hatte, möglichst vollständig und facettenreich kennenzulernen, habe ich mich in einer Reihe von stundenlangen Besprechungen innerhalb des Ministeriums mit konkreten Lehrplänen beschäftigt – was natürlich alles andere als üblich war und sofort wieder Kritik hervorrief. Die Schwierigkeit dabei war, dass die Lehrplanarbeit gleichsam in Jahresringen wuchs: Jedes Jahr wurden die Pläne für einen bestimmten Schülerjahrgang erlassen, und als ich Minister wurde, war über die meisten Jahrgänge bereits entschieden. Rückwirkend war also nicht mehr viel zu ändern, ich konnte aber die Kritik, die inzwischen allenthalben laut geworden war, für die noch ausstehenden Jahrgänge aufzunehmen versuchen und dabei zusätzliche Erkenntnisse für die Neufassung aller Pläne sammeln, mit der wir nach meiner Überzeugung sofort nach Abschluss des letzten Jahresrings beginnen mussten.

Die Hauptvorwürfe gegen die bisher geleistete Arbeit kamen aus zwei Richtungen. Einerseits wurde zu Recht immer wieder eine »Überfrachtung« und andererseits eine »Verkopfung« der Lehrpläne beklagt. Meinen Beobachtungen zufolge trafen auf die schon in Kraft getretenen Pläne beide Vorwürfe zu, wenn auch in durchaus unterschiedlichem Maße, und beide ließen sich ohne weiteres erklären. Das hing – so absurd das auf den ersten Blick klingt – mit dem hohen Ansehen und dem nicht weniger hohen Sachverstand der Kommissionen zusammen, die seit Jahren an der so genannten Lehrplanreform arbeiteten. Bei jedem Fach wirkten die besten und anerkanntesten Fachwissenschaftler und -lehrer mit, also Menschen, die sich in ihrer Disziplin auskannten, von ihrer Wichtigkeit überzeugt waren und ihr daher im Unterricht so weit wie möglich Geltung verschaffen wollten. Mitglieder, die über das pädagogisch Machbare Bescheid wussten und sich gelegentlich fragten, wie das denn alles in die Köpfe der Schüler hineinzubringen sei, waren dagegen in der Minderheit; jedenfalls hatten sie sich nur in Ausnahmefällen durchgesetzt.

Meine Schlussfolgerung aus alldem war, die bisher tätigen Lehrplankommissionen nicht, wie es manche Kritiker wollten, mit Schimpf und Schande auseinanderzujagen, sondern in den beiden

Jahren, die sie noch zu arbeiten hatten, in ihre Arbeit nur korrigierend einzugreifen, im Übrigen aber neue Kommissionen vorzubereiten, in denen endlich der Faktor ausreichend berücksichtigt werden sollte, dessen zentrale Bedeutung für das gesamte Lehrplangeschäft ich in der konkreten Arbeit erkannt hatte: die Zeit, die den Lehrern zur Verfügung stand, um das nötige Wissen in die Köpfe ihrer Schüler »hineinzubringen«, und die andererseits die Schüler brauchten, um das ihnen gebotene Wissen in sich aufzunehmen, zu »verinnerlichen«, einzuüben und gegebenenfalls zu repetieren. Selbstverständlich braucht unser Bildungswesen ausreichende Lehrerzahlen, Schulgebäude, Spezialsäle und in gewissem Umfang auch Barmittel. Über all dem aber steht die Ressource Zeit, die fast allein darüber entscheidet, wie viel man den Schülern beibringen kann und was sie behalten können – und nur darauf kommt es letztlich an.

Von dieser Erkenntnis aus wurde mir auch das große Dilemma des heutigen Bildungswesens klar, ohne dass ich freilich schon eine Antwort auf meine Fragen hätte erhalten können. Zwar sagt man leichthin, dass sich das Gesamtwissen der Menschheit alle zehn Jahre verdoppelt, aber wie soll die Schule (und übrigens auch die Universität) unter diesen Umständen den Anteil am Gesamtwissen der Menschheit, den sie bisher weitergegeben hat, auch in Zukunft halten? Wenn man davon ausgeht, dass sich das Wissen der Menschheit tatsächlich alle zehn Jahre verdoppelt, dann hat es sich seit 1945/50 ungefähr verdreißigfacht; die Zeit, die der Schule und dem Durchschnittsschüler zur Verfügung steht, hat sich aber selbst bei optimistischster Schätzung bestenfalls verdoppelt. Das ist ein Wettlauf, den die Schule nur verlieren kann und der durch die Ausdünnung der Lehrpläne, so notwendig diese auch ist, allein nicht gewonnen werden kann.

Dieses Dilemma habe ich bereits in den siebziger Jahren klar erkannt. In einer Rede, die ich zu einem Jubiläum meiner eigenen Schule, des Hans-Carossa-Gymnasiums in Landshut, im Jahre 1979 hielt, habe ich das Problem beim Namen genannt. Nur eine Lösung hatte ich damals noch nicht vor Augen, und so habe ich mich seinerzeit mit einer kurzen Problembeschreibung zufriedengeben müssen: »Es soll sich niemand einbilden, die Menschheit könne ihr Wissen von Jahrzehnt zu Jahrzehnt verdoppeln und die Schule könne bei dieser Wissensexplosion ihren Marktanteil auch nur annähernd halten.«[4]

Die Zeit ist seither weitergegangen und die technische Entwicklung erst recht. Vor allem aber ist das Internet entstanden, das wenigstens teilweise eine Lösung für die große Frage von damals bieten und zugleich der hülsenleeren Redensart vom »lebenslangen Lernen« des modernen Menschen einen konkreten Inhalt geben könnte. Wenn es richtig ist, dass der Mensch von heute sich ohnehin immer weiterbilden muss, dann kann vieles, was durch das heutige Bildungssystem aus Zeitgründen nicht mehr vermittelt werden kann, auf diesen Weg verwiesen werden – auch wenn dabei klar ist, dass nicht jeder alles, was interessant und für einen gebildeten Menschen sinnvoll zu wissen wäre, auf diese Weise »nachlernen« kann. Und wenn es zudem zutrifft, dass das dazu nötige Material – jeweils individuell – aus dem Internet gewonnen werden kann, dann ist damit auch der Weg gewiesen, den eine wirklich moderne Lehrplanarbeit zu beschreiten hätte: Zuerst muss entschieden werden, welches Wissen dem jungen Menschen schon in der Schule und – gegebenenfalls – auf der Universität angeboten werden muss, und zwar in so begrenzten Mengen, dass er es beim Ausscheiden aus seinem Bildungsweg auch behält. Alles andere muss auf den Weg des »lebenslangen Lernens« verwiesen werden. Sodann gilt es zu entscheiden, welche Fächer den Schülern bzw. Studenten möglichst umfassend beigebracht werden sollen (z.B. Fremdsprachen) und bei welchen es ausreicht, ihnen eine fundierte Übersicht über die wichtigsten Ergebnisse, die Arbeitsmethoden, die sachlichen Zusammenhänge und die anstehenden Fragen zu vermitteln – mit der Perspektive, dass sie am Ende mindestens das wissen, was ein halbwegs gebildeter Mensch darüber heute wissen sollte, dass sie sich weitergehendes Wissen aber selbst verschaffen müssen. Vor allem aber muss den jungen Menschen der Umgang mit der ungeheuren Informationsflut vermittelt werden, die nicht dazu führen darf, dass der Einzelne von ihr überrollt und an der fruchtbaren Nutzung der vorhandenen Informationen gehindert wird. Wahrscheinlich findet man dann sogar eine Antwort auf die Frage, was heute unter Bildung zu verstehen ist. Früher

Kultusminister in Baden-Württemberg

hat man damit einen soliden Überblick über das Gesamtwissen der Menschheit verbunden; der Inbegriff eines solchermaßen gebildeten Menschen war für mich immer Goethe. Das ist aber längst unmöglich geworden – mehr als einmal habe ich mir den billigen Scherz erlaubt, darauf hinzuweisen, dass schon eine halbe Generation nach Goethe die gewiss ebenfalls geniale Familie Humboldt zwei Brüder benötigte, um diesen Überblick weiter zu gewährleisten. Heute ist beides absolut unmöglich. Wenn man in unserer Zeit noch von Bildung sprechen will, muss man sie anders definieren.

In dieser Beziehung war für mich der Gegensatz zum Spezialistentum stets am einleuchtendsten. In einer so ausdifferenzierten Wissenslandschaft wie der heutigen liegt es nahe, dass es Menschen gibt, die ein bestimmtes Fachgebiet vollends überblicken, und es ist ungerecht, solche Menschen als Fachidioten zu diffamieren – selbst wenn die Bereiche, die ein Einzelner heute noch beherrscht, mit jeder neu gewonnenen Erkenntnis immer schmäler werden. Bildung kann aber nicht auf die Beherrschung einer Disziplin reduziert werden, sondern sie umfasst ein solides Überblickswissen in einer oder zwei weiteren Disziplinen und setzt Urteilsvermögen, Reflexion und kritische Distanz gegenüber dem Informationsangebot voraus. Wenn ich herausfinden wollte, wie ich meine Gesprächspartner einzuschätzen hatte, habe ich jedenfalls nie nur nach ihren Arbeitsgebieten gefragt, sondern auch nach ihren sonstigen geistigen oder künstlerischen Interessen. Auch dazu müsste eine Schule des 21. Jahrhunderts eigentlich ermutigen.

Seit über dreißig Jahren erlebe ich, dass immer wieder (und stets aus neuen Motiven) über die Dauer unserer Bildungsgänge diskutiert wird. Das hat mit der gewiss nicht unberechtigten These begonnen, viele Studenten hielten ihre Immatrikulation nur aufrecht, um sich bestimmte soziale Vergünstigungen wie billigere Krankenkassenbeiträge oder niedrigere Eintrittskosten zu sichern. Sodann hat angesichts der Überfüllung unserer Hochschulen auch das Argument eine Rolle gespielt, den nachdrängenden Jahrgängen würden Studienplätze vorenthalten (was ebenfalls nur zum Teil stimmte). Tiefer setzte die Feststellung an, die jungen Deutschen gelangten wegen ihrer überlangen Bildungsgänge zu spät in verantwortungsvolle Positionen in Wirtschaft, Verwaltung und Justiz, gerieten gegenüber ihren gleichaltrigen Kollegen aus anderen Ländern daher ins Hintertreffen und hätten, wenn sie solche Stellen endlich erreichten, den Höhepunkt ihrer Kreativität und Leistungsfähigkeit meist schon hinter sich. Auch in dieser Frage ging es, wie es in Deutschland so oft geht: Sie wurde heftig diskutiert, die Meinungen wogten hin und her, und am Ende verfiel man auf »Regelstudienzeiten«, die nichts Halbes und nichts Ganzes sind.

Die Frage wird sich meines Erachtens in absehbarer Zukunft allerdings von einer ganz anderen Seite, nahezu von selbst, lösen – nämlich im Zusammenhang mit dem so genannten Verrentungsalter. Dass das heutige Renten- und Ruhestandsalter von 65 Jahren auf die Dauer nicht zu halten sein wird, pfeifen mittlerweile die Spatzen von den Dächern. Dafür braucht man noch nicht einmal die künftige Finanzierung der Renten und in Verbindung damit die geringen Geburtenzahlen ins Feld zu führen. Es müsste eigentlich jedermann klar sein, dass sich der Teil des Lebens, in dem der Mensch arbeitet, prozentual nicht pausenlos zugunsten jenes Teils verringern kann, in dem derselbe Mensch sich von der Gemeinschaft ernähren lässt. Wenn sich die durchschnittliche Lebenserwartung allmählich dem achtzigsten Lebensjahr annähert, wird man zwangsläufig darüber nachdenken müssen, ob der Einzelne dann nicht wenigstens fünfundvierzig bis fünfzig Jahre lang gearbeitet haben muss, um die volle Rente zu erlangen. Damit würde sich nicht nur der öde Streit um das richtige Rentenalter erledigen, sondern der Mensch könnte sich frei entscheiden, früher mit der Arbeit zu beginnen oder später aufzuhören, die volle Zeit zu arbeiten oder Abstriche (und zwar versicherungsmathematisch berechnete Abschläge) in Kauf zu nehmen, denn in einem immer länger werdenden Leben muss ohnehin mehr gearbeitet werden. Wer vernünftig ist, wird – zumindest auch – früher beginnen wollen, gleichgültig ob er zum Opfer einer gesetzlichen Studienzeitbegrenzung oder zum Gegenstand eigener, vor allem am eigenen Interesse orientierter Berechnungen wird. (Dass die hier genannten Zahlen bei Berufen, die zu starken Verschleißerscheinungen führen, abgekürzt werden müssen, versteht sich von selbst!)

Wie aus diesen Ausführungen hervorgeht, hat mich die Bildungspolitik fasziniert, und in den zwei Jahren, die ich Kultusminister war, habe ich unglaublich viel erfahren und gelernt. Dass mich das Amt besonders beglückt hat, will ich damit allerdings nicht behaupten. Da gab es die schon skizzierten Mentalitätsunterschiede zwischen meiner Klientel und mir. Es ist eben doch ein großer Unterschied zwischen dem Bierernst, mit dem Bildungspolitik in Deutschland offenbar betrieben werden muss, und meiner lockeren Art, Probleme zu qualifizieren und dann auch noch auf den Punkt zu bringen – und die Betrachtungsweise aus der Perspektive des Schülers, die ich stets beibehalten habe, hat das auch nicht gerade erleichtert. Außerdem befindet sich der Schulminister mehr als alle seine Kollegen in einer höchst unangenehmen Lage: Einerseits glaubt jedermann im Lande, in seinem Ressort mitreden zu können, weil er ja schließlich auch einmal zur Schule gegangen ist (dieses Schicksal teilt der Minister freilich mit allen Fußballtrainern der Welt), andererseits sind die Probleme seines Ressorts aber so spezifisch, dass er fast der Einzige ist, der seine Politik »draußen im Lande«, d. h. öffentlich, vertreten kann. Später, als Innenminister, hatte ich vier Regierungspräsidenten und fast vierzig Landräte, die mich dabei loyal unterstützten, von Bürgermeistern, Oberbürgermeistern und Landtagsabgeordneten mit hohem Fachwissen ganz abgesehen. Und es ist schon ein gewaltiger Unterschied, ob man seine Sache allabendlich allein, vielleicht noch mit einem Staatssekretär und zwei, drei bildungspolitisch versierten Abgeordneten vertreten muss, oder ob sich sechzig, achtzig oder auch hundert fachkundige Redner in das Getümmel stürzen.

In meiner Amtszeit kam noch hinzu, dass ich, wie schon mehrfach angedeutet, kaum einen Spielraum zu raschem eigenem Handeln hatte. Die Oberstufenreform war vor meiner Zeit gemacht worden, ich aber musste sie unterschreiben und folgerichtig auch vertreten. Einige Abteilungen meines Ministeriums hätten dringend neue Abteilungsleiter gebraucht, aber die Stellen waren besetzt, und Ausweichmöglichkeiten in andere Ressorts gibt es bei Lehrern im Ministerialdienst naturgemäß nicht. Die Lehrplanarbeit stand zwei oder drei Jahre vor ihrem Ende, sie abzustoppen hätte nur Streit erzeugt und wäre gegenüber den fleißigen Kommissionsmitgliedern, die daran schon jahrelang gearbeitet hatten, auch ungerecht gewesen. Ich vermute, dass meine Stimmung allmählich auch meiner Klientel aufgefallen ist. Als Lothar Späth mir bei der Regierungsbildung 1980 das Innenministerium anbot, habe ich jedenfalls in Sekundenschnelle zugesagt – und »draußen im Lande« wird sich auch niemand darüber gewundert haben. Das Innenministerium mit seinen wichtigen Aufgaben Polizei, Kommunalpolitik, Stadtsanierung und Denkmalschutz war mir nach Herkunft und Erfahrung wie auf den Leib geschneidert. Ich hätte verrückt sein müssen, es nicht anzunehmen.

Bei der Landtagswahl 1980 kandidierte ich im Wahlkreis Göppingen zum baden-württembergischen Landtag und war dabei erfolgreich. Vorher, im Wahlkampf, spielte sich aber eine Szene ab, die meine Erfahrungen mit der Schulpolitik auf verblüffende Weise bestätigte. In einer Gemeinde meines Wahlkreises trat an einem Sonntagmorgen zu meiner Unterstützung mein bayerischer Kollege Hans Maier auf, ein hervorragender Kultur- und Bildungspolitiker und zudem hoch angesehen als Wissenschaftler und »homme de lettres«. Ich weiß nicht mehr, ob ein Versammlungsteilnehmer oder er selbst die Frage aufwarf, warum eigentlich in Bayern ein Baden-Württemberger, in Baden-Württemberg aber ein Bayer Kultusminister sei. Das hatte seine Gründe natürlich in unseren individuellen Lebensläufen und Werdegängen. Hans Maier erklärte es aber halb scherzhaft, halb ernst ganz anders: »Kultusminister ist mittlerweile solch ein Sch…beruf, dass man ihn nur noch Gastarbeitern anbieten kann.«

Apropos: *Die Liebe des Mannes* ...

Von einem ordentlichen Kultusminister erwartet man zu Recht, dass er Schulbesuche abstattet, um die Probleme, mit denen sich Eltern, Lehrer und Schüler herumzuschlagen haben,»vor Ort« kennenzulernen. Solche Besuche habe ich immer gern gemacht, weil ich dabei viel Wichtiges erfahren konnte und weil es mich mit Menschen und nicht, wie sonst üblich, mit Akten in Kontakt brachte.

Meine Klientel erwartete wahrscheinlich, dass ich vor allem Gymnasien besuchen würde; schließlich war ich als Hochschullehrer ja vorzugsweise deren Personalabnehmer gewesen. Ich konzentrierte mich jedoch auf die Berufsschulen. Seit jeher war ich der Ansicht, dass es in einem Land mehr Meisterbriefe als Doktorurkunden geben sollte, und wollte das auf diese Weise zum Ausdruck bringen.

Nun ist das deutsche Berufsschulwesen ja im Allgemeinen dreigliedrig, das heißt, es gibt gewerbliche, kaufmännische und hauswirtschaftliche Berufsschulen, die selbstständig nebeneinander bestehen, meist allerdings in großen, gemeinsamen Schulgebäuden untergebracht sind. Selbstverständlich musste ich bei jedem Besuch alle drei Zweige »wahrnehmen«. Einen gewissen Schwerpunkt bildeten dabei die gewerblichen Berufsschulen, weil sie von besonderer Bedeutung für die wirtschaftliche Zukunft unseres Landes sind, daneben aber auch, weil sie in ihrem Inneren am vielseitigsten sind und weil schließlich in ihnen auch am meisten zu sehen ist. Die kaufmännischen und hauswirtschaftlichen Zweige kamen dadurch nicht zu kurz, obwohl ich ihnen wenig Zeit widmen konnte. Aber sie waren ja auch nicht so facettenreich wie der gewerbliche Zweig mit seinen unendlich vielen Ausbildungsberufen.

Natürlich wollten die jungen Leute dem Minister auch ihre Leistungen vorzeigen, und darauf habe ich viel Zeit verwendet. Aber auch in dieser Beziehung gab es gravierende Unterschiede. Während die Gewerbeschüler mit ganz erstaunlichen Werkstücken aufwarten konnten, die sie selbst angefertigt hatten, mussten sich die »Kaufleute« meist mit Vorführungen an den jüngst erworbenen Computern begnügen. Am besten aber hatten es die Mädchen des hauswirtschaftlichen Zweigs: Sie konnten den Gast zu einem mehrgängigen, selbst gekochten Mittagessen einladen, und das war immer der Höhepunkt des Besuchs. Es war verblüffend, was diese jungen Menschen alles leisteten!

Allerdings wurde ihre Arbeit – während des Essens – auch noch wissenschaftlich aufgearbeitet. Stets war nämlich ein Mädchen dazu verdonnert, mir mitzuteilen, mit welchen Zutaten die einzelnen Speisen zubereitet waren, was sie kosteten, wie teuer die einzelne Portion war und welche Vitamine, Hormone und Spurenelemente in ihnen enthalten waren.

Zwei- oder dreimal habe ich mir das gefallen lassen. Dann aber habe ich mich nach der Mahlzeit erhoben, das Essen und selbstverständlich auch den wissenschaftlichen Vortrag gelobt und Folgendes hinzugefügt: Die jungen Damen sollten all das, was sie gelernt hätten, später auch in ihren Haushalten beherzigen, sie sollten aber nicht vergessen, dass es bei all dem auch Aspekte gebe, die sich nicht ohne weiteres quantifizieren ließen, die aber dennoch außerordentlich wichtig seien. Erstens sollten sie nie vergessen, dass Kochen und Essen auch Bestandteile der menschlichen Kultur seien, und zweitens sollten sie daran denken, dass nach einer althergebrachten Volksweisheit auch die Liebe des Mannes »durch den Magen« gehe.

Zweimal habe ich eine väterliche Ansprache mit diesen selbstverständlichen Weisheiten gehalten. Dann erhielt ich dazu keine Gelegenheit mehr, denn nunmehr unterblieben die Vorträge der Schülerinnen. Ich vermute, dass den zuständigen Schulleiterinnen zumindest der zweite Teil meiner Botschaft zu brisant war.

Innenpolitik in Baden-Württemberg

Das baden-württembergische Innenministerium, das ich im Frühsommer 1980 übernahm und dreieinhalb Jahre lang leitete, war damals interessanter als die Innenministerien anderer Länder. Es umfasste nämlich nicht nur die üblichen Abteilungen für Polizei, Katastrophenschutz, Kommunalpolitik, Landesplanung, Vermessungswesen und Städtebau, sondern ihm waren zu jener Zeit auch das Landesdenkmalamt und damit die gesamte Materie »Denkmalschutz und Denkmalpflege« zugeordnet.

Das mag einen unbefangenen Betrachter etwas überraschen (und hat seinerzeit in Deutschland gewiss auch Aufsehen erregt). In Baden-Württemberg mit seinen zahlreichen historisch hochbedeutsamen Kleinstädten und deren historischen Stadtkernen war es aber sehr zweckmäßig, den Denkmalschutz in die Abteilung für Städtebau und Stadtsanierung einzugliedern, und die gehörte seit jeher zum Innenministerium. Bei den Stadtkernsanierungen, die es damals in großer Zahl gab und die für ein so geschichtsträchtiges Land auch von vitaler Bedeutung waren, war damit die frühzeitige Einschaltung der Denkmalpfleger in die Planungen der Städtebauer sichergestellt. Meinungsverschiedenheiten zwischen beiden mussten nicht auf Ministerebene (d. h. praktisch nie) gelöst werden, sondern sie konnten entweder im kollegialen Gespräch oder jedenfalls auf Abteilungsleiterebene beigelegt werden.

Für mich bedeutete das, dass ich mir in meinem neuen Ressort gleich zwei Arbeitsschwerpunkte bilden konnte: die Polizei, die ich in meinen Berliner Jahren 1965–69 gewissermaßen von der Pike auf gelernt hatte und die mir, so wie die Dinge damals in Deutschland lagen, oft sehr harte, ja dramatische Entscheidungen abverlangte, und den Denkmalschutz, der mir als Aufgabe schon von meinem Vater eingeimpft worden war und überdies den Vorteil hatte, dass er mir fast nur angenehme Pflichten auferlegte.

Es würde viel zu weit führen, wenn ich versuchen wollte, mich über alle halbwegs interessanten Begebenheiten aus dieser Zeit auszulassen. Ich beschränke mich darum vorwiegend auf die Polizei, die ja doch immer im Vordergrund des öffentlichen Interesses steht und zu jener Zeit besonders umstritten war. Sie hat mir damals seitens der Journaille mehr Ärger als Lob eingebracht, aber ich konnte sie so führen, wie ich das für richtig hielt und wie es auch heute noch meinen Vorstellungen von der Verantwortlichkeit eines Innenministers entspricht. Kurz gesagt: Als »Polizeiminister« hatte ich zwar sehr viel Ärger, aber ich habe diese Rolle uneingeschränkt genossen.

Mutlangen

Es muss im Juli 1983 gewesen sein. Da traf ich bei einer Tagung in Nürnberg den nordrhein-westfälischen Ministerpräsidenten Johannes Rau, der damals Verhandlungsführer der SPD für die im gleichen Jahr anstehenden Verfassungsrichterwahlen war. Mit meinem vollen Einverständnis beabsichtigten die beiden Unionsparteien, mich zunächst zum Vizepräsidenten und nach vier Jahren zum Präsidenten des höchsten deutschen Gerichts wählen zu lassen. Da für die Richterwahlen aber jeweils Zweidrittelmehrheiten vorgeschrieben sind, kam alles auf die Zustimmung der Sozialdemokraten an. Johannes Rau war also ein wichtiger Mann für mich.

Ich hätte mir aber eher die Zunge abgebissen, als ihn auf die Wahl anzusprechen. Doch es erwies sich rasch, dass das gar nicht nötig war, denn er schnitt das Thema von sich aus an: Die SPD, die mich aus fünfjähriger Zusammenarbeit im Bundesrat kenne, werde meine Nominierung unterstützen, da könne ich ganz beruhigt sein. Allerdings gebe es in ihren Reihen einige, die an meiner Amtsführung als baden-württembergischer Innenminister Anstoß nähmen – ich war ihnen, um es kurz zu sagen, zu wenig nachgiebig. Man werde diese kritischen Stimmen aber stillhalten können, wenn …, ja wenn bis zum Wahltag nichts Gravierendes mehr passiere.

Dass damit »Mutlangen« gemeint war, brauchte damals niemand auszusprechen. Deutschland war in den heftigsten Auseinan-

Innenpolitik in Baden-Württemberg

dersetzungen um den so genannten NATO-Doppelbeschluss begriffen, den noch Helmut Schmidt initiiert und den Helmut Kohl nunmehr durchzusetzen hatte. Seit Monaten fieberte die halbe Welt einer riesigen Sitzblockade entgegen, die in dem württembergischen Städtchen Mutlangen stattfinden sollte, weil sich dort ein Atomwaffenlager der amerikanischen Streitkräfte befand. Fast alle Führer der Anti-Atomwaffen-Bewegung in Deutschland wie im benachbarten Ausland hatten ihre Beteiligung angekündigt, ebenso Hunderte von Pressevertretern, Fotografen und Kamerateams – und alle erwarteten sie vom Innenminister Baden-Württembergs einen harten Polizeieinsatz, den man dann publikumswirksam und moralinsauer in die ganze Welt melden konnte.

Johannes Rau sprach mich also auf diesen bevorstehenden Großeinsatz meiner Polizei an und meinte, wenn dabei etwas Schlimmes passiere, könnte die Zweidrittelmehrheit im Richterwahlausschuss doch noch gefährdet sein. Ob es mir denn nicht möglich sei, in den fraglichen Tagen eine Auslandsreise zu unternehmen oder ganz einfach Urlaub zu machen? Man kann durchaus darüber streiten, ob der Ministerpräsident eines Landes – und sei es aus noch so gut gemeinten Gründen – dem Minister eines anderen Landes empfehlen soll, vor der Verantwortung auszuweichen, die mit seinem Amt nun einmal verbunden ist. Aber darum geht es mir hier nicht. Viel wichtiger ist Folgendes: Ich hätte Johannes Rau schon an jenem Tag rundheraus beruhigen können; denn die Planungen, die ich im Kopf hatte und die damals auch schon mit dem Ministerpräsidenten Baden-Württembergs, Lothar Späth, abgesprochen waren, sahen ganz anders aus.

Man brauchte keine großartigen politischen Analysen anzustellen, um zu wissen, dass das Land Baden-Württemberg und seine Regierung nur ihr Gesicht verlieren konnten, wenn es wirklich zu einem Großeinsatz der Polizeikräfte kam. Scheiterte die Polizei beim Freiräumen der Zugangswege zum Waffenlager, so war sie – und mit ihr das ganze Land – blamiert. Setzte sie sich aber durch, so gab es mit Sicherheit Hunderte von Pressebildern, auf denen bekannte Schriftsteller, Künstler, Publizisten usw. auf skandalöse (oder zumindest skandalisierbare) Weise weggetragen oder sonstwie entfernt

wurden. Es war klar, dass die Demonstration natürlich darauf angelegt war. Aber genau das wollte ich auch vermeiden. Ich glaube nämlich noch heute nicht, dass irgendjemand ein Recht darauf hat, sich
bei politischen Meinungskämpfen publikumswirksam von Staats-
organen wegtragen zu lassen.

Die Lösung des Problems konnte nur darin bestehen, die Polizei
so wenig wie möglich, am besten gar nicht einzusetzen. Auch das
war natürlich nicht ohne jedes Risiko, schon weil sich unter Tausenden friedlicher Demonstranten stets auch eine Reihe von gewaltbereiten »Wanderdemokraten« befand und weil ja auch mit dem
einen oder anderen unbedachten Schritt der US-Streitkräfte gerechnet werden musste. Ich ließ mich also – wohl noch im Mai – bei Lothar Späth melden und trug ihm meine Überlegungen vor. Wie meistens waren wir uns binnen weniger Minuten einig. Ich konnte mit
meinen weiteren Planungen beginnen.

Genau in diesem Augenblick ergab sich ein glücklicher Zufall,
mit dem ich nie gerechnet hätte. Mich suchte mein parlamentari-
scher Staatssekretär Robert Ruder, ein alter Polizeimann, auf und
berichtete mir von einem Gespräch, das er zufällig mit dem kom-
mandierenden General der amerikanischen Truppen in Baden-Württemberg geführt hatte. In diesem Gespräch hatte ihm der General
eröffnet, dass das Lager Mutlangen im Augenblick leer stehe und
seine Soldaten keinen Grund hätten, es zu betreten. Das war eine
gute Nachricht im richtigen Moment, weil sich dadurch ein schwie-
riges rechtliches Problem in Luft auflöste. Zu jener Zeit war heftig
umstritten, ob Sitzblockaden eine Nötigung darstellten und deshalb
nach § 240 des Strafgesetzbuches strafbar waren. Die Regierungen
und ihre Polizeibehörden vertraten unisono den Standpunkt, dass
Strafbarkeit gegeben sei, und dafür sprach ja auch viel, wenn harm-
lose Verkehrsteilnehmer durch eine Sitzblockade an der Fahrt zur
Arbeit oder nach Hause gehindert wurden. Wenn die Amerikaner in
Mutlangen aber selbst nicht vorhatten, das Lager zu betreten, war
jeder Gedanke an eine strafbare Nötigung ausgeschlossen. Meine Linie hielt also auch strengsten rechtlichen Anforderungen stand.

Von diesem Augenblick an war klar, dass diese Linie mit hoher
Wahrscheinlichkeit durchgehalten werden konnte. Nur kam es jetzt

auf umfassende Geheimhaltung an, damit die Gegenseite nicht umdisponieren konnte, vor allem nicht in Richtung auf größere Gewaltbereitschaft. Von unseren Planungen erfuhren daher weder die anderen Kabinettsmitglieder noch die Regierungsfraktion, die Medien ohnehin nicht. Einmal, Anfang August, unterbrach ich sogar mit allen Anzeichen der Dramatik meinen Jahresurlaub, um Beratungen der Polizeiführung über einen denkbaren Großeinsatz beizuwohnen. Ich war zwar sicher, dass wir ihn nicht benötigen würden, doch überflüssig war ein solcher Aufwand auch nicht, weil es natürlich viel zu riskant gewesen wäre, auf das Scheitern unserer eigentlichen Linie überhaupt nicht vorbereitet zu sein.

Als die Tage der Großdemonstration immer näher rückten, geschah übrigens noch etwas, womit weder ich noch irgendjemand sonst gerechnet hatte. Aus dem ganzen Bundesgebiet erreichten uns Briefe und Postkarten von Bürgern, die uns mitteilten, dass die geistigen Aushängeschilder der Aktion, jeder für sich, teils schon am Tag nach Beginn, jedenfalls aber am zweiten Tag an ganz anderen Stellen des Bundesgebietes neue Termine für Anschlussdemonstrationen, Vorträge, Konferenzen und dergleichen mehr hatten. Das war nicht uninteressant, weil sich daraus errechnen ließ, dass das öffentliche Interesse am Ende des zweiten Demonstrationstages erloschen sein würde. Und so geschah es dann auch. Die Medien hatten nur noch die Möglichkeit, Prominentenabreise nach Prominentenabreise zu registrieren. (Übrigens fiel während der beiden Tage noch stundenlang Regen, der die Demonstrationstätigkeit bestimmt nicht gemütlicher machte. Für diesen Regen gab es allerdings keinerlei gesetzliche Grundlage.)

So ging das weltweit angekündigte Großunternehmen ziemlich sang- und klanglos zu Ende. Sowohl die öffentliche Sicherheit und Ordnung als auch die Freiheit der Demonstration blieben in vollem Umfang gewahrt, und nur die Medien, die sich mehr Krach erwartet hatten, kamen etwas in Verlegenheit. Die meisten begnügten sich aber mit ironischen Bemerkungen über die Großdemonstranten. Nur wenige stellten die besorgte Frage, ob Baden-Württemberg nicht doch zu liberal gewesen sei. Aber das haben Lothar Späth und ich nicht ernst genommen.

Die Stuttgarter Linie

Damals war bundesweit viel von der Stuttgarter Linie die Rede, die im Einzelnen zwar schwer zu definieren war, letztlich aber darauf hinauslief, die Anforderungen der öffentlichen Sicherheit und Ordnung strikt zu wahren, dabei aber den Einsatz physischer Gewalt durch die Polizei so weit wie möglich überflüssig zu machen. Das empfahl sich schon deshalb, weil groß angelegte Polizeiaktionen stets beträchtliche Kosten und, was noch wichtiger ist, erhebliche Belastungen für das Personal verursachen und daher möglichst sparsam angewandt werden sollten.

Die Stuttgarter Linie war schon entwickelt, als ich im Jahre 1980 Innenminister wurde. Ihre geistigen Väter saßen in der Polizeiführung um den vortrefflichen Landespolizeipräsidenten Alfred Stümper; ich habe sie aber, schon aufgrund meiner Berliner Erfahrungen, von Anfang an gebilligt und auch gegen gelegentliche Kritik verteidigt. Unser Vorgehen bei der Mutlangen-Demonstration unterschied sich von ihr in einem wichtigen Punkt, lag im Großen und Ganzen aber doch »auf der Linie«.

Der Kernpunkt der Stuttgarter Linie bestand darin, dass versucht wurde, zu den wichtigsten demonstrationsbereiten Gruppierungen Gesprächskontakte zu knüpfen und diese dann möglichst nicht mehr abreißen zu lassen. So konnten beide Seiten, die Demonstranten ebenso wie die Polizei, manches von den Absichten, aber auch von den Befürchtungen der anderen Seite erfahren. Man konnte besonders kitzlige Fragen innerhalb eines gewissen Rahmens ansprechen, diskutieren und im günstigsten Fall sogar einer gemeinsamen Lösung zuführen. Das gelang gewiss nicht immer. Wenn es aber klappte, war das zum Vorteil aller – der Polizei, der Demonstranten und der ganzen Öffentlichkeit.

Ein besonders eindrucksvolles Beispiel für das Funktionieren der Stuttgarter Linie trug sich während meiner Amtszeit zu, und zwar wiederum im Zusammenhang mit dem NATO-Doppelbeschluss. Um gegen diesen eindrucksvoll zu demonstrieren, sollte an einem Samstagnachmittag die später so genannte Stuttgarter Menschenkette gebildet werden, d. h. eine Kette aus Tausenden von Men-

Innenpolitik in Baden-Württemberg 91

schen, die sich an den Händen fassen sollten. Diese Kette sollte in
Stuttgart vor einer US-Kaserne beginnen und sich entlang der gesamten Bundesstraße 10 bis nach Ulm fortsetzen.

Wenn diese Absicht so verwirklicht wurde, wie es den ersten Anschein hatte, konnte das zu einer mittleren Katastrophe führen. Die
B 10 verbindet Stuttgart und Ulm in westöstlicher Richtung. Wäre
sie stundenlang gesperrt worden, hätte das an vielen Stellen zu
einem Verkehrschaos führen können – nämlich überall dort, wo die
B 10 von Nord-Süd-Verbindungen gekreuzt wird. Stellte man sich
einen gewöhnlichen Samstagnachmittag vor, so konnte das eine Verkehrsblockade für Tausende von Fahrzeugen und noch mehr Menschen bedeuten; denn am Samstagnachmittag fuhren unendlich viele
Menschen zu Verwandten- und Bekanntenbesuchen, die Anhänger
der örtlichen Fußballvereine wollten zum Spielort »ihrer« Mannschaften gelangen usw., von ärztlichen Notdiensten und ähnlichen
Dingen ganz abgesehen. Dabei durfte man keineswegs außer Acht
lassen, dass nicht alle diese Menschen so friedfertig wie Lämmer gewesen wären, es hätte durchaus auch zu Rempeleien und Schlägereien kommen können, die zudem die Aufgabe der Polizei erschwert
hätten.

Meine Polizeiführung trug mir dementsprechend einen umfassenden Einsatzplan vor, der meiner Erinnerung nach elf bis zwölf
Hundertschaften erfordert hätte, mehr als tausend Polizeibeamte!
Ich billigte diesen Plan und wartete ab, ob noch etwas hinzukäme.
Und es blieb nicht aus: Der Inspekteur der Polizei fragte mich nämlich, ob ich jenseits dieser ganzen Planung damit einverstanden wäre,
dass er mit den Veranstaltern der Menschenkette nach probatem
Muster ein offenes und ernsthaftes Gespräch zu führen versuche.
Das konnte ich leicht genehmigen; ich hätte es von mir aus angeordnet, wenn er nicht gefragt hätte.

Es vergingen nur wenige Tage, dann erstattete der Inspekteur
Bericht, und was er berichtete, hätte sich nicht besser anhören können. An den Nord-Süd-Verkehr, besonders aber an den Stoßverkehr
vor den um 15 Uhr beginnenden Sportveranstaltungen, hatten die
Veranstalter noch gar nicht gedacht. Sie entspannten das Problem,
indem sie den Zeitpunkt, zu dem die Menschenkette geschlossen

werden sollte, einfach um eine halbe Stunde verlegten. Viel wichtiger war aber etwas anderes: Das Gespräch ergab, dass die Kette nicht stundenlang geschlossen bleiben sollte, wie es nach den ersten Presseberichten vermutet worden war, sondern nur »symbolisch«, d. h. nur für wenige Minuten; die übrige Zeit sei nur notwendig, um eine geordnete Aufstellung entlang der ja nicht unbeträchtlichen Strecke zu sichern und für die Gleichzeitigkeit der Kettenbildung zu sorgen. Damit war natürlich der Hauptdruck beseitigt, und als die Veranstalter zudem noch versprachen, für Notärzte, Feuerwehr und dergleichen im Bedarfsfall die Menschenkette sofort zu öffnen, war beim besten Willen nichts mehr gegen ihr Vorhaben einzuwenden. Man musste politisch nicht ihrer Meinung sein, um anzuerkennen, dass durch ihre Pläne weder die öffentliche Sicherheit noch die öffentliche Ordnung gestört wurden.

Am fraglichen Samstag lief – natürlich cum grano salis – alles so ab, wie es besprochen war. Das ursprünglich befürchtete Verkehrschaos blieb aus, die Menschenkette verursachte keine Verkehrsblockade, und auch zu Gewalttätigkeiten kam es nicht. Mit solchen musste natürlich auch damals gerechnet werden. Der vernünftigste Demonstrationsveranstalter konnte ja nicht garantieren, dass sich unter die friedfertigen Demonstranten nicht auch, meist von weit hergereist, Rabauken und Schläger mischten. Die Polizei war darauf selbstverständlich vorbereitet, aber das kostete nur einen Bruchteil jener Hundertschaften, die im ursprünglichen Einsatzplan vorgesehen waren.

Ich hatte nie damit gerechnet, dass die Menschenkette vollständig und lückenlos ausgeführt werden könnte. Aber sie war es einige Minuten lang doch. Daraufhin habe ich den Veranstaltern meinen Glückwunsch ausrichten lassen.

Die Erfahrungen aus diesem und ähnlichen Einsätzen sind später übrigens in den umstrittenen Brokdorf-Beschluss meines Senats am Bundesverfassungsgericht eingegangen. Dieser Beschluss ist mit Recht heftig kritisiert worden, weil es in der Frage, ob Sitzblockaden generell als strafbare Nötigung zu bewerten seien, nur zu einer 4 zu 4-Entscheidung, d. h. praktisch zu keiner Entscheidung, kam. Die Kritiker haben dabei aber – teils geflissentlich, teils aus Unkenntnis der Probleme – übersehen, dass eine ganze Reihe von anderen wichtigen Fragen sehr wohl, und zwar mit deutlichen Mehrheiten im Senat, geklärt wurde, beispielsweise die Frage, ob in bestimmten Gefahrenlagen für ganze Gebiete ein Demonstrationsverbot erlassen werden kann. Der Senat hat diese Frage wie selbstverständlich bejaht. Dabei hatte das Gebiet, für das im Fall Brokdorf ein solches Verbot erlassen worden war, in einer Richtung einen Durchmesser von neun Kilometern!

Das Polizeirecht und mit ihm das Demonstrationsrecht müssen zwangsläufig mit einem der undurchsichtigsten Begriffe arbeiten, die unser Recht zur Verfügung stellt, nämlich mit dem Begriff der Gefahr. Denn selbstverständlich wird von der Polizei erwartet, dass sie nicht erst dann tätig wird, wenn das Kind gewissermaßen schon »im Brunnen liegt«, sondern dass sie den Eintritt eines solchen Ereignisses im Voraus verhindert. Dazu braucht sie aber eine möglichst umfassende Kenntnis der Tatsachen und sodann zumindest vertretbare Prognosen darüber, was sich mit welcher Wahrscheinlichkeit aus diesen Tatsachen entwickeln wird. Ob die Gefahr richtig gesehen worden ist und ob die Polizei daraus die richtigen Folgerungen abgeleitet hat, darüber lässt sich später, vor den Verwaltungsgerichten, trefflich streiten, zumal wenn die Gegenseite, in diesem Fall also die Demonstrationsveranstalter, ihrer Analyse ganz andere Fakten und dementsprechend ganz andere Prognosen zugrunde gelegt haben – oder das zumindest behaupten.

Hier können Erfahrungen wie die mit der Stuttgarter Menschenkette wenigstens teilweise zur Klärung beitragen, und das hat das Bundesverfassungsgericht den Beteiligten zur Pflicht gemacht.[5] Es hat sie aufgefordert, vor Großdemonstrationen das Gespräch miteinander zu suchen. Jeder weiß, dass sie dazu nicht immer bereit sein werden – dazu sind oft die gegenseitigen Erfahrungen zu schlecht, die Positionen zu sehr verhärtet, die beteiligten Personen zu unflexibel. Das wird man, gerade in überhitzten Situationen, wohl als gegeben hinnehmen müssen. Aber es muss nicht ohne Sanktionen bleiben. Wer meint, solche Sondierungsgespräche nicht nötig zu haben – so das Bundesverfassungsgericht –, der soll sich dann auch nicht wundern, wenn die Gerichte, die einen Einsatz im Nachhinein zu bewerten haben, ihrem Urteil die Tatsachenkenntnisse und Prognosen der anderen, gesprächsbereiten Seite zugrunde legen. So manche Fehlentscheidung bei der Polizei, den Demonstranten und auch bei den Gerichten hätte vermieden werden können, wenn man diese Grundsätze rechtzeitig beherzigt hätte. Man hätte dazu eigentlich auch keine verfassungsrechtlichen Überlegungen gebraucht. Ein bisschen gesunder Menschenverstand und ein paar Rückbesinnungen auf die Lehren des Freiherrn von Knigge hätten ohne weiteres ausgereicht.

Der Brokdorf-Beschluss ist übrigens auch wegen der scharfen Trennung zwischen »Störern« und »Nichtstörern« bei gewalttätig werdenden Demonstrationen gescholten worden. Man muss zugeben, dass hier das geltende Recht in sich wenig konsequent ist. Im Polizeirecht, insbesondere im Versammlungsrecht, gibt es die Figur der gewalttätigen Versammlung oder auch Demonstration, und eine solche kann von der Polizei natürlich aufgelöst werden. Das Grundgesetz dagegen kennt keine Versammlungen als Ganzes, sondern lediglich einzelne Versammlungsteilnehmer bzw. Demonstranten. Sind diese unfriedlich oder gar gewalttätig, dann können sie sich von vornherein nicht auf die Demonstrationsfreiheit nach Artikel 8 des Grundgesetzes berufen. Sind sie dagegen friedlich und nicht gewalttätig, so genießen sie den Schutz dieses Grundrechts prinzipiell auch, wenn andere – denen sie aber keine bewusste Hilfe leisten dürfen – Gewalt ausüben.

Dass man bei Großdemonstrationen, die zu Gewalttätigkeiten ausarten, die Verschiedenbehandlung von Gewalttätern und anderen Personen verlangt, ist seinerzeit vielen als lebensfremd erschienen. Und in der Tat: Wenn beide Gruppen in enger Gemengelage und auf engem Raum nebeneinander stehen, wird man nicht um die Auflösung der ganzen Veranstaltung herumkommen. Gegenüber den Gewalttätern und ihren Helfern geht das dann nach den Grundsätzen der polizeilichen Störerhaftung, gegenüber den Friedfertigen dagegen nach den – engeren – Grundsätzen über die Heranziehung von Nichtstörern, die es ja auch gibt und an denen das Bundesverfassungsgericht nichts Wesentliches geändert hat.

Das Beispiel der Stuttgarter Menschenkette zeigt aber, dass es auch anders gehen kann, nämlich dann, wenn Störer und Nicht-störer räumlich voneinander getrennt sind. Welchen Sinn hätte es denn gehabt, die Stuttgarter Menschenkette entlang der gesamten B 10 aufzulösen, beispielsweise auch in Göppingen oder in Geislingen an der Steige, nur weil es in Esslingen zu Gewalttätigkeiten gekommen wäre?

Noch ein weiteres Beispiel zeigt, wie realistisch das Bundesverfassungsgericht die Dinge seinerzeit gesehen hat. Während der Auseinandersetzungen um die Freiburger Hausbesetzungen kam es zu einem ansehnlichen Demonstrationszug, der an einem von der Polizei freigesetzten und nun polizeilich geschützten Gebäude vorbeiführte und an dem sich die verschiedensten politischen Gruppen, jeweils für sich aufgestellt, beteiligten. Wir wussten genau, dass eine dieser Gruppen aus externen, gewaltbereiten »Wanderdemokraten« bestand und dass von ihr erhebliche Gefahr drohte. Hätte sie losgeschlagen, so wäre ein kurzer, aber harter Polizeieinsatz ohne weiteres möglich gewesen, aber wahrscheinlich so, dass die anderen Gruppen nicht in Mitleidenschaft gezogen worden wären. Dazu kam es dann allerdings aus ganz anderen Gründen nicht. Als der Zug an dem betreffenden Gebäude und den vor ihm deutlich sichtbar aufgestellten Polizeieinheiten vorübermarschierte, bezog, offenbar nach sorgfältiger Planung, eine aus den anderen demonstrierenden Gruppen rekrutierte »Ordnungstruppe« Stellung zwischen der Polizei und den potenziellen Schlägern – und zwar mit dem Gesicht zu den Schlägern! Auch das hat es gegeben, und wir haben es gebührend gewürdigt.

Mit meinen Erzählungen will ich bei Gott nicht den Eindruck bukolischer Verhältnisse in jenen Jahren erwecken. Die Gewalttäter, die an dem fraglichen Tag nicht zum Zuge gekommen waren, haben kurz danach die Freiburger Innenstadt in eine Stein- und Glaswüste verwandelt, und wir haben dieses Problem dann in wochenlangen massiven Einsätzen angehen müssen. Aber der Wahrheit gebührt die Ehre: Es gab auch andere Situationen, in denen eine eisenfresserische Haltung der Polizei und ihrer politischen Führung unangemessen und nur von Schaden gewesen wäre.

Der Eisenfresser

Vielleicht wundert sich der eine oder andere darüber, dass ich damals in der veröffentlichten Meinung zeitweise als Eisenfresser gegolten habe, und zwar gleich in einem solchen Maße, dass besorgte Sozialdemokraten bei dem Gedanken, mich ins Bundesverfassungsgericht wählen zu sollen, ernsthafte Bedenken hatten. Dennoch war es so, und ich will versuchen, dieses Phänomen, das sich mir selbst freilich auch nie ganz erschlossen hat, so gut wie möglich zu erklären.

In erster Linie wird es wohl die Erfahrung gewesen sein, dass ich, wenn es notwendig war, keine Bedenken hatte, Polizeikräfte zu zeigen und auch in erheblichem Umfang einzusetzen. Ich habe das nie getan, um Meinungen zu unterdrücken, aber ich habe mich tatsächlich auch nie gescheut, gewalttätige Ausschreitungen, auf welcher politischen Linie sie auch immer lagen, mit allen legalen Mitteln zu bekämpfen oder — noch besser – gleich im Keim zu ersticken.

An zwei Dinge habe ich nie geglaubt: Erstens daran, dass es zwischen Polizei und gewalttätigen Demonstranten so etwas wie Waffengleichheit geben müsse. Das Gegenteil ist der Fall: Wenn massive Gewalttätigkeiten ins Haus stehen, muss so viel Polizei eingesetzt werden, dass nicht der geringste Zweifel darüber entstehen kann, dass diese sich auch durchsetzen wird. Und damit das von allem Anfang an klar wird, hat es – zweitens – nicht den geringsten Sinn, die Polizeikräfte zunächst in der Hinterhand zu halten. Sie müssen von vornherein gezeigt werden, und die oft geäußerte Befürchtung, daraus würden nur »Solidarisierungseffekte« entstehen, ist falsch; jedenfalls kann man ihr in wirklich ernsten Situationen nicht Rechnung tragen. (Übrigens entspricht es langjähriger Erfahrung, dass körperliche Verletzungen bei ausreichendem Polizeieinsatz auf beiden Seiten viel seltener sind und zudem in viel geringerem Maße eintreten als bei einem zögerlichen und nicht ausreichenden Einsatz.)

In den frühen achtziger Jahren freilich entsprach dies bei weitem nicht der anerkannten öffentlichen Meinung, und so kann ich mir durchaus vorstellen, dass ein Innenminister, der – bei aller sonstigen Liberalität – so dezidierte Ansichten für den Ernstfall vertrat, den

Eindruck des Eisenfressers erweckte. Die einen konnten mich nicht verstehen, und die anderen wollten es nicht.

Allerdings habe ich damals, wie ich zugeben muss, einige Projekte verfolgt, die durchaus den Anschein des Hardliners hervorrufen konnten und mit den Stichworten »Gummigeschosse« und »Reizgas« in Verbindung stehen. Ich habe beide Projekte tatsächlich verfolgt, allerdings mit unterschiedlichem Ergebnis und vor allem aus unterschiedlichen Gründen.

Die Ausstattung der Polizei mit Gummigeschossen hätte, wie ich noch heute glaube, eine gefährliche Lücke in den Einsatzmitteln geschlossen. Wenn es um echte Rechtsbrüche geht, hat die Polizei genau genommen »nur« die körperliche Gewalt, die Schlagwaffen, die Wasserwerfer und – als allerletztes Mittel – die Schusswaffen zur Verfügung, und dass die Schusswaffe das bei weitem gefährlichste Mittel ist und daher wirklich nur im allerschlimmsten Fall eingesetzt werden sollte, versteht sich von selbst. Die Polizeigesetze des Bundes und der Länder regeln den Schusswaffengebrauch folgerichtig so einschränkend, wie es überhaupt geht.

Das alles ist absolut einleuchtend. Ich habe mich aber immer darüber gewundert, warum sowohl in Fachkreisen als auch in der Öffentlichkeit fast diskussionslos hingenommen wird, dass niemand die Frage nach einem milderen Mittel als dem Schusswaffengebrauch aufwirft, das zumindest in einem Teil der Fälle, in denen das Gesetz diesen zulässt, mit vergleichbarer Wirkung angewandt werden könnte. Gummigeschosse könnten durchaus eine solche Waffe sein. Auch sie sind zwar keineswegs ungefährlich – man denke nur an die unbestreitbare Gefahr von Augenverletzungen. Ungefährlicher als die Projektile von Schusswaffen sind sie aber allemal, und deshalb ist es durchaus legitim, sich zu fragen, ob nicht das verfassungsrechtliche Verhältnismäßigkeitsprinzip verletzt ist, wenn es nur deshalb zum Schusswaffengebrauch kommt, weil Politik und Polizeiführung nicht für Gummigeschosse gesorgt haben.

Darum habe ich tatsächlich die Einführung von Gummigeschossen eines bestimmten, damals in einem deutschen Unternehmen entwickelten Typs in Erwägung gezogen – ausdrücklich nur für solche Fälle, in denen das Gesetz den Schusswaffengebrauch zuließ –, und ich bin immer noch der Überzeugung, dass ich damit im Sinne des Verhältnismäßigkeitsgrundsatzes gehandelt habe. Ich hätte nicht vor Gericht stehen und den Richtern erklären wollen, warum das mildere Mittel der Gummigeschosse in solchen Fällen nicht zur Verfügung stand. Und als Verfassungsrichter würde ich noch heute für die Verfassungswidrigkeit dieses Zustands votieren.

Die Aufregung in den Medien war damals natürlich ungeheuer groß, und ich stand so recht als Hardliner da. Für meine wahren Motive aber wollte sich niemand interessieren. Aus den Reihen der baden-württembergischen Opposition stellte sich allerdings –völlig unvermutet – der FDP-Abgeordnete Hinrich Enderlein an meine Seite, der später einige Jahre lang Wirtschaftsminister von Brandenburg war und mit dem ich im Parlament mehr Ärger als Freude hatte. Er teilte, wie er mir mehrfach sagte, meine Einschätzung. So falsch kann sie also nicht gewesen sein.

Zur Einführung von Gummigeschossen ist es dann übrigens auch in Baden-Württemberg nicht gekommen. Politisch wäre sie nur möglich gewesen, wenn sich meiner Linie wenigstens der Bund oder noch ein anderes Land angeschlossen hätte. Daran fehlte es aber in der entscheidenden Besprechung der Innenminister. Bundesinnenminister Friedrich Zimmermann erklärte noch weitere Entwicklungen für erforderlich und schlug einen entsprechenden Prüfungsauftrag an eine bayerische Firma vor. Dadurch verlief die Sache dann im Sand, nicht zuletzt weil ich bald danach in das Verfassungsgericht gewählt wurde und daher die Sache nicht mehr betreiben konnte. Zimmermanns Motive sind mir nicht bekannt. Ich weiß nicht, ob ihm im Augenblick nur der Mut fehlte und er durch den Prüfungsauftrag Zeit gewinnen wollte, ob er die Angelegenheit wirklich für nicht entscheidungsreif hielt oder ob er nur einen Staatsauftrag für ein bayerisches Unternehmen an Land ziehen wollte.

Die Einführung des so genannten CS-Reizgases, die ich tatsächlich durchgesetzt habe, hängt mit einem anderen Problem großer Polizeieinsätze zusammen. Solche Einsätze werden in der Regel mit dem Schlagstock durchgeführt, und zwar gegen gewalttätige Gruppen, die ihrerseits schonungslos prügeln oder Steine bzw. Molotow-Cocktails, d. h. Brandbomben, werfen. Ich hatte immer den Ein-

druck, dass diejenigen, die die Polizei auf den Schlagstockeinsatz beschränken wollten, sich über die Härte, ja Brutalität solcher Einsätze
nicht im Klaren waren: Der Schlagstockeinsatz ist Nahkampf und
setzt – auf beiden Seiten – atavistische Instinkte frei, besonders wenn
Steine und Brandsätze zusätzlich Panik erzeugen. Auch die bestge-
schulte Polizei ist in einer solchen Lage nur noch schwer zu führen
und gewaltbereite Demonstranten schon gar nicht.

Meinen Erfahrungen nach gibt es nur eine einzige Methode, um
solche Situationen zu vermeiden: Man muss zwischen die Linien der
Polizei und die der gewaltbereiten Demonstranten eine Sicherheits-
zone legen, die sie daran hindert, aufeinanderzuprallen. Die Breite
dieser Zone lässt sich relativ leicht berechnen. Sie muss etwa vierzig
Meter betragen, weil Stein- und Brandbombenwürfe nur etwa so
weit reichen können.

Zu erreichen ist dies praktisch nur mit Tränengas, aber auch das
gilt selbstverständlich nur unter zwei Voraussetzungen: Erstens muss
die Situation für den Tränengaseinsatz günstig sein (was nicht zuletzt von den Windverhältnissen abhängt), und zweitens muss das
Gas selbst hinreichend wirksam sein. Das Letztere war damals keineswegs sicher, und es stellte sich die Frage, ob es nicht anderer,
wirksamerer Typen von Gas bedurfte. Auf dem Markt war das so
genannte CS-Reizgas, dessen Einführung allerdings heftig umstritten
war. Ich habe es in einem realistischen Versuch auf mich selbst anwenden lassen und dabei am eigenen Leib festgestellt, dass es einerseits, solange man ihm direkt ausgesetzt war, das Orientierungsver-
mögen merklich beeinträchtigte, also tatsächlich sehr wirksam war,
dass seine unmittelbaren Wirkungen auf den menschlichen Körper
sich aber deutlich in Grenzen hielten und vor allem nach etwa zehn
bis zwanzig Minuten völlig abgeklungen waren.

Wegen dieses neuen Einsatzmittels, das ich für Baden-Württemberg eingeführt habe, musste ich eine gehörige Portion Kritik ein-
stecken. Ob es jemals eingesetzt werden musste, weiß ich nicht. Aber
darauf kam es mir auch nicht an. In Fragen der Polizeiausrüstung
geht es immer nur darum, gerüstet zu sein. Den tatsächlichen Einsatz wünscht sich niemand.

Mit dem Reizgasproblem verbindet sich für mich eine Geschichte, über die ich mich heute noch amüsiere, obwohl sie durchaus einen ernsten Hintergrund hatte. Ich besuchte mit dem Innenausschuss des baden-württembergischen Landtags das französische Innenministerium, das damals unter der Leitung eines in der Wolle gefärbten Sozialisten stand. Er begrüßte uns kurz, überließ die Gespräche dann aber verständlicherweise seinen hohen Beamten, an ihrer Spitze seinem Kabinettschef, der wie Leutnant Kojak aussah und wie sein Chef überzeugter Sozialist war – allerdings französischer Sozialist.

Im Rahmen eines sehr angeregten und vor allem offenen Gesprächs wurde diesem Mann nun von deutscher Seite die Frage gestellt, wie sich die französische Polizei denn verhalte, wenn eine Demonstration zwar aufgelöst worden sei, die Teilnehmer dem aber nicht Folge leisteten. Ob man dann Reizgas einsetze, wie es bei uns geplant sei? Der Mann stutzte einen Augenblick und sagte dann: »Gas? Nein, Gas setzen wir nicht ein. Dann lösen wir die Versammlung lieber gleich auf.« Er hatte den ersten Teil der Frage offenbar nicht recht begriffen, weil es ihm um die tatsächliche, dem Fragesteller aber nur um die rechtliche Auflösung ging. Und ich bezweifle, dass alle seine deutschen Gesprächspartner begriffen haben, was er unter Auflösung verstand: den Einsatz von Militär. Unter solchen Umständen ist es nicht leicht, sich Rat aus den Erfahrungen anderer Staaten zu holen.

Als wir zu einem weiteren Termin fuhren, begleitete mich der Kabinettschef, und es kam zu einem Vieraugengespräch, in dessen Verlauf er mir sinnend sagte, er hätte den Eindruck, dass wir Deutschen doch sehr merkwürdige Polizeigesetze hätten. Ich versuchte ihm zu erklären, dass wir natürlich die Erfahrungen eines schlimmen Polizeistaates hinter uns hätten und deshalb besonders vorsichtig sein müssten. Darauf ging er nicht weiter ein, sondern fügte nur noch nachdenklich hinzu: »Ich muss sagen, wir kommen mit unseren Gesetzen gut zurecht. Allerdings stammen sie noch aus der Vichy-Zeit.« Was sollte ich darauf antworten?

Hausbesetzungen

Die Jahre, in denen ich Innenminister war, waren in Deutschland die hohe Zeit der Hausbesetzungen. Leer stehende Häuser, die es in manchen großen Städten in erklecklicher Zahl gab, wurden teils von wohnungssuchenden jungen Leuten, teils aber auch von radikalen politischen Kräften besetzt, die, wie sie behaupteten, dadurch auf die Verantwortungslosigkeit kapitalistischer Hauseigentümer aufmerksam machen wollten. Das Problem war in manchen Großstädten erheblich. An Baden-Württemberg ist es naturgemäß auch nicht völlig vorübergegangen. Im ganzen Land gab es allerdings nur drei Dutzend Fälle, sodass daraus also nie ein echtes politisches Problem geworden ist.

Über die Frage, wie sich die Polizei gegenüber solchen Hausbesetzungen verhalten sollte, differierten die Meinungen nicht nur zwischen den unions- und den SPD-regierten Ländern, sondern auch innerhalb der unionsregierten Länder. Mein bayerischer Kollege Gerold Tandler, den ich sehr schätzte, verkündete beispielsweise, in Bayern werde keine Hausbesetzung länger als vierundzwanzig Stunden dauern, spätestens dann sei sie von der Polizei beendet. Das klang sehr gut und energisch. Dennoch haben wir uns in Baden-Württemberg dieser Linie nicht angeschlossen. Ich hatte nämlich keine Lust, meine Polizei nach der Vertreibung der Besetzer tage-, ja wochenlang im Haus sitzen zu lassen; denn das wäre die unausweichliche Folge gewesen, wenn man verhindern wollte, dass die Besetzer, vorne hinausgeworfen, von hinten wieder hineinspazierten. Unsere Bedingung war es daher, ein geräumtes Haus höchstens vierundzwanzig Stunden weiter zu schützen; dann mussten die Handwerker, die in aller Regel zu einer Renovierung herbeigerufen werden mussten, selbst im Haus sein, und erst dann war nach allen Erfahrungen die erneute Besetzung ausgeschlossen.

Das war die Theorie, die ich mir noch vor der ersten Hausbesetzung im Land mit der Polizeiführung zurechtgelegt hatte. In der Praxis sah die Sache dann ganz anders aus. Es stellte sich nämlich heraus, dass es in ganz Baden-Württemberg nur ein einziges besetztes Haus von einiger Bedeutung gab, das in Privateigentum stand. In

allen anderen Fällen handelte es sich um öffentliche Gebäude, die
aus irgendwelchen Gründen leer standen, aber gewiss nichts mit Ka-
pitalismus zu tun hatten (höchstens mit Staatskapitalismus). Die
größte Gruppe gehörte zum Ressort des Bundesverteidigungsmini-
steriums, eine andere Gruppe aber umfasste landeseigene Amts- und
Behördengebäude. Ich war nicht wenig erstaunt, als ich davon erfuhr, und verlangte natürlich Aufklärung, wie es dazu kommen
konnte. Die Antwort war typisch für eine gut funktionierende Bürokratie: Für alle diese Gebäude gab es detaillierte Renovierungspläne,
die allerdings aus Jahren stammten, in denen die Steuerquellen noch
großzügiger flossen, und infolgedessen erhebliche Kosten vorsahen.
Inzwischen war das Geld knapp geworden. Man hatte daraus aber
nicht den Schluss gezogen, zu einer etwas billigeren Renovierung
überzugehen, sondern man hatte die Pläne einfach liegen und die betreffenden Gebäude leer stehen lassen. Da habe ich dann doch einmal mit etwas härterem Knöchel auf den Tisch geklopft, merkte
aber bald, dass ich beim zuständigen Finanzministerium damit sehr
willkommen war. Dieses griff nun selbst ein und ordnete sparsame,
dafür aber rasche Renovierungen an. Binnen kurzer Zeit war das
Problem gelöst, die vorgesehenen Behörden zogen ein, an einer Besetzung hatte niemand mehr ein Interesse, und offen war nur die
Frage, wer über die Lösung glücklicher sein konnte – der Innenminister oder der Finanzminister. Das war der Beitrag der Hausbeset-
zerszene zur baden-württembergischen Haushaltspolitik. (Bei den
besetzten Gebäuden des Verteidigungsministeriums liefen die Dinge
übrigens ähnlich, wenn auch etwas zäher.)

Bleibt noch über das Haus zu berichten, das sich in privatem
Eigentum befand. Seine Problematik bestand – wie so oft – darin,
dass der Eigentümer nicht eine Einzelperson war, sondern eine viel-
köpfige Erbengemeinschaft, deren Mitglieder über die ganze Welt
verstreut lebten und daher zu einer Entscheidung über die Zukunft
des Hauses nicht einmal imstande waren. Ich habe es weder für
meine noch für eine Aufgabe der Polizei gehalten, in solchen Fällen
schützend einzugreifen – also zugunsten von Eigentümern, die ihr
Interesse an ihrem Eigentum entweder schon aufgegeben hatten oder
es zumindest nicht wahrnehmen wollten. Dieser Fall war typisch für

die deutsche Rechtslage. Diejenigen Erben, die wir erreichten, sahen die Lage mehr oder weniger wie wir und brachten auch zum Ausdruck, dass »die jungen Leute« ihretwegen gern im Haus bleiben könnten, bis die Erbengemeinschaft gemeinsam über dessen Schicksal entschieden hätte. So sind derartige Fälle meines Wissens an vielen Stellen gehandhabt worden: Der Eigentümer beließ die Hausbesetzer zunächst in seinem Eigentum, behielt sich aber vor, zu einem späteren Zeitpunkt die Räumung durch die Polizei zu verlangen. Die Hausbesetzer waren ihrerseits mit dem Status quo zufrieden (und haben sich später irgendwie wieder verkrümelt). Man hätte das alles auch sauber regeln können, etwa durch Mietverträge mit kurzen Kündigungs- und Räumungsfristen. Aber das ging aus ideologischen Gründen nicht. Ein Mietvertrag mit kurzen Kündigungs- und Räumungsfristen – das war mit der damals regierenden Mietrechtsideologie und dem ihr folgenden Mietrecht nicht vereinbar. In Deutschland denkt man andersrum, daran scheint kaum etwas zu ändern zu sein. (Wohlgemerkt: Das wäre auch für mich keine allgemein anwendbare mietrechtliche Linie. In Fällen wie dem hier geschilderten, mit klaren Anwendungsgrenzen, wäre sie aber segensreich gewesen.)

Doch ohne burleske Nebenerscheinungen konnte das Hausbesetzungsproblem in Baden-Württemberg nicht vonstatten gehen. Die folgende Geschichte erzähle ich so, wie sie mir vom Landespolizeipräsidenten hinterbracht worden ist, weiß aber nicht mehr, ob sie sich in Weingarten oder Ravensburg abspielte (jedenfalls war es in unmittelbarer Nähe zum Bodensee). Da ging eines Tages die Sonne auf, eine Polizeistreife fuhr durch die Stadt – und erstarrte. Vor einem Einfamilienhaus stand nämlich ein Mann mit einem großen, selbst gemalten Schild, auf dem stand: »Dieses Haus ist besetzt.« Die Beamten sprangen aus ihrem Fahrzeug, begannen zu rekognoszieren und fragten den Mann als Erstes, ob das Haus wirklich besetzt sei. Das beantwortete er mit einem klaren »Ja« und verwies, gewissermaßen zum Beweis, auf sein Schild. Aber die Beamten bohrten weiter: Ob denn im Haus noch andere Personen seien, die eigentlich nicht dorthin gehörten? Nein, sagte der Mann, er halte das Haus ganz allein besetzt. Da nahmen ihn die Beamten – übrigens mit seinem vollen Einverständnis – auf das Revier mit, spendierten ihm eine Tasse Kaffee und brachten ihn dann nach Hause. Schon wieder war eine Hausbesetzung beendet. Der Landespolizeipräsident, von dem ich wissen wollte, ob das in der Polizeistatistik jetzt als beendete Hausbesetzung geführt werde, gab mir eine ziemlich ausweichende Antwort. Daraus schloss ich, dass ich ins Schwarze getroffen hatte.

Großeinsatz in Freiburg

Man sollte nicht meinen, dass Sicherheitspolitik in den fraglichen Jahren eine ziemlich einfache, ja sogar fröhlich machende Angelegenheit gewesen sei. Manche meiner lockeren Äußerungen lassen sich durchaus aus meinem Naturell erklären. Auch muss ich bekennen, dass in Baden-Württemberg die Welt noch ziemlich in Ordnung war und dass die Landesregierung nicht lange fackelte, wenn sie unbedingt herausgefordert werden sollte. Aber auch zu meiner Zeit konnte es durchaus hart auf hart gehen, wie eine andere Affäre belegt, die mich sehr viel Standfestigkeit gekostet und von meiner Polizei einen äußerst schwierigen Einsatz gefordert hat.

In Freiburg waren, wie schon erwähnt, mehrere große Gebäude besetzt. Aus ihnen brach eines Tages eine zu allem entschlossene Horde von Gewalttätern hervor, stürmte nach offenbar eingehend beratenen Plänen durch die Innenstadt und schlug alles, was ihr unterkam, in Trümmer, vor allem Schaufensterscheiben und Autos. Der Spuk dauerte nicht einmal eine halbe Stunde; die Schäden, die er anrichtete, waren aber beträchtlich und trafen vor allem mittelständische Unternehmer, die ihre Läden gegen solche Gewalttätigkeiten nicht versichert hatten (und auch gar nicht versichern konnten) und für die einige zerschlagene Schaufensterscheiben den Gewinn eines ganzen Jahres zunichte machen konnten. Mir war klar, dass die Staatsgewalt hier mit allen Mitteln für geordnete Verhältnisse sorgen musste, wenn sie bei diesen redlichen und staatstreuen Menschen nicht jeden Kredit verspielen wollte.

Im Allgemeinen hatte die Polizei auch zu den Kreisen der Hausbesetzer immer irgendwelche Gesprächskontakte. In diesem Fall kamen Gespräche aber nicht mehr in Frage, zum einen weil es mit

Gewalttätern dieses Ausmaßes meines Erachtens Gespräche erst nach der Resozialisierung geben konnte, zum anderen aber auch, weil die Öffentlichkeit für solche Kontakte nach dem, was geschehen war, kein Verständnis mehr aufgebracht hätte. Die Alternative war, die örtliche Polizei so zu verstärken, dass sie Tag und Nacht auf Straßen und Plätzen präsent war, und zwar in einer Zahl, die über den Ausgang neuer Auseinandersetzungen von vornherein keinen Zweifel ließ. Für die baden-württembergische Polizei war es eine ungeheuere Anstrengung, zu Beginn der Maßnahme mit rund tausend Beamten in Freiburg präsent zu sein, aber sie hat es geschafft und letztlich auch durchgehalten. Die Besetzer des fraglichen Gebäudes konnten keinen Schritt mehr tun, ohne von der Polizei in aller Offenheit beobachtet und sich somit des Risikos neuer Übergriffe bewusst zu werden. Wo sich auch nur kleine Grüppchen aus der »Szene« zeigten, waren sofort zwei, drei Polizisten in der Nähe, um bei neuen Gewalttätigkeiten einzugreifen und, was am meisten gefürchtet war, die Täter zu identifizieren; man bezeichnete dieses Verfahren sehr plastisch als »Klettentaktik«. Das dauerte geraume Zeit. Die Opposition im Landtag beschuldigte mich, Freiburg »besetzt zu halten«, was ich natürlich aufs Heftigste bestritt und was auch nicht zutraf, weil Besetzungen sich gegen die Bürger des besetzten Territoriums richten und nicht zu ihrem Schutz durchgeführt werden. Jedenfalls zeigte der Einsatz allmählich Wirkung. Die Zahl der gewaltbereiten Täter wurde geringer, einige von außen kommende Unruhestifter reisten wohl wieder ab, und nach zwei Wochen konnten Schritt für Schritt mehrere Hundertschaften der Polizei abgezogen werden.

Nach vier Wochen war Ruhe eingekehrt, und Vorgänge der geschilderten Art haben sich nie wieder ereignet. Die Polizei hatte standgehalten, und die politische Führung hatte nicht gekniffen, sondern sich hinter ihre Beamten gestellt. Es war nicht nur eine Schlacht, die damit gewonnen war.

Kommunalpolitik – mal so mal so

Polizeiarbeit war selbstverständlich nicht das alleinige Thema in meiner Amtszeit als Innenminister. Zu meinem Ressort, so wie es damals zugeschnitten war, gehörten, wie bereits angeführt, beispielsweise auch das Vermessungswesen, der Städtebau, die Landesplanung, der Katastrophenschutz, ferner Denkmalschutz und Denkmalpflege.

Ich ziehe es jedoch vor, über meine Erfahrungen mit der Kommunalpolitik zu berichten, die ebenfalls zum Aufgabenbereich meines Ressorts gehörte. Diesen Zweig der Politik habe ich bereits als Professor immer für außerordentlich wichtig gehalten. Zur Begründung habe ich oft, wenn auch mit einer gewissen Übertreibung, gesagt, in der Demokratie komme es auf den Bürger an, und der lebe weder im Land noch in der Bundesrepublik oder gar in der Europäischen Gemeinschaft, sondern in seiner Gemeinde. Diese Frage will ich aber an dieser Stelle nicht weiter vertiefen und schon gar nicht theoretisch untermauern,[6] sondern lieber von zwei Episoden berichten, durch die ich sehr viel über Verwaltungskunst und Verwaltermentalität im kommunalen Bereich gelernt habe.

Eines Tages besuchte ich die kleine baden-württembergische Stadt Brühl am Rhein, in der damals eine beachtliche Stadtkernsanierung durchgeführt wurde. Ich besichtigte, wie es sich gehörte und wie es von mir auch erwartet wurde, die verschiedenen Baustellen, gab der örtlichen Presse einige Interviews zur Bedeutung von Stadtsanierung und Denkmalpflege und zog mich dann mit dem Bürgermeister Gerhard Stratthaus zu eingehenderen Gesprächen in dessen Amtszimmer zurück, um mich über seine administrativen Erfahrungen mit dem großen Projekt zu informieren. Schließlich wusste ich aus meinen Unterlagen, dass im Zuge der Maßnahme den Hauseigentümern erhebliche denkmalrechtliche Auflagen gemacht und an zahlreichen Stellen sogar die Hausgrundstücke neu zugeschnitten werden mussten. Was solche Eingriffe an Verwaltungsgerichtsprozessen nach sich ziehen und wie lange diese dauern konnten, war mir natürlich bewusst, und ich wollte vom Bürgermeister wissen, wie er sich dieses Problems entledigen wollte.

Da erlebte ich nun mein blaues Wunder. Der Bürgermeister hatte die Angelegenheit, wenn auch mit großem persönlichem Einsatz, innerhalb von eineinhalb Jahren zu einem rechtsverbindlichen Abschluss gebracht, und nicht binnen der acht oder zehn Jahre, die ein verwaltungsgerichtliches Verfahren mit Anfechtungsklage, Berufung, Revision und möglicherweise auch noch einer Verfassungsbeschwerde nach Karlsruhe benötigt hätte. Er hatte nämlich nicht einen einzigen (verwaltungsgerichtlich anfechtbaren) Verwaltungsakt erlassen, sondern ausnahmslos alle betroffenen Hauseigentümer dazu gebracht, ihre Grundstücke der Gemeinde zu übereignen. Sodann hatte er selbst als Vertreter der Gemeinde die Grenzänderungen bewilligt und statt der denkmalpflegerischen Auflagen entsprechende Dienstbarkeiten in die Grundbücher eintragen lassen. Das hatte ihm zwar ein, zwei Hausbesuche täglich und viel gutes Zureden abverlangt, aber die betroffenen Bürger hatten ihm ihr Vertrauen geschenkt und das Verfahren damit auf einen Bruchteil der sonst nötigen Zeit verkürzt. Am Ende seines Berichts sagte er zu mir auch noch: »Ich bin CDU-Mitglied, aber was ich da gemacht habe, ist doch eigentlich purer Sozialismus.« Da konnte ich ihn beruhigen. Sozialismus wäre es nur gewesen, wenn er die ihm anvertrauten Grundstücke am Ende des Verfahrens nicht wieder hergegeben hätte. So aber konnte er meiner Bewunderung sicher sein, und um die Sache abzurunden, sei hier hinzugefügt, dass er es später sowohl in der Kommunal- als auch in der Landespolitik noch weit gebracht hat.

Etwas anders ging eine Geschichte aus, die ich unmittelbar nach meinem Amtsantritt als Innenminister erlebte. Dazu muss ich freilich etwas weiter ausholen und in die Niederungen des kommunalen Dienstrechts einsteigen.

Die Gemeinden haben bekanntlich das Recht, eigene kommunale Beamte anzustellen. Dabei erliegen sie nicht gerade selten der Versuchung, ihre Beamten höher einzustufen und daher besser zu bezahlen, als das in vergleichbaren Positionen des Bundes- oder Landesdienstes der Fall wäre. Die Gründe dafür lassen sich unschwer erraten: Zum einen haben es Gemeinden mitunter schwerer, qualifizierte Mitarbeiter an sich zu binden, und müssen deshalb bessere Bezahlung sowie auch bessere Aufstiegsmöglichkeiten bieten. Zum anderen kommt es aber auch vor, dass Bürgermeister, Gemeinderat und kommunale Beamte sich im Laufe der Zeit so sehr miteinander versippen, dass hier des Guten zu viel getan wird. Deshalb hat der Bund zu dieser Frage eine eigene Rechtsverordnung erlassen, die auf den schönen Namen »Stellenobergrenzenverordnung« hört und den Gemeinden je nach ihrer Bevölkerungszahl vorgibt, wie viele Direktoren, Oberräte, Amtsräte, Amtmänner usw. sie anstellen dürfen. Das klingt zwar einleuchtend und vernünftig, behindert die Gemeinden aber doch bei der Gewinnung qualifizierten Verwaltungsnachwuchses und greift, wie man zugeben muss, empfindlich in ihre Personalhoheit ein, die zur kommunalen Selbstverwaltung nun einmal gehört wie das Amen zur Kirche. Entsprechend heftig waren folglich die Beschwerden der Kommunen und ihrer Spitzenverbände über diese engstirnige Behandlung, und zeitweise konnte man sich als Innenminister bei keiner Bürgermeisterversammlung und keiner Verbandstagung sehen lassen, ohne dass man sofort auf dieses Thema angesprochen, ja gelegentlich sogar beschimpft wurde.

Ich war erst einige Wochen Innenminister, als ich in einem meiner Regierungsbezirke zu einer Bürgermeisterversammlung eingeladen wurde. Schon bei der Begrüßung durch den Vorsitzenden wurde die Stellenobergrenzenverordnung mit allen Zeichen der Entrüstung thematisiert, und auch seine Mitglieder standen ihm an Empörung in nichts nach. Anders als manche Lehrerversammlungen, denen ich eben erst entkommen war, wahrten zwar alle die Form, doch ihr Ärger war mit Händen zu greifen – und es war meiner Meinung nach ein berechtigter Ärger.

Ich begann also, ihnen die einander widerstreitenden Gesichtspunkte zu erläutern, die den Bundesgesetzgeber und in seinem Gefolge die Bundesregierung zu ihrer Entscheidung veranlasst hatten. Doch an ihren Gesichtern konnte ich ablesen, dass sie das alles bereits wussten und außerdem für grottenfalsch hielten (und wahrscheinlich hielten sie es auch für möglich, dass die Beamten, die die Verordnung ja letzten Endes zusammengebastelt hatten, aus einem tiefen Misstrauen gegen Kommunalpolitik und Kommunalpolitiker gehandelt hatten). Als mein gutes Zureden also nichts half, ging ich, wenn auch mit mildem Gesichtsausdruck, zum Gegenangriff über.

Ich erklärte ihnen, die gegenwärtige Reglementierung sei eindeutig zu engstirnig und bürokratisch, ganz ohne eine Eingrenzung gehe es aber auch nicht, weswegen ich ihnen nun folgenden Vorschlag machen würde: Die Stellenobergrenzenverordnung müsse beseitigt, die Frage der Personalkosten müsse aber in die Berechnungen des kommunalen Finanzausgleichs einbezogen werden. Was eine Gemeinde dort einzuzahlen und was sie daraus zu erhalten habe, sollte nicht mehr nur nach ihrer realen Finanzkraft berechnet werden, sondern nur noch zur Hälfte nach dieser und zur anderen Hälfte nach der Höhe ihrer Personalkosten, denn diese gäben durchaus auch Auskunft darüber, wie wohlhabend sich eine Gemeinde selbst einschätze. Wenn sie diesen Vorschlag für akzeptabel hielten, würde ich mich gern für eine entsprechende Gesetzesinitiative einsetzen.

Die Reaktion war überaus interessant. Zuerst lachte der ganze Saal, was auf alle Fälle die Atmosphäre entspannte. Jemand rief sogar: »Wir haben schon gehört, Herr Minister, dass Sie immer für einen Witz gut sind.« Als sie aber merkten, dass ich meinen Vorschlag, zumindest in den Kernpunkten, durchaus ernst meinte, kehrte bei ihnen eine bemerkenswerte Nachdenklichkeit ein. Daraufhin einigten wir uns von beiden Seiten, dass wir das Problem und meinen Vorschlag noch einmal gründlich überdenken müssten.

Und dann habe ich während der ganzen dreieinhalb Jahre, die ich Innenminister war, nichts mehr von der Stellenobergrenzenverordnung gehört. Da hatten sich offenbar einige ertappt gefühlt. Ich für meinen Teil habe damals aber begonnen, eine Neigung zu einfachen Lösungen zu entwickeln.

Apropos: Das SEK und die Mädchen

Als ich baden-württembergischer Innenminister war, lud ich alljährlich die Landespressekonferenz zur Besichtigung einer mir unterstehenden Behörde oder Einrichtung ein. Das vermittelte den Journalisten Einblicke in Arbeitsweise und Probleme der Innenverwaltung. Mir aber gab es die willkommene Gelegenheit, von unseren Aufgaben, Möglichkeiten und auch Fehlschlägen zu berichten und außerdem die persönlichen Beziehungen zwischen meinen Gästen und mir etwas zu pflegen.

Eine von diesen Einladungen führte nach Göppingen, wo eine der kasernierten Abteilungen der Bereitschaftspolizei lag und wo vor allem das SEK stationiert war, das Spezialeinsatzkommando, das auf die schwierigsten polizeilichen Einsätze gedrillt war und nur aus den qualifiziertesten Beamten bestand. Für einen normalen Journalisten, der ja allgemein auf Freiheit und Friedlichkeit dressiert ist, konnte eine solche Elitetruppe schon eine gewisse Anfechtung sein, und es war auch gar nicht unwahrscheinlich, dass er sich von ihr falsche Vorstellungen machte.

Darauf waren die Vorführungen, die das SEK bot, selbstverständlich zugeschnitten. Die Beamten ließen bei ihren Vorführungen nichts aus, was sie gelernt und trainiert hatten – Schießübungen, Nahkampf mit und ohne Waffen, komplizierte Rettungsübungen, Absprünge aus Hubschraubern und vieles andere mehr. Es war wirklich, wie man sich eine solche Truppe vorstellt, und man konnte durchaus auf den Gedanken kommen, dass man es mit einer Gruppe von Eisenfressern und Landsknechtsnaturen zu tun hatte.

Aber dieser Eindruck wurde in einem Gespräch, das sich dann anschloss, glänzend widerlegt. Die jungen Beamten erwiesen sich als umgängliche, fast lockere Typen, denen man ihr Handwerk nicht ansah. Sie verfügten über gute Manieren und, was das Wichtigste war, sie konnten auch deutlich machen, dass sie auf strikte Gesetzestreue und Rücksichtnahme für die Betroffenen abonniert waren. Die journalistischen Gäste waren verblüfft.

Der aufregendste Teil der Vorführungen folgte aber noch. Man begab sich zum Göppinger Fernheizwerk, wo das SEK die Erlaubnis zu ganz besonderen Übungen hatte. Dort wurde nämlich das Erstürmen von Gebäuden geübt: Die Beamten kletterten auf der einen Seite eines riesigen Gebäudes die Außenwände hoch und stiegen auf der anderen Seite wieder hinunter, und um dem allem noch die Krone aufzusetzen, wiederholten sie das Ganze dann auch noch bei einem hohen Schornstein. Selbst die größten Polizeiskeptiker unter den Gästen waren hingerissen.

Aber irgendwo, sagten sie sich wohl, musste doch ein Haken an der Sache zu finden sein, und so deckten sie den Direktor des Fernheizwerks anschließend mit Fragen ein, die allesamt darauf hinausliefen, ob sich denn für die Arbeit seines Unternehmens aus dem Training des SEK keine betrieblichen Probleme ergäben. Der Direktor verneinte das rundheraus und blieb dabei auch bei wiederholten Nachfragen. Aber er hatte wohl den Eindruck, er könne seine Gäste doch nicht ganz ohne jedes Erfolgserlebnis nach Hause gehen lassen. Also sagte er leicht zögernd, na ja, *ein* Problem gebe es allerdings. Die Journalisten spitzten die Ohren und Bleistifte und wollten natürlich Einzelheiten wissen. Der Direktor aber sagte: »Wenn die jungen Kerle da draußen üben, hängen meine weiblichen Mitarbeiterinnen voller Neugier in den Fenstern und vergessen ihre Arbeit.«

Da war das SEK vom Alltag der Geschlechter eingeholt. Skandalberichte hat es nach diesem Besuch in der baden-württembergischen Presse nicht gegeben.

PAUSE VON DER POLITIK

Richter am Bundesverfassungsgericht

Es muss im Frühjahr 1981 gewesen sein, da rief mich Friedrich Vogel, rechtspolitischer Sprecher der CDU/CSU-Fraktion im Bundestag und zugleich einer der Verantwortlichen für die Neuwahl von Bundesverfassungsrichtern, an meinem Ferienort Fürstenfeldbruck an und bat mich um eine Unterredung. Da er gerade in Bad Wörishofen zur Kur weilte und nicht motorisiert war, vereinbarten wir, dass ich ihn in den nächsten Tagen an seinem Urlaubsort aufsuchen sollte. So geschah es auch, und als wir in einem kleinen Café zusammensaßen, eröffnete er mir, er sei gerade dabei, die für 1983 anstehenden Verfassungsrichterwahlen vorzubereiten, habe auch schon einige ganz unverbindliche Gespräche mit der »anderen Seite«, also mit der SPD, geführt und gehe jetzt davon aus, dass man sich hinsichtlich der Nachfolge des Präsidenten Ernst Benda ohne große Schwierigkeiten auf mich einigen könnte. Die SPD habe allerdings gefordert, dass ich erst 1987 Präsident werden und in der Zwischenzeit der augenblickliche Vizepräsident, Wolfgang Zeidler, den Präsidentenstuhl einnehmen solle. Die Frage sei jetzt nur, ob ich zu einer solchen Kandidatur, und unter solchen Bedingungen, bereit sei.

Ich brauchte nicht lange zu überlegen. Politiker auf Lebenszeit hatte ich von Anfang an nicht werden wollen, nach dem Aufstieg der zurückliegenden Jahre hätte es jedoch einen schlechten Eindruck gemacht, wenn ich alle meine politischen Ämter ohne eigentlichen Grund von heute auf morgen niedergelegt hätte. So war die Wahl ins höchste Gericht immerhin ein sehr ehrenvoller Weg, um von der Politik wieder loszukommen. Außerdem kann man als Verfassungsrechtler und erst recht als Professor für Staatsrecht nichts Höheres anstreben, als Mitglied des Bundesverfassungsgerichts zu werden. Ich hätte daher meine berufliche Laufbahn für unvollendet gehalten, wenn ich nicht unverzüglich meine Zustimmung gegeben hätte. Dass ich dabei vier Jahre »nur« Vizepräsident werden sollte, war mir gleichgültig. Ich hätte mich auch geehrt gefühlt, wenn mir nur ein »einfacher« Richtersessel angeboten worden wäre, und das auf die volle zwölfjährige Amtszeit. Der Aussicht, erst Vizepräsident und dann für acht Jahre Präsident zu werden, habe ich freilich nicht widersprochen. Dazu sah ich keinen Grund.

Einige Zeit später rief mich in dieser Sache Helmut Kohl an und wollte wissen, ob es bei meiner Zusage bleibe, was ich bedenkenlos bejahen konnte. Dass diese Kandidatur »das Schnaufen nicht vertrug«, verstand sich von selbst, es kam also alles auf eiserne Verschwiegenheit an. Aber das hat mir noch nie Probleme bereitet. Meine Spottlust und nicht weniger meine Lust am Erzählen von Geschichtchen habe ich nicht zuletzt auch dazu entwickelt, unbequeme Frager auf andere Fährten zu locken. Da es in Deutschland viele Leute, insbesondere Fachjournalisten, gibt, die sich brennend für die Personalpolitik des Bundesverfassungsgerichts interessieren, konnte ich diese Taktik umso öfter anwenden, je näher das Jahr 1983 rückte.

Im September 1983 wurde ich dann tatsächlich durch das Wahlmännergremium des Deutschen Bundestages zum Richter am Bundesverfassungsgericht gewählt. Der erste, der mich davon unterrichtete und mir auch besonders herzlich gratulierte, war der Sozialdemokrat Hans-Jochen Vogel. Ich schloss daraus schon damals, dass es von der SPD vielleicht eine Gegenstimme gegeben hatte. Kurz danach wählte mich der Bundesrat zum Vizepräsidenten. Es war also alles in bester Ordnung.

Das Bundesverfassungsgericht von innen

Über die Rechtsprechungstätigkeit des Bundesverfassungsgerichts kann ich hier nicht berichten, noch weniger über die Beratungen, die zu der einen oder anderen Entscheidung geführt haben, denn damit würde ich das Beratungsgeheimnis verletzen, das nicht nur gesetzlich festgelegt ist, sondern auch zu den zentralen Bestandteilen richterlicher Ethik gehört. Wohl kann ich jedoch einiges über die wesentlichen Voraussetzungen der Verfassungsrechtsprechung preisgeben.

An erster Stelle geht es dabei um die Frage nach der Unabhängigkeit bzw. Neutralität der Richter. Sie ist die wichtigste Voraussetzung dafür, dass die Parteien, besonders auch die unterlegenen, bereit sind, sich einer Entscheidung zu unterwerfen.

An der Fähigkeit der Verfassungsrichter zu neutraler Rechtsprechung ist schon viel gemäkelt worden. Zweifel, ja sogar Vorwürfe machen sich meist am Wahlverfahren fest, das für eine Hälfte der Richter dem Bundestag (bzw. einem von ihm eingesetzten Wahlmännergremium), zur anderen dem Bundesrat anvertraut ist. Die Kritik ist so prägnant wie kurzschlüssig: Die Verfassungsrichter werden von »den Parteien« bestimmt und stehen daher im Verdacht, diesen jederzeit dienstbar zu sein. Natürlich hat es in der Geschichte des Bundesverfassungsgerichts Entscheidungen gegeben, die entweder der jeweiligen Regierung oder der Opposition sehr zustatten kamen, und es ist auch gar nicht auszuschließen, dass in den Mehrheiten, die diese Entscheidungen trugen, die Richter, die der obsiegenden Partei »zugerechnet« werden konnten, ein gewisses Übergewicht besaßen. Aber »Einfarbigkeit« gibt es in aller Regel nicht. Bei Mehrheitsentscheidungen ist sie ohnehin unmöglich, weil in jedem der beiden Senate vier Richter der einen und ebenso viele der anderen politischen Richtung »zugerechnet« werden. Unter den seltenen (und ärgerlichen) 4 zu 4-Entscheidungen hat es in den fünfzig Jahren seit Gründung des Gerichts, soweit ich sehe, nur eine einzige »einfarbige« Entscheidung gegeben. In allen anderen Fällen, vor allem in denen, die ich in mehr als zehnjähriger Zugehörigkeit zum Gericht selbst erlebt habe, waren die beiden einander blockierenden Hälften immer »gemischtfarbig«.

Es leuchtet ein, warum das so ist. Die Richter des Bundesverfassungsgerichts brauchen zu ihrer Wahl eine Zweidrittelmehrheit. Daraus folgt, dass keines der beiden politischen Lager in Bundestag und Bundesrat ausgesprochene »Radikalinski« durchbringt. Präsentiert und gewählt werden im Allgemeinen nur Persönlichkeiten, die man zwar einem bestimmten Lager »zurechnen« kann, die aber im anderen Lager ebenfalls Ansehen und Vertrauen besitzen. Die Zweidrittelmehrheit ist also eine der großen Garantien für die Unabhängigkeit der Richter, und sie sollte auch eine ausreichende Garantie dafür sein, dass die Parteien, und erst recht die Bürger, ihnen diese Unabhängigkeit und die daraus resultierende Neutralität zubilligen. Insoweit ist das Wahlverfahren durchaus überzeugend und nach dem Fall des Eisernen Vorhangs auch von vielen der neuen Demokratien übernommen worden. Einen Nachteil hat es freilich: Personalverhandlungen dieser Art können praktisch nicht öffentlich geführt werden. Ein gewisses Defizit an Transparenz besteht also durchaus. Man sollte das aber hinnehmen, wenn man nicht die unschönen Erfahrungen der Amerikaner mit ihren Wahlen zum Supreme Court auf Deutschland übertragen will.

Übrigens kommt im Fall des Bundesverfassungsgerichts noch eine zweite Sicherung für Unabhängigkeit und Neutralität hinzu. Die deutschen Verfassungsrichter werden nicht auf Lebenszeit und nicht ohne Altersgrenze gewählt, sondern man wählt sie für eine feste Amtszeit von zwölf Jahren und ohne die Möglichkeit einer Wiederwahl. Die Länge der Amtszeit mag etwas überraschen, wenn man bedenkt, dass Bundestag und Regierung nur auf vier, der Bundespräsident auf fünf Jahre bestellt werden. Trotzdem sind die zwölf Jahre im Interesse einer halbwegs kontinuierlichen (und damit auch berechenbaren) Rechtsprechung sinnvoll. Dasselbe gilt auch für den Ausschluss einer erneuten Bestellung. Die Gefahr, dass einer der Richter beim Herannahen seiner Wiederwahl anders als normalerweise entscheiden würde, halte ich zwar für gering. Aber natürlich würden ihn sowohl seine Kollegen als auch die gesamte Öffentlichkeit strengstens beobachten, und das wäre einer vertrauensvollen und vor allem unbelasteten Zusammenarbeit in den Senaten nicht förderlich.

Ein altes Sprichwort sagt: »Das Amt prägt den Mann.« Ich habe die Richtigkeit dieses Wortes oft bestätigt gefunden, auch an mir selbst, am eindringlichsten aber bei den Richtern und Richterinnen des Bundesverfassungsgerichts. Diese Menschen gelangen meist in einem Alter in ihr Amt, in dem sie die ihnen vorgezeichneten zwölf Amtsjahre gerade noch knapp absolvieren können, aber selbst wenn der Spielraum noch etwas größer ist, wissen sie doch von Anfang an, dass das Amt des Verfassungsrichters das höchste ist, das sie je erreichen werden, und vor allem auch, dass es aller Voraussicht nach ihr letztes Amt sein wird. Wenn sie nur ein bisschen an ihren »Nachruf«

denken, bedeutet das für sie, dass sie so in der öffentlichen Erinnerung bleiben werden, wie sie sich in ihrem Karlsruher Amt verhalten und bewähren. Erwerben sie sich dort den Ruf der Parteilichkeit, so werden sie als parteiische Richter in die Geschichte der Justiz und der obersten Bundesorgane eingehen. Das wird kein Richter riskieren, und ich habe auch keinen erlebt, der das innerhalb des Gerichts gewagt hätte (bei manchen unbedachten öffentlichen Äußerungen mag sich das anders verhalten haben). Auch in dieser Beziehung ist also, gleichsam neben dem Gesetz, sehr effektiv für die Unparteilichkeit der Verfassungsrichter gesorgt.

Die Medien, vor allem die fachlich versierten, haben uns das nie ganz geglaubt. Vor wichtigen (und umstrittenen) Entscheidungen haben sie sich nur selten eines Spiels enthalten können, das man wohl am besten als Gerichtsastrologie bezeichnet und das darauf hinauslief, jeden Richter auf seine politischen Präferenzen, seine berufliche und publizistische Vorgeschichte und möglichst auch noch auf seine – vermeintlichen – persönlichen Interessen abzuklopfen, daraus seine Abstimmung zu prognostizieren und dann die entsprechenden Mehrheiten im Senat zu errechnen. Ich muss zugeben: Manchmal sind solche Prophezeiungen von der folgenden Gerichtsentscheidung bestätigt worden. Ebenso oft haben sie aber nicht funktioniert. Genau genommen beruhen sie also nur auf der altbekannten Wetterregel: »Kräht der Gockel auf dem Mist, ändert sich's Wetter oder es bleibt, wie's ist.« Die Wahrscheinlichkeit des Treffers liegt bei fünfzig Prozent, und so kann jeder Prophezeiungen machen.

Das gilt übrigens auch für jenen Teil der Astrologie, der bei den Fragen der einzelnen Richter während einer mündlichen Verhandlung ansetzt. Man kann eine Frage nämlich stellen, entweder weil man für seine Meinung bei den Verfahrensbeteiligten auf Zustimmung oder auf schlagende Gegenargumente hofft oder vor allem, weil man selbst noch unsicher ist und einfach die Sicht anderer in Erfahrung bringen will. (Übrigens: Man kann sie auch stellen, um Fehlprophezeiungen in den Medien zu provozieren. In meinem Senat hat gelegentlich ein »linker« Kollege meine Fragen gestellt und ich dafür die seinen. Man will bei der harten Arbeit des Verfassungsrichters mitunter auch etwas Spaß haben.)

Aus der Praxis der so genannten Fachgerichte (die ich allerdings nie aus eigener Anschauung kennengelernt habe) verlautet, dass bei der Beratung und Entscheidung ihrer Fälle vielfach der Berichterstatter und der Vorsitzende das Heft in der Hand haben, der oder die weiteren Richter sich aber, schon aus Arbeitsüberlastung, der von den beiden vorgegebenen Linie anschließen. Ich kann mir das nicht recht vorstellen. Aus eigener, mehr als zehnjähriger Anschauung kann ich aber beschwören, dass im Bundesverfassungsgericht nicht so verfahren wird (obwohl ihm von Außenstehenden gelegentlich auch das unterstellt wird). Dort sitzen lauter Persönlichkeiten, die eine lange und erfolgreiche Berufskarriere hinter sich haben und denen man gewiss kein unterentwickeltes Selbstbewusstsein vorwerfen kann. Solche Menschen sind ausschließlich bereit, Argumenten zu folgen. Für mich war die Arbeit im Senat gerade deshalb so reizvoll, weil sich dort, sobald eine Sache aufgerufen war, eine zwar kollegiale, gleichwohl aber gnadenlose, mitunter sogar erbitterte Jagd auf den Berichterstatter und sein Votum abspielte, und zwar eine Jagd, bei der es weder Freund noch Feind gab.

So soll es auch sein. Es ist ja nicht nur eine Redensart, sondern entspricht den Tatsachen, dass das Bundesverfassungsgericht keine Kontrolle mehr über sich hat, dass über ihm – je nach weltanschaulichem Geschmack – nur der blaue Himmel oder der liebe Gott steht; seine Entscheidungen können nur vom verfassungsändernden Gesetzgeber korrigiert werden, und das tut dieser in aller Regel nicht. Also liegt es am Gericht selbst, seine Entscheidungen so gründlich und hart zu diskutieren, wie das nur möglich ist. Das ist keine absolute Garantie für eine weise Rechtsprechung, denn solche Garantien gibt es unter Menschen überhaupt nicht. Aber es ist wohl die beste Garantie, die möglich ist.

Die Rolle des Vorsitzenden in einem solchen Senat ist nicht sehr stark – in der Beratung führt er zwar den Vorsitz, verwaltet die Rednerliste, erteilt das Wort und greift vor allem ordnend ein, wenn allzu viele Diskutanten gleichzeitig reden. Wenn es aber zur Entscheidung kommt, hat er nur eine Stimme wie jeder andere, und bei Stimmengleichheit steht ihm nicht einmal ein Stichentscheid zu. Beides gibt ihm aber auch die Chance, ein Vertrauen im Senat zu bilden, das er in kritischen Situationen in die Waagschale werfen kann. Das hatte für mich insbesondere dann seinen guten Sinn, wenn die verschiedenen Positionen hart aufeinanderprallten und in einer wichtigen Sache eine knappe Entscheidung, gar eine der unbefriedigenden 4 zu 4-Entscheidungen, ins Haus stand. Die Methode war bekanntlich nicht immer von Erfolg gekrönt –in solchen Situationen habe ich aber mehr als einmal die Sache für noch nicht entscheidungsreif erklärt und eine weitere Beratung empfohlen. Der Senat ist mir dann in der Regel gefolgt, und wenn wir zwei Wochen später einen erneuten Anlauf nahmen, kam meist auch eine der üblicherweise angestrebten »Eishockey-Entscheidungen« zustande. (Dieser etwas burschikose Begriff stand in unserem Sprachgebrauch für eine 8 zu 0- oder 7 zu 1-Entscheidung; so gingen damals, ich weiß nicht warum, viele Spiele der Eishockey-Bundesliga aus.)

Manche von unseren Kritikern haben der Rechtsprechung meines Senats deshalb Konturlosigkeit und damit wohl mangelnden Bekennermut vorgeworfen. Ich habe solche mit deutlichen Mehrheiten gefassten Entscheidungen aber nicht aus fehlendem Mut unterstützt und oft genug auch initiiert, sondern aus ganz anderen Gründen: Wenn das höchste Gericht eines Staates in einer Frage zu entscheiden hat, die zahllose Bürger von unterschiedlichsten Überzeugungen betrifft, so ist es doch recht fragwürdig, denen mit knapper Mehrheit mitzuteilen, »wo es langgeht«. Viel besser ist es, wenn die Bürger sehen, dass die Meinung des Gerichts, die sie möglicherweise gerade nicht teilen, von allen oder doch fast allen Richtern trotz ihrer verschiedenen Grundhaltungen vertreten wird. Eine absolute Garantie für die Akzeptanz ist das gewiss nicht, aber das Bundesverfassungsgericht gießt, sofern ihm das gelingt, mit seiner Entscheidung wenigstens kein zusätzliches Öl ins Feuer. Und außerdem: Ich misstraue hundertprozentigen Überzeugungen – gleichgültig worauf sie sich beziehen.

Reflexionen über politische Gerichtsbarkeit

Die soeben dargelegten Gedanken haben mich nicht erst bei meinem Eintritt in das Bundesverfassungsgericht, sondern schon viel früher – und später immer wieder – beschäftigt. Der erste schriftliche Beleg dafür ist die Probevorlesung, die ich im Rahmen meines Habilitationsverfahrens am 9. Mai 1964 vor der Juristischen Fakultät der Universität München gehalten habe. Sie befasste sich mit der Vollstreckung von verfassungsgerichtlichen Entscheidungen und führte – sozusagen naturgemäß – in die Gesamtproblematik der Verfassungsgerichtsbarkeit, ja auch der internationalen Gerichtsbarkeit.[7]

Der Bürger, auch der an solchen Fragen interessierte, gibt sich in aller Regel damit zufrieden, dass es Gerichte gibt, die in Streitigkeiten, auch politischen, »das letzte Wort haben« und dieses durch ein Urteil aussprechen. Damit ist für sie die Sache meist erledigt, und sie denken über Weiteres gar nicht mehr nach. Die Sache *ist* mit dem Urteil aber nicht zu Ende. Es kommt nämlich darauf an, ob die Beteiligten das Urteil anerkennen und sich ihm entsprechend verhalten. Tun sie das freiwillig, so ist die Sache wirklich in Ordnung. Tun sie es aber nicht, so stellt sich die Frage, wer sie zur Beachtung des Urteils zwingen und mit welchen Mitteln er das tun kann. In der Zivilgerichtsbarkeit eingewurzelter Rechtsstaaten ist das kein Problem. Hier steht dem Sieger in Gestalt eines vom Staat bestellten, nötigenfalls sogar von staatlichen Polizeikräften unterstützten Gerichtsvollziehers ein Apparat zur Verfügung, der auch die Vollstreckung des Urteils, d. h. seine Umsetzung in die Wirklichkeit, sicherstellt. Die Frage ist jedoch, ob man diese Problemlösung auch auf Entscheidungen des Bundesverfassungsgerichts übertragen kann, wenn es dabei um massive Auseinandersetzungen zwischen den obersten Bundesorganen, zwischen Bund und Ländern oder zwischen feindlich einander gegenüberstehenden politischen Kräften geht.

Wie vollstreckt das Bundesverfassungsgericht seine Entscheidungen in solchen Fällen? Ein allgemein zuständiges Vollstreckungsorgan gibt es in unserer Verfassungsordnung bemerkenswerterweise nicht. Das Gesetz über das Bundesverfassungsgericht enthält zwar pikanterweise eine Bestimmung, nach der das Gericht selbst über die Vollstreckung seiner Urteile entscheidet. Doch in wirklichen Konfliktfällen ist es weder sicher, ob der, den es für zuständig erklärt, sich dieser Pflicht wirklich unterzieht, noch dass ihm ausreichende Kräfte zur Verfügung stehen. Wer vollstreckt denn, wenn beispielsweise die Polizeien des Bundes und der Länder zur Vollstreckung entweder nicht ausreichen oder nicht bereit sind? Als einziges Mittel bleibt dann nur noch die Bundeswehr, aber die darf nach dem Grundgesetz nicht innenpolitisch eingesetzt werden. Kann sich das Bundesverfassungsgericht darüber hinwegsetzen? Oder bleibt ihm als letzter Ausweg nur ein flammender Appell an das Volk, von seinem Widerstandsrecht nach Artikel 20 Absatz 4 des Grundgesetzes Gebrauch zu machen?

Das ist zugegebenermaßen in Extremen gedacht, wie ich sie eigentlich nicht liebe. Das Bundesverfassungsgericht hat sich gottlob in mehr als fünfzig Jahren durch seine unparteiische und im Ganzen auch kraftvolle Rechtsprechung bei den Deutschen ein solches Ansehen erworben, dass diese ein Staatsorgan oder einen Politiker, die sich einer seiner Entscheidungen offen entgegenstellen würden, schlicht hinwegfegen würden. Die Lösung des Problems besteht also in der *Autorität*, die sich das Gericht durch seine Arbeit erworben hat, und in dem Vertrauen, das ihm vor allem der Souverän, das deutsche Volk selbst, entgegenbringt.

Das Vertrauen des Volkes besitzt man aber nicht ein für alle Mal, sondern es muss immer wieder aufs Neue bewährt und erworben werden. Deshalb ist es für das Bundesverfassungsgericht so wichtig, dass es möglichst viele Entscheidungen zu fällen bekommt, in denen der so viel berufene Mann auf der Straße sich »wiederfinden kann«, und dass ihm wenige Fälle zugemutet werden, in denen das von vornherein nicht möglich ist. Man muss sich hier allerdings vor überschneller Kritik hüten, wie die folgenden Beispiele zeigen.

In der Abtreibungsfrage stehen sich bei den Deutschen immer noch unvereinbare Meinungen gegenüber. Dennoch sind Zwischenlösungen möglich, die zwar keine der beiden Seiten voll anerkennt, mit denen sie sich jedoch abfinden können. Man mag darüber streiten, ob das Bundesverfassungsgericht mit seinen einschlägigen Entscheidungen die allerbeste von diesen denkbaren Zwischenlösungen gefunden hat. Das Vertrauen in seine Unparteilichkeit war letztlich aber so groß und seine Lösung lag so erkennbar zwischen den Extrempositionen, dass auf diesem Gebiet seither einigermaßen Ruhe eingekehrt ist.

Bei der Frage nach der Zulässigkeit der Bundestagsauflösungen von 1982/83 und 2005 liegen die Dinge anders. Ich habe zwar nicht den geringsten Zweifel an der Verfassungsmäßigkeit beider Auflösungen, weil Verfassungsartikel niemals ohne Rückbesinnung auf ihre politischen Folgen ausgelegt werden dürfen und weil dem Grundgesetz mehr als jeder anderen mir bekannten Verfassung der Auftrag zur Sicherung stabiler Regierungsverhältnisse mit auf den Weg gegeben worden ist. Dennoch ist es ein Fehler, dass dieser Auftrag nur durch Auslegungen erfüllt werden kann, die zwar einem gelernten Verfassungsrechtler ohne weiteres einleuchten, dem interessierten Laien aber doch als Vergewaltigung des Verfassungstextes erscheinen können. Das Problem könnte mühelos durch ein Selbstauflösungsrecht des Parlaments (selbstverständlich nur mit qualifizierter Mehrheit!) geklärt werden. Aber genau davor schreckt der deutsche Gesetzgeber immer wieder zurück und bringt das Bundesverfassungsgericht damit in eine Lage, in der es sich Verdächtigungen aussetzt. Dem Ansehen der Staatsorgane dient er damit nicht, weder dem des Verfassungsgerichts noch seinem eigenen.

Schon bei meiner Probevorlesung im Jahre 1964 war mir klar, dass meine Überlegungen zur Verfassungsgerichtsbarkeit erst recht für die internationale Gerichtsbarkeit gelten. Erst 1996 kam ich aber dazu, mich auch dazu vor einer wissenschaftlichen Institution zu äußern, nämlich vor dem Institut für Friedensforschung und Sicherheitspolitik an der Universität Hamburg, das am 18. September jenes Jahres sein 25-jähriges Bestehen feierte.[8] Urteile internationaler Gerichte haben ja erfahrungsgemäß viel weniger Aussicht, befolgt zu werden, als staatliche Gerichtsentscheidungen. Meiner Meinung nach darf ihr Einfluss deshalb aber nicht leichtfertig unterschätzt werden. Ich habe damals auf die Tätigkeit des alten Reichskammergerichts verwiesen, das praktisch auch ein internationales Gericht war und das bei genauerem Hinsehen viel einflussreicher war, als man vermuten müsste, wenn man nur Goethes *Dichtung und Wahrheit* gelesen hat. Dazu führte ich Folgendes aus:

»Man kommt dieser Frage auf die Sprünge, wenn man die Kammergerichtsprozesse nicht nur bis zum Urteil, sondern darüber hinaus noch auf einige Jahrzehnte verfolgt. Dann stellt sich nämlich heraus, dass das Urteil – wenn es überhaupt einmal erging – zwar oft nicht befolgt wurde, dass es in dem politischen Spiel, in dem es ergangen war, aber gleichwohl Gewicht entfaltete und dass es gar nicht so selten, wenn auch oft erst nach weiteren Jahren, zu einer vertraglichen Lösung kam, die sich ziemlich genau auf der Linie des Urteils bewegte.

Ich habe mir angewöhnt, in diesem Zusammenhang einen völlig inadäquaten Vergleich aus der Welt des Kartenspiels zu verwenden. Betrachtet man den Streit, der zu einem derartigen Prozess führt, als das Kartenspiel insgesamt, so ist das ergehende Urteil zwar nicht die Entscheidung des ganzen Spiels, wohl aber ist es eine Art Trumpfkarte, die der eine Spieler gezogen hat und nunmehr einsetzen kann. Der Gewinn des Spiels ist ihm damit auch nicht sicher, wohl aber haben sich seine Gewinnchancen merklich erhöht.

Betrachtet man die internationale Gerichtsbarkeit auch so …, dann steht sie heute nicht schlechter da als früher, eher besser, weil die Zahl der Staaten, die sich bewusst auf die Seite des Völkerrechts stellen, in unserer Zeit eher zu- als abnimmt. Man darf nur nicht Dinge von ihr erwarten, für die die Zeit noch nicht reif ist.«

Das müsste, wenn man logisch weiterdenkt, besonders auch für die kriegsverhindernde, weil friedenstiftende Funktion einer internationalen Gerichtsbarkeit gelten. In dem Maße nämlich, in dem die Gemeinschaft der Völker den Krieg nicht mehr als Mittel zur Lösung internationaler Konflikte akzeptiert, in der die Staaten sich vielmehr selbst von Kriegen Dritter bedroht fühlen, müsste sie eigentlich auch daran interessiert sein, dass internationale Konflikte von neutralen und deshalb vertrauenswürdigen Gerichten entschieden werden. Das hätte übrigens noch eine andere, ganz unerwartete Konsequenz: Je mehr in Konflikten der genannten Art das Völkerrecht wirklich eine Rolle spielt, desto wichtiger wird es zu wissen, »wer recht hat«, vor allem aber, wer mit einem Konflikt tatsächlich begonnen hat.

Bisher ist das meist sehr schwer festzustellen, weil jeder die Verantwortung auf den anderen schiebt und kaum einmal auszumachen
ist, wann die Kausalitätskette, die schließlich zum Krieg geführt hat,
tatsächlich begonnen hat. Hat sich aber erst einmal ein Gericht zu
einer einheitlichen Linie durchgerungen, dann ist die Wahrscheinlichkeit ziemlich groß, dass sich auch die nicht involvierten, gleichwohl aber betroffenen Regierungen auf dieser Linie zusammenfin-
den. Für ihre Haltung in den Vereinten Nationen kann das von
entscheidender Bedeutung sein.

Statt die Geschichte des Konflikts genauestens zu studieren,
brauchen die Beobachter dann nur noch das Verhalten der Beteiligten im internationalen Gerichtsverfahren zu bewerten. Besteht für
den fraglichen Konflikt eine Gerichts- oder Schiedsgerichtsklausel,
dann kann er von Rechts wegen vor einen internationalen Gerichtshof gebracht werden. Lässt sich der Beklagte auf das gerichtliche
Verfahren nicht ein, so kann er kaum mehr für sich in Anspruch
nehmen, ungerecht behandelt zu werden. Und auf der Klägerseite
verhält es sich genauso. Selbstverständlich verpflichtet eine Gerichts-
klausel niemanden dazu, gegen einen anderen Klage zu erheben. Es
kann aber auch niemand dagegen sein, dass die Völkerrechtsgemein-
schaft einen Streitbeteiligten, der eine ihm an sich mögliche Klage
nicht erhebt, als den Friedensstörer betrachtet und dementsprechend
behandelt. In dem Maße, in dem das Netz völkerrechtlicher Ge-
richtsklauseln dichter wird und in dem die unbeteiligten Staaten ein
Gerichtsverfahren verlangen, wird es also auch immer leichter, den
wirklichen Störenfried, den Verursacher des Konflikts, ausfindig zu
machen und dementsprechend zu behandeln, nicht zuletzt mit den
Zwangsmitteln der Vereinten Nationen.

Ziel einer weltweiten Friedenspolitik müsste es deshalb sein,
Schritt für Schritt ein ebenso weltumspannendes wie lückenloses
Netz von Gerichtsvereinbarungen zu schaffen und dabei Gerichts-
organe zur Verfügung zu stellen, vor die friedensbedrohende Konflikte gezogen werden können. Die Internationale Strafgerichtsbar-
keit, die sich momentan im Aufbau befindet, ist wichtig und sollte
nicht aus den Augen verloren werden. Sie kann aber immer erst im
Nachhinein eingreifen, wenn das Kind gewissermaßen schon im

Brunnen liegt. Eine Gerichtsbarkeit, die den Schuldigen schon sehr viel früher, am besten noch vor gewalttätiger Austragung des Konflikts, feststellt, wäre noch wünschenswerter.

Nach diesem Exkurs in die Welt der internationalen Gerichtsbarkeit möchte ich freilich noch einmal auf die Welt des Bundesverfassungsgerichts zurückkommen, die ich nach meinen Reflexionen zur Beachtung verfassungsgerichtlicher Entscheidungen verlassen habe. Wenn mich nicht alles trügt, lassen sich manche Eigenarten der Karlsruher Rechtsprechung auch als Besonderheiten der Arbeitssituation erklären, wie sie entweder bei jedem oder zumindest beim deutschen Verfassungsgericht besteht. (Ich kann mich dabei nur auf eigene Impressionen stützen, und ich glaube nicht, dass alle meine dortigen Kollegen oder auch nur ein relevanter Teil von ihnen mir zustimmen würde.)

Als Erstes ist die Grundrechtsprechung des Karlsruher Gerichts zu erwähnen. Sie hat in dessen Arbeit von jeher – zu Recht – eine hervorragende Rolle gespielt. Die deutschen Grundrechte sind unter der pfleglichen Hand des Bundesverfassungsgerichts auf geradezu dramatische Weise ausgebaut, ja ausgedehnt worden, wie es kaum in einem anderen Land der Erde der Fall ist. Dass dies primär mit den Erfahrungen der deutschen Geschichte, mit dem Gewicht, das den Grundrechten im Grundgesetz eingeräumt wurde, und mit dem Selbstverständnis der ersten Richter des Bundesverfassungsgerichts zusammenhängt, versteht sich von selbst. Aus meiner eigenen Erfahrung erlaube ich mir allerdings, die Vermutung zu äußern, dass da auch noch andere, viel prosaischere Antriebskräfte mitgewirkt haben könnten.

In den Jahren, in denen ich dem Gericht angehörte, hatte dieses alljährlich etwa 6000 Verfassungsbeschwerden zu bearbeiten, d.h. Klagen, mit denen einzelne Bürger eine Verletzung ihrer Grundrechte geltend machten. Das bedeutete, dass jeder Richter im Durchschnitt 375 Fälle zu bearbeiten hatte, und da über Annahme oder Nichtnahme einer Verfassungsbeschwerde stets eine Kammer aus drei Richtern zu entscheiden hat, gehen über jeden Richtertisch also durchschnittlich 1125 Beschwerden. Die Erfahrung zeigt nun, dass an 97 Prozent all dieser Beschwerden »nichts dran ist« – sie sind von

vornherein querulatorischer Natur oder sie stammen von Rechtsan-
wälten, die einen Prozess schlampig geführt haben und das nun im
letzten Augenblick noch kaschieren möchten, oder sie verkennen
einfach, dass ein gewöhnlicher Gesetzesverstoß keine Verfassungs-
verletzung ist und vor dem Bundesverfassungsgericht nichts zu suchen hat. Für den Richter bedeutet das aber, dass er an jedem Tag
zwei bis drei Beschwerden abweisen muss. Ich habe es immer bewundert, dass dies bei meinen Kollegen nicht zu einer Verhärtung
geführt hat, sondern das Gegenteil der Fall war (und ich habe das oft
auch an mir selbst beobachtet): Wenn man dann endlich eine Verfassungsbeschwerde in die Hand bekam, die nicht völlig abwegig war,
atmete man förmlich auf und versuchte, irgendeinen Gesichtspunkt
zu finden, unter dem man doch noch Abhilfe schaffen konnte. Ich
bin ganz sicher, dass mancher Ausbau der Grundrechte, der in den
letzten zwei, drei Jahrzehnten erfolgte, und damit auch manche
Rechtsprechung, die man durchaus als Überspitzung bezeichnen
könnte, hierin ihren eigentlichen Grund haben. Das mag zwar im
Endergebnis ganz erfreulich sein. Rational ist es aber gewiss nicht.

Ähnliche Zweifel haben mich manchmal beschlichen, wenn ich
die sehr intensive Rechtsprechung zur Meinungs- und Pressefreiheit
mit der doch sehr dünnen Rechtsprechung zu Grundrechten wie Berufsfreiheit, Freizügigkeit oder Eigentum verglich. Grundsätzlich
gibt es dafür einleuchtende Gründe: vor allem die Tatsache, dass die
meisten Fragen der zuletzt genannten Rechte schon von den ordentlichen und den Verwaltungsgerichten gelöst werden konnten, während das bei Meinungs- und Medienfreiheit nicht der Fall ist. Außerdem ist der dafür zuständige Verfassungsartikel anerkanntermaßen
besonders kompliziert gefasst. Und schließlich haben Meinungs-
und Medienfreiheit für das Funktionieren der Demokratie natürlich
eine ganz hervorstechende Bedeutung – es gibt also gute Gründe für
die Diskrepanz, von der hier die Rede ist. Trotzdem bin ich mir nie
ganz sicher gewesen, ob da nicht doch noch etwas ganz anderes mit-
spielt. Fragen der Berufsfreiheit, um nur dieses Beispiel herauszu-
greifen, betreffen meist nur kleine Unternehmer, Handwerker oder
freie Berufe. Meinungs- und Medienfreiheit dagegen sind vorwiegend Rechte für Intellektuelle – und Verfassungsrichter sind natür-

Als Nachfolger von Wolfgang Zeidler (links) wird Roman Herzog (rechts) am 16.11.1987 von Bundespräsident Richard von Weizsäcker in das Amt des Präsidenten des Bundesverfassungsgerichts in Karlsruhe eingeführt.

lich auch Intellektuelle! Selbstverständlich kann man selbst dann, wenn ich recht haben sollte, nicht von einer Klassenjustiz oder Ähnlichem sprechen. Aber gibt es vielleicht doch Abstufungen im Verständnis für die jeweiligen Bedürfnisse? Unbewusste Abstufungen freilich, aber eben doch?

17. Juni 1988

Von 1987 an war ich dann nicht nur Vorsitzender des Ersten Senats, sondern zugleich Präsident des ganzen Bundesverfassungsgerichts. Das hatte innerhalb des Gerichts nur wenig zu besagen, weil sich die beiden Senate in ihrer Tätigkeit zu Recht separat zu halten pflegen – mehr als einmal habe ich gesagt, als Präsident sei ich der Chef zweier Gesellschaften, aber meine Anteile daran seien klein: bei der einen gleich null, bei der anderen lediglich 12,5 Prozent. Präsident und Vizepräsident des Bundesverfassungsgerichts sind genau genommen nur

Ehrenposten, die allerdings in gewissem Sinne nach außen, in die Öffentlichkeit wirken, wie ein paar Beispiele deutlich machen sollen.

Vor der Wiedervereinigung fanden am 17. Juni, dem Tag des Volksaufstandes in der DDR, im Bundestag alljährlich Gedenkveranstaltungen statt, bei denen irgendein hoher Funktionsträger des Staates, ein bedeutender Wissenschaftler oder ein Publizist zum Parlament und (weil das Ganze natürlich im Fernsehen übertragen wurde) zur deutschen Öffentlichkeit sprach. Im Jahre 1988 fiel diese Aufgabe mir zu. Ich feierte am Vorabend in meiner heutigen Heimat Jagsthausen noch die Eröffnung der dortigen Burgfestspiele mit und fuhr am nächsten Morgen im höchsten Tempo in die damalige Bundeshauptstadt Bonn, wo die Veranstaltung allerdings nicht wie sonst im Plenarsaal des Bundestages, sondern im nahe gelegenen Wasserwerk stattfand – der Plenarsaal wurde gerade umgebaut.

Meine Rede[9] fand bei allen Parteien des Bundestages große Zustimmung. Ich sprach über den Zustand der deutschen Nation – allerdings empfahl ich von vornherein, Begriff und Wesen der Nation in unserer Zeit nicht mehr allzu sehr mit großen Ideen und Emotionen aufzuplustern. Dies vorausgeschickt begründete ich noch einmal den unveränderten Fortbestand der deutschen Nation, auch nach vierzig Jahren der Trennung durch Mauer und Stacheldraht. Ich bekräftigte die Hoffnung auf eine Wiedervereinigung, wobei ich allerdings hinzufügte, niemand wüsste, wann sie stattfinden würde, und betonte ausdrücklich, dass das Ziel nach wie vor eine Wiedervereinigung in einem *gemeinsamen Staat* sein müsse. (Das war übrigens der einzige Punkt, bei dem die SPD-Fraktion nicht applaudierte, und Hans-Jochen Vogel, ihr Vorsitzender, vergaß später auch nicht, mich darauf ausdrücklich hinzuweisen.)

Der Text der Rede hatte eine Vorgeschichte, über die ich mich heute noch ärgere. Im ersten Entwurf stand an der Stelle, an der ich sagen wollte, ich wüsste nicht, wann die Wiedervereinigung käme, etwa folgender Zusatz: »Und seien wir ehrlich: Wir sind darauf ja auch gar nicht vorbereitet. Wir wüssten nicht einmal, wie wir uns verhalten sollten, wenn man uns die Vereinigung mit der DDR Zug um Zug gegen die Anerkennung der Oder-Neiße-Grenze anböte.« Anderthalb Jahre später sollte sich herausstellen, dass in diesen Worten eine ausgesprochen prophetische Kraft gesteckt hatte. Sie sind im Wasserwerk aber nicht gesprochen worden. Ich habe sie – mit einigen anderen Passagen – herausgestrichen, um die Zeitvorgabe des Bundestagspräsidenten einhalten zu können.

Diese Rede hatte für mich allerdings einige Folgen, die bei ihrer Vorbereitung nicht abzusehen waren. Von da an wurden in der CDU, nur leise, aber doch auch nie wieder ganz verstummend, Stimmen laut, die mich zu einem der nächsten Bundespräsidenten erklärten. Sodann handelte ich mir damit auch das Jahresschlussinterview 1989/90 im Deutschlandfunk ein. Das war bekanntlich nach dem Fall der Mauer, aber noch vor der Regelung der mit dem künftigen Status Deutschlands zusammenhängenden Fragen, und der Interviewer, der angesehene Journalist Henning Frank, stellte mir natürlich auch die Frage nach der Anerkennung der Oder-Neiße-Grenze. Mir war immer klar gewesen, dass Deutschland darum nicht herumkommen würde, wenn sich in der deutschen Frage etwas Wesentliches bewegen sollte. Zur Frage des richtigen Zeitpunktes, die damals höchst umstritten war, wollte ich mich nicht äußern; das war eine politische Frage, in die sich der Präsident des Bundesverfassungsgerichts nicht einzumischen hatte. Ich konnte jedoch sagen, dass vom Verfassungsrecht her die übliche Annahme, die Oder-Neiße-Frage könne nur durch einen Friedensvertrag gelöst werden, nicht richtig sei. Tatsächlich hatte das Bundesverfassungsgericht in allen seinen ostpolitischen Entscheidungen vom Friedensvertrag oder einer vergleichbaren Vereinbarung gesprochen, und darauf in der Öffentlichkeit hinzuweisen, war in der damaligen Lage durchaus nicht unnötig.

Ein Friedensvertrag hätte Friedensverhandlungen mit mehr als hundert Kriegsgegnern (bzw. ihren Rechtsnachfolgern) bedeutet, und im Verlauf solcher Verhandlungen wäre es zweifellos auch zu beträchtlichen Reparationsforderungen gekommen. Diese hätte man zwar weitgehend und mit guten Argumenten zurückweisen können, sie hätten aber, 45 Jahre nach dem Ende des Krieges, die internationale Atmosphäre nachhaltig vergiftet und vor allem den Problemen der Wiedervereinigung und der Neuordnung Europas einen weiteren Problemkomplex hinzugefügt, der Deutschland zusätzlich belastet hätte. Es war also schon richtig, zumindest der deutschen Öffentlichkeit den Weg zur Umgehung eines Friedensvertrags aufzuzeigen. (In der Bundesregierung dachte man offensichtlich genauso, denn man entwickelte dann die Idee des Zwei-plus-vier-Vertrags.)

Die Sache war also ziemlich unproblematisch. Aber sie erzeugte im deutschen Blätterwald eine ungeheure Aufregung, wahrscheinlich weil sich die sachverständigen Redakteure im Weihnachtsurlaub befanden und ihre Stellvertreter von der Sache nichts verstanden. Ich wurde behandelt, wie wenn ich gerade Polen den Krieg erklärt hätte. Selbst habe ich von diesem Aufstand der Massen allerdings nichts mitbekommen. Ich war nämlich auch im Weihnachtsurlaub, und im Urlaub pflege ich weder Zeitungen zu lesen noch Fernsehnachrichten zu verfolgen. Als mich endlich ein Allgäuer Bierfahrer auf die Sache ansprach, war sie auch schon überstanden. Ein prominenter Außenpolitiker der SPD hatte nämlich zur allgemeinen Überraschung erklärt, dass mein Rat genau richtig sei, und der *Spiegel* hatte hinzugefügt, ich hätte der deutschen Politik mit meinem Interview den rechten Weg gewiesen. Dann musste es ja wohl wahr sein.

Aber zurück zu der Rede vom 17. Juni 1988. Sie hatte für mich auch eine Folge, die ich als sehr angenehm empfunden habe. Bei mir meldete sich nämlich der Schriftsteller und Lyriker Albrecht Goes, damals schon über achtzig Jahre alt, und sprach sich äußerst anerkennend über ihren Inhalt und ihre Sprache aus. Ich kannte viele seiner Gedichte schon von meiner Schülerzeit her, hatte ihn dann aber aus den Augen verloren. Nunmehr entwickelte sich zwischen uns eine Art lockerer Brieffreundschaft, die leider von ihm intensiver gepflegt werden konnte als von mir. So habe ich nicht nur seine gestochene Schrift lieben gelernt, die er sich bis zu seinem Tod bewahrte, sondern auch viele seiner Arbeiten über Mozart und den schwäbischen Dichter Eduard Mörike. Ein Besuch, den ich ihm als Bundespräsident abstatten wollte, scheiterte zunächst daran, dass er eine Klinik aufsuchen musste, und später an meinem Terminkalender. Das ist eines der Versäumnisse, die ich noch heute beklage.

Internationale Aufgaben

Wie bereits berichtet, richten sich die Funktionen des Verfassungsgerichtspräsidenten eher auf die Außenrepräsentation. In meiner Amtszeit sollte sich das in besonders starkem Maße bestätigen, denn die frei gewordenen Staaten Osteuropas und vor allem Ostmitteleuropas mussten sich ja völlig neu organisieren, benötigten dementsprechend auch neue Verfassungen und standen vor der Frage, ob sie sich nach deutschem Vorbild eine starke Verfassungsgerichtsbarkeit zulegen sollten. Für den Präsidenten des deutschen Bundesverfassungsgerichts, der aus zahlreichen wissenschaftlichen Publikationen bekannt war, bedeutete das nicht nur eine zusätzliche Belastung, sondern auch den Erwerb zusätzlicher Erfahrungen, die ihm in seiner späteren Laufbahn als Bundespräsident von beträchtlichem Nutzen sein sollten.

Die Kontakte begannen meist mit Besuchen, die dem Bundesverfassungsgericht abgestattet wurden. Es besuchten uns Vertreter aus allen in Betracht kommenden Ländern – Botschafter, Richter, Justizminister und ihre Staatssekretäre, Außenminister und deren Staatssekretäre. Ihre Fragen wie ihre Anliegen unterschieden sich voneinander. Zunächst wollten sie wohl nur sehen, wie wir »das machten« und welche Ausstattung ein Verfassungsgericht wohl benötigte. Dann kamen aber konkrete Bitten, die sich meist auf weiteren Rat, mitunter auch auf materielle Hilfen bezogen, insbesondere auf Unterstützung beim Aufbau einer Gerichtsbibliothek. Soweit das möglich war, haben wir vor allem mit den Mitteln, die unser Gericht aus der Veröffentlichung seiner Entscheidungen bezog, Hilfe geleistet. Aber die Unterstützung reichte weiter: Eines der neuen Verfassungsgerichte hat beispielsweise sein eigenes Statut (also sein Verfassungsgerichtsgesetz) in Karlsruhe, in mehrtägigen Beratungen mit deutschen Verfassungsrichtern, abgefasst.

Für mich als den Präsidenten des Gerichts und für den Vizepräsidenten Ernst Gottfried Mahrenholz brachte die neue Lage eine umfangreiche Reisetätigkeit mit sich; denn nun nahm auch die Zahl der Einladungen sprunghaft zu, die wir ohne protokollarische Forderungen annahmen, um den neuen Kollegen so weit wie möglich zu

Hilfe zu kommen und die deutschen Beziehungen zu den neu hinzu-
kommenden Staaten zu fördern. Mal reisten wir beide, mal sogar
noch mit einigen Kollegen, mal richtete sich die Einladung aber auch
nur an mich allein.

Für mich gestalteten sich die Besuchsprogramme allerdings auf
besondere Weise. Am ersten Tag fanden meist Gespräche und Beratungen mit den Richtern der neu entstehenden Gerichte statt; diese
Unterredungen wurden am zweiten Tag von mitgereisten Kollegen
weitergeführt. Der zweite Tag nahm dagegen für mich in allen Ländern ziemlich rasch feste Formen an: Besuch beim Justizminister,
beim Ministerpräsidenten, beim Parlamentspräsidenten, beim Staatspräsidenten. Von Verfassungsgerichtsbarkeit war dann meist keine
Rede mehr, sondern es ging um allgemeine politische Fragen. Protokollarische Schwierigkeiten gab es bei diesen Besuchsabfolgen nicht.
Einerseits wurden sie in den jungen Demokratien zu meiner Freude
nicht ganz so ernst genommen wie in den alten, andererseits kam
mir die hohe protokollarische Stellung des deutschen Verfassungsgerichtspräsidenten zugute – er ist ja der fünfthöchste Mann im Staat.

Die entstehenden Verfassungsgerichte hatten es in ihren Anfängen nicht leicht. Zum einen waren nicht alle Mitglieder sogleich in
der Wolle gefärbte Demokraten, und die, die den alten Systemen
nachtrauerten, hatten natürlich kein allzu großes Interesse an einer
wirksamen Überprüfung von Gesetzen und anderen Hoheitsakten
aus der vergangenen Epoche. Zum anderen taten sich die neuen Füh-
rungskräfte schwer mit dem Gedanken an eine wirksame verfas-
sungsgerichtliche Kontrolle. Zwar hatten sie von ihren westlichen
Vorbildern die Idee der Verfassungsgerichtsbarkeit übernommen, da
sie aber ihre neue Macht teilweise unter großen persönlichen Opfern
errungen hatten, waren sie nicht gerade darauf erpicht, sich einer in
ihrer Ausrichtung noch keineswegs sicheren gerichtlichen Kontrolle
zu unterwerfen. Darum lag es im Interesse der westlichen Gerichte,
gute Beziehungen zu den Regierenden zu unterhalten. Mehr als einmal haben sich westeuropäische Verfassungsgerichtspräsidenten in
den jeweiligen Hauptstädten getroffen, teils um ihre jungen Kollegen in schwierigen Fragen zu beraten, teils aber auch, um in Konflikten, die diese mit ihren Parlamenten bzw. Regierungen auszufechten

hatten, die Aufmerksamkeit der westeuropäischen Gerichte konkret
zu dokumentieren.

Auch in diesem Zusammenhang konnten freilich burleske Szenen nicht ausbleiben. Als ich mit einigen meiner Kollegen zu Besuch beim polnischen Verfassungsgericht in Warschau war, schickte sich dieses gerade zu seiner ersten großen mündlichen Verhandlung an, noch dazu in der Frage, wie weit die Abgeordneten des neu gewählten Sejm auf Zusammenarbeit mit der kommunistischen Staatspolizei durchleuchtet werden durften. Das Gericht hatte aber keinen eigenen Saal, der groß genug gewesen wäre, um die Verhandlung in einem sinnvollen Rahmen durchzuführen. Also wandte sich der Präsident an den Sejm-Marschall (den Parlamentspräsidenten) mit der Bitte, dem Gericht den berühmten Saal zur Verfügung zu stellen, in dem u. a. das deutsch-polnische Abkommen von 1974 unterzeichnet worden war. Der Sejm-Marschall lehnte diese Bitte kurzerhand ab, und das Verfassungsgericht stand daher buchstäblich im Freien. Da erschien der damalige Gerichtspräsident bei mir, berichtete mir von der Sache und begann zu fantasieren: Am liebsten würde er ja mit seinem Gericht in einen öffentlichen Park gehen, es nach Vätersitte unter einer Linde tagen lassen und ganz vorn, für jede Fernsehkamera sichtbar, auf fünf Stühlen die deutschen Gäste platzieren. Noch lieber wäre es ihm allerdings, wenn er das mit meiner Zustimmung vorher dem Sejm-Marschall ankündigen dürfte. Da ging dann alles sehr schnell: Meine Zustimmung hatte er binnen weniger Sekunden und den gewünschten Saal innerhalb einer Stunde.

Mit dem Nachfolger dieses Präsidenten, Präsident Andrzej Zoll, verbindet mich heute noch eine herzliche Freundschaft, ebenso mit dem damaligen ungarischen Gerichtspräsidenten László Sólyom, der im Jahre 2005 zur allgemeinen Überraschung sogar zum Staatspräsidenten seines Landes gewählt wurde. Mein damaliger russischer Kollege, Präsident Sorkin, der den Aufbau seines Gerichts mit großer Energie vorantrieb, legte sich dagegen mit Boris Jelzin an und erweckte ganz offen den Eindruck, als wolle er diesen beerben; das hat er aber politisch nicht durchgestanden. Aus dieser Zeit stammt übrigens auch meine Bekanntschaft mit dem rumänischen Staatspräsidenten Jan Iliescu, einem demokratisierten Kommunisten, der dann abgewählt und später erneut in sein Amt gewählt wurde. Einige Jahre später konnte ich als Bundespräsident zum Ausgleich der zeitweise etwas komplizierten deutsch-rumänischen Beziehungen beitragen.

An die Gespräche in Bukarest erinnere ich mich noch gut. Zunächst war ich beim Außenminister des Landes. Dieser sprach vage, aber doch auch wieder deutlich, von Schwierigkeiten, die es zwischen seinem Land und Deutschland gebe und die unbedingt ausgeräumt werden sollten. Auf meine Frage, worum es denn gehe, erhielt ich nur eine ausweichende Antwort. Genauso erging es mir beim Ministerpräsidenten; auch er tat nicht, wie es salopp heißt, »Butter bei die Fische«. Dann ging ich zu Präsident Iliescu, und wieder klangen mir die gleichen Andeutungen entgegen. Da riss mir der Geduldsfaden, und ich tat das, was ich in solchen Situationen immer zu tun pflege: Ich packte den Stier bei den Hörnern.

Also sagte ich mit klarer Stimme, das hörte ich jetzt binnen weniger Stunden zum dritten Mal und nie bekäme ich Auskunft, worum es eigentlich gehe. Wenn das nicht sofort anders würde, möchte ich weder seine noch meine Zeit weiter verschwenden, sondern würde sofort aufstehen und gehen. Das half. Es ging darum, dass Iliescu unbedingt Deutschland einen Besuch abstatten wollte, aber schon seit geraumer Zeit auf eine Einladung wartete. Nun war mir auch klar, was hinter der Sache steckte. In ihrer Auseinandersetzung mit der demokratischen Opposition hatten die Neokommunisten unter Iliescu die Bergarbeiter in die Hauptstadt geholt, und die hatten tagelang mit jeder Art von Gewalt gegen die demokratischen Kräfte gewütet – und so etwas pflegte Helmut Kohl nicht einfach sanktionslos zu übergehen.

Ich hielt solche Sanktionen zwar für absolut berechtigt, fand aber, dass sie auch ein Ende haben sollten. Also erklärte ich, nun meinerseits vage, dass sich dies in absehbarer Zukunft wohl einrenken lasse, dass ich aber nichts versprechen wolle. Und dann kam es endlich zu substanziellen politischen Gesprächen, nahezu in allen damals brennenden Fragen. Aus der vorgesehenen Gesprächsdauer von dreißig Minuten wurden volle zwei Stunden. Der Terminplan des Tages war keinen Schuss Pulver mehr wert.

Von meinem ersten Besuch in der damals noch bestehenden Sowjetunion sind mir vor allem zwei Gespräche in Erinnerung. Ich war damals nicht Gast einer politischen Instanz, und ein Verfassungsgericht gab es noch nicht. Eingeladen hatte mich vielmehr das Institut für Staat und Recht, das zur Akademie der Wissenschaften gehörte, um einen Vortrag zu halten. Der Direktor hatte sich wohl große Mühe gegeben, für mich ein interessantes Gesprächsprogramm zusammenzustellen, schien damit aber nicht sehr erfolgreich gewesen zu sein. Allerdings hatte er einen Termin bei Alexander Jakowlew bekommen, der einer der wichtigsten Berater Gorbatschows war und zu jener Zeit schon als entschiedener Reformer galt. Jakowlew und ich haben uns dann eine Stunde lang unterhalten.

Aus dem Gespräch ist mir vor allem eine Passage erinnerlich, weil sie mich an zweihundert Jahre alte deutsche Diskussionen erinnerte – und an Debatten, wie sie zu Ronald Reagans Zeiten auch in den USA geführt wurden. Jakowlew hatte sich eingehend nach der deutschen Verfassungsgerichtsbarkeit erkundigt, sagte mir dann aber offen, dass man in der Sowjetunion so etwas wohl kaum einführen werde; man werde die neue Verfassung so glasklar formulieren, dass daraus überhaupt keine Streitfragen entstehen könnten. Ich erwiderte ihm, ich sei weit davon entfernt, der Sowjetunion ein Verfassungsgericht einreden zu wollen. Seine Begründung hielte ich aber für unzutreffend. In einem modernen Staat gebe es viel mehr Begriffe (»Gedanken«) als Wörter, und schon deshalb sei es unmöglich, irgendein Gesetz absolut eindeutig abzufassen. Diesen Einwand notierte er sich, ohne die ganze Frage weiter zu diskutieren. Nicht die Sowjetunion, wohl aber die Russische Republik hat dann sehr wohl eine Verfassungsgerichtsbarkeit eingeführt.

Die Unterhaltung mit Jakowlew hatte eine völlig unvorhersehbare Folge. Am nächsten Morgen wurde ich nämlich plötzlich gefragt, mit welchen weiteren Spitzenpolitikern ich noch sprechen wolle; ich hätte die freie Auswahl. Michail Gorbatschow sei zwar nicht in Moskau (er war zu dieser Zeit in Kiew), alle anderen führenden Politiker stünden mir aber zur Verfügung. Das war zweifellos auf den Eindruck zurückzuführen, den Jakowlew von mir gewonnen hatte. Ich weiß aber nicht, ob das nicht von vornherein so geplant war, ob Jakowlew also nicht einfach als »Minenhund« vorgeschickt worden war. Meine Zeit war freilich ebenfalls begrenzt, und so entschied ich mich nur noch für einen Besuch beim Präsidenten des Obersten Sowjet, der zur gleichen Zeit tagte.

Auch dieser Besuch hatte seine Pointe. Ich fragte nämlich meinen Gesprächspartner, wie er sich die Föderalisierung der Sowjetunion, die damals in der Diskussion war, denn konkret vorstelle. Er erwiderte mit ehrlichem Engagement, er habe mit allen neu entstandenen Staaten (den späteren GUS-Staaten) über ihre Vorstellungen von einer Kompetenzverteilung zwischen Union und Gliedstaaten gesprochen. Dabei habe er die Erfahrung gemacht, dass sie alle der Union etwa acht bis zehn Zuständigkeiten zubilligten, die auch ihm selbst vorschwebten, und das, so sagte er, seien genau die Zuständigkeiten, die nach dem Recht der Europäischen Gemeinschaft der Zentrale in Brüssel zuständen. »Und bei euch«, fügte er hinzu, »funktioniert es doch auch.« Im Kontakt mit russischen Politikern hatte ich schon längst die Erfahrung gemacht, dass man mit ihnen ganz offen reden kann beziehungsweise muss, um respektiert zu werden, und so sagte ich denn ungefähr Folgendes: »Sie übersehen nur eines: Die Europäische Gemeinschaft wurde, zumindest in ihren Anfangsjahrzehnten, durch etwas zusammengeschweißt, was Sie nicht haben, nämlich durch die Furcht vor der übermächtigen Sowjetunion.« Er hat mir diese Bemerkung nicht verübelt, sie sich jedoch notiert.

Auf dieser Reise war ich übrigens im Hotel »Oktobriskaja« untergebracht, in dem zur gleichen Zeit auch die wichtigeren Mitglieder des Obersten Sowjets wohnten. (Mir wurde gesagt, ich sei erst der dritte Deutsche nach Willy Brandt und Oskar Lafontaine, der dort logieren dürfe.) Im Foyer fielen mir papierene Anschläge auf, die den Abgeordneten mitteilten, man könne in den Bars des Hotels alle nur erdenklichen Spirituosen erhalten – allerdings gegen westliche Währung. Da konnte man sich treffliche Gedanken darüber machen, wie es um die Währung eines Landes bestellt sein musste, dessen hohe Repräsentanten sich ihre Abende nicht mit der eigenen Währung verschönern konnten.

Etwas anderes scheint damals aber noch funktioniert zu haben. Ich hatte an einem der Tage einen Minister getroffen, den ich schon ein Jahr vorher in Karlsruhe als Gast empfangen hatte. Am Abend erzählte ich meiner Frau in unserer Suite, dass der Mann mit seinen Plänen offenbar noch nicht sehr weit gekommen sei; er habe mir nämlich erneut von den gleichen Plänen erzählt. Kein anderer, der diese Bemerkung hätte hören können, war zugegen. Am nächsten Morgen sagte mir aber einer meiner Gastgeber – buchstäblich ins Ohr –, der betreffende Herr werde demnächst abgelöst; er teilte mir sogar die Funktion mit, die dieser übernehmen sollte (und er hat sie wenig später tatsächlich erhalten). Da konnte man sich natürlich fragen, woher mein Gewährsmann wusste, was ich am Abend vorher meiner Frau erzählt hatte …

Ganz andere Erinnerungen verbinden sich mit meinem ersten Besuch im selbstständig gewordenen Estland. Diesen Besuch hatte mir Richard von Weizsäcker ans Herz gelegt, der dazu freilich von Andreas Meyer-Landrut, seinem Präsidialamtschef, angestiftet worden war. Estland war im Begriff, sich eine neue Verfassung zu geben. Dabei hatten sich verständlicherweise verschiedene sehr umstrittene Probleme ergeben, die nunmehr in einer Art Symposion mit ausländischen Spezialisten diskutiert und anschließend entschieden werden sollten. Ich war als besonders prominenter Teilnehmer vorgesehen, was sich insbesondere darin äußerte, dass ich zu einer Rede vor dem Parlament aufgefordert wurde. Eine Episode aus dem sich anschließenden eintägigen Symposion ist mir in lebhafter Erinnerung geblieben.

Es ging um eine verhältnismäßig untergeordnete Frage, nämlich darum, ob Beschlüsse des Parlaments ausschließlich in offener Abstimmung gefasst werden sollten oder ob es auch Ausnahmen von dieser Regel geben dürfe. Ich sprach mich für die deutsche Regelung aus, die Ausnahmen zulässt. Doch damit stieß ich auf den entschiedenen Widerspruch aller anderen Sachverständigen. Ich erinnere mich vor allem an eine – ziemlich jugendliche – »Expertenkommission« des Europarats, die sogar heftig wurde, aber auch an einen angelsächsischen Sachverständigen aus Neuseeland. Die Meinungen der Esten waren geteilt; aus gutem Grund wollte ich nicht nachgeben, und so wogte der Streit wohl zwanzig bis dreißig Minuten hin und her, ohne dass sich ein Konsens abzeichnete. In solchen

Situationen reißt mir, wie schon gesagt, leicht der Geduldsfaden. So auch hier. In dürren Worten beschrieb ich die Lage eines Landes, das auf allen Seiten von feindlichen Truppen umgeben ist und dessen Parlament nun beabsichtigt, sich mit einem letzten, dramatischen Appell an die Weltöffentlichkeit zu wenden. »Glauben Sie im Ernst, dass den Abgeordneten das leichter fällt, wenn sie öffentlich darüber abstimmen müssen?« Da war die Sache gelaufen. Ein Este rief laut in den Saal: »Das hatten wir doch vor einem Jahr!« Der Neuseeländer wiederholte mehrfach »I consent!« – und die Diskussion war zu Ende. Die reine Lehre ist gewiss auch in Sachen Demokratie und Transparenz etwas Schönes. Stets ist es aber besser, sie nicht zu Tode zu reiten.

Dieser erste Besuch in Tallinn endete bei der Abreise mit einer kleinen Episode, die ich sehr genossen habe. Auf dem Flugplatz, der aus irgendwelchen Gründen geschlossen war, eskortierte mich ein junger Offizier, dem plötzlich einfiel, dass er, wenn er schon einmal da sei, unsere Pässe noch mit einem Visumstempel versehen müsse. Das dauerte zwar einige Minuten, weil er den Stempel erst holen musste, aber dann waltete er seines Amtes. Trotz der wiedergewonnenen estnischen Unabhängigkeit standen in der ersten Zeile des Stempels immer noch die kyrillischen Buchstaben CCCP (UdSSR), und ich konnte es mir nicht verkneifen, den jungen Mann darauf hinzuweisen. Aber der war schlagfertig: »Das macht gar nichts. Der Stempel ist ja auch noch in der DDR hergestellt worden.«

Das Wichtigste an diesem Besuch war für mich, dass ich Lennart Meri, den damaligen Außenminister, kennenlernte. Am Vorabend meines Auftritts im Parlament haben wir zusammen zu Abend gegessen und dabei einen höchst angeregten Gedankenaustausch gepflegt, den wir später immer wieder fortgesetzt haben. Kurze Zeit danach wurde er estnischer Staatspräsident. Als solcher betrieb er die Westintegration seines Landes sowohl in Richtung NATO als auch in Richtung EU mit höchstem Nachdruck (und gelegentlich auch mit meiner Hilfe). Wie oft wir uns später noch getroffen haben, weiß ich nicht mehr, mit Sicherheit aber in Brüssel bei einem Gedenkakt für den verstorbenen NATO-Generalsekretär Manfred Wörner, in Danzig bei einem Treffen der Ostsee-Anrainer, bei mehreren

Bonn- und Berlin-Besuchen Meris und bei einem meiner offiziellen Besuche in Estland. Zuletzt bestellte er mich, schon nach Ablauf meiner Amtszeit als Bundespräsident, in ein Kieler Hotel, um mir den höchsten Orden seines Landes zu überreichen. Das Vertrauen, das uns verband, hätten nicht stärker sein können.

Dass die europäische Integration an der Verfassungsgerichtsbarkeit nicht spurlos vorübergehen kann, ist selbstverständlich. Die oft gestellte Frage, ob das Bundesverfassungsgericht durch die Aktivitäten des Gerichtshofs der EU oder gar durch die des Europäischen Gerichtshofs für Menschenrechte eines Tages überflüssig werden könnte, ist allerdings ziemlich weit hergeholt; denn die nationalen und die europäischen Grundrechte bestehen nebeneinander, können auch auf beiden Ebenen geltend gemacht werden, und die Letztgenannten werden die Schutzwirkung der Ersten nie erzielen können. Dennoch bestehen auf europäischer Ebene noch weitere Berührungspunkte zwischen den Verfassungsgerichten, von denen wenigstens zwei erwähnt werden sollen.

Zunächst gibt es eine Vereinigung der europäischen Verfassungsgerichte, die von der Konferenz ihrer Präsidenten gesteuert wird und deren Mitglieder sich alle zwei Jahre treffen, um gemeinsame Probleme zu besprechen. So haben beispielsweise auf solchen Tagungen die denkbaren Formen der Föderalisierung eine Rolle gespielt, als die Dezentralisation in Frankreich, Spanien und Italien vor sich ging, genauso wie die immer wiederkehrende Frage sozialer Grundrechte und ihrer Behandlung durch die Verfassungsgerichte. Der eigentliche Sinn solcher Zusammenkünfte ist aber das gegenseitige Kennenlernen und vor allem die Kenntnis der Arbeitsgebiete der einzelnen Richter. Es ist wesentlich leichter, sich in einer komplizierten Frage den Rat eines einschlägig erfahrenen Kollegen zu holen, wenn man diesen bereits kennt und man vor allem weiß, dass er zu dem fraglichen Problem schon als Richter oder publizistisch gearbeitet hat. Und auch hier gilt wieder: Die Integration der neuen Gerichte in Osteuropa und Ostmitteleuropa (wie auch vorher die der iberischen Gerichte) wäre nicht so leicht erfolgt, wenn es diese Vereinigung und die von ihr erzeugte Solidarität der Verfassungsgerichte nicht gegeben hätte.

Die persönlichen Beziehungen, die sich aus diesen Kontakten ergaben, sollten sich zu Beginn der 1990er Jahre als besonders nützlich erweisen. Damals beauftragten nämlich die Außenminister der EU fünf europäische Verfassungsrichter, sie in den Fragen zu beraten, die aus der Selbstauflösung des jugoslawischen Staates entstanden waren. Vier von diesen Richtern kannten sich aus der Vereinigung der Verfassungsgerichte: Robert Badinter, der Präsident des französischen Verfassungsrats, der auch den Vorsitz in der neuen Badinter-Kommission zu führen hatte, sodann der Präsident des italienischen Verfassungsgerichtshofs, der Präsident des spanischen Verfassungsgerichts und ich. Nur die wallonische Präsidentin der belgischen Cour d'Arbitrage stieß neu zu dieser Gruppe.

Genau genommen war die Badinter-Kommission kein Verfassungsgericht, sondern lediglich eine Expertenkommission, die die Außenministerkonferenz der EU völkerrechtlich zu beraten hatte und das in der Form eines Gerichtsverfahrens tat.[10] Die serbische Regierung hat das nie begriffen. Sie bestritt in mehreren eingehenden Schriftsätzen die Gerichtshoheit der Kommission – eine Hoheit, die diese nie für sich in Anspruch genommen hat. Alle anderen Regierungen Ex-Jugoslawiens anerkannten hingegen das Verfahren.

Die Kommission befasste sich insbesondere mit der Rechtslage Jugoslawiens und seiner bisherigen Gliedstaaten. In einer ersten Entscheidung wurde festgestellt, dass sich Jugoslawien erst in Auflösung befinde, aber noch nicht aufgelöst im Sinne des Völkerrechts sei; erst einige Zeit später war der Auflösungsprozess so weit fortgeschritten, dass das Ende des Gesamtstaates für abgeschlossen erklärt werden konnte. In einer zweiten Welle von Beratungen ging es dann darum, ob bei den Nachfolgestaaten bereits die Voraussetzungen für eine völkerrechtliche Anerkennung durch die EU und ihre Mitgliedstaaten gegeben waren. In der Vorbereitung hatte sich jedes Mitglied der Kommission mit einem der Nachfolgestaaten als Berichterstatter zu befassen. Bei einzelnen Staaten wurde die alsbaldige Anerkennung empfohlen, bei anderen mussten dagegen Bedingungen formuliert werden, die vor einer Anerkennung erst noch zu erfüllen waren. Ich selbst war Berichterstatter für Mazedonien, und obwohl mir natürlich bekannt war, dass Griechenland dessen Anerkennung blockierte, weil es aufgrund des Staatsnamens territoriale Ansprüche auf die griechische Provinz Mazedonien befürchtete, plädierte die Kommission nach meinem Vorschlag für die Aufnahme diplomatischer Beziehungen. Das Veto Griechenlands hat diese zwar noch für einige Zeit verhindert, am Ende wurde aber auch Mazedonien als unabhängiger Staat anerkannt. Für mich hatte das eine überraschende Konsequenz: Als ich auf einer meiner Reisen als Bundespräsident das Land und seinen Präsidenten Gligorov besuchte, wurde ich in Reden als der eigentliche Staatsgründer gefeiert, und außerdem hatte ich einige Mühe zu verhindern, dass für mich ein Denkmal errichtet wurde.

Weitere Aktivitäten konnte die Badinter-Kommission nicht entfalten, weil sie, wie das ganze Europa, von den kriegerischen Auseinandersetzungen auf dem Balkan überrollt wurde.

Deshalb konnte auch der in der Kommission mitunter leise aufkeimende Gedanke nicht weiter verfolgt werden, ob es nicht doch besser wäre, die hergebrachten Grenzen zwischen den Nachfolgestaaten (die eigentlich nur Ländergrenzen innerhalb eines Bundesstaates gewesen waren) nach den nationalen Zugehörigkeiten der Bewohner zu korrigieren und dort, wo die Völker zu sehr vermischt waren, militärisch abgesicherte Umsiedlungen vorzunehmen. Drei von uns wurden mit dieser Frage bei ihren Außenministerien vorstellig, wurden jedoch abschlägig beschieden. Natürlich wäre das ebenfalls eine Art ethnischer Säuberung gewesen und auch diese wäre wahrscheinlich nicht ganz ohne Gewalt verlaufen. Die Blutbäder, die später als ethnische Säuberungen bezeichnet wurden, waren aber um ein Vielfaches schlimmer.

Im Februar 1989 empfing das Bundesverfassungsgericht eine höchst interessante ausländische Delegation: den Justizminister der Volksrepublik China, der mit der Hälfte seiner Abteilungsleiter und ebenso vielen stellvertretenden Abteilungsleitern aus den übrigen Sektionen seines Amtes angereist war und um eine eingehende Unterredung mit dem Präsidenten und einigen weiteren Mitgliedern des Gerichts gebeten hatte. Abgesehen von einem Abend, den ich als Landesbevollmächtigter von Rheinland-Pfalz mit einem chinesischen

Botschafter verbracht hatte, war das mein erster Kontakt zu hohen Funktionären aus dem Reich der Mitte – und er sollte wirklich interessant werden.

Als der Minister seine erste Frage stellte, war das noch nicht unmittelbar zu erkennen. Er erkundigte sich nämlich nach dem Verhältnis des Bundesverfassungsgerichts zu den deutschen Landesverfassungsgerichten. Ich konnte mir zwar den Grund seines Interesses nicht recht erklären, da es in China weder auf der zentralen Ebene noch auf der Provinzebene Verfassungsgerichte gibt, beantwortete die Frage aber höflich und, so gut es ging, erschöpfend. Es gibt da nämlich keine Probleme, schon weil jedes Gericht nach seiner eigenen Verfassung judiziert: das Bundesverfassungsgericht nach dem Grundgesetz und die Landesverfassungsgerichte nach ihrer jeweiligen Landesverfassung. Praktische Fragen der Zusammenarbeit aber werden am Telefon, gegebenenfalls auch während einer einmal im Jahr stattfindenden Konferenz besprochen.

Mit dieser Auskunft hätte man es bewenden lassen können, und tatsächlich wandte sich das Gespräch zunächst auch anderen, praktischeren Fragen zu. Aber nach einer halben Stunde wurde die Frage nach den Landesverfassungsgerichten wiederholt, und obwohl wir Deutschen sie nun noch einmal gründlich beantworteten, kehrte sie ein drittes Mal wieder, noch vor dem vereinbarten Mittagessen, also binnen zweier Stunden insgesamt dreimal.

Zunächst war ich irritiert, dann aber begann ich allmählich zu verstehen. Im Jahr zuvor war mein Buch *Staaten der Frühzeit* erschienen, in das ich auch ein fünfzig Seiten starkes Kapitel über die chinesische Geschichte bis zum Ende der älteren Han-Dynastie, also bis etwa in die Zeit um Christi Geburt, aufgenommen hatte, für das ich jahrelang auch die jüngere chinesische Geschichte studiert hatte.[11] Dabei war mir aufgegangen, was eigentlich jeder Politiker und politische Journalist ständig vor Augen haben müsste: China war in den vergangenen drei Jahrtausenden nur selten der festgefügte Machtblock, der es heute ist und für den man es im Westen regelmäßig hält, sondern seine Geschichte war ein ständiges Auf und Ab zwischen Zeiten der Reichseinheit und Zeiten der Zersplitterung, in denen sich oft mehrere Dutzend kleinerer Reiche gegenüberstanden und meist auch bekämpften. Und das hatte, nicht zuletzt infolge der riesigen Räume, um die es dabei ging, seine Folgen: Wenn die Einzelstaaten einander bekämpften und bekriegten, bezahlten es wie immer die so genannten kleinen Leute, die um die Früchte ihres Fleißes und oft genug um ihr Leben gebracht wurden – die Auseinandersetzungen zwischen den so genannten Warlords, die in den 1920er Jahren tobten, sollen nicht weniger als zwanzig Millionen Menschenleben gekostet haben. In Zeiten der Reichseinheit war das im Allgemeinen besser. Der Kaiser sorgte für Ruhe und Ordnung, jedoch – angesichts der großen Räume fast selbstverständlich – in autoritären Regierungsformen und mit ziemlich harschen Polizeimethoden.

Genau diese jahrtausendealte, in den Chinesen tief verwurzelte Erfahrung stand, wie ich allmählich begriff, hinter den immer wiederkehrenden Fragen meines Gesprächspartners, der zwar »Verfassungsgerichte« sagte (die es in seinem Land gar nicht gab), aber »Volksrepublik« und »Provinzen« meinte. Wir haben ihm dann, so gut es ging, auch noch den deutschen Föderalismus nahezubringen versucht, aber seine Sorgen, die ich nun immer deutlicher in seinem Gesicht zu erkennen glaubte, haben wir damit gewiss nicht zu zerstreuen vermocht. Es war immerhin die Zeit, in der die studentischen Proteste immer stärker wurden und die chinesische Führung im Innern völlig unsicher war, wie sie darauf reagieren sollte.

An diesem Abend ging ich, nun wirklich besorgt, nach Hause und sagte zu meiner Frau: »In China wird Blut fließen.« Sie antwortete lakonisch: »Du hörst wohl wieder einmal das Gras wachsen.« Aber Anfang Juni desselben Jahres 1989 kam es dann zu dem Massaker auf dem Platz des Himmlischen Friedens. Über das Eintreten meiner Prophezeiung habe ich mich nicht gefreut.

Jedenfalls habe ich damals eine der fundamentalen Linien chinesischer Politik, ja chinesischen politischen Denkens überhaupt kennengelernt und nie wieder vergessen, schon gar nicht im Umgang mit Angehörigen der chinesischen Führung. Das hat mir später manches erleichtert, im Umgang mit europäischen Medien aber auch manches erschwert.

Bei meinen Studien zur Geschichte Chinas habe ich übrigens

auch begriffen, wie falsch es ist, auf dieses riesige Reich Parallelen aus unserer europäischen Geschichte und Politik zu übertragen. China kann man nicht mit einem unserer europäischen National-staaten vergleichen, auch nicht mit den größeren wie Deutschland, Frankreich, Spanien oder Polen. Wenn man es schon mit europäi-schen Erscheinungen vergleichen will, dann mit Gesamteuropa – und dann beginnt man plötzlich vieles ganz anders zu sehen als bis-her. Die Zeiten der Reichseinheit waren in China eindeutig länger als die Zeiten europäischer Einheit, das innerchinesische Sprachen-problem relativiert sich im Vergleich zur europäischen Sprachenviel-falt, die europäischen Kriege waren auch nicht besser oder humaner als die chinesischen, die wir bisher immer als Bürgerkriege qualifi-zieren, das Minderheitenproblem in China ist fast nichts anderes als unsere europäische Nationalitätenfrage, und was dergleichen noch mehr ist.

Apropos: Die Kraft der Assoziation

Als ich Präsident des Bundesverfassungsgerichts war, meldete sich einmal ein englisches Fernsehteam bei mir an, das unterwegs war, um seinen Landsleuten in einer Art Viertelstundensendungen einzelne für Deutschland besonders charakteristische Institutionen nahezubringen. Die deutschfreundliche Absicht war von Anfang an erkennbar. Erst später habe ich aber erkannt, dass der Leiter des Teams, Sohn einer nicht unbekannten britischen Adelsfamilie, zu jenen Journalisten auf der Insel gehörte, die sich die Verbesserung des Deutschlandbildes ihrer Mitbürger zu einem ganz zentralen Ziel gesetzt hatten und unentwegt an dieser Aufgabe arbeiteten.

Am vereinbarten Morgen betrat er mein Amtszimmer und machte mir sofort einen ungemein sympathischen Eindruck. Karlsruhe liegt im Oberrheingraben, also in einer der wärmsten Gegenden Deutschlands, und der Morgen, den er sich für seinen Besuch ausgesucht hatte, gehörte zu den heißesten, die ich dort überhaupt erlebt habe. Ich war also nicht überrascht, als er mit leidender Miene hereinkam. Er war hingegen sehr überrascht, als ich ihm sogleich anbot, seine Jacke abzulegen, und ich das Gleiche tat.

Es schloss sich eine Unterhaltung an, die sich zunächst auf die geplanten Fernsehaufnahmen bezog, dann aber ins Allgemeine abglitt, und es dauerte nicht lange, bis er die an einem solchen Morgen naheliegende Frage stellte, woher es denn komme, dass es in Karlsruhe wesentlich heißer sei als irgendwo sonst nördlich der Alpen. Ich versuchte, ihm so gut es ging die geologischen und meteorologischen Besonderheiten der Region zu erklären. Das nahm er regungslos zur Kenntnis. Da versuchte ich, die Sache etwas plastischer zu machen, und erzählte ihm, dass wegen dieser klimatischen Besonderheiten schon das Kaiserreich seine Kolonialtruppen hier trainiert habe. Das nahm er mit Interesse zur Kenntnis, aber wiederum geschah nichts Besonderes.

Da legte ich noch eins drauf und sagte ihm, dass während des Zweiten Weltkriegs auch große Teile des Afrikacorps in der Region trainiert worden seien. Nun wurde er lebhaft. Sein Kommentar war kurz und bündig und zeugte von einer wirklich freundlichen Anteilnahme. Er sagte nämlich: »Sehr schön. In Stuttgart war ich gestern schon.«

Er hatte den legendären Oberbürgermeister von Stuttgart aufgesucht, Manfred Rommel, den Sohn des nicht weniger legendären Feldmarschalls, der das Afrikacorps kommandiert hatte und dessen Ansehen auch in Großbritannien ungebrochen ist.

Seit jenem Tag weiß ich endgültig, was eine Assoziation ist und wie sie auch in den seltsamsten Situationen funktionieren kann.

DAS BUNDES-PRÄSIDENTENAMT

Die Wahl

Vorboten einer Kandidatur

Am 23. Mai 1994, einem Pfingstmontag, wählte mich die zehnte Bundesversammlung zum Bundespräsidenten oder, wie der Titel genau heißt, zum Präsidenten der Bundesrepublik Deutschland. Nach Theodor Heuss, Heinrich Lübke, Gustav Heinemann, Walter Scheel, Karl Carstens und Richard von Weizsäcker war ich der siebte Träger des Amtes.

Die Wahl hatte, wie könnte es anders sein, ihre Vorgeschichte. Sie begann am 17. Juni 1988 mit der Rede, die ich, damals noch im alten Bonner Wasserwerk, zu diesem nationalen Gedenktag vor dem Deutschen Bundestag und damit vor der deutschen Öffentlichkeit zu halten hatte. In den Gängen des Bundestages hörte ich damals zum ersten Mal, wie einzelne Abgeordnete mich als einen der nächsten Bundespräsidenten bezeichneten. Namen sind mir nicht mehr im Gedächtnis – mit Ausnahme des Aachener Bundestagsabgeordneten Hans Stercken, der mich, wie er nun einmal war, bei jedem späteren Zusammentreffen auch prompt wieder auf das Thema ansprach.

Diese Vorboten (und mehr waren sie ja nicht) habe ich zu der Zeit nicht ernst genommen. Nach zwölf Jahren als Verfassungsrichter und acht als Präsident des Bundesverfassungsgerichts war mein Ehrgeiz mehr als gestillt; meiner Lebensplanung entsprach es viel mehr, mit sechzig Jahren aus dem öffentlichen Leben auszuscheiden und noch ein Jahrzehnt lang zu meiner Wissenschaft zurückzukehren. Meine politischen Erfahrungen noch einmal zu reflektieren und literarisch aufzuarbeiten, erschien mir interessanter als jedes weitere Amt. Seit der Wiedervereinigung war ich außerdem überzeugt, dass es am besten wäre, ein Staatsoberhaupt aus dem Kreise der ostdeutschen Politiker zu wählen, und damit war die Frage für mich trotz mancher Zeichen, die mich von Zeit zu Zeit erreichten, erledigt.

Allerdings verdichteten sich solche Zeichen etwa seit Mitte Mai 1993. Bei einem zufälligen Zusammentreffen in Wetzlar fielen von Seiten Weizsäckers einige Bemerkungen, die sich eindeutig auf seine Nachfolge bezogen. In den ersten Junitagen eröffnete mir Ernst Gottfried Mahrenholz, mein Vizepräsident in Karlsruhe, ohne jeden erkennbaren Anlass, dass ich seiner Meinung nach der nächste Bundespräsident sein würde, weil für dieses Amt nur Johannes Rau und ich in Frage kämen und die Unionsparteien es sich im Wahljahr 1994 nicht leisten könnten, einen SPD-Kandidaten mitzutragen. Am 9. Juni schließlich berichtete der Journalist Michael Backhaus im *Stern* von Absichten des Bundeskanzlers, mich als nächsten Bundespräsidenten vorzuschlagen; die übrige Presse interpretierte das logischerweise als Versuchsballon Helmut Kohls.

Mit mir hatte niemand gesprochen, und das sollte auch noch monatelang so bleiben. Immerhin nahm ich die Sache nunmehr so ernst, dass ich über diese seltsame Kandidatur ein Tagebuch zu führen begann, das ich noch heute besitze. (Übrigens hat mir Michael Backhaus einige Jahre später erzählt, mein Name sei ihm von Eduard Ackermann, dem Pressesprecher und engen Vertrauten des Kanzlers, genannt worden, und man kann sich kaum vorstellen, dass Ackermann hier ein Kunstfehler unterlaufen wäre.)

Bekanntlich kandidierte dann der sächsische Justizminister Steffen Heitmann. Seine Kandidatur ging letztlich auf höchst unfaire Art und Weise zu Ende, woran manche Medien mitschuldig waren. Allgemein weniger erkennbar dürfte die unbequeme Situation gewesen sein, in der ich mich befand. Die Medien machten aus mir praktisch den Kandidaten hinter dem Kandidaten, was mich sowohl gegenüber Heitmann als auch gegenüber meinen Kollegen im Bundesverfassungsgericht in eine schwierige Lage brachte. Hätte ich aber öffentlich erklärt, dass ich nicht bereit sei zu kandidieren, so hätte das ganz Deutschland so verstanden, als ob ich mich selbst ins Gespräch bringen wollte. Nicht weniger belastend war, dass die FDP-Führung umso mehr mich ins Spiel brachte, je klarer wurde, dass die meisten ihrer Landesverbände nicht zu einer Unterstützung Heitmanns bereit waren. Im Sommer 1993 hat es Wochen gegeben, in denen ich mich als der »CDU-Kandidat der FDP« fühlte, ohne wirklich etwas dagegen tun zu können.

Die SPD ging in dieser Zeit ihren eigenen Weg, der die Dinge auch nicht gerade erleichterte. Hätte sie den früheren Vorsitzenden ihrer Fraktion in der demokratisch gewählten Volkskammer, den allseits angesehenen Theologen Richard Schröder, präsentiert, so hätte es vielleicht sogar eine parteiübergreifende Kandidatur geben können; zumindest Wolfgang Schäuble hing, wie bekannt ist, durchaus solchen Überlegungen an. Johannes Rau, der das Amt des Bundespräsidenten massiv anstrebte, klopfte seine Kandidatur aber schon im August 1993 fest. Ich erinnere mich gut: Als ich Anfang August meinen Sommerurlaub antrat, war in der SPD noch alles offen, als ich nach drei Wochen, in denen ich – wie immer im Urlaub – weder deutsche Zeitungen gelesen noch deutsches Fernsehen gesehen hatte, nach Karlsruhe zurückkam, war bei der SPD alles gelaufen. Die Bundespräsidentenfrage war damit auf ganz wenige Optionen reduziert – und ich saß wie das berühmte Weltkind mitten drin.

Die FDP hatte sich längst auf Hildegard Hamm-Brücher als Kandidatin festgelegt, als Steffen Heitmann seine Kandidatur am 25. November 1993 öffentlich zurückzog.

Helmut Kohl kannte diesen Entschluss aber schon am Abend davor, als ich bei ihm im Kanzlerbungalow war. Zweck unserer Zusammenkunft war es eigentlich, über die anstehenden Nachwahlen zum Bundesverfassungsgericht zu sprechen, die Präsidentenfrage drängte sich dann aber doch in den Vordergrund. Kohl beabsichtigte, zunächst die anderen Parteien zum Verzicht auf ihre Kandidaten aufzufordern, um noch einmal die Chance eines parteiübergreifenden Bewerbers aus den östlichen Bundesländern zu schaffen. Dieser Versuch, den er meinem Eindruck nach absolut ernst meinte, dem er aber selbst nur geringe Chancen einräumte, scheiterte schon in den letzten Novembertagen am mangelnden Interesse der Sozialdemokraten. Ich selbst hatte für diesen voraussehbaren Fall bereits im Kanzlerbungalow meine Bereitschaft zur Kandidatur erklärt. Wenn auch die Zustimmung der Führungsorgane beider Unionsparteien noch ausstand, betrachtete ich mich von da an als ernsthaften

Anwärter auf das Amt des Staatsoberhaupts. Die Parteigremien dagegen ließen sich, übrigens in voller Übereinstimmung mit meinen eigenen Intentionen, weiterhin Zeit.

In diesen Tagen führte ich ein langes Gespräch mit Hellmuth Karasek und Rolf Lambrecht im *Spiegel*-TV bei *Vox*. Bei dieser Gelegenheit erklärte ich erstmals, dass ich mich nur mit einer »demokratischen Mehrheit« in der Bundesversammlung wählen lassen würde. Das war, wie damals jedermann verstand, gegen DVU und Republikaner gerichtet und zielte darauf ab, von vornherein eine Wiederholung der Peinlichkeiten zu vermeiden, die sich 1969 ergeben hatten, als der Christdemokrat Gerhard Schröder bereit war, sich auch mit rechtsradikalen Stimmen wählen zu lassen, und damit den Übergang mehrerer CDU-Stimmen zu Gustav Heinemann provozierte.

Meine Bedingung habe ich aus voller Überzeugung aufgestellt, erwartete damals allerdings ehrlichen Herzens, dass auch Johannes Rau, mein absehbarer Gegenkandidat, eine ähnliche Erklärung abgeben würde – bezüglich der PDS, der Nachfolgepartei der SED, die ebenfalls über einige Stimmen in der Bundesversammlung verfügte. Diese Hoffnung wurde aber enttäuscht. Es kam zwar irgendwann einmal eine Erklärung, aber sie war in der Formulierung windelweich, im Ergebnis dagegen klar: Man würde auch PDS-Stimmen akzeptieren.

Natürlich bin ich in den Monaten bis zur Wahl wiederholt gefragt worden, wie es denn zu bewerkstelligen sei, Stimmen einfach nicht anzunehmen. Die Antwort darauf war einfach: Ich hätte die Wahl nur angenommen, wenn ich auch nach Abzug der rechtsradikalen Stimmen eine absolute bzw. – im dritten Wahlgang – eine relative Mehrheit gehabt hätte. Schwierigkeiten hätten sich nur bei der Frage ergeben, ob ich in den dann fällig werdenden neuen Wahlgängen erneut hätte kandidieren dürfen. Außerdem war Franz Schönhuber, der damalige Führer der Republikaner, ein mit allen Wassern gewaschener Fuchs (der auch schon allen in Betracht kommenden demokratischen Parteien angehört hatte). Ihm konnte man durchaus zutrauen, dass er nach außen den Eindruck erweckte, er und seine Anhänger würden mich wählen, während sie ihre Stimmen insgeheim meinem Konkurrenten gaben; dann hätte ich dreizehn oder vierzehn von meinen »eigenen« Stimmen eingebüßt. Wären die FDP-Stimmen im entscheidenden Wahlgang zu gleichen Teilen auf Rau und mich gefallen, so hätte es durchaus noch eng werden können. Ich war also recht froh, als mir die Bundestagspräsidenten Rita Süßmuth, die ja zugleich Präsidentin der Bundesversammlung war, am Abend vor der Wahl mitteilte, die Republikaner hätten in letzter Minute einen eigenen Kandidaten präsentiert, dem sie dann auch durch alle Wahlgänge hindurch treu blieben.

Die Kandidatur

Um die Jahreswende 1993/1994 war die Sache »gelaufen«. Niemand zweifelte mehr (und niemand konnte auch mehr daran zweifeln), dass ich am 23. Mai 1994 als gemeinsamer Kandidat der beiden Unionsparteien und als Angebot an die FDP für die späteren Wahlgänge in das Rennen gehen würde. Die förmlichen Beschlüsse der CDU und der CSU standen aber immer noch aus. Wenn ich recht unterrichtet bin, gab es eine Absprache zwischen den Schwesterparteien, dass die CDU, der ich ja schließlich angehörte, den Vortritt haben sollte. Aber wie Schwestern nun einmal sind, kam es dann doch anders.

Die Landesgruppe der CSU im Bundestag trifft sich bekanntlich jedes Jahr am Dreikönigstag zu grundsätzlichen Beratungen in Kreuth. Dorthin waren meine Frau und ich schon im Juli 1993 eingeladen worden, als von einer Kandidatur zum höchsten Staatsamt erst in Ansätzen die Rede war, und zwar zur Erörterung eines Themas, das zwischen Richtern und Politikern stets diskussionsbedürftig bleiben wird: Meinungsfreiheit und Persönlichkeitsschutz. Als aber der 6. Januar 1994 herannahte, glaubte in ganz Deutschland niemand mehr, dass es ernsthaft um dieses Thema gehen würde. Dementsprechend rege war das Interesse der Medien an der Veranstaltung. Als mein Wagen in die Seitenstraße einbog, die zum Tagungsort Kreuth führt, war dort eine Polizeisperre errichtet, und der Einsatzleiter, der immerhin die goldenen Sterne des höheren

Dienstes trug, teilte mir mit, dass »oben« schon über hundert Journalisten, Fotografen und Kameraleute auf mich warteten. Das würde ein fürchterliches Tohuwabohu geben; er schlage darum vor, das Haus auf einem Seitenweg anzusteuern und dann durch einen Hintereingang zu betreten. Ich hatte Erfahrung mit Medien und sagte ihm daher, ich dächte nicht im Traum daran, durch den Lieferanteneingang zu gehen, und außerdem sei es viel besser, sich den neugierigen Fragen zu stellen, solange es noch nichts zu berichten gebe. Das hat ihn überzeugt. »Schon wieder etwas dazu gelernt«, sagte er und ließ uns passieren.

Das eingehende Gespräch mit der Landesgruppe der CSU, das dann folgte, betraf genau das vereinbarte Thema: Meinungsfreiheit und Persönlichkeitsschutz. Ich habe das seinerzeit kaum jemandem erzählt, weil man es mir ja doch nicht geglaubt hätte. Edmund Stoiber, der die Diskussion leitete, sagte allerdings einleitend etwa Folgendes: »Über die Präsidentschaftskandidatur brauchen wir ja nicht zu sprechen, da ist zwischen uns ohnehin alles klar.« Ich hatte keinen Grund, dem zu widersprechen, und erinnerte mich nur daran, dass Theodor Heuss die dritte Strophe des Deutschlandslieds ja auch in einem dürren Nebensatz zur Nationalhymne bestimmt hatte.

Übrigens sind die Abmachungen über den zeitlichen Ablauf meiner Präsentation dann doch noch halbwegs eingehalten worden. Die CSU erklärte mich in Kreuth nicht förmlich zu ihrem Kandidaten, sondern erledigte das erst am 17. Januar 1994 durch Beschluss ihres Landesvorstands. Zwei Tage vorher hatte die CDU dasselbe getan, zu Windhagen im Siebengebirge und in geheimer Abstimmung, die trotzdem zu einem 34 zu 1 zu 1-Beschluss führte. Und damit ja nichts mehr passieren konnte, hoben mich am 24. Januar auch noch die vereinigten Verhandlungskommissionen von CDU und CSU auf den Schild, wovon mich Erwin Huber noch während der Nacht in aller Form unterrichtete.

Die folgenden Wochen waren nicht ganz einfach, weil nun natürlich alle Medien Interviews von mir wollten, am liebsten zu allen anstehenden politischen Fragen, zu denen ich mich als Amtsinhaber auch nicht hätte äußern dürfen, am allerliebsten sogar in Form einer Regierungserklärung, an die am besten noch eine vollständige Ministerliste angeheftet gewesen wäre. Den Herbst 1993 hatte ich damit überbrückt, dass ich den Journalisten Einblick in meinen Werdegang und mein Privatleben gewährte, jetzt aber waren unvermeidlich die Sachfragen an der Reihe. Das verlief nicht ganz ohne Missverständnisse auf Seiten der Interviewer und ohne Schnitzer auf meiner Seite, und mancher neutrale Beobachter mag sich auch gefragt haben, ob ich auf diesem Gebiet nicht des Guten zu viel täte oder ob ich gar der Mediengeilheit verfallen sei. Ich bin aber zeit meines Lebens von der Erfahrung ausgegangen, dass Journalisten, wenn sie wollen, auf jeden Fall etwas über einen schreiben. Sagt man ihnen etwas, so berichten sie im Allgemeinen darüber; wenn man sich ihnen aber verschließt, schreiben sie, was ihnen gerade einfällt oder was sie sich selbst zusammenreimen. Ersteres ist also Letzterem bei weitem vorzuziehen. So bin ich in den Monaten Februar bis Mai ganz gut zurechtgekommen und bin von den Journalisten im Großen und Ganzen sehr anständig und fair behandelt worden, auch von solchen Blättern, die eigentlich als »links« galten, insbesondere von der *Woche* und ihrem Herausgeber Manfred Bissinger, der später einige meiner Redenbände herausgegeben hat. Für die Unterstützung meiner Kandidatur musste er sich von interessierter Seite sogar mit dem Entzug von Anzeigenaufträgen bedrohen lassen.

Am 8. März musste ich mich dann, wieder einmal im Bonner Wasserwerk, der gesamten CDU/CSU-Fraktion der Bundesversammlung, also mehr als 600 Personen (von denen allerdings rund 150 nicht anwesend waren), nach einleitenden Worten der Parteivorsitzenden Helmut Kohl und Theo Waigel in einer fünfundzwanzigminütigen Rede vorstellen. Eine Aussprache wurde nicht gewünscht. Helmut Kohl war zwar etwas irritiert, als ein sächsischer Abgeordneter eine geheime Abstimmung beantragte. Das Ergebnis war aber glänzend: 448 Ja-Stimmen, sechs Nein-Stimmen, neun Enthaltungen und drei ungültige Stimmen. Dass etwa 150 Wahlmänner fehlten, besagte wenig. Überwiegend und aus naheliegenden Gründen handelte es sich bei ihnen um Bundestagsmitglieder oder Landesminister, die Termine wahrzunehmen hatten und ohnehin nicht aus der Reihe zu tanzen gedachten. Die Sache war für mich gelaufen.

In der Presse und in manchen Köpfen spukte freilich immer

noch ein Bedenken herum, und das bezog sich, trotz aller Abstimmungsergebnisse, auf die Loyalität der CDU-Abgeordneten in der Bundesversammlung. Die Unkenrufe konzentrierten sich auf drei Personenkreise: einmal auf Teile der weiblichen Abgeordneten, denen man unterstellte, sie würden aus weiblicher Solidarität Frau Hamm-Brücher wählen, zumindest im ersten Wahlgang. Sodann auf die Wahlmänner aus Nordrhein-Westfalen, für die es schon eine gewisse Versuchung gewesen sein mag, Johannes Rau zu wählen und sich so von ihrem fast unbesiegbaren Gegenspieler im Land zu befreien. Und schließlich die Sachsen, von denen man glaubte, sie würden mich eventuell nicht wählen, um, von Kurt Biedenkopf angestiftet, Helmut Kohl zu schädigen. Ich nehme das Ergebnis vorweg: Solche Überlegungen mögen den einen oder anderen Wähler veranlasst haben, mir seine Stimme im ersten Wahlgang nicht zu geben; in den dann folgenden weiteren Runden war davon aber nichts mehr zu spüren.

Am wenigsten weiß ich über das Verhalten der weiblichen Abgeordneten Bescheid. Allerdings glaube ich noch heute, was ich mir schon damals überlegte: Die Klugheit, die ich bei ihnen zu allen Zeiten vorgefunden habe, hat ihnen gesagt, dass Alleingänge bei der Bundespräsidentenwahl sich weder für sie noch für die Partei auszahlen würden.

Ähnlich werden die Dinge bei den Sachsen gelegen haben. Was immer man über das Verhältnis zwischen Kurt Biedenkopf und Helmut Kohl denken mag – Biedenkopf hätte sich mit einer solchen Politik auch gegen mich gestellt, und dazu hatte er aufgrund unseres Verhältnisses keinen Grund, wir haben auch später immer bestens zusammengearbeitet. Außerdem zeigte sich in den ersten Monaten des Jahres 1994 zunehmend, dass die sächsische CDU in den kurz bevorstehenden Landtagswahlen durchaus die Chance hatte, wieder eine absolute Mehrheit zu erringen, und diese Chance wäre durch Alleingänge in der Bundesversammlung nicht gerade gefördert worden. Jedenfalls ließen es die sächsischen Bundestagsabgeordneten bei einem Gespräch, das ich einige Wochen vor der Wahl in der Landesvertretung von Mecklenburg-Vorpommern mit den ostdeutschen Bundestagsmitgliedern führte, an absolut überzeugenden

Loyalitätserklärungen nicht fehlen – und sie haben sie dann auch eingelöst.

Am ruhigsten konnte ich hinsichtlich der Nordrhein-Westfalen sein. Von dort hatte mich schon kurz nach meiner endgültigen Präsentation die Nachricht erreicht, dass die aus diesem Land stammenden Bundestagsabgeordneten, die Landesgruppe also, nicht im Traum daran dächten, ihrer Entscheidung in der Bundesversammlung vordergründige landespolitische Spekulationen zugrunde zu legen, und außerdem war mir glaubhaft versichert worden, dass auf die Liste der vom Landtag zu wählenden Mitglieder der Bundesversammlung von vornherein nur Persönlichkeiten gesetzt worden seien, bei denen Alleingänge ausgeschlossen seien. Nordrhein-Westfalen war infolgedessen während der Monate vor der Wahl eine meiner geringsten Sorgen. Bis heute habe ich freilich nicht begriffen, warum man in der Umgebung von Johannes Rau noch bis in den dritten Wahlgang hinein mit so vielen Abweichlern aus der CDU rechnete, dass es für seine Wahl gereicht hätte. Ich habe Zeugen dafür, dass führende SPD-Politiker nach dem letzten Wahlgang noch im Plenarsaal des Reichstags Namen von CDU-Mitgliedern aufgezählt haben, von denen sie sich verraten und verkauft fühlten.

Der Wahltag

Mein Tagebuch reicht, wie ich zu meiner Überraschung festgestellt habe, nur bis zum 3. Mai 1994, wahrscheinlich weil die Dinge zu dieser Zeit aus meiner Sicht klar waren und die Belastungen, die von außen an mich herangetragen wurden, sich allmählich türmten. In den Fraktionsbesprechungen vor dem ersten Wahlgang und zwischen den Wahlgängen ereignete sich nichts Dramatisches.

Anders als manche Journalisten, die mir die Wahl im zweiten, ja sogar schon im ersten Wahlgang prophezeiten, war ich während der ganzen Zeit meiner Kandidatur der Überzeugung gewesen, es werde drei Wahlgänge geben, im dritten aber würde ich, obwohl da auch die einfache Mehrheit ausgereicht hätte, eine deutliche absolute Mehrheit erhalten. Diese Annahme hing mit der FDP zusammen, aus der mich zwar immer wieder – und zahlreich – Sympathiekundgebungen erreichten, die aber nun einmal Hildegard Hamm-Brücher vorgeschlagen hatte und auch nicht von einer auf die andere Minute wieder von ihr abgehen konnte. Wenn sich diese Kandidatur erledigt hätte, so war mir mehrfach bedeutet worden, könnte ich dann aber auf etwa 70 Prozent der FDP-Wahlstimmen rechnen. Nach meinen (und nicht nur meinen) Kalkulationen konnte ich dessen allerdings nur sicher sein, wenn die Unionswähler im ersten Wahlgang geschlossen oder jedenfalls fast geschlossen für mich stimmten. Hätte es da erhebliche Einbrüche gegeben, so wären wohl auch in der FDP die Karten neu gemischt worden.

Für mich war der erste und nicht der zweite oder dritte Wahlgang der entscheidende. 1324 Mitglieder hatte die Bundesversammlung, 663 Stimmen musste ich also erreichen, um mit absoluter Mehrheit gewählt zu sein. Die Unionsparteien verfügten über 621 Mitglieder, von denen, wenn ich mich recht erinnere, 619 anwesend waren. Mit einzelnen Abweichlern musste ich, wie schon gezeigt, im ersten Wahlgang durchaus rechnen. Ich war aber der Meinung, dass es ausreichte, im ersten Wahlgang zwischen 595 und 605 Stimmen zu erhalten, um ein Umschwenken der FDP zu vermeiden. Eine Sechs am Anfang wäre mir aber sehr angenehm gewesen, und so kam es denn auch: Für mich stimmten im ersten Wahlgang insgesamt 604 Mitglieder der Bundesversammlung. Von da an wusste ich, dass bis zum endgültigen Erfolg zwar noch einige Stunden vergehen würden, dass meine Wahl aber sicher war.

Bei rein arithmetischer Abrechnung fehlten mir in diesem ersten Wahlgang 15 Stimmen aus dem Lager der Unionsparteien, eine Zahl, die sich leicht verschmerzen ließ. Damals habe ich darüber auch gar nicht nachgedacht. Heute bin ich sicher, dass das Defizit aus der eigenen Partei wohl etwas größer war, dass es aber schon in dieser Phase teilweise durch FDP-Stimmen ausgeglichen wurde. Offensichtlich gab es dort einige Wähler, die Frau Hamm-Brücher ihre Stimme auf keinen Fall geben wollten, und außerdem wollten sie wohl verhindern, dass durch das Fehlen allzu vieler Stimmen auf meinem Konto innerhalb der FDP noch einmal eine grundsätzliche Diskussion vom Zaun gebrochen wurde.

Wie auch immer – im dritten Wahlgang erhielt ich dann 696 Stimmen und damit, wie ich es erhofft hatte, eine satte absolute Mehrheit. Natürlich wäre auch da eine Sieben schöner gewesen. Aber der Abstand zur absoluten Mehrheit und der zum Ergebnis meines Konkurrenten waren auch so groß genug – und totale Siege mag ich ohnehin nicht, nicht einmal, wenn ich sie selbst einfahre.

Üblicherweise wird der gewählte Kandidat vom Präsidenten der Bundesversammlung gefragt, ob er das Wort an die Versammlung richten wolle. So geschah es natürlich auch bei mir, und das führte zu einem Vorgang, den ich bis heute nicht ganz verstanden habe. Am besten wäre es natürlich gewesen, den Wahlmännern und -frauen mit ein paar Sätzen zu danken und im Übrigen auf die Antrittsrede zu verweisen, die am 1. Juli zu halten war. Durch meine Tätigkeit am Bundesverfassungsgericht war ich aber fast elf Jahre der politischen Bühne fern gewesen und war daher vielen jüngeren Bürgern und auch Journalisten nicht mehr bekannt. Da erschien es mir zweckmäßig, doch ein paar Worte mehr zu sagen. Andererseits hatte ich bewusst keine Rede vorbereitet, zum einen weil meine Wahl ja nicht restlos sicher war und ich das auch immer wieder öffentlich betont hatte, zum anderen weil es mir unredlich, ja lächerlich erschienen wäre, nach solchen Bekundungen plötzlich ein fertiges Redemanuskript aus der Tasche zu ziehen.

Ich hielt die Rede also frei und stach damit, zumindest bei der unterlegenen SPD, in eine Art Wespennest.[12] Es war bestimmt nicht die beste Rede, die ich je gehalten habe (dazu war ich selbst zu bewegt), und ich kann mir auch die Enttäuschung vorstellen, die den einen oder anderen SPD-Granden erfasst haben mag – das meiste an der Kritik ist mir aber doch rätselhaft geblieben.

Da war zunächst der Vorwurf, ich hätte zu wenig über die Art gesagt, in der ich mein neues Amt zu führen gedachte. Über den *Inhalt* dieser Amtsführung zu reden, wäre aber unsinnig gewesen; dafür war einerseits keine ausreichende Zeit und andererseits – was hätte ich denn dann der Nation beim Amtsantritt noch sagen sollen? Und über den *Stil*, in dem ich das Amt zu führen gedachte, hatte ich mich hinreichend deutlich geäußert:

»Ich will Deutschland in den nächsten fünf Jahren so repräsen-

tieren, wie dieses Deutschland wirklich ist: friedliebend, freiheitslie-
bend, leistungsstark, um Gerechtigkeit zumindest bemüht, zur Solidarität bereit, tolerant, weltoffen und – was mir fast das Wichtigste
erscheint – unverkrampft.«

Offenbar war es das Wort »unverkrampft«, das die Zuhörer am
meisten beschäftigte. Ich merkte das schon beim Verlassen des Ple-
narsaals, als mich ein britischer Journalist, dem das Wort ersichtlich
gefallen hatte, nach der richtigen englischen Übersetzung fragte –
trotz erheblicher gemeinsamer Anstrengungen ist es uns aber nicht
geglückt, eine überzeugende Antwort zu finden. Die Presse, soweit
sie der Linken anhing, machte sich dagegen beträchtliche Sorgen um
meine künftigen internationalen Auftritte in Sachen Vergangenheits-
bewältigung – als ob man über die Schandtaten des NS-Regimes
überhaupt ohne Ernsthaftigkeit reden könnte.

Da die Kritiker umso intensiver fragten, je jünger sie waren und
je weniger sie selbst das Dritte Reich miterlebt hatten, kam ich bald
zu dem Schluss, sie hätten sich möglicherweise ihre Stereotype längst
zurechtgelegt und befürchteten jetzt, damit nicht mehr ganz aktuell
zu bleiben. Der Schriftsteller Ludwig Thoma, mein bayerischer
Landsmann, hatte einmal über Frank Wedekind geschrieben, er be-
nehme sich, als ob er die Sexualität persönlich erfunden habe und
nun beauftragt sei, über ihren richtigen Vollzug zu wachen. So oder
ähnlich kamen mir auch die kritischen Anfragen von damals vor.
Die Reden, die ich schon vor meiner Wahl und erst recht während
meiner Amtszeit zu diesem schwierigen Thema gehalten habe, mögen sich in einzelnen Punkten von anderen Reden dieser Art unterschieden haben, vor allem darin, dass ich fast regelmäßig auf die
großartige Selbsterforschung Deutschlands hingewiesen habe und
dass ich, dem Generationenwandel entsprechend, besonders großen
Nachdruck auf die Verhinderung von Wiederholungen als zentrale
Aufgabe aller Völker gelegt habe. Sonst hatte aber, soweit mir bekannt, kaum jemand an diesen Reden etwas auszusetzen.

Übrigens: Was ich mit »unverkrampft« wirklich gemeint hatte,
hat das deutsche Volk in den Tagen der Fußballweltmeisterschaft
2006 auf das Glänzendste gezeigt. Besser hätte es mich nicht interpretieren können.

In meiner Dankansprache vom 23. Mai hatte ich mich – etwas scherzhaft, im Ganzen aber doch sehr ernst – auch an diejenigen Wähler gewandt, die mich nicht gewählt hatten, und ihnen versprochen, ich würde mich bemühen, mein Amt so zu führen, dass sie es am Ende bereuten, mich nicht gewählt zu haben. Ich weiß nicht mehr, wie viele mich in den folgenden Jahren auf diese Äußerung ansprachen und mir sagten, sie bereuten bereits. Auch das war sicher oft scherzhaft gemeint. Ganz ohne Ernst war es bei den meisten aber doch wohl auch nicht hingesagt.

Der Staatssekretär

Nach meiner Wahl war es das Wichtigste, meinen unmittelbaren Mitarbeiterstab im Bundespräsidialamt zu bestimmen. Richard von Weizsäcker hinterließ mir selbstverständlich einen arbeitsfähigen Personalbestand, trotzdem braucht jeder Chef, der neu in eine Behörde kommt, von vornherein einige Mitarbeiter, die er genau kennt und die ihn genau kennen, also eine Art Transmissionsriemen zwischen sich und der Behörde. Ich habe diese Mitarbeiter ziemlich rasch gefunden, nur für einen Pressesprecher, der mich auf Anhieb verstand und zugleich das Vertrauen der meisten Bonner Journalisten besaß, brauchte ich fast vier Wochen. Ich habe ihn dann in dem Diplomaten Roland Lohkamp gefunden, dem besten Pressesprecher, den ich je hatte.

Ich möchte mich aber nicht detailliert über Personalfragen auslassen, sondern nur auf den Staatssekretär, den eigentlichen Chef des Bundespräsidialamtes, eingehen, schon weil seine Berufung seinerzeit so gedeutet wurde, als hätte mir Helmut Kohl einen Aufpasser in das Präsidialamt mitgegeben.

Die meisten Präsidialamtschefs der Bundesrepublik waren aus dem Auswärtigen Dienst gekommen. Gustav Heinemann hatte zwar mit Dietrich Spangenberg einen Außenseiter berufen und ebenso Karl Carstens, der ja selbst aus dem Auswärtigen Amt kam, mit Hans Neusel. Alle anderen Chefs seit Walter Scheel waren aber Berufsdiplomaten gewesen (und hatten hervorragende Arbeit geleistet). Es war allerdings nicht nur mein Eindruck, dass die Beamten des Auswärtigen Amtes, in dem es ja ohnehin seit jeher zwei beamtete Staatssekretäre gibt, die Chefstelle im Bundespräsidialamt schon als die ihnen zustehende dritte Staatssekretärsstelle betrachteten. Das wäre an sich schon ein Grund gewesen, von der üblich gewordenen Praxis abzuweichen, denn solche Erbhofbildungen sind im öffentlichen Dienst nie gut. Ich habe trotzdem einige Diplomaten zum Gespräch gebeten. Einer gefiel mir außergewöhnlich gut. Er offenbarte mir aber schon beim ersten Kontakt, dass es um seine Gesundheit nicht zum Besten stehe, und dieses Risiko wollte ich dann doch nicht auf mich nehmen. (Später hat sich die Warnung als nicht so ganz berechtigt herausgestellt, aber die Entscheidung war bereits getroffen, und mir blieb deshalb nichts anderes übrig, als die Noblesse dieses Mannes in Erinnerung zu behalten.)

Ich wollte zwar sowohl nach außen als auch nach innen wirken, aber der Innenpolitik, vor allem der Erneuerung Deutschlands, sollte das Hauptaugenmerk gelten. Dazu brauchte ich einen erfahrenen Innenpolitiker, der auch den Betrieb der Hauptstadt genau kannte; denn immerhin war ich mehr als zehn Jahre lang nicht mehr in der Politik gewesen und hatte in der Zeit, in der ich mich absolut neutral verhalten musste, viele Kontakte eingebüßt, vor allem zu jüngeren Politikern und Journalisten. In der Außenpolitik war ich zwar kein Profi, hier konnte ich mich aber eher auf das Präsidialamt und seine Außenpolitische Abteilung und nicht zuletzt auf meine Erfahrungen als Präsident des Bundesverfassungsgerichts verlassen.

Nachdem ich das Auswärtige Amt ausgeklammert hatte, zog ich deshalb als Ersten Wilhelm Staudacher in Betracht, der jahrelang mein Bundesgeschäftsführer im Evangelischen Arbeitskreis der CDU/CSU gewesen war und dessen Fähigkeiten ich ebenso schätzte wie seine Arbeitslust. Er war einige Jahre lang Bundesgeschäftsführer der CDU gewesen, was die stets besorgten Bonner natürlich sofort mit der Gefahr konfrontierte, ich könnte ein parteipolitisch einäugiger Bundespräsident werden. Aber da wusste ich von ihm wie von mir, dass diese Gefahr nicht im Entferntesten bestand – und tatsächlich ist ein solcher Vorwurf nach dem ersten Erstaunen über seine Berufung auch nie mehr geäußert worden. Viel schwieriger war, dass er seit einigen Monaten Bevollmächtigter des Landes Mecklenburg-Vorpommern in der Bundeshauptstadt war und ich mich ungern dem Vorwurf aussetzen wollte, diesem problembelasteten Land auch noch einen seiner fähigsten Beamten auszuspannen. Helmut Kohl, mit dem ich die Sache besprach, war anderer Meinung und versprach sogar, in Mecklenburg-Vorpommern für adäquaten Ersatz zu sorgen. Ministerpräsident Berndt Seite, mit dem ich mich sehr gut verstand, war absolut kooperativ. So war diese wichtige Personalie bald unter Dach und Fach.

Wenn meine Präsidentschaft ein Erfolg war, dann hat Wilhelm Staudacher den entscheidenden Anteil daran. Aus dem Evangelischen Arbeitskreis waren wir auf eine fruchtbare und effektive Zusammenarbeit nahezu gedrillt. Er war schon damals ein hervorragender Arbeiter und Ideengeber gewesen und bestätigte das nunmehr aufs Neue. Seine Medienerfahrung war in den Jahren, in denen wir nicht zusammengearbeitet hatten, eher noch gewachsen, und das Gleiche galt von seiner Fähigkeit, Menschen – auch hochkarätige – anzusprechen und sie für sich und die gemeinsame Sache zu gewinnen. Seine besondere Stärke aber war die Vorarbeit vor wichtigen Reden, insbesondere seine Fähigkeit, potenzielle Interessenten dafür auch wirklich zu interessieren, und ebenso die Nacharbeit durch Übersendung von Manuskripten sowie durch Diskussionen mit zustimmenden und ablehnenden Kritikern usw.

Meinungsverschiedenheiten in Sachfragen gab es überhaupt nicht, wohl aber einmal über die Häufigkeit meiner öffentlichen Auftritte. Dazu muss ich etwas weiter ausholen. Aus langjähriger Erfahrung bin ich der Ansicht, dass ein neu bestellter Amtsträger in den ersten zwölf bis achtzehn Monaten eine beträchtliche Aktivität entfalten muss, um überhaupt wahrgenommen zu werden. Verhält er sich dementsprechend, so werden ihn die angesprochenen Menschen, vor allem die, für die er unmittelbar verantwortlich ist, zumeist kennengelernt, sich ein Bild von ihm gemacht und – vor allem – die Überzeugung gewonnen haben, dass er »präsent« ist und sich um sie bemüht. Dann aber sollte er die Dinge langsamer laufen lassen, um nicht den Eindruck der Hyperaktivität zu erwecken, der auf die Dauer auch nicht nützlich ist.

Dieser Leitlinie bin ich auch als Bundespräsident gefolgt, und darin stimmte ich zunächst mit meinem Staatssekretär durchaus überein. Nur waren die Motive verschieden: Er war dafür, dauerhaft mit voller Kraft zu fahren, weil er mich so gut wie nur irgend möglich coachen wollte, ich dagegen hatte das volle Programm nur für die erwähnten zwölf bis achtzehn Monate vorgesehen. Als diese vorüber waren, kam es folgerichtig zu Meinungsverschiedenheiten. Die ersten Rückmeldungen aus Journalistenkreisen, dass allmählich die Herzog-Reden überhandnähmen, konnte er nicht verstehen. Als aber in einer Zeitung an ein und demselben Tag über vier Reden berichtet wurde, trat ich ganz einfach auf die Bremse, und da er die gleiche Meinung in einem größeren Kreis von Journalisten fast zur gleichen Zeit zu hören bekam, war das Einvernehmen bald wiederhergestellt.

Die Reden des Bundespräsidenten wurden nach folgender Strategie ausgearbeitet: Nicht auf Papier, wohl aber in den Köpfen gab es zwei Listen – *Termine*, zu denen der Bundespräsident wenigstens einmal in seiner Amtszeit erscheinen und auch sprechen musste, und *Themen*, die wir im Laufe dieser Amtszeit und in einer gewissen logischen Abfolge behandeln *wollten*. Die meisten der Themen, die zur zweiten Liste gehörten, ließen sich im Rahmen der ersten unterbringen. Bot sich aber für ein Thema, das unbedingt behandelt werden sollte, binnen angemessener Frist kein geeigneter Anlass, so versuchten wir, einen solchen zu schaffen. So war es beispielsweise bei der so genannten Schimmel-Rede, die im Vorfeld heftig umstritten war.

Ich wollte zu den Themen Islam und interkultureller Dialog so früh wie möglich grundsätzliche Ausführungen machen, fand aber zunächst keinen geeigneten Anlass. Da hörte ich, dass der Börsenverein des deutschen Buchhandels der Professorin Annemarie Schimmel, die mich schon auf einer Pakistan-Reise begleitet hatte, den Friedenspreis des deutschen Buchhandels verleihen wollte. Annemarie Schimmel war eine Orientalistin, die zahlreiche Bücher über Erscheinungen des Islam und der islamischen Kulturen geschrieben und nicht zuletzt die großen islamischen Dichter des Mittelalters und der Neuzeit ins Deutsche übersetzt hatte. In der islamischen Welt genoss sie eine fast uneingeschränkte Verehrung, was sich nicht zuletzt darin ausdrückte, dass nach ihr in Islamabad, der Hauptstadt Pakistans, als einziger Deutschen neben Goethe eine große Straße benannt worden war.

Eine Preisverleihung an sie und eine Laudatio des deutschen Staatsoberhaupts mussten daher in der islamischen Welt als Zeichen des Respekts und des Wunsches nach einem ernsthaften Dialog verstanden werden. Also rief ich den Vorsitzenden des Börsenvereins an und bot ihm an, die Laudatio auf Frau Schimmel zu übernehmen.

Apropos: »Alle Jahre wieder ...«

Am 1. Juli 1994 hatte ich mein neues Amt als Bundespräsident angetreten. Nach den deutschen Sitten und Gebräuchen bedeutete es, dass ich in der nun folgenden zweiten Jahreshälfte in allen sechzehn Landeshauptstädten Antrittsbesuche machen musste – und das habe ich auch redlich getan. Der Besuch in Düsseldorf ist mir besonders in Erinnerung geblieben. Genau genommen nur der Nachklapp, der zu ihm notwendig wurde.

Der Besuch war seit langem »terminiert«, wie es im Amtsdeutsch heißt. Aber der neu gewählte Bundestag wollte genau an diesen Tagen den (alten und) neuen Bundeskanzler wählen und sodann die neue Regierung insgesamt vereidigen – und das ging natürlich vor. Zwar konnte ich die höchsten Organe des Landes Nordrhein-Westfalen tatsächlich noch besuchen, während der Kanzler gewählt wurde, dann aber musste ich nach Bonn zurückkehren, um die Ernennungsurkunde für ihn zu unterzeichnen, sie zu überreichen und sodann die neuen Minister zu ernennen. Dem fiel der übliche Besuch im Rathaus der Landeshauptstadt zum Opfer. Ich versprach aber, ihn noch vor Weihnachten nachzuholen.

Das geschah auch, allerdings schon in ziemlicher Nähe zum bevorstehenden Weihnachtsfest, und das bedeutete, dass sich während dieses zweiten Besuches um das Rathaus ein stattlicher Weihnachtsmarkt ausbreitete, mit allen Folgen, die so etwas für einen Ehrengast haben kann – ich nenne nur die Stichwörter Punsch und Glühwein. Vor allem sollte ich aber durch einen ganz besonderen Kinderchor und dessen Darbietungen erfreut werden.

Dieser Teil der Handlung fand unmittelbar vor dem Rathaus auf einem stattlichen Baugerüst aus Stahl statt. Ich kletterte also hinauf, nahm meinen vorgesehenen Sitzplatz ein, meine Umgebung tat desgleichen, und damit konnte der Kinderchor in Aktion treten.

Dieser Chor gehört zu meinen liebsten Erinnerungen. Er bestand nämlich, womit ich keineswegs gerechnet hatte, aus lauter niedlichen und, wie sich herausstellen sollte, musikalisch bestens geschulten kleinen Japanern – Kindern der japanischen Kolonie, die in Düsseldorf so groß ist wie in keiner anderen deutschen Stadt. Die Kinder sangen glockenrein, sie strahlten förmlich vor Stolz und Freude, und natürlich bewegten sie ihre Köpfchen immer wieder rhythmisch von links nach rechts, von rechts nach links und immer wieder zurück. Es war ein Bild für die Götter.

Und sie sangen: »Alle Jahre wieder kommt das Christuskind auf die Erd' hernieder, wo wir Menschen sind.«

Man kann Betrachtungen anstellen, wie so etwas unter Deutschen abgelaufen wäre, wenn deren Kinder ein buddhistisches oder gar shintoistisches Lied hätten singen sollen. Die Christen unter den Eltern hätten sich mit Sicherheit auf die Religionsfreiheit ihrer Kinder berufen, die Nichtchristen auf die Rechtsprechung zum Schulgebet, und aus beidem hätten sich die allerschönsten Verfassungsprozesse ergeben. Offenbar nicht so die japanischen Eltern. Man muss freilich zugeben, dass es in Japan keine Verfassungsgerichte gibt.

In der Außenpolitik

Paris

Am 1. Juli 1994 habe ich das Amt, in das mich die Bundesversammlung gewählt hatte, dann in aller Form angetreten. In meiner Antrittsrede »Die deutsche Nation«[13] habe ich das wiedervereinigte Deutschland in den Mittelpunkt gestellt und darauf hingewiesen, dass es an uns liege, was wir aus dem Geschenk des Jahres 1989 machen.

Schon in den darauf folgenden Tagen begann das Alltagsgeschäft eines Staatsoberhaupts. Das waren nicht nur die Antrittsbesuche, die jeder neue Bundespräsident in allen sechzehn Bundesländern zu absolvieren hat und die in den »neuen« – ich sage lieber: in den östlichen – Bundesländern besonders wichtig waren, sondern binnen der ersten vier Wochen kam es auch schon zu internationalen Begegnungen, denen ich natürlich mit besonderem Interesse entgegensah.

Der erste Auslandsbesuch führt seit langer Zeit stets nach Paris, zum französischen Staatspräsidenten. Ich kannte François Mitterrand schon von einem Besuch der europäischen Verfassungsgerichtspräsidenten im Elysée-Palast, bezweifelte aber, dass er angesichts der doch recht stattlichen Zahl seiner damaligen Besucher von mir einen nachhaltigen Eindruck gewonnen hatte, und so war es denn auch. Aber er kam mir mit ersichtlichem Wohlwollen entgegen und war auf das Zusammentreffen gründlich vorbereitet. Welche Sachfragen wir erörtert haben, weiß ich heute nicht mehr genau, vermutlich ging es jedoch, wie fast immer zu jener Zeit, um weitere Fortschritte in der europäischen Einigung, um die Probleme der deutschen Wiedervereinigung, den künftigen Kurs Deutschlands und nicht zuletzt um die Konflikte im früheren Jugoslawien. Da von vornherein klar war, dass es sich nicht um mehr als einen ersten Gedankenaustausch handeln konnte, war für mich die Art seines Redens und Argumentierens interessanter als der Inhalt seiner Ausführungen. Der tiefe Eindruck, den er auf viele seiner Gesprächspartner machte, hat sich aber auch bei mir schon in diesem ersten Gespräch (und in den zahlreichen Gesprächen, die wir von da an führten) bestätigt.

Übrigens hatte er sich auf das Gespräch wirklich bestens vorbereitet. Helmut Kohl sagte mir später, er habe sich bei ihm eingehend über mich, meine politischen Interessen und wohl auch über meine Denkweise erkundigt, und das Gleiche berichtete mir Robert Badinter, mit dem ihn eine langjährige Freundschaft verband. Badinter war bei unserem Gespräch von Anfang an zugegen, und einige Male griff er sogar steuernd ein, wenn ihm Missverständnisse zu drohen schienen. In Deutschland wäre es sehr schwer gewesen, über wichtige Gesprächspartner solche Erkundigungen einzuziehen, ohne dass davon, auch durch die Befragten selbst, etwas an die Außenwelt gedrungen wäre. Ich für meinen Teil habe mir – nicht immer, aber doch vor den wichtigeren Kontakten – damit geholfen, dass ich bei Fernsehauftritten solcher Personen mehr auf ihr Auftreten, ihre Körpersprache und ihre Argumentationsweise als auf ihre jeweiligen, ohnehin auf Medienbedürfnisse zugeschnittenen Ausführungen achtete. Die Persönlichkeitsprofile, die das Auswärtige Amt lieferte, waren zwar in aller Regel sehr brauchbar, diese Ergänzung vertrugen sie aber durchaus.

Während des Mittagessens kamen wir zu meiner Überraschung auf ein zentrales verfassungspolitisches Thema zu sprechen, und ich weiß noch genau, dass es Mitterrand war, der mich darauf ansprach. Nach der französischen Verfassung ist der Staatspräsident, nicht der Premierminister, der eigentliche Chef der Exekutive; in deutscher Terminologie würde man wohl sagen, er und nicht der Premier bestimmt die Richtlinien der Politik. Der französische Präsident gerät also viel mehr und viel leichter in das Kreuzfeuer der Meinungen und Interessen. Was immer er entscheidet, anordnet oder selbst tut, er muss damit rechnen, dass er nur einen Teil seines Volkes auf seiner Seite, einen anderen aber gegen sich hat. François Mitterrand war das durchaus bewusst. Ebenso klar sah er jedoch auch, dass er als Staatsoberhaupt die französische Nation eigentlich zu integrieren, das heißt zu einen hatte. Das bedeutete, dass er als Exekutivchef gegebenenfalls desintegrieren musste, obwohl er als Staatsoberhaupt eigentlich integrieren sollte.

Mitterrand ist auf dieses Thema, das ihn offenbar stark beschäftigte, auch in späteren Gesprächen immer wieder zurückgekommen. Mir war es seit geraumer Zeit wohl bekannt. Ich hatte mich mit ihm auch in der wissenschaftlichen Literatur auseinandergesetzt, zum ersten Mal schon in der Festschrift für Gebhard Müller (1970).[14] Guten Rat hat Mitterrand von mir aber nicht bekommen; denn das, was ihm solche Schwierigkeiten machte, ist in allen Verfassungen angelegt, die einen starken Präsidenten vorsehen. Das ist ja gerade der Vorzug von Verfassungen wie der deutschen, in denen es einen starken Regierungschef und einen relativ schwachen Präsidenten gibt: Der eine integriert durch politische Leistung, selbst wenn er dabei fast zwangsläufig auch desintegrieren muss, während der andere mehr das Gemeinsame und Einende betonen kann. Weit über meine Diskussionen mit François Mitterrand hinaus habe ich mich während meiner gesamten Amtszeit an diese Sicht meines Amtes gehalten und bin nicht schlecht damit gefahren.

Aus diesen und ähnlichen Gedankengängen habe ich übrigens auch das Recht abgeleitet, immer wieder für die Erneuerung unseres Landes zu werben. Natürlich hat sich manch einer gefragt, ob ich dabei nicht die schmalen Kompetenzen meines Amtes zu sehr strapaziert habe. Wenn man aber sieht, dass das Parteiensystem des Landes (und übrigens auch die Wehleidigkeit der Nation) das rechtzeitige und intensive Aufgreifen absehbarer Probleme verhindert, muss man sich als Staatsoberhaupt doch wirklich die Frage stellen, ob man dann nicht – gewissermaßen als letzter Rufer – verpflichtet ist, die Glocke zu schlagen. Heute weiß jeder Deutsche, wie ich mich entschieden habe. Seinerzeit war das aber noch lange nicht so. (Vielleicht versteht man jetzt aber auch, warum ich mit einem so anspruchsvollen Programm nicht gleich in meinen allerersten Reden an die Öffentlichkeit gehen konnte.)

Bill und Hillary Clinton zu Besuch in Bonn am 11. Juli 1994, Villa Hammerschmidt. Links: Christiane Herzog.

Bill Clinton

In diesen ersten Wochen habe ich Kontakt zu einer stattlichen Reihe führender Politiker der Welt bekommen, beispielsweise zum kanadischen Premierminister Chrétien und zum chinesischen Ministerpräsidenten Li Peng, mit dem ich – fast möchte ich sagen: naturgemäß – gleich eine heftige Debatte zum Thema »Menschenrechte« hatte, der mir aber, auch das gebe ich freimütig zu, dabei durchaus einige bedenkenswerte Argumente für seine Einstellung entgegengehalten hat.

Am wichtigsten war mir in diesen Tagen der Besuch des amerikanischen Präsidenten Bill Clinton und seiner Frau Hillary. Mit ihr hatte ich nicht allzu viel persönlichen Kontakt, dafür funktionierte der zu ihm auf Anhieb. Bei Fernsehauftritten hatte er mir stets einen etwas zurückhaltenden, ja unsicheren Eindruck gemacht. Im persönlichen Gespräch aber war er von großer Bestimmtheit und Überzeu-

gungskraft. Sein Besuch fiel noch in jene Phase seiner Regierungszeit, in der er dabei war, seine weit gesteckten, und, wie ich meine,
klugen sozialpolitischen Absichten zu formulieren. Dementsprechend waren auch unsere Gespräche über sozialpolitische Themen
absolut »ergebnisoffen« und daher angeregt. Wir haben diese bei
späteren Zusammenkünften nicht mehr angeschnitten, was verständlich war: Da waren sie weitgehend schon im Sperrfeuer der re-
publikanischen Kongressmehrheit liegen geblieben, übrigens auch
wegen einiger taktischer Schnitzer, die Clinton sich dabei geleistet
hatte. Ob ihn sein Scheitern in dieser Frage allzu sehr enttäuscht hat,
vermag ich nicht zu sagen. Meine Überzeugung ist jedoch, dass es
dem amerikanischen Volk auf lange Sicht gut getan hätte, wenn er
wenigstens einen Teil seiner Vorhaben hätte durchsetzen können.

Verblüffend war für mich nach der Unterhaltung mit François
Mitterrand, dass auch Clinton sehr rasch auf die Integrationsfrage
in Staaten mit starkem Präsidenten zu sprechen kam. Wie Mitterrand verspürte auch er das Dilemma zwischen der Integrationsauf-
gabe des Staatsoberhaupts und den desintegrierenden Folgen um-
strittener Entscheidungen des Exekutivchefs. Auch ihm konnte ich
nicht helfen. Den Vorschlag, beide Funktionen zu trennen, habe ich
ihm wohl kaum unterbreitet.

Warschau

Die wichtigste außenpolitische Aktivität dieser ersten Wochen spielte
sich am 1. August 1994 in Warschau ab. Dort begingen das polnische Volk und seine Regierung den fünfzigsten Jahrestag des Warschauer Aufstands von 1944, und Präsident Lech Wałęsa hatte mich
dazu noch vor meinem Amtsantritt in aller Form eingeladen. Es war
bekannt, dass die Einladung in Polen höchst umstritten war; die
ablehnenden Meinungen gingen von der Weigerung, überhaupt
einen Deutschen bei einer solchen Feier dabeihaben zu wollen, bis zu
der Ansicht, eine solche Teilnahme sei zwar generell wünschenswert,
1994 sei es dafür aber zu früh. Ich kannte diesen Meinungsstreit
natürlich und hatte auch jedes Verständnis für diejenigen, die die

Einladung nicht guthießen. Nachdem sie nun aber einmal vorlag, hätte ich es als Feigheit empfunden, sie auszuschlagen, und außerdem als das Nichtwahrnehmen einer großen Chance, einen weiteren Schritt zur Aussöhnung mit den Polen zu tun. Es hätte mir in innerster Seele widerstrebt, die Einladung abzulehnen.

Das Unglück wollte es, dass in einem Interview, das ich zu dieser Frage gab, nicht vom Warschauer Aufstand die Rede war, also nicht von der militärischen Erhebung einer polnischen Untergrundarmee gegen die deutsche Besatzungsmacht am 1. August 1944, sondern vom Warschauer Ghetto-Aufstand vom April 1943, von der Auflehnung der dort noch verbliebenen Juden gegen den Abtransport in die Vernichtungslager der SS. Dies werteten die polnischen Kritiker als Beweis dafür, dass es in Deutschland immer noch an den nötigen Kenntnissen wie auch am Verständnis für die polnische Geschichte fehle. Wie es zu diesem Irrtum kam, kann ich nicht mehr sagen. Die Formulierung war in dem geschriebenen Interviewtext, der mir zur Autorisierung vorgelegt wurde, schon enthalten. Ich habe sie auch gesehen und als falsch erkannt. Da ich die Fahnen während eines Besuchs des Bundesverfassungsgerichts beim hamburgischen Verfassungsgericht durchsah (wahrscheinlich während einer der dabei üblichen fachlichen Diskussionen), habe ich die Sache aber wieder aus den Augen verloren und den Text sozusagen blind abgezeichnet. Der betreffende Journalist hat den Fehler vernünftigerweise nicht auf mich geschoben, ich habe ihn aber auch nicht dafür verantwortlich gemacht, sondern mich ganz auf die Rede konzentriert, die ich in Warschau zu halten hatte, und so hat sich die Aufregung bald wieder gelegt.

Mehr Kopfzerbrechen bereitete mir wie auch meinen Mitarbeitern die Rede, die ich am Abend des 1. August an dem Warschauer Ehrenmal für die Helden des Aufstands halten sollte – zusammen mit einem halben Dutzend anderer Staatsoberhäupter und Regierungschefs aus Ländern, die alle für die Freiheit Polens gekämpft hatten. Abgesehen davon, dass die Weltöffentlichkeit an diesem Tag auf nichts mehr achtete als auf die Rede des deutschen Bundespräsidenten, musste es mir ja darum gehen, die deutsche Schuld an der polnischen Geschichte unverbrämt einzuräumen, ohne gleichzeitig zu verschweigen, dass es, gerade nach 1945, auch zahlreiche deutsche Opfer gegeben hatte – und zwar so, dass ein Beitrag zur Offenheit zwischen den beiden Völkern geleistet wurde und weder in Polen noch in Deutschland Reaktionen ausgelöst werden konnten, die dem entgegengewirkt hätten. Das war damals noch eine Gratwanderung ersten Ranges. Ich konnte nichts Besseres tun, als die Geschichte ungeschminkt darzustellen und, in die Zukunft weisend, dem polnischen Volk die volle deutsche Unterstützung bei seinen Beitrittsbemühungen zur EU zuzusagen. Und dann kamen die entscheidenden Worte:

»Heute aber verneige ich mich vor den Kämpfern des Warschauer Aufstandes wie vor allen polnischen Opfern des Krieges. Ich bitte um Vergebung für das, was ihnen von Deutschen angetan worden ist.«

Im Kreis meiner Mitarbeiter ist, wenn ich von den europapolitischen Versprechungen absehe, wahrscheinlich fast jedes einzelne Wort dieser Rede heftig diskutiert worden. Ein junger Historiker, der zu den Mitarbeitern gehörte, hat die Entstehungsgeschichte vor einigen Jahren in einem Artikel in der *Zeit* dargestellt – für meinen Geschmack nicht in jeder Beziehung ganz zutreffend, im Ganzen aber doch außerordentlich korrekt.[15]

Der 1. August 1994 war der heißeste und schwülste Tag des ganzen Jahres, und Warschau war, wenn man den Presseberichten trauen darf, an diesem Tag der Hitzepol Europas. Für mich begann der Tag mit der Niederlegung eines Blumengebindes an einem Gedenkstein für die Opfer des Aufstands auf einem Friedhof, bei dessen Verlassen ich auf die russische Delegation traf, die ebenfalls Blumen niederlegen wollte. Die Delegation wurde vom Chef des russischen Präsidialamtes angeführt; Boris Jelzin hatte es vorgezogen, nicht an den Feierlichkeiten teilzunehmen. Ich wusste es bereits, aber erst in diesem Augenblick begriff ich den Grund seines Fernbleibens: Die Russen hatten an diesem Tag noch wesentlich schlechtere Karten als die Deutschen. Natürlich wird kein Pole die Härte der Kämpfe, den Opfermut der Aufständischen und die Brutalität jemals vergessen, mit der die Deutschen den Aufstand niederschlugen und Warschau buchstäblich auslöschten. Ebenso wenig wird er aber je vergessen, dass die Rote Armee am 1. August 1944 schon kurz vor Warschau stand, sich dann aber am Weichselufer eingrub und in aller Ruhe zusah, wie Aufstand und Stadt total vernichtet wurden. Die Rede, die der Leiter der russischen Delegation aus Moskau mitgebracht hatte, trug dem nicht im Geringsten Rechnung. Sie war so formuliert, wie man die Gräuel des Nationalsozialismus in Deutschland vielleicht während der fünfziger Jahre behandelt hätte. Dem entsprach dann auch das Echo, das sie bei den Polen hervorrief.

Im Laufe des Tages machte ich immer wieder eine bewegende, fast irritierende Beobachtung. Zwanzigmal reicht nicht, dass ich von polnischen Gesprächspartnern auf die Geschicke ihrer Familien während des Zweiten Weltkriegs und in der Nachkriegszeit angesprochen wurde, und fast immer hieß es: »Fast meine ganze Familie ist damals ausgerottet worden.« Diese Aussage überraschte mich nicht. Überraschend war jedoch der Nachsatz, der immer sofort angefügt wurde, und der lautete ungefähr so: »Ein Drittel durch die Deutschen, zwei Drittel durch die Russen.« Die Prozentsätze wechselten natürlich von Fall zu Fall, aber die Quintessenz war immer die gleiche. Ich weiß bis heute nicht, ob das alles der Wahrheit entsprach oder ob damit nicht nur ausgedrückt werden sollte, dass meinen Gesprächspartnern an einem solchen Tag der deutsche Gast immer noch lieber war als der russische. Jedenfalls hat es mir an diesem heiklen Tag geholfen.

Übrigens stellte ich am späteren Vormittag bei einem Gang durch die Warschauer Altstadt fest, dass die Stimmung der Bevölkerung ganz ähnlich war. Man beobachtete mich mit einer gewissen Neugier, aber zugleich mit einer durchaus verständlichen Skepsis. Unfreundlichkeiten habe ich nirgends erlebt, das Gastrecht wurde mir gegenüber wie etwas Selbstverständliches geachtet. Damals hatte ich durchaus meine Zweifel, ob man in Deutschland auch zu einer solchen Haltung fähig gewesen wäre. Wenige Monate später erlebte ich dann aber in Dresden eine ähnliche Haltung der dortigen Bevölkerung gegenüber den Stabschefs der drei Westalliierten. Ich war also wohl zu skeptisch gewesen.

Während des Stadtrundgangs hatte mir irgendjemand gemeldet, dass der Schriftsteller Andrzej Szczypiorski, in Deutschland vor allem durch seinen Roman *Die schöne Frau Seidenmann* bekannt, in einem kleinen Café sitze, direkt an einer Straße, die zeitweise die Front zwischen den Deutschen und den Aufständischen gewesen sei. Es ergab sich ungeplant und völlig zwanglos, dass ich an dieser Stelle vorbeikam und Szczypiorski begrüßen konnte. Diese Begegnung war offensichtlich für uns beide sehr eindrücklich. Szczypiorski hat sie in einem kleinen Artikel geschildert, den er zu einem Sammelband über Begegnungen verschiedener Menschen mit mir beigesteuert hat.[16] Dort heißt es, dass er sich kaum noch an unsere Unterhaltung erinnere, nur die Art meines (offenbar sehr konzentriert wirkenden) Auftretens sei ihm im Gedächtnis geblieben. Ich weiß noch sehr wohl, wie er mir schilderte, dass er auf den Tag genau vor fünfzig Jahren an der Stelle, an der wir standen, mit einem alten österreichischen Gewehr bewaffnet im Schussfeld eines deutschen Panzers gewissermaßen Wache geschoben habe. An mehr kann auch ich mich nicht mehr erinnern. Wahrscheinlich haben wir wegen der drückenden Hitze und der bedrückten Stimmung des Tages auch gar kein Bedürfnis verspürt, viele Worte zu machen.

Das Mittagessen fand im Präsidentenpalais statt, in einem relativ großen Kreis, zu dem nicht nur die Staatsgäste und ihre Botschafter, sondern auch eine stattliche Anzahl von Bischöfen, Generälen und ähnlichen Würdenträgern gehörte. Ich saß rechts neben Wałęsa, links von ihm war der amerikanische Vizepräsident Al Gore platziert, rechts neben mir der damalige polnische Ministerpräsident, Waldemar Pawlak, ein gut aussehender, junger Mann von der Vereinigten Bauernpartei. Über fehlende protokollarische Wahrnehmung konnte ich mich, der ich ohne Zweifel der komplizierteste Gast war, also bestimmt nicht beklagen, übrigens auch nicht über die Stimmung bei Tisch, wo über alles Mögliche, nur nicht über den Anlass des Tages oder andere schwierige Fragen gesprochen wurde.

Lech Wałęsa hatte übrigens schon bei meiner Begrüßung eine aufgelockerte Gastlichkeit gezeigt. Nachdem ich die reichlich mit Messing herausgeputzte Ehrengarde abgeschritten hatte, begrüßte er mich auf den Stufen vor dem Schlossportal höchst ungezwungen. Fast sofort kam er auf das Wetter zu sprechen: »Ich habe noch nie einen so heißen Sommer erlebt wie in diesem Jahr.« Da konnte ich mit einem Widerspruch dienen: »Doch, ich schon – 1946.« Er stutzte einen Augenblick und erwiderte dann beinahe wörtlich: »Das war vor meiner Zeit, das interessiert mich nicht.« Ich nahm das als gutes Vorzeichen; schließlich hatte sich dann auch der Warschauer Aufstand »vor seiner Zeit« ereignet. Was immer er mit seiner Äußerung gemeint hat, die ganze Zeit, in der wir miteinander zu tun hatten, haben wir diese formlose, ja burschikose Ebene nie verlassen und sind beide damit nicht schlecht gefahren.

Nach dem Essen ereignete sich etwas, was ich den Beteiligten bis heute nicht vergessen habe. Während einer Zigarettenpause kamen Al Gore und der britische Premierminister John Major auf mich zu. Sie sagten, ich hätte heute den bei weitem schwierigsten Part zu spielen, und sie wollten mich dabei unbedingt unterstützen. Sollte ich also nach meiner Rede noch irgendeine Klarstellung oder Ergänzung hinzufügen wollen, so sollte ich es ihnen sagen. Da sie nach mir sprächen, könnten sie es für mich einrichten. Das hat sich später gottlob nicht als notwendig erwiesen, und es hätte höchstwahrscheinlich auch gar keine Möglichkeit mehr gegeben, eine solche Bitte an sie heranzutragen. Es hat mir aber gut getan, dass beide mir ihre Hilfe anboten. Wer einmal in einer so schwierigen Lage war wie ich damals, wird diese Dankbarkeit vielleicht verstehen.

Die entscheidende Stunde kam dann am Abend. Acht Staatsoberhäupter oder ihre Vertreter hatten am Denkmal der Helden des Aufstands ihre Kränze niedergelegt, ich mitten unter ihnen. Danach folgte eine Massenkundgebung auf dem benachbarten Krasínski-Platz, die allen, die sie mit erlebt haben, unvergesslich bleiben wird. Andrzej Szczypiorski hat die Stimmung eindrücklicher geschildert, als ich es je könnte:

Auf dem Krasiński-Platz hatten sich Unmassen von Menschen versammelt. Ich befand mich unter alten Männern, ehemaligen Soldaten des Aufstands. Die meisten von ihnen kamen auf diesen Platz voller Bitterkeit und Abneigung, und auf ihren Schultern lasteten Jahrzehnte schmerzhafter Vorurteile. Sie sprachen untereinander, dass es ein Fehler von Präsident Wałęsa gewesen sei, Herzog an diesem Tag einzuladen. »Wir brauchen diesen Deutschen heute nicht«, sagten sie, »das ist unsere heilige Stunde des Gedenkens, wir haben das Recht, sie ohne Fremde zu begehen, insbesondere aber ohne die Deutschen ...«

Die Dämmerung brach herein. Der Himmel war dunkel, fast schwarz. Ein heißer Wind kam auf, er rauschte in den Kronen der mächtigen Bäume des Parks. Die grellen Lichter der Scheinwerfer zerschnitten die Dunkelheit über den Köpfen Tausender Menschen wie scharfe Messer. Irgendwo grollten Donnerschläge, über den Himmel huschten ferne, blasse Blitze. Jeden Augenblick kam das große Gewitter näher an die versammelte Menschenmenge heran. Es war fast eine theatralische Kulisse, als wollte die Natur selbst bei diesem großen, historischen Drama die Regie führen.

Herzog stieg auf die Tribüne und Polen erstarrte in Schweigen. Er stand vor dem Hintergrund des Denkmals der Helden des Aufstands. Er sprach kurz. Er sagte, ewige Scham sei die Frucht der deutschen Verbrechen an Polen. Er sagte, die Zerstörung Polens hatte die Selbstzerstörung Deutschlands zu Folge. Im Namen des deutschen Volkes, das bereits in einem Staat vereint war, bat er die Polen um Vergebung.

Die Menge lauschte in geradezu erschreckender Konzentration und Stille. Man hörte nur die Worte Herzogs, das immer lautere Rauschen des Windes in den Baumkronen, das immer nähere Donnern. Am Himmel zuckten Serien von Blitzen.

Als der Präsident seine Ansprache beendete, brausten Salven des Beifalls gen Himmel. Ich stand unter alten Menschen, unter Soldaten, KZ-Häftlingen, Invaliden, Kriegswitwen und Kriegswaisen. Diese Menschen haben geweint.[17]

Später habe ich ein Video von dieser Veranstaltung gesehen. Es zeigt, wie bei den zentralen Worten, die ich damals sprach, immer wieder Menschen in die Höhe sprangen, um stehend zu applaudieren. Szczypiorski hat nicht übertrieben.

Es gehört offenbar zu meinem Leben, dass auch in den ernstesten Stunden noch irgendetwas Komisches geschieht. So war es auch an diesem Tag. Das Gewitter, das während der gesamten Feierlichkeit immer wieder heraufgezogen und dann von entgegengesetzten Winden wieder abgedrängt worden war, ging von einer Sekunde auf die andere auf den Krasiński-Platz nieder. Die Ehrengäste verschwanden einer nach dem andern, die Tribünen leerten sich, und plötzlich standen Lech Wałęsa und ich, natürlich immer noch von unserem Gefolge und Sicherheitsbeamten umgeben, ziemlich allein vor einer der Tribünen. Irgendjemand brachte einen überdimensionalen Regenschirm, unter dem wir beide bequem Platz hatten, und ohne große Absprache setzten wir uns in die unterste Bankreihe der Tribüne, um das Ende des Regens abzuwarten – den Schirm immer über uns. Der polnische und der deutsche Präsident einträchtig unter einem Regenschirm – es hätte ein Bild für die Weltpresse werden können. Nur waren weit und breit keine Fotografen mehr zu sehen, das polnische Protokoll hatte sie längst wegkomplimentiert, und sie waren wohl auch von sich aus gern gegangen; wahrscheinlich hätten weder sie noch ihre Apparate den Regen gut vertragen. Sie haben wohl auch nie erfahren, welche Chance ihnen an diesem Abend entgangen ist. Deshalb sollen sie wenigstens durch dieses Buch Kenntnis davon erhalten.

Am nächsten Morgen gab es in der deutschen Botschaft noch ein Zusammentreffen mit Prominenten, von dem mir allerdings nur eine einzige Szene in Erinnerung geblieben ist. Das Gespräch wurde von einem alten Herrn eröffnet, der in seiner Jugend unter ständiger Lebensgefahr Kurierdienste zwischen den Widerstandskreisen in Warschau und der polnischen Exilregierung in London geleistet hatte und nun Vorsitzender aller polnischen Veteranenvereine war. Vor den Feierlichkeiten hatte er scharf gegen meine Einladung protestiert, und auch jetzt konnte er es noch nicht ganz lassen, wider den Stachel zu löcken. Also fragte er mich als Erstes, ob ich nicht auch glaube, dass die Einladung an einen deutschen Präsidenten zehn Jahre zu früh ausgesprochen worden sei. Ich war mir meines neu erworbenen Standings in Polen bewusst und sah auch, dass er ein offener Charakter war, der ein ebenso offenes Wort vertragen konnte. Also antwortete ich genauso direkt, wie er mich gefragt hatte. Eine Einladung im Jahre 2004, sagte ich, hätte für uns beide einen Vorteil gehabt: für mich, weil ich dann nicht mehr Bundespräsident sei, und für ihn, weil er wahrscheinlich nicht mehr lebe (was übrigens ein Irrtum war). Aber andererseits sei er einer der Letzten, die selbst noch mitgekämpft hätten, und ich, Jahrgang 1934, hätte die Gräuel des Krieges und des NS-Regimes wenigstens noch halbwegs miterlebt. Wir wüssten also noch, wovon wir redeten. Darum sei es unsere Pflicht, die damals auf allen Seiten geschlagenen Wunden heilen zu helfen, und aus diesem Grund sei auch die Einladung an mich rechtzeitig erfolgt. Ich weiß nicht mehr, was er mir darauf geantwortet hat. Jedenfalls sind wir in gutem Einvernehmen voneinander geschieden.

In Deutschland gab es zu meinem Auftritt in Warschau so gut wie nur zustimmende Äußerungen, oft waren sie nahezu emphatisch. Am meisten berührte mich allerdings nicht das lobende Wort, sondern eine Karikatur von Ernst Maria Lang in der *Süddeutschen Zeitung*. Sie zeigte mich, wie ich mich unter der Last eines riesigen Hakenkreuzes vorwärtsbewegte. Das entsprach genau meinem Empfinden.

Die Scham, von der Theodor Heuss einst gesprochen hat und die auch ich in Warschau wieder erwähnte, empfinde ich bei bestimmten Anlässen noch heute. Mehr und mehr hat sich aber inzwischen eine ungeheuere Wut meiner bemächtigt, Wut über die Leiden, die Millionen Menschen von diesen widerlichen NS-Gartenzwergen angetan wurden, Wut aber auch über die Schmutzflecken, die sie dem Ansehen unseres Volkes in der Welt zugefügt haben und die noch lange nicht herausgewaschen sein werden. Ich bin kein Mensch, der großer und verzehrender Leidenschaften fähig ist. Wenn aber versucht wird, die Taten dieser Verbrecher zu beschönigen oder gar zu rechtfertigen, oder wenn ihre dummen Sprüche wiederholt werden, werde selbst ich leidenschaftlich, und ich kann unseren Mitbürgern nur das Gleiche empfehlen.

Die zentraleuropäischen Präsidenten

Im August 1994 kam es zu einer weiteren folgenreichen Begegnung. Dazu muss ich aber etwas weiter ausholen. Noch zur Zeit Richard von Weizsäckers hatte sich ein Kreis zentraleuropäischer Staatspräsidenten gebildet, der sich in regelmäßigen Abständen, zumindest einmal jährlich, traf, um einen thematisch fast unbegrenzten Gedankenaustausch zu pflegen. Es handelte sich um einen offenen Kreis, der jeweilige Gastgeber konnte neben den ursprünglichen Teilnehmern die Staatsoberhäupter all seiner Nachbarstaaten einladen. Auf einem Foto aus Lancut, dem polnischen Landshut, wo man sich 1997 traf, sind die Repräsentanten von neun Teilnehmerstaaten zu sehen: Deutschland, Österreich, Italien, Ungarn, Tschechien, Slowakei, Slowenien, Ukraine und Polen.

Durch Aufsehen erregende Aktionen ist dieser Kreis nicht hervorgetreten; das konnte er auch gar nicht, weil er ja im Wesentlichen aus »unselbstständigen« Präsidenten bestand. Seine Bedeutung lag auf ganz anderen Gebieten. Er gab den ostmitteleuropäischen und osteuropäischen Kollegen und auf dem Weg über die Öffentlichkeit auch ihren Völkern mehr und mehr die Gewissheit, nach dem Fall des Eisernen Vorhangs zu Europa zu gehören und in Europa wirklich willkommen zu sein. Er erlaubte es ihnen, die ja alle keine »gelernten« Politiker und Verfassungsjuristen waren, hinter verschlossenen Türen in schwierigen Fragen den aufrichtigen, aber ganz unverbindlichen Rat von Kollegen einzuholen, die ihr Geschäft schon etwas länger betreiben. Und er gab uns allen die Chance, uns immer wieder der geistigen Grundlagen des politischen Europa zu versichern. Die europäische Öffentlichkeit hat es nie realisiert, aber in diesem Kreis ist eines Tages vereinbart worden, keiner von uns werde sein Parlament vorzeitig auflösen oder eine Minderheitsregierung akzeptieren, solange eine stabile Mehrheit durch Koalition möglich sei. Daran haben sie sich in aller Regel gehalten und damit sehr viel gegen eine Denaturierung ihrer jungen parlamentarischen Demokratien getan.

Im August 1994 nahm ich zum ersten Mal an einer Zusammenkunft dieses Kreises teil, den der österreichische Bundespräsident

Die neun Staatsoberhäupter 1997 in Lancut. Von links nach rechts: Leonid Kutschma (Ukraine), Roman Herzog (Deutschland), Michal Kováč (Slowakei), Václav Havel (Tschechien), Aleksander Kwaśniewski (Polen), Thomas Klestil (Österreich), Oscar Luigi Scalfaro (Italien), Árpád Göncz (Ungarn), Milan Kučan (Slowenien).

Thomas Klestil nach Alpbach in Tirol eingeladen hatte. Die meisten Teilnehmer kannte ich schon von früheren Gelegenheiten her, neu war mir unter anderen der ungarische Präsident Árpád Göncz, der über eine ähnliche Ironie wie ich verfügt und mit dem ich nach einem ganz offenen politischen Vieraugengespräch tief in der Nacht sofort Freundschaft geschlossen habe. Nicht weniger wichtig war mir das erste Zusammentreffen mit Václav Havel, dem tschechischen Präsidenten, der mir allerdings schon durch seine Theaterstücke bekannt war.

Unsere Büros hatten vereinbart, dass wir vom Flugplatz Innsbruck aus, wo wir landeten, gemeinsam nach Alpbach fahren sollten; so konnte das erste Kennenlernen unter vier Augen stattfinden. Havel schnitt sofort das Thema an, das ihm am Herzen lag. Er schilderte mir die freundschaftliche und vertrauensvolle Kooperation, die er mit Richard von Weizsäcker gepflegt hatte, und sprach den Wunsch aus, dass sich unser Verhältnis genauso gestalten werde. Das habe ich ihm versprochen, und wir haben uns beide an dieses Versprechen gehalten, auch wenn unser Kontakt zeitweilig durch die lange Krankheit seiner ersten Frau und durch seine eigenen Krankheiten unterbrochen war und seine eigene Lage in Tschechien mitunter ebenso kompliziert wie die Entwicklung des deutsch-tschechischen Verhältnisses war, auf die wir beide nur beschränkt Einfluss nehmen konnten. Zusammen haben wir aber doch manches erreicht, was jedem für sich nicht gelungen wäre. Kompliziert ist das deutsch-tschechische Verhältnis dennoch geblieben.

In Alpbach erlebte ich übrigens eine Überraschung, mit der ich zu dieser frühen Zeit nicht im Traum gerechnet hatte. An einem der Nachmittage sammelten sich vor dem Hotel, in dem wir tagten, einige hundert Feriengäste, die meisten von ihnen Deutsche, und legten, als sie mich erblickten, eine Begeisterung an den Tag, die ich selber beim Anblick eines deutschen Politikers nie und nimmer aufgebracht hätte. Zuerst dachte ich noch, sie freuten sich als Touristen im Ausland, ihr Staatsoberhaupt zu sehen. Als ich dann mit einigen von ihnen sprach, wurde mir aber klar, dass sie alle meine Wahl und meine ersten Aktivitäten genauestens verfolgt hatten, dass sie mein Verhalten durchweg billigten und dass sich ihre Begeisterung also nicht nur auf das Amt, sondern durchaus auch auf meine Person bezog. Und das im zweiten Monat meiner Amtsführung – es hätte nicht besser laufen können!

Planungen für die Zukunft

Am 1. Oktober 1994 rief ich meine engsten Mitarbeiter zu mir, um mit ihnen eine erste Bilanz zu ziehen. Da ich der deutschen Öffentlichkeit in den zehn Karlsruher Jahren doch ziemlich aus den Augen geraten war, hatte ich ursprünglich geplant, das erste Amtsjahr zu verwenden, um mich bei der Bevölkerung bekannt zu machen und so viel Vertrauen zu schaffen, dass sie mir die Mahnungen und Appelle, die ich vorhatte, dann auch einigermaßen abnehmen würden –

die Startklötze graben nannte ich das für mich. An diesem 1. Oktober, also genau vier Monate nach meinem Amtsantritt, stellten wir aber übereinstimmend fest, dass die Startklötze bereits gegraben waren. Bei unseren Mitbürgern war schon so viel Aufmerksamkeit und wohl auch Vertrauen gewachsen, dass wir mit dem eigentlichen Arbeitsprogramm beginnen konnten.

Viele Auftritte des Bundespräsidenten werden von außen bestimmt, beispielsweise durch die Jubiläen, die irgendwo in der Republik stattfinden und an denen er, wenn der Anlass bedeutend genug ist, teilnehmen muss. Aus ähnlichen Gründen müssen die großen Institutionen, die Verbände, die bedeutenderen Festspiele und dergleichen mehr »wahrgenommen« werden. Daneben gibt es auch »hochpolitische« Themen, denen sich kein deutscher Bundespräsident entziehen kann: die Vollendung der Wiedervereinigung, vor allem das Werben für den modernen deutschen Staat bei den Ostdeutschen, die europäische Integration einschließlich der so genannten Osterweiterung und der Frage nach ihren äußersten Grenzen, die »Bewältigung der Vergangenheit«, d.h. der Weltkriegsfolgen und der NS-Verbrechen und die Nahostfrage. In meinem Fall kamen die Feiern und Gedenkveranstaltungen fünfzig Jahre nach dem Ende von Krieg und Naziherrschaft hinzu. Das Tableau war also von Anfang an ziemlich breit gefächert und folglich auch schwierig.

Ich hatte aber mehr vor. Seit Jahren beobachtete ich, wie Deutschland und vor allem auch die deutsche Wirtschaft immer müder und unbeweglicher wurden, wie unser Land sich immer weniger zutraute, wie jede neue Entwicklung zuerst Bedenken und nicht eine nüchterne Abwägung von Risiken und Chancen hervorrief – mit einem Wort, wie die ganze Nation begann, verzagt zu werden und dabei auch noch über ihre Verhältnisse zu leben. Parallel dazu sah ich, wie im wirtschaftlichen Sinne die Globalisierung die ganze Welt erfasste und die hauptsächlich betroffenen Völker darauf nicht nur mit Enthusiasmus, sondern auch mit Tendenzen zur Rückbesinnung auf ihre überkommenen Werte, zu einer Art internationaler Regionalisierung reagierten.

Der Harvard-Professor Samuel P. Huntington hatte in den USA im Sommer 1993, ein Jahr vor meiner Wahl, in der hoch angesehenen außenpolitischen Fachzeitschrift *Foreign Affairs* in seinem noch mit einem Fragezeichen versehenen Aufsatz »The Clash of Civilizations?« beklemmende Zukunftsvisionen der Weltpolitik im 21. Jahrhundert entworfen. Unterschiedliche, einander feindlich gegenüberstehende Kulturkreise würden das internationale Geschehen beherrschen. Die Bruchlinien zwischen diesen Kulturen stellten für ihn die Schlachtfelder der Zukunft dar, wobei die Grenzregionen des Islam besonders blutig sein würden. Dem Westen, dank seiner Wissenschaft und Technologie derzeit noch mächtigster Kulturkreis der Welt, droht laut Huntington der Abstieg, vor allem infolge »Aufweichung« seiner Werte durch die überall nachdrängenden Immigranten.

Vor dem Hintergrund dieser düsteren Prognosen war ich entschlossen, mit den schwachen Kräften, über die Deutschland in diesem Zusammenhang verfügt, zu einem interkulturellen Dialog aufzurufen. Mein Blick richtete sich dabei besonders auch auf die lateinamerikanischen Staaten, die sich in schwierigen ökonomischen Verhältnissen befanden und dennoch Bedeutendes zur Stärkung westlicher Denkweise in der Welt beitragen könnten. Und nicht zuletzt galt mein Augenmerk Zentralasien, wo sich gerade die Sowjetunion aufgelöst hatte und von wo stets Gefahren für Europa ausgegangen waren – von der ostasiatischen Großmacht China ganz zu schweigen. All diese Themen standen an jenem 1. Oktober vor meinen Augen. Noch einmal, wie schon bei früheren Besprechungen, lenkte ich die Aufmerksamkeit meiner engsten Mitarbeiter auf sie, und sie verstanden mich. Die Arbeit konnte beginnen.

Apropos: Mordwaffe Orden

Über die Verleihung von Orden – sowohl an mich als auch durch mich an andere – könnte ich Dutzende von Geschichten erzählen. Eine muss ich aber unbedingt loswerden, weil sie alle anderen in den Schatten stellt, und ich versichere feierlich, dass ich weder etwas weggelassen noch etwas hinzugefügt habe.

Das Land, in dem die Geschichte passiert ist, kann ich aus naheliegenden Gründen nicht nennen. Jedenfalls unternahm ich einen veritablen Staatsbesuch dorthin, und dieser war wie üblich mit einem großen Ordensaustausch verbunden. Da der dortige Präsident die Sonderstufe des Großkreuzes des Verdienstordens der Bundesrepublik Deutschland – wie die protokollarisch richtige Bezeichnung so schön lautet – schon besaß, ging es nur noch darum, dass ich den höchsten Orden seines Landes bekam, und das sollte sich im Rahmen eines feierlichen Empfangs abspielen, zu dem Gastgeber wie Gast im Frack zu erscheinen hatten.

Zunächst vollzog sich das übliche Ritual. Mein Gastgeber hielt eine kleine Rede von jener Art auf mich, wie sie auf dem internationalen Parkett bei solchen Anlässen unvermeidlich ist, und schritt dann zur Überreichung des Ordens. Zunächst legte er mir das Schulterband um, sodann eine prächtige Ordenskette, die um den Hals getragen werden muss. Das alles ging ohne Eigentümlichkeiten vor sich. Aber dann geschah es: Als er mir den Stern an die Brust heften musste, tat er das mit besonderer Intensität. Er stach die Nadel, die den Stern halten sollte, durch den Stoff meines Fracks, der nicht gerade dünn war, sodann durch das Frackhemd. Auch das hätte sich noch durchaus im Rahmen des Üblichen gehalten, aber damit ließ er es nicht bewenden, sondern stach weiter – durch die Brusthaut.

Während dieser Prozedur hatte ich keinen Gesichtsmuskel verzogen und mich wohl auch sonst nicht erkennbar bewegt. Nur begann ich nunmehr immer öfter zwischen Frack und Frackhemd zu

schielen – schließlich musste ich ja wissen, ob sich da nicht allmählich ein Blutfleck zeigte; denn wenn dieser durch den Stoff des
Fracks gedrungen wäre, hätte die Sache peinlich werden können.
Gott sei Dank war aber kein Blutfleck zu sehen – um die Durchblu-
tung der männlichen Brust scheint es nicht allzu gut bestellt zu sein.

So ging schließlich doch noch alles gut. Nur trat plötzlich mein
Staatssekretär an mich heran und flüsterte mir folgende Frage ins
Ohr: »Herr Bundespräsident, warum ziehen Sie denn immer die
linke Schulter so komisch hoch?« Offensichtlich hatte ich, ohne es
zu merken, versucht, den Dorn des Ordenskreuzes, der immer noch
in der Haut steckte, klammheimlich herauszuziehen.

Daran kann ich noch heute nichts Illegitimes finden.

Die fünfzigsten Gedenktage

Auswahl der Schwerpunkte

Der Gedenktag für den Warschauer Aufstand war für mich ein beachtlicher Erfolg gewesen, aber er war kein Seidenkissen, auf dem ich mich in Sachen Vergangenheit hätte ausruhen können. Schließlich nahte das Jahr 1995 mit all den fünfzigsten Gedenktagen, die an die dramatischen Ereignisse des Jahres 1945 erinnerten, und ich war gut beraten, mir frühzeitig darüber klar zu werden, welche von diesen Jahrestagen ich wahrnehmen wollte und vor allem wie.

Von vornherein stand fest, dass es um den 8. Mai 1995 zahlreiche Feierlichkeiten geben würde, die an das Ende des Zweiten Weltkriegs erinnern sollten, die einen mehr als Siegesfeiern, die anderen als Gedenktage ausgestaltet. Am 27. April 1995 würde es dann die alle zehn Jahre stattfindende Feier zur Befreiung des Konzentrationslagers Bergen-Belsen durch die britische Armee geben, an der ich bereits im Jahre 1985 als Vizepräsident des Bundesverfassungsgerichts teilgenommen hatte. Damit waren die Schwerpunkte schon vorgegeben. In Bergen-Belsen wollte ich meine Ansichten zur Bewältigung dessen, was man die deutsche Vergangenheit nennt, zusammenfassend und vor allem etwas vertiefend darstellen. Der 8. Mai sollte dann der europäischen Zukunft gewidmet sein – so wie sie seinerzeit vor unseren Augen lag. Also kein Rückblick mehr, sondern ein Ausblick nach vorne.

Allerdings hielt ich es von Anfang an für notwendig, auch der deutschen Opfer des Jahres 1945 an zentraler Stelle zu gedenken, und dafür war kein Tag geeigneter als der 13. Februar, der Tag der Bombardierung Dresdens durch die Alliierten. Mir war klar, dass es darüber zu erheblichen Diskussionen kommen würde, und zwar, wie immer in solchen Fällen, auf der einen Seite durch die, die gewohnheitsmäßig befürchten, der Redner könnte irgendetwas Fal-

Die fünfzigsten Gedenktage 191

sches sagen oder doch zumindest in der Welt falsch verstanden werden, auf der anderen Seite durch jene, die in solchen Fällen immer gleich den nationalen Mund zu voll nehmen und den Verbrechen des eigenen Regimes sofort die der anderen Seite aufrechnend gegenüberstellen. Lauter zu Wort gemeldet haben sich letztlich die Ersteren. Ich blieb aber bei meinem Entschluss und hatte auch keine Angst davor, missverstanden zu werden; schließlich wollte ich ja gerade mit Klischees wie »Aufrechnung« aufräumen.

So weit waren meine Planungen gediehen. Die Notizzettel, auf denen ich viele Wochen lang Stichworte für meine Reden zu sammeln pflege, häuften sich schon in der dafür bestimmten Schreibtischschublade. Da rief mich Ignatz Bubis, der Vorsitzende des Zentralrates der Juden in Deutschland, an und bat mich um einen Termin, an dem er mich zusammen mit seinem europäischen »Vorgesetzten«, dem Franzosen Jean Kahn, aufsuchen könnte. Wir vereinbarten den Termin, und er erschien zusammen mit Kahn. Nun ergab sich eine Wendung, an die sowohl ich als auch meine Mitarbeiter hätten denken müssen, an die wir aber – aus verständlichen Gründen – doch nicht ernstlich gedacht hatten. Am 27. Januar 1995, dem fünfzigsten Gedenktag für die Befreiung des Vernichtungslagers Auschwitz durch die Rote Armee, sollte dort eine große internationale Gedenkfeier stattfinden und dazu wolle er, Jean Kahn, mich im Namen aller in Europa lebenden Juden einladen. Im Präsidialamt hatten wir von diesem Termin natürlich gewusst, niemand hatte aber damit gerechnet, dass dazu gerade auch das deutsche Staatsoberhaupt eingeladen werden würde.

Ich habe die Einladung aus zwei Gründen spontan angenommen. Zum einen war der Anlass so geartet, dass ein deutscher Bundespräsident sie einfach nicht ausschlagen konnte. Zum anderen aber vervollständigte sie mein Tableau um einen Punkt, auf den es mir sehr ankam: Das Totengedenken, die Ehrung der Toten, war mein entscheidender Antrieb für die Wahrnehmung all dieser Termine. Darum wollte ich unbedingt nach Dresden, darum nahm ich auch nicht an einem internationalen Kongress teil, der am 26. Januar auf dem Wawel, der Krakauer Königsburg, stattfinden sollte, sondern ich zog es vor, mit den Vertretern der jüdischen Gemeinden beim Totengebet in Auschwitz-Lichtenau zu sein.

Auschwitz, 26./27. Januar 1995

Auf die Teilnahme an den Gedächtnisfeiern in Auschwitz habe ich mich sorgfältiger vorbereitet als auf jeden anderen Auftritt im Jahre 1995. Das mag manchen überraschen, der damals zugegen war, denn ich habe dort kein öffentliches Wort gesprochen und schon gar kein Statement für die Medien abgegeben. Gerade das war aber eine derart unübliche Haltung, dass sie sorgsam vorher überlegt werden musste. Außerdem war jede Bewegung, jede Geste und jede Miene vorher so zu bedenken, dass sie nicht missverstanden oder gar fehlinterpretiert werden konnte.

Trotzdem war meine Linie nicht nur »taktisch« richtig, sondern sie kam aus meiner innersten Überzeugung. Das Verbrechen von Auschwitz ist, wie immer man sonst über die Untaten des 20. Jahrhunderts denken mag, so entsetzlich, dass alle sprachlichen Möglichkeiten fehlen, um das zum Ausdruck zu bringen. Gewiss, die Menschheit ist in ihrer Geschichte immer wieder durch Ströme von Blut gewatet, und ihre Sprachen sind durchaus darauf eingerichtet, das auch realistisch auszudrücken. Die »industrielle« Ermordung von Millionen Menschen war bis Auschwitz aber noch nie vorgekommen, und dementsprechend haben die menschlichen Sprachen auch keine Möglichkeiten entwickelt, diesem Verbrechen in Reden oder anderen Äußerungen »gerecht« zu werden. Was immer man sagt, um Auschwitz zu beschreiben und zu bewerten, muss unzureichend und kläglich wirken; das haben auch die Reden gezeigt, die dort gehalten wurden. Für die Betroffenen und die Repräsentanten ihrer Staaten mag das erträglich sein, ja es mag ihren Reden sogar eine besondere Wirkung verleihen. Wenn aber der deutsche Bundespräsident sich unzureichend äußert, so können daraus – selbst wenn es an der Unzulänglichkeit der Sprache liegt – neue, tiefgreifende Verwerfungen entstehen. Auch das wollte ich vermeiden.

Ich hatte mich also entschieden, die jüdischen Delegationen nach Auschwitz-Lichtenau zu begleiten und, gewissermaßen als Mittrauernder, an ihrem Totengebet teilzuhaben. Die Vertreter der europäischen Gemeinden hatten diese Geste verstanden. Sobald wir in Lichtenau aus unseren Bussen stiegen, scharten sie sich förmlich

Kranzniederlegung am Denkmal der Opfer des Nationalsozialismus in Birkenau am 27. Januar 1995 anlässlich der Gedenkfeier der Befreiung der Konzentrationslager Auschwitz und Birkenau.

um mich und demonstrierten auf diese Weise, dass ich in dieser Stunde zu ihnen gehören sollte. Die anwesenden internationalen Medien focht das freilich nicht an. Sie stürzten sich auf mich und verlangten ein Statement. Sie erhielten das einzige, das ich in diesen Tagen abgab. Dem Sinn nach sagte ich, Auschwitz sei für mich kein Ort der Erklärungen, sondern des Entsetzens, des Mitleidens und der Trauer, und mehr würden sie hier von mir nicht zu hören bekommen. Das haben sie seltsamerweise akzeptiert – und natürlich in alle Welt gekabelt. Mich jedenfalls haben sie von diesem Augenblick an in Ruhe gelassen.

Im Übrigen haben sie sich aber unglaublich benommen. Als unsere Gruppe sich innerhalb des Lagergeländes, gerade an der »Rampe«, langsam auf den Ort des Totengebets zubewegte, legten die Fotografen und Kameraleute ein Benehmen an den Tag, das man, bei allem Verständnis für ihre beruflichen Belange, nur mit Worten wie »Würdelosigkeit« und »Unverschämtheit« bezeichnen kann. Ignatz Bubis, bei Gott ein ruhiger und besonnener Mann, war über ihr Verhalten so empört, dass er mit einigen von ihnen eine Schlägerei anfing. Von meiner Stimmung her hätte ich ihn liebend gern unterstützt, war aber dann doch recht froh, dass einige jüdische Teilnehmer die Kampfhähne voneinander trennten. Wie die Vertreter der Medienwelt sich von da an benommen haben, kann ich beim besten Willen nicht mehr sagen. Ich hatte das Gefühl, mich durch einen riesigen Berg wühlen zu müssen.

Von der Totenfeier, bei der Elie Wiesel sprach, will ich hier nicht berichten, ebenso wenig von der Konferenz auf dem Wawel, zu der ich später, wenn auch sehr spät, noch stieß und von der mir nur in Erinnerung geblieben ist, dass, solange ich anwesend war, nicht etwa über die Schuld der Deutschen am Holocaust diskutiert wurde, sondern darüber, wie wenig andere Regierungen, besonders die Westalliierten, zu seiner Verhinderung bzw. Beendigung getan hätten. Ich spreche davon nicht, weil es dort um eine »Aufrechnung« ging, wie sie besorgte Kommentatoren in Deutschland immer gleich befürchten. In Krakau war es aber nun einmal so, und das hat auch mich damals nicht wenig gewundert.

Die zentrale Gedenkfeierlichkeit fand dann am Morgen des 27. Januar statt, wieder in Lichtenau. Es waren Tausende von Menschen anwesend, darunter viele, die der Hölle von Auschwitz entronnen waren und nunmehr in ihren gestreiften Häftlingsanzügen ihrer damaligen Leiden und ihrer ermordeten Schicksalsgenossen gedenken wollten.

Rund um den Veranstaltungsort waren Fahnen aufgezogen, die Fahnen aller Völker, aus denen in Auschwitz Menschen umgebracht worden waren. Das wäre an sich nicht erwähnenswert, wenn ich nicht durch diese Fahnen ein besonderes, mich selbst überraschendes Erlebnis gehabt hätte. Ich kann mir keinen Deutschen vorstellen, der in Auschwitz nicht zutiefst niedergedrückt ist – was immer die sonstigen Formeln von Schuld, Entsetzen, Zukunftsverantwortung sein mögen. Ich jedenfalls habe das seinerzeit so empfunden und empfinde es heute, in der Erinnerung, immer noch so. Aber: So absurd es klingen mag (und vielleicht auch ist), ich habe an jenem Tag eine gewisse Erleichterung verspürt, als ich unter allen diesen Fahnen auch eine schwarz-rot-goldene entdeckte – eigentlich ein absurdes Gefühl,

Die fünfzigsten Gedenktage   195

das aber vorhanden war und mir ein bisschen geholfen hat. Geholfen hat mir außerdem (und wohl auch den vielen anderen Spitzenpolitikern aus Deutschland, die anwesend waren), dass die Vertreter der deutschen Juden sowie der deutschen Sinti und Roma während der gesamten Feierlichkeit wie selbstverständlich bei uns standen und dass sich auch Joseph Burg, der langjährige Innenminister Israels und Führer der Nationalreligiösen Partei, zu uns gesellte. Er war damals schon weit über achtzig Jahre alt. Als ich versuchte, ihm einen Stuhl zu besorgen, lehnte er ab, weil das heute ein Vorrecht derer sei, die in Auschwitz gelitten hätten, und als ich ihm daraufhin anbot, er möge sich wenigstens auf meinen Arm stützen, sagte er lakonisch: »Sie stützen schon Israel, da müssen Sie nicht auch noch mich stützen.«

Am Ende des Gedenkakts wurden die anwesenden Staatsoberhäupter gebeten, sich in ein Gedenkbuch einzutragen und ihrer Signatur auch einen kurzen Sinnspruch anzufügen. Das war den Präsidialkanzleien natürlich schon Wochen vorher angekündigt worden und hatte im Bundespräsidialamt denn auch zu eingehenden Überlegungen geführt. Mir waren drei Vorschläge unterbreitet worden, die zwar alle sehr sinnvoll waren, denen aber doch, wie ich meinte, die nötige Kraft fehlte. Ich lehnte sie also ab und sah mir die Liste der sonst noch in Frage kommenden Zitate an, die der Vorlage beigelegt war. Und da wurde ich fündig. Der Satz, den ich auswählte und dann auch in das Gedenkbuch eintrug, war kurz und traf doch alles, was mich beim Gedanken an die Völkermorde der Nationalsozialisten bewegt: »Hier öffnen die Toten den Lebenden die Augen.« Die Fernsehkameras filmten diesen Satz und sandten ihn in die ganze Welt. Und die Welt war begeistert.

Es hätte auch anders gehen können, aber das habe ich erst einige Jahre später begriffen, als mir die Universität Padua einen Ehrendoktortitel verlieh und ich bei einer Führung durch die alte Anatomie der Universität einen ähnlichen Satz entdeckte. Ich ging der Sache nach und stieß darauf, dass »mein« Satz ebenfalls über einer Anatomie stand, nämlich über der von Salamanca. Es hätte in der damaligen aufgeregten Situation durchaus schiefgehen können, wenn mir auch nur ein einziger Journalist Zynismus unterstellt hätte. Ich für meinen Teil halte den Satz freilich immer noch für angemessen. Er drückt alles aus, was man in Auschwitz sagen kann, wenn man nicht überhaupt auf jede Hoffnung verzichten will. Auschwitz war zwar keine Anatomie. Aber es war eine Schlachtbank. Die Anatomen mögen mir diese Assoziation verzeihen.

Nach dem Ende der Gedenkveranstaltung wanderten die Anwesenden zu dem Denkmal für die Ermordeten, das in einiger Entfernung vom Veranstaltungsplatz liegt. An der Spitze des Zuges bewegte sich die so genannte »Prominenz«. An diesen Zug, bei dem ich ziemlich in mich gekehrt war, habe ich nur wenige Erinnerungen. Zwei sind mir jedoch haften geblieben. Die erste besteht darin, dass die Präsidenten der erst vor kurzem frei gewordenen osteuropäischen Staaten sich angelegentlich in die vordersten Reihen drängten, um nur ja mit den Großen der Weltpolitik gesehen zu werden. Ich habe das mit mildem Spott, aber auch mit freundlichem Verständnis beobachtet.

Ich hielt mich hingegen bewusst in der Mittelgruppe, weil ich der Meinung war, Deutschland müsste an einem solchen Ort nicht unbedingt die erste Geige spielen. Allein geblieben bin ich trotzdem nicht, obwohl ich darauf durchaus vorbereitet war. Immer wieder traten Teilnehmer des Zuges an meine Seite, schüttelten mir demonstrativ die Hand und begleiteten mich für eine kürzere oder auch längere Strecke. Aus dem Rückblick bin ich nicht mehr im Stande, all ihre Namen zu nennen. Zwei Männer möchte ich aber doch erwähnen: den Großherzog Jean von Luxemburg, dessen Land im Verhältnis zur Bevölkerungszahl durch die deutsche Besatzung den höchsten Blutzoll in ganz Europa auferlegt bekommen und der selbst als englischer Offizier gegen die Wehrmacht gekämpft hatte, und den amerikanischen Diplomaten Richard Holbrooke, der kurz zuvor als US-Botschafter in Deutschland gewirkt hatte und auf mich nun mit den Worten zukam: »Ich möchte ein Stück mit Ihnen gehen. Dieser Tag muss doch für Sie genauso schrecklich sein wie für mich.« Unnötig zu erwähnen, dass Holbrooke Jude ist.

Dresden, 13. Februar 1995

Die Bedenken, die gegen meinen Auftritt in Dresden vorgebracht wurden, habe ich schon erwähnt. Ich habe ihnen konstant entgegengehalten, es gehe mir um nichts anderes als darum, mit den Einwohnern von Dresden ein Totengedenken zu halten, wie es auch sonst auf der Erde unter kultivierten Menschen üblich sei. Dresden bot dafür einen absolut günstigen Boden. Jahrzehntelang hatten die Machthaber der DDR versucht, den 13. Februar zu Hasstiraden gegen Briten und Amerikaner zu missbrauchen, aber die Dresdener hatten sich darauf nicht eingelassen, sondern mit ihren Lichterprozessionen von der Kreuzkirche zur zerstörten Frauenkirche ganz bewusst nur ihrer Trauer und ihrer Verbundenheit mit den Opfern des Luftangriffs Ausdruck verliehen. Genau das war auch meine Linie, und es lag mir alles daran, das an dem ersten »runden« Gedenktag, der in Freiheit stattfinden konnte, auch in aller Öffentlichkeit zu dokumentieren.

In London scheint man meinem Auftritt etwas besorgt entgegengesehen zu haben, zumindest aber in der britischen Botschaft. Der Botschafter, ein ohnehin sehr eifriger Mann, versuchte mit allen Mitteln an mein Redemanuskript heranzukommen, wohl um es dann nach London faxen zu können. Einen Erfolg konnte er allerdings nicht auf seine Fahnen schreiben, zum einen weil ich mir stets Veränderungen des Textes bis zur letzten Minute vorbehalte, zum anderen aber weil ich leicht bockbeinig werde, wenn in meiner Umgebung irgendetwas übertrieben wird. Übrigens war der Herzog von Kent, der das britische Königshaus zu vertreten hatte, viel gelassener als die Botschaft. Schließlich konnte er sich an den fünf Fingern seiner Hand abzählen, dass ich keinen Skandal vom Zaun brechen würde.

Im Mittelpunkt meiner Rede »Ein Fanal gegen den Krieg«[18] stand, wie von vornherein beabsichtigt, das Totengedenken. Außerdem räumte ich mit einigen Klischees auf, die bei Themen wie Dresden immer wieder aufgetischt werden: erstens mit dem Irrglauben, man könne die Verfehlungen zweier politischer Lager »gegeneinander aufrechnen«, obwohl sie sich in Wirklichkeit addieren, und zweitens mit den Versuchen, ausgerechnet die Luftangriffe des Zweiten Weltkriegs völkerrechtlich, das heißt juristisch »aufzuarbeiten«. Heute, nachdem weitere sechs Jahrzehnte ins Land gegangen und wesentliche Ergänzungen des Völkerrechts in Kraft getreten sind, mag das ja so sein. Seinerzeit hatte man aber fast nur die Erfahrungen mit dem Luftkrieg des Ersten Weltkriegs, und daraus dürfte in der kurzen Zeit zwischen 1918 und 1939 kaum neues Völkergewohnheitsrecht entstanden sein.

Auf eines kam es mir allerdings entscheidend an: auf die rechtliche wie moralische Unentwirrbarkeit moderner Kriege, in denen es keine Grenzen zwischen Heimat und Front, zwischen Kombattanten und Nicht-Kombattanten mehr gibt. Darum sei es mir gestattet, einige Passagen aus der Dresdener Rede zu zitieren, weil ich darauf später wiederholt aufgebaut habe:

> Betrachtet man die Geschichte nur nach Staaten und Nationen, so ist die Rechnung einfach: Die Deutschen haben den Krieg begonnen, und es hat sie dafür die gerechte Strafe ereilt. Aber das Muster ist zu grobmaschig. Erst wenn man sich vorstellt, wer alles unter den Bombenopfern von Dresden gewesen sein muss, wird die menschliche Tragödie moderner Kriegführung handgreiflich. Da waren in der Wolle gefärbte Nazis und Gestapoleute, die Deportationslisten für Juden zusammenstellten. Da waren Juden, die auf diesen Listen standen. Da waren nicht nur Menschen, die bei Kriegsausbruch lauthals gejubelt hatten, sondern auch solche, die in Tränen ausgebrochen waren und die nur deshalb nichts tun konnten, weil sie 1933, am Anfang, nicht widerstanden oder nicht genug Unterstützung für Widerstand gefunden hatten. Es waren schweigende Feinde des NS-Regimes, es waren Mitläufer und Wegschauer dabei. Es waren Widerstandskämpfer dabei, die im Untergrund Flugblätter gegen den Wahnsinn verbreiteten oder dafür schon im Gefängnis saßen. Es waren Flüchtlinge in Dresden, die ihre Heimat schon verloren hatten, und junge Menschen, die man aus Polen, Russland, der Ukraine und vielen anderen Ländern zur Zwangsarbeit in Deutschland gepresst hatte.

Auch hier ist jeder Versuch der Abwägung und Aufrechnung sinnwidrig. Es gibt kein menschliches Hirn, das einen solchen Sachverhalt moralisch auch nur entfernt aufarbeiten könnte. Hier zeigt sich – wieder einmal – die ganze Gefährlichkeit des Denkens in Kollektiven, das damals Menschen verblendete und auf das wir uns nie wieder einlassen dürfen.

Nur so viel steht fest: Es ist der Krieg als solcher, dem wir widerstehen müssen, den wir hassen müssen wie die Pest. Vor allem der moderne Krieg, in dem es weder Front noch Heimat gibt.

Der Abend des 13. Februar 1995 wird mir für immer in Erinnerung bleiben. Eine kleine Gruppe besonders prominenter Persönlichkeiten wurde damals in den Raum der schon halb wieder errichteten Frauenkirche geführt, vordergründig wohl nur, um sie von den Baufortschritten zu überzeugen, wahrscheinlich spielte aber doch auch der Gedanke an eine gewisse Symbolwirkung eine Rolle – denn immerhin waren unter den Eingeladenen auch die Oberkommandierenden bzw. Generalstabschefs der drei westlichen Alliierten. Die Bevölkerung stand in dichten Massen am Weg zur Frauenkirche, mit brennenden Lichtern, aber auch mit unbewegten Gesichtern, denen man nicht ansehen konnte, ob es nur der Ernst der Erinnerung war, den sie zum Ausdruck bringen wollten, ob es die Skepsis gegenüber dem großen Auftrieb an Prominenz war oder ob nicht da und dort auch Skepsis gegenüber den fremden Uniformen mitspielte, und daran änderte sich auch nichts, als wir nach kurzem Aufenthalt die Baustelle wieder verließen. Es hatte keinerlei Meinungskundgebungen gegeben, weder positive noch negative. Die Menschen waren ganz einfach ernst, nachdenklich und würdevoll geblieben.

Ich habe erhebliche Schwierigkeiten damit, auf das Verhalten oder die Leistungen anderer Menschen »stolz« zu sein, wie es vielen anderen so leicht von den Lippen geht. Aber an diesem Abend war ich stolz. Stolz auf die Bürger von Dresden.

Bergen-Belsen, 27. April 1995

In meiner Rede »An diesem Ort, an diesem Tag«[19] habe ich versucht, gerade den jungen Menschen in Deutschland das ganze Ausmaß und die Scheußlichkeit der NS-Verbrechen begreifbar zu machen. Wenn ich den Text heute lese, fällt mir auf, dass ich schon damals zwei Gedanken geäußert habe, die in vielen meiner späteren Reden immer wieder angeklungen sind, wie die beiden folgenden Zitate verdeutlichen sollen:

> Auch unsere Kinder müssen es lernen: Totalitarismus und Menschenverachtung bekämpft man nicht, wenn sie schon die Macht ergriffen haben. Man muss sie schon bekämpfen, wenn sie zum ersten Mal – und vielleicht noch ganz zaghaft – das Haupt erheben.
> Nach der Machtergreifung von 1933 war für den einzelnen gegen den Nationalsozialismus nicht mehr all zuviel auszurichten. Nun lag das Versagen vor allem im Wegschauen. Wer Augen hatte, konnte zwar sehen. Aber das war gefährlich.

Das ist immer noch und für alle Zukunft entscheidend. Niemand, der sich in ungefährdeter Lage befindet, soll sich einreden, dass er – unter ähnlichen Umständen – sich als tapferer Held bewähren würde. Gewiss haben viele unter dem Nationalsozialismus wider den Stachel gelöckt und sind dadurch nicht zu Schaden gekommen. Noch mehr haben es aber mit Freiheit, Gesundheit und Leben bezahlen müssen – und niemand konnte vorher wissen, wie es ihm selbst ergehen würde. Die Lehre daraus muss wirklich sein: Wehret den Anfängen – solange es noch nicht gefährlich ist! Später kann es zu spät sein.

Die zweite Sorge, die ich damals, soweit ich sehe, erstmals als Bundespräsident geäußert habe, klingt im folgenden Zitat an:

> Ich bin nicht sicher, ob wir die rechten Formen des Erinnerns für die Zukunft schon gefunden haben. Immerhin stehen wir an einer Schwelle von größter Bedeutung. Die Generation der Zeit-

zeugen geht zu Ende, und es beginnt das Leben einer Generation, die in der Gefahr ist, die Erfahrungen, für die Bergen-Belsen steht, nur noch als Geschichte zu betrachten. Jetzt kommt alles darauf an, über die Vergangenheit so zu sprechen, sie so zu vermitteln und an sie so zu erinnern, dass die Jungen die Verantwortung, gegen jede Wiederholung aufzutreten, als ihre eigene Verantwortung empfinden ...

Der Ablauf von 50 Jahren seit dem Ende des NS-Regimes kann nicht Ende des Erinnerns heißen. Was wir jetzt aber brauchen, ist eine Form des Gedenkens, die zuverlässig in die Zukunft wirkt.

In diesem Punkt sind wir, wenn ich recht sehe, in den seither vergangenen Jahren nicht sehr viel weitergekommen. Daran mag auch der Streit schuld sein, den der Schriftsteller Martin Walser bei der Verleihung des Friedenspreises des deutschen Buchhandels durch unsensible, ja geschmacklose Formulierungen auslöste und den der Präsident des Zentralrats der Juden in Deutschland, der damals schon todkranke Ignatz Bubis, mit einer für ihn völlig ungewohnten Härte aufgriff. Die Verbrechen des Holocaust sind zu scheußlich, als dass man sie ohne Entsetzen, ohne Wut und ohne den Wunsch, individuelle Schuld zu erforschen und dingfest zu machen, besprechen könnte. Genau das wäre aber wohl nötig, um aufzuzeigen, dass sie eben nicht unwiederholbar sind, und erst wenn das begriffen ist, können junge Menschen wohl verstehen, wie sehr sie, nicht nur in Deutschland, in dieser Frage auf ewig in der Pflicht stehen. Bei allen anderen Facetten der deutschen Geschichte, auch der jüngsten, liegen die Dinge etwas anders. Sie werden in unseren Tagen vom Gegenstand der Zeitgeschichte allmählich zum Gegenstand der Historie und sind damit wohl erstmals einer wirklich weiterführenden Betrachtung zugänglich, einer Betrachtung, in deren Mittelpunkt nicht mehr Wut und Rachegefühle, sondern Gefühle des Mitleidens mit den geschundenen wie den verführten Menschen stehen. Antisemitismus und Holocaust aus solcher Distanz zu betrachten – wohlgemerkt gerade zu dem Zweck, ihre Wiederholung zu verhindern! –, wird aber wohl noch für lange Zeit sehr schwierig bleiben.

An jenem Tag in Bergen-Belsen habe ich übrigens meinen Na-

202 DAS BUNDESPRÄSIDENTENAMT

mensvetter, den früheren israelischen Staatspräsidenten Chaim Herzog, zum letzten Mal getroffen. Bekannt gemacht hatte uns Jahre vorher Richard von Weizsäcker während eines Staatsbesuchs Herzogs in der Bundesrepublik. Danach sind wir noch einige Male zusammengetroffen und haben uns immer gut verstanden. In Bergen-Belsen erzählte er mir, er habe zu jenen britischen Soldaten gehört, die im April 1945 das Lager befreiten – über Einzelheiten wollte er verständlicherweise nicht sprechen. Außerdem war er jener britische Offizier gewesen, dem sich im Juni 1945 Heinrich Himmler ergab. Himmler war damals immer noch der absurden Meinung, er könne mit den Alliierten irgendwie Verhandlungen aufnehmen. Als er endlich begriff, dass davon keine Rede sein konnte, zerbiss er eine Giftkapsel, die er im Mund mit sich geführt hatte. Auch darüber konnte und wollte Chaim Herzog mir nicht mehr sagen. Ich habe ihn gut verstanden.

Jahrestag des Endes des Zweiten Weltkriegs, 7./8. Mai 1995

Den Abschluss der Feierlichkeiten zu den fünfzigsten Jahrestagen bildeten die Gedenkveranstaltungen, die zur Erinnerung an das Ende des Zweiten Weltkrieges veranstaltet wurden. Sie fanden in den Hauptstädten der wichtigsten europäischen Kombattanten statt, also in London, Paris, Berlin und Moskau. Zu diesem Zweck vereinigte sich eine stattliche Anzahl von Staatsoberhäuptern, die im weiteren Ablauf, mit wenigen Ausnahmen, von Hauptstadt zu Hauptstadt weiterreisten (was den persönlichen Beziehungen zwischen ihnen sicherlich sehr zugute kam).

Die Feierlichkeiten begannen schon am Abend des 6. Mai in London. Königin Elizabeth II. gab für ihre Gäste in der Guild Hall ein festliches Abendessen, zu dem jedes der Staatsoberhäupter gesondert in den Festsaal einzog und von den Anwesenden mit Applaus begrüßt wurde. Deutschland war, abweichend vom übrigen Protokoll, doppelt vertreten: durch mich als das Staatsoberhaupt, daneben aber – als einziges Land – auch noch durch den Bundeskanzler Helmut Kohl, den man natürlich viel besser kannte als mich und der wegen seiner politischen Leistungen, aber auch wegen seiner politischen Verlässlichkeit hohes Ansehen genoss. Als er eintrat, gab es – wie ich durch die geschlossene Saaltür hören konnte – donnernden Applaus, und ich dachte, dass der bei mir wesentlich geringer ausfallen würde. Aber da hatte ich mich geirrt: Ich erhielt praktisch den gleichen Beifall, und da der noch nicht durch eigene Leistung verdient sein konnte, zog ich daraus den Schluss, dass er ganz Deutschland galt. Und das für den Kriegsgegner von einst und nach den entsetzlichen Verbrechen des damaligen Regimes – darüber konnte man Freude empfinden.

Am nächsten Morgen gab es eine bewegende Festlichkeit in St. Paul's Cathedral, halb Gottesdienst, halb Staatsakt, wie man es sich nur noch in einem Land leisten kann, dessen Staatsoberhaupt zugleich Spitze seiner Kirche ist. Der Kuriosität halber sei hier Folgendes vermerkt: Nach dem internationalen Protokoll bestimmt sich der Rang der Staatsoberhäupter nach ihrer Anciennität, das heißt nach ihrem Dienstalter – je länger einer im Amt ist, desto würdiger ist er gewissermaßen. Damals war es die englische Königin, die aber als Gastgeberin darauf nicht angewiesen war. Beim Diner in der Guild Hall nahm den Ehrenplatz zu ihrer Rechten König Birendra von Nepal ein, mit dem mich später eine herzliche Freundschaft verband, in St. Paul's Cathedral aber saß ich unmittelbar hinter dem dort anwesenden Ältestgedienten, dem kubanischen Staatschef Fidel Castro. Nicht nur die Seele des Menschen, auch sein Protokoll gehen mitunter seltsame Wege.

Helmut Kohl und ich mussten am gleichen Abend nach Berlin zurückkehren, um einer besonders wichtigen Feierlichkeit der jüdischen Gemeinde beizuwohnen. Am nächsten Morgen flogen wir nach Paris weiter und trafen dort alle Staats- und Regierungschefs wieder, die mit dem Zug durch den damals neuen Kanaltunnel dorthin gekommen waren. Nun begann der französische Teil der Feierlichkeiten, und zwar an der Place Charles de Gaulle, wo für die Ehrengäste eine große Tribüne aufgestellt war. Es gab fast zwei Stunden lang Darbietungen, die man nur als halb militärisch, halb artistisch bezeichnen kann und die der Herzog von Edinburgh, der neben mir saß, mit fröhlichen Bemerkungen kommentierte. Als die Darbietungen vorüber waren, sollte sich die ganze Kavalkade zum Arc de Triomphe begeben, wo in den Boden eine Gedenktafel eingelassen worden war. François Mitterrand hatte Helmut Kohl und mir sagen lassen, wir sollten ihn bei diesem symbolischen Akt als hervorgehobene Gäste begleiten. Wir hatten uns aber darauf verständigt, nicht schon wieder die erste Geige spielen zu wollen, und bewegten uns daher nur sehr langsam von unseren Tribünenplätzen weg. Damit kamen wir freilich nicht durch. Mitterrand winkte uns unmissverständlich an seine Seite, sodass Deutschland wieder einmal einen besonderen Platz bei diesen Feierlichkeiten einnahm – obwohl es doch den Anlass zu dem Krieg gegeben hatte, dessen Beendigung gefeiert wurde.

Es schloss sich ein kleines Mittagessen an, dann bewegte sich die ganze Gesellschaft wieder in die Flugzeuge, um gemeinsam nach Berlin zu fliegen und dort den dritten Akt der Festivitäten auf sich zukommen zu lassen. Nach Berlin hieß: ins Schauspielhaus am Gendarmenmarkt, wo wir fünf Jahre vorher die Wiedervereinigung gefeiert hatten.

Al Gore, der Vizepräsident der USA, erinnerte an ein Wort Dwight D. Eisenhowers, der unmittelbar nach dem Krieg gesagt haben soll, der Zweite Weltkrieg sei erst dann zu Ende, wenn sich in Deutschland eine wirklich stabile Demokratie etabliert habe. Und wie die Amerikaner nun einmal sind, erstattete er dem früheren Oberkommandierenden und späteren Präsidenten dann in aller Form Meldung: »Der Zweite Weltkrieg ist beendet.« Für uns Deutsche mag die Form etwas ungewohnt gewesen sein, der Inhalt war aber schmeichelhaft und traf auch die Wahrheit.

François Mitterrand, der kurz vor dem Ende seiner zweiten Amtszeit stand, machte Deutschland und den Deutschen in einer bewegenden (wenn auch etwas zu lang geratenen) Rede eine ausgesprochene Liebeserklärung, indem er Erlebnisse aus der Zeit seiner Kriegsgefangenschaft in Deutschland berichtete – er muss damals nur auf gute und sympathische Menschen gestoßen sein. Das war außerordentlich bewegend, vor allem von einem Mann, dem sich die Gefühle gewöhnlich nicht gerade auf die Lippen drängten und der eher einen beherrschten, um nicht zu sagen kühlen Eindruck auf seine Umwelt machte. Übrigens hat ihm diese Rede bei den Journalisten mehr Kritik als Lob eingetragen, zunächst in Frankreich, dann aber auch in Deutschland, wo viele Intellektuelle ja auch nicht gern den Eindruck aufkommen lassen, dass sie ihrem Land in Liebe zugetan seien.

Für meine Rede hatte ich mir schon bei den frühesten Überlegungen zu den vier Gedenktagen vorgenommen, an diesem Tag die Vergangenheit bereits »abgearbeitet« zu haben und nur noch über Gegenwart und Zukunft zu sprechen. Zwar schilderte ich in meiner Rede »Ein Tor in die Zukunft wurde aufgestoßen«[20] zunächst die Lage des Jahres 1945, wie sie Theo Sommer sehr viel später in seinem erregenden Buch 1945. *Die Biographie eines Jahres*[21] eingehender und besser dargestellt hat, dann ging ich aber sofort zur Rückkehr Deutschlands in den Kreis der demokratischen Staaten über und zog dabei ähnliche Schlüsse wie Al Gore. Den Abschluss bildete ein Appell zur Erweiterung der EU nach Osten. Das war, gerade aus meinem Munde, gewiss nichts Neues. Wenn man aber die Gelegenheit hat, vor so vielen hochrangigen Politikern aus aller Welt zu sprechen, soll man nicht originell sein wollen, sondern lieber das Wichtigste sagen.

Ausschließlich nach innen waren eigentlich nur wenige Sätze gerichtet. Sie dienten dem Versuch, einer alle zehn Jahre wiederkehrenden, meiner Meinung nach völlig unsinnigen Debatte wenigstens für dieses Mal ein Ende zu setzen: der Debatte, ob der 8. Mai 1945 für Deutschland eine Befreiung gewesen sei oder nicht. Wenn Hunderttausende aus den verschiedensten Lagern freikommen, kann man selbstverständlich von Befreiung sprechen, und wenn ein ganzes Volk aus einer furchtbaren Diktatur entlassen wird, Kriegs- und Bombenangst beiseitelegen kann, ist das nicht anders. Wenn gleichzeitig aber Millionen aus ihrer Heimat vertrieben werden und andere Millionen in Kriegsgefangenschaft geraten, ist das für diese Menschen keine Befreiung, was immer man sonst darüber denken mag. Ich bin nach wie vor überzeugt, dass die Frage einfach falsch gestellt ist – und auf eine falsche Frage gibt es bekanntlich keine richtige Antwort. Ich jedenfalls habe an jenem 8. Mai 1995 geraten, auch insoweit die Augen nach vorne zu richten:

Als Angehöriger einer jüngeren Generation, die den 8. Mai 1945
entweder überhaupt nicht bewusst oder – wie ich – jedenfalls nur
im Kindesalter erlebt hat, möchte ich aber sagen, dass ich ihn –
wenn auch nachträglich – vor allem als einen Tag begreife, an
dem ein Tor in die Zukunft aufgestoßen wurde. Nach ungeheueren Opfern und unter ungeheueren Opfern. Aber doch ein Tor in
die Zukunft.

Karl Dedecius, der so viel für die Verständigung zwischen Deutschen
und Polen getan hat und daher wusste, wovon er sprach, hat diesen
Satz einmal als »erlösenden Satz« bezeichnet. Das mag etwas übertrieben gewesen sein. Meine Meinung bleibt in dieser Frage jedenfalls unverändert.

Am Ende meiner Rede stehen drei Sätze, die weit über den damals gegebenen Anlass hinaus mein ganzes politisches Leben bestimmt haben.

Dass sich Probleme und Hindernisse vor uns türmen, darf uns
nicht entmutigen. Dass wir den vollen Erfolg nicht erleben werden, darf uns nicht lähmen. Wir wären der Chance, die der
8. Mai 1945 für uns alle bedeutet, nicht würdig, wenn wir an dieser Vision verzweifeln wollten.

Apropos: Margot Hausenstein

Nicht viele werden wissen, dass der Bundespräsident einen Haushaltstitel hat, aus dem er in außerordentlichen Fällen mit bescheidenen Beträgen helfen kann. Das ist vor allem bei unverschuldeter Not der Fall, wie sie nicht selten bei Künstlern auftritt, und es gehört zu den angenehmen Seiten des Präsidentenamtes, dann ein wenig stützend eingreifen zu können. Der Fall, an den ich am liebsten denke, ist der von Margot Hausenstein.

Ihr Mann, Wilhelm Hausenstein, war zwischen den Weltkriegen und nach dem Zweiten Weltkrieg einer der angesehensten deutschen Journalisten und weit darüber hinaus das, was man einen *homme de lettres* nennt. Während der nationalsozialistischen Zeit war er zwar keiner unmittelbaren Verfolgung, wohl aber ständigen Schikanen ausgesetzt, und am Ende wurde sogar ein Schreibverbot gegen ihn erlassen. Nach dem Krieg gehörte er zu der Riege hochkarätiger Repräsentanten des demokratischen Deutschland, die Konrad Adenauer in seiner Eigenschaft als erster Außenminister auf besonders heikle Posten als Botschafter schickte – damals hat der frühere badische Staatspräsident Leo Wohlleb unser Land in Portugal vertreten, Prinz Adalbert von Bayern wurde Botschafter in Spanien und Wilhelm Hausenstein Botschafter in Frankreich. Sie alle waren an den Schandtaten des Dritten Reichs nicht beteiligt gewesen, jetzt aber erwartete man von ihnen, den Scherbenhaufen wegzuräumen, den die Nazis hinterlassen hatten. Bittere Stunden gehörten gewissermaßen zu ihrer Stellenbeschreibung.

Hausenstein nahm seine Frau Margot, eine Belgierin, nach Paris mit. Er hatte sie während des Ersten Weltkriegs in ihrer Heimat kennen gelernt, als Witwe eines belgischen Soldaten, der im Kampf gegen deutsche Truppen gefallen war. Margot Hausenstein hatte Deutschland also nicht nur von seiner besten Seite kennengelernt, als sie mit ihrem Mann nach Paris ging. Aber sie hat sich ihrer Aufgabe so gestellt, wie es von einer Botschafterfrau erwartet werden kann – und wahrscheinlich hat sie sogar noch etwas mehr als das getan. Ich weiß nicht, ob die Geschichte wahr ist, aber sie ist oft und unwidersprochen berichtet worden: Als ein hoher französischer Offizier, der in die Botschaft eingeladen war, es für nötig hielt, dort deutschfeindliche Reden zu führen, hat sie ihn höchstpersönlich aus dem Haus geworfen. In den ersten Jahren nach dem Krieg war das keine geringfügige Tat, weder im Hinblick auf die oft feindselige Umwelt noch auf das gebrochene Selbstbewusstsein der Deutschen.

Wilhelm Hausenstein verschwand, wie seine Schicksalsgenossen, bald wieder aus dem Auswärtigen Dienst. Die »gelernten« Diplomaten kamen ja allmählich zurück und nahmen ihre Posten aufs Neue ein; für Quereinsteiger und ähnliche Störenfriede war da kein Platz mehr. Die Pensionen werden entsprechend niedrig und der Dank des Vaterlandes knapp gewesen sein, weil die Zahl ihrer Jahre im öffentlichen Dienst natürlich gering war.

Was aus Margot Hausenstein geworden war, wusste ich nicht, als ich Bundespräsident wurde. Aber eines Tages erzählte mir Herzog Franz von Bayern von ihr. Sie lebte hochbetagt in Kalifornien bei ihrer Tochter, die dort eine Professorenstelle hatte, und ihrem Schwiegersohn. Ich bat Herzog Franz, sie zu grüßen und ihr meinen Respekt auszudrücken, wenn er sie wieder träfe, und nahm mir vor, bei einer passenden Gelegenheit Kontakt zu ihr aufzunehmen. Dazu kam es aber nicht mehr, weil sie starb, ehe sich eine plausible Gelegenheit ergab. Sie starb auf einer Reise, die sie mit Tochter und Schwiegersohn in Europa machte. Ich erfuhr davon, als ich gerade zu einem meiner Staatsbesuche aufbrach und in der Präsidentenmaschine die erste Tageszeitung aufschlug. Dort war ihre Todesanzeige zu lesen. Ich gab Anweisung, in meinem Namen der Familie zu kondolieren und einen Kranz zur Beerdigung zu schicken, wo immer diese stattfände. Und da ich mir vorstellen konnte, wie schwer es für Menschen, die seit Jahrzehnten in Amerika lebten, sein würde, die sterblichen Überreste entweder dorthin zu überführen oder in Europa für ein würdiges Grab zu sorgen, ordnete ich zusätzlich an, der Familie dabei jede nur erdenkliche Hilfe zu leisten.

Das geschah auch, war aber gar nicht so kompliziert, wie ich es mir vorgestellt hatte. Die Familie entschied, dass Margot Hausenstein auf dem Bogenhausener Friedhof in München neben ihrem Mann beigesetzt werden sollte. Nach meiner Rückkehr habe ich das Grab besucht.

Aber darum geht es mir hier nicht. Es geht mir um etwas ganz anderes: Ich möchte den Frauen und Männern meinen Dank und Respekt bekunden, die nach den schrecklichen zwölf Jahren der NS-Diktatur Deutschland wieder unter die kultivierten Völker zurückgeführt haben, dafür viel Staub schlucken mussten und sich noch nicht einmal des Dankes ihres Vaterlandes sicher sein konnten.

DAS LAND ERNEUERN

Globalisierung und Regionalisierung

In der Gestaltung seines Kalenders ist der Bundespräsident nur bedingt frei. Die »ausgehenden« und »eingehenden« Staatsbesuche jedes Jahres werden vom Auswärtigen Amt zwar rechtzeitig mit ihm abgesprochen, doch selbst sie sind meist von der Natur der Sache vorgegeben – je länger der Austausch von Staatsbesuchen mit einem Land zurückliegt, desto unhöflicher wirkt ein weiterer Aufschub, desto mehr drängt sich also ein neuer Besuch auf. Im innenpolitischen Raum liegen die Dinge nur wenig anders. Die Zahl der Verbände, bei denen jeder Bundespräsident wenigstens einmal auftreten sollte, steht fest und ist nicht gerade klein: Kirchen, Unternehmerverbände, Gewerkschaften, kommunale Spitzenverbände, Stifterverband, Berufsverbände von Kunst und Wissenschaft und dergleichen mehr. Der Bundespräsident hat also nur auf die Reihenfolge solcher Auftritte einen gewissen Einfluss, selbstverständlich auch auf die Art seines Auftritts und auf das, was er in seiner dabei fällig werdenden Rede sagt.

Bei sorgsamem Umgang mit dem Faktor Zeit bleibt dennoch ausreichend Gelegenheit, Schwerpunkte nach eigenen politischen Vorstellungen zu setzen. Jeder von den bisherigen Bundespräsidenten hatte bestimmte Schwerpunktthemen, die – im Nachhinein betrachtet – zum Charakteristikum seiner Amtszeit wurden, weil er sie immer wieder aufgriff, sei es dass er in erster Linie solche Einladungen annahm, die zu diesen Themen passten, sei es auch, dass er Gelegenheiten, diese Themen aufzugreifen, selbst bewusst schuf. Das ist auch bei der Enge des Terminkalenders möglich. Er muss nur von Anfang an klare Vorstellungen von dem haben, was er in seiner Amtszeit anstoßen und – im besseren Fall – bewegen will.

Meine Vorstellungen in dieser Beziehung waren klar. Ich wollte Deutschland auf das vorbereiten, was sich als Konsequenz aus den Veränderungen der Weltpolitik abzeichnete und im Lande selbst doch viel zu wenig gesehen wurde. Das war ein anspruchsvolles Programm, weil sich die Folgerungen, die aus diesen Entwicklungen zu ziehen sind, in die verschiedensten Lebens- und Politikbereiche erstrecken. Hätte ich zu Beginn meiner Amtszeit gleich ein vollständiges Tableau dieser Themen auf den Tisch gelegt, so hätte mich wahrscheinlich damals, anders als heute, niemand verstanden; also habe ich die Veröffentlichung geflissentlich unterlassen – und bin gut damit gefahren. Das Tableau war aber, zumindest in den wichtigsten Punkten, vorhanden. Umreißen möchte ich jedoch vorab meine grundsätzliche Sicht von den künftigen Entwicklungen der Welt, also die Gedanken, die mich seit langem beschäftigen, und nicht nur die Ereignisse, die ich erst im Verlauf meiner Amtszeit erlebte.

Etwa mit fünfzehn, sechzehn Jahren habe ich politisch zu denken begonnen, und zwar nicht nur, wie man das bei jungen Menschen vermuten möchte, innenpolitisch, sondern von allem Anfang an auch außenpolitisch – oder besser gesagt: »weltpolitisch«, aber das wäre für die Gedanken eines Heranwachsenden doch wohl ein zu großes Wort.

Die Weltordnung nach dem Zweiten Weltkrieg

Die Weltordnung, die sich in jener Zeit aus der Hinterlassenschaft des Zweiten Weltkriegs herauskristallisierte, war in der Sache zwar höchst kompliziert, der Form nach war sie aber noch sehr leicht zu fassen. Es gab, je mehr Zeit ins Land ging umso deutlicher, zwei große Blöcke, die sich die nördliche Erdhemisphäre teilten: die westlichen Demokratien unter der Führung der USA (und Westdeutschland war gerade dabei, sich diesem Block anzuschließen) und, wie man später sagte, die Staaten des real existierenden Sozialismus, also des Kommunismus, unter der Führung, ja der Zwangsherrschaft der damals stalinistisch regierten Sowjetunion, die sich gerade noch die Tschechoslowakei einverleibt hatte und der man auch sonst jeden Expansionswunsch unterstellen konnte. Japan lag am Boden, China war in einen gigantischen Bürgerkrieg verstrickt, die immerhin selbständigen Staaten Lateinamerikas spielten keine Rolle, die arabische

Welt wurde durch die Gründung Israels schwer erschüttert. Im Übrigen waren die asiatischen und afrikanischen Völker gerade dabei, die Kolonialherrschaft der Engländer, Franzosen, Belgier, Niederländer und Portugiesen abzuschütteln oder zumindest zu attackieren. Später hat sich zwar herausgestellt, dass die Aufteilung der Welt in demokratische und kommunistische Staaten den Kern der Sache bei weitem nicht traf, damals konnte es aber dem deutschen Durchschnittsbürger durchaus so scheinen.

Hätte man etwa im Jahre 1980 einen Blick auf den Globus geworfen, so hätte man, zumindest in Europa, die Welt mit großer Sicherheit in drei Bereiche aufgeteilt: die westliche Welt, definiert durch Größen wie USA, NATO und Europäische Gemeinschaft, den Ostblock, definiert durch Erscheinungen wie Sowjetunion, Warschauer Pakt und COMECON, und schließlich die so genannten Entwicklungsländer bzw. die Länder der Dritten Welt — ein Begriff, unter dem man die armen, extrem entwicklungsbedürftigen Länder Afrikas, Asiens und Lateinamerikas, außerdem aber auch die immer reicher werdenden Erdölländer zusammenfasste. Die beiden Blöcke der nördlichen Hemisphäre unterschieden sich fundamental durch die Wirtschafts- und Gesellschaftssysteme, nach denen sie lebten, während sich die Länder der Dritten Welt teils dem einen, teils dem anderen System annäherten und nur gelegentlich gemeinsam agierten, als Block der Neutralen oder, wie es auch hieß, der »Ungebundenen«.

Das ökonomische Übergewicht in diesem Staatensystem hatten eindeutig die westlichen Länder, die auf den erfolgsträchtigen Entscheidungen zugunsten Demokratie, offener (d. h. freiheitlicher) Gesellschaft und Marktwirtschaft (im Unterschied zur zentralen Verwaltungs- oder Planwirtschaft) aufbauten. Sie beherrschten die Märkte, soweit diese überhaupt frei waren, lieferten den anderen Staaten alle Waren, die diese brauchten und nicht selber produzieren konnten, sie bezogen von diesen die notwendigen Rohstoffe – und sie lebten sehr gut von dem allem.

Im Laufe der Zeit schlossen aber immer mehr Ökonomien in ihren Leistungen zu ihnen auf (»Schwellenmächte«, »Tigerstaaten«). Diese konnten ihre Leistungen im Allgemeinen billiger produzieren und folglich auch preisgünstiger anbieten als die ursprünglichen Marktbeherrscher mit ihrem tief eingewurzelten Streben nach individuellem Wohlstand und breit ausgebauten sozialen Leistungssystemen.

Von der Verwaltungs- zur sozialen Marktwirtschaft

Der Zusammenbruch des Ostblocks, der sich in den 1980er Jahren abzeichnete und um 1990 tatsächlich vollzog, hat die Dinge dann freilich auf unglaubliche Weise zugespitzt, weil er die Staaten und Ökonomien Ost- und vor allem Ostmitteleuropas von ihren Behinderungen durch die sowjetische Verwaltungswirtschaft befreite und ihnen den Anschluss an die westliche Wirtschaftsweise ermöglichte. Außerdem dehnte er die westliche Wirtschaftsmethode praktisch auf die ganze Welt aus, was zu erheblichen Verunsicherungen führen musste und zugleich die Zahl der potenziellen Konkurrenten auf den Weltmärkten sprunghaft ansteigen ließ. Heute sehen sich die westlichen Ökonomien praktisch auf allen Gebieten einer respektablen Konkurrenz ausgesetzt: beim Angebot ihrer Waren und Dienstleistungen, beim Kampf um Arbeitsplätze und neuerdings sogar in der Konkurrenz um Kapital und Rohstoffe. Die Zweifel an der Rationalität des Vorgangs, der meist als *Globalisierung* bezeichnet wird, ertönen von allen Seiten; nur die Richtungen, aus denen diese Zweifel kommen, verschieben sich unentwegt. Die einen glauben, dass die Länder der Dritten Welt durch die Globalisierung endgültig herunterkommen werden, die anderen befürchten das Gleiche von der Konkurrenz für das eigene, westliche System – und bei keinem der beiden Einwände weiß man sicher, ob er nicht das eine sagt, in Wirklichkeit aber das andere meint. Gelogen wird gewiss auch hier.

So oft ich mich mit diesen Problemen beschäftigte, gelangte ich zu der Überzeugung, dass Abschottungsmaßnahmen gegen die wachsende ausländische Konkurrenz keine geeignete Abhilfe sind; ein Land, das so sehr wie Deutschland vom Export lebt, würde sich in die eigenen Finger schneiden, wenn es sich gegen den freien Verkehr von Waren und Dienstleistungen stellen wollte. Also bleibt nur der andere, der marktwirtschaftliche Weg: allmähliches Aufgeben solcher Wirtschaftszweige, die auf die Dauer gegen die internationale Konkurrenz nicht zu halten sind, und Entwicklung neuer, besonders komplizierter, dafür aber auch weltweit attraktiver Angebote, vermittels derer Deutschland auch in der Zukunft seinen Lebens- und Sozialstandard erhalten kann. Damit waren für mich die Stichworte *Innovation* und *Technisierung* aufgerufen.

Vor fünfzig oder gar hundert Jahren wäre das in Deutschland kein Problem gewesen, zu dessen Propagierung politische Aktivitäten oberster Staatsorgane nötig gewesen wären. Da wurde jeder Fortschritt – aber freilich auch das, was man dafür hielt – begeistert begrüßt und fast bedenkenlos vorangetrieben. Gesellschaft und Wirtschaft drängten von sich aus »nach vorn«, staatlicher Anstöße dazu bedurften sie kaum. Mittlerweile ist das anders. Es gibt eine lange Liste von technischen Entwicklungen, die in deutschen Labors und Konstruktionsbüros erfunden wurden, deren wirtschaftliche Nutzung dann aber verschlafen und anderen Ländern überlassen wurde. Außerdem kann in Deutschland inzwischen nichts erfunden und keine Technik neu eingeführt werden, ohne dass dagegen sofort von allen möglichen Seiten schwerwiegende Bedenken erhoben würden, oft unterstützt durch landesweite Agitationen und Massendemonstrationen. Natürlich lässt die heutige technische Welt wichtige Innovationen ohne jede Abwägung von Risiken und Chancen nicht mehr zu. Wenn die notwendige Folgenabschätzung aber nicht mehr ehrlich (und das heißt vor allem ergebnisoffen) vorgenommen wird, wenn rationale Argumente von Emotionen niedergeschrien werden und das Ergebnis nicht binnen einer vernünftigen Zeit zu erreichen ist, liegt etwas im Argen. Mir war also klar, dass ich als Bundespräsident die Themen Technisierung und Innovation besonders vorrangig in mein Arbeitsprogramm aufnehmen musste.

In Deutschland wird die Globalisierung meist nur als wirtschaftliches Phänomen verstanden. Das verstellt aber den Blick auf die eigentlichen Aspekte des Vorgangs. Europa und die angelsächsischen Staaten Nordamerikas haben auf den Rest der Welt nämlich nicht nur ökonomisch eingewirkt, sondern auch geistig, und daraus sind noch ungleich mehr Probleme entstanden als aus dem wirtschaftlichen Übergewicht.

Der Vorgang ist älter als die wirtschaftliche Präponderanz Europas oder des »weißen Mannes«. Was ich hier als geistige Globalisierung bezeichne, hat schon mit der weltweiten Kolonisation des 18. und 19. Jahrhunderts begonnen. Damals haben die europäischen Kolonialmächte den Völkern der Dritten Welt nicht nur ihre eigenen Produktionsformen und -interessen (Baumwolle, Kattun u. dgl.) aufgenötigt, sondern ihnen auch europäisches Denken, europäische Lebensformen, europäische Verwaltung, europäische Wissenschaften und Techniken, ja selbst europäische Religion und Philosophie gebracht, um nicht zu sagen übergestülpt. Vertieft wurde dieses Phänomen im 20. Jahrhundert insbesondere durch die von den amerikanischen Massenmedien verbreiteten, relativ naiven Vorstellungen vom »richtigen« Leben *(way of life)*. Dabei sind die zwangsweise homogenisierenden Effekte, die von der modernen Naturwissenschaft und Technik ausgehen, noch gar nicht eingerechnet.

Es verwundert daher nicht, dass sich große Teile der Dritten Welt, berechtigt oder unberechtigt, als von der weißen Rasse überfahren, ja überwältigt fühlen und dass daraus ein weit verbreitetes Unterlegenheitsgefühl gegenüber Amerikanern und Europäern resultiert, das durch deren nicht gerade seltene Arroganz noch verstärkt wird und das sich, wie wir es in letzter Zeit erleben, bis zum zerstörerischen Hass verschärfen kann. Darin hat der internationale Terrorismus, der seit einigen Jahren sein Haupt erhebt, wahrscheinlich seinen eigentlichen Grund – man mag über die Einwirkungen von religiösem Fanatismus und weltweitem Elend denken, wie man will.

Öffnung für die Globalisierung

Als ich im Jahre 1994 das Präsidentenamt antrat, war zwar nicht der heute gängige internationale Terrorismus absehbar, wohl aber waren es andere, sich bereits deutlich abzeichnende Reaktionen in der Dritten Welt. Die alten Religionen und Wertesysteme wurden wieder

Globalisierung und Regionalisierung

virulenter. Am Islam hatte man diese Entwicklung schon seit einigen Jahrzehnten beobachten können, jetzt aber zeigten sich ähnliche Phänomene im Hinduismus, ja selbst in Ländern, die vom Buddhismus geprägt sind. China, durch seine riesige Menschenzahl weltpolitisch besonders brisant, begann zwar, äußerlich gesehen, seinen Aufstieg vorwiegend mit ökonomischen und technischen, dem Westen also durchaus verwandten Mitteln, hinter dieser Kulisse scheint sich aber eine Wiederkehr seiner uralt-eingewurzelten konfuzianischen Überzeugungen und Verhaltensweisen abzuspielen – jedenfalls hat mir schon damals kaum jemand widersprochen, wenn ich sagte, mir sei unklar, ob China noch ein kommunistischer oder schon wieder ein konfuzianischer Staat sei.

Wer halbwegs realistisch dachte, der konnte von dieser Wiederaufnahme der althergebrachten Wertesysteme und Verhaltensmuster in vielen Ländern kaum überrascht sein. Wenn sich schon die westlichen Völker, von denen die ganze Entwicklung ausging, von ihr zunehmend überfordert fühlten (man denke nur an die sich in Europa ausbreitende Technikfeindlichkeit!), um wie viel mehr musste das dann auf die Völker Asiens und Afrikas zutreffen. In solchen Situationen reagiert der Mensch immer nach den gleichen Mustern: Er beginnt das Neue, das über ihn hereinbricht und ihn zunehmend überfordert, instinktiv abzulehnen, und zieht sich wieder auf das längst Bekannte, das tief Verinnerlichte zurück. Die Renaissance der alten Weltanschauungen, die wir allenthalben in der Welt beobachten, braucht also niemand zu überraschen, und es ist auch müßig, sich einzureden, dass es sich dabei um eine schnell wieder abflauende Bewegung handelt.

In der Regel lassen in einem solchen Fall politische Konsequenzen nicht mehr lange auf sich warten, und in der Tat zeichnet sich seit etwa zwei Jahrzehnten eine wachsende Umstrukturierung der Welt ab. Zwischen die herkömmliche Ebene der Nationalstaaten (die es in großen Teilen der Welt ja gar nicht gibt, weil die dortigen Grenzen weitgehend durch koloniale Willkür gezogen worden sind) und die seit einem halben Jahrhundert bestehende Ebene der Vereinten Nationen und ihrer Untergliederungen schiebt sich, wenn auch mit unterschiedlicher Geschwindigkeit und in unterschiedlicher Intensität, eine dritte Ebene, die man als Blöcke, Regionen oder Weltregionen bezeichnen kann und die allmählich eine immer stärkere Rolle in der Weltpolitik zu spielen beginnt. Die Entwicklung hat, noch aus ganz anderen Gründen, mit dem Zusammenschluss europäischer Staaten zur Europäischen Gemeinschaft, der heutigen Europäischen Union, begonnen. Auch der sehr effektive Zusammenschluss südostasiatischer Staaten zur ASEAN (Association of South-East Asian Nations) war noch nicht überwiegend weltanschaulich ausgerichtet. Die verschiedenen Kooperationen zwischen islamischen Staaten basieren auf religiöser und kultureller Gemeinsamkeit, die lateinamerikanische Gemeinschaft MERCOSUR (Mercado Común del Sur, Gemeinsamer Markt des Südens) vereinigt Staaten mit gleichem weltanschaulichem Hintergrund, Indien und China stellen (trotz der Eingliederung Indiens in die Gemeinschaft SAARC, der South Asian Association for Regional Cooperation) eigenständige Weltregionen auf weitgehend weltanschaulicher Basis dar, Japan ist wohl ähnlich zu betrachten. Die weltanschauliche Grundlage der USA, die für sich ebenfalls als eigene Region zu bewerten sein dürften, steht außer Zweifel, nur dass hier eine – ziemlich säkularisierte – Freiheitsidee im Hintergrund steht. Russland, ebenfalls eine eigenständige Weltregion, ist gegenwärtig noch schwer zu beurteilen. Das gilt erst recht für die südafrikanische Entwicklungsgemeinschaft SADC (Southern African Development Community).

Alle diese Blöcke unterscheiden sich also in vielfachen Beziehungen. Einige von ihnen sind, wie sich gezeigt hat, mit großen Einzelstaaten (»Großmächten«) identisch, andere zielen überwiegend auf wirtschaftlichen Fortschritt ab, wieder andere wollen ihre verschiedenen Politiken koordinieren, eine ganze Reihe beruht aber unverkennbar auf gemeinsamen religiösen oder philosophischen Überzeugungen, die durch die Präponderanz des »weißen Mannes« lange Zeit in den Hintergrund gedrängt waren, sich jetzt aber wieder zu Wort melden. Werden diese Blöcke weltanschaulich noch virulenter und von der Arroganz der weißen Völker noch weiter provoziert, so kann sich daraus eine recht brisante Entwicklung ergeben.

Strategien der Erneuerung

Als ich Bundespräsident wurde, waren meine Vorstellungen von dem, was auf den Westen und speziell auf Europa zukommen kann, selbstverständlich noch nicht so klar und detailliert, wie sie das heute sind (gerade auch aufgrund meiner im Amt gemachten Erfahrungen). Klar war mir aber, dass die Globalisierung keine Bewegung war, die in eine einzige Richtung ging, sondern dass die Gegenbewegung bereits im Gang war – eine Gegenbewegung, die ich in meinen Reden und Vorträgen als *Regionalisierung der Welt* bezeichnet habe.

Dass eine so brisante, wenn auch fast unvermeidliche Entwicklung für die westliche Welt und insbesondere für die Staaten Europas gravierende Konsequenzen nach sich ziehen würde, bedurfte eigentlich keiner besonderen Begründung. Bereits 1989 habe ich, als Verfassungsrichter, in einem Vortrag, den ich aus Anlass des vierzigsten Jubiläums des Grundgesetzes vor hohen Offizieren der Bundeswehr hielt, die Möglichkeit angedeutet, dass die NATO nach dem absehbaren Zusammenbruch des Ostblocks als neuen Auftrag den Schutz gegen sich radikalisierende islamische Kräfte übernehmen müsste.

Als der bereits erwähnte Amerikaner Samuel P. Huntington von 1993 an in einer Reihe von Aufsätzen, Büchern und Medienauftritten seine Thesen vom *Clash of Civilizations* entwickelte und ich selbst mich immer mehr mit dem Gedanken an eine Kandidatur für das Präsidentenamt vertraut machen musste, habe ich mich mit dieser Thematik näher befasst und mich sorgfältig auf diesen Teil meiner künftigen Aufgaben vorbereitet. Die Schlussfolgerungen daraus sind in meine gesamte außenpolitische Amtsführung eingegangen.

In diesem Zusammenhang habe ich bei meinen USA-Besuchen die Beobachtung gemacht, dass sich die Thesen Huntingtons in den USA, selbst in der politischen Klasse, offenbar nicht so rasch durchgesetzt haben, wie das in Europa und speziell in Deutschland der Fall war. Noch bei einem Frühstück im Jahre 1999, das Henry Kissinger in Washington für mich gab und an dem etwa vierzig hochrangige Amerikaner – Senatoren, Journalisten, Politikwissenschaftler, pensionierte Offiziere – teilnahmen, kam ungläubiges, in einem Fall sogar unwilliges Staunen auf, als ich die Frage aufwarf, ob nicht die »Friedensrente«, die sich alle Teilnehmer vom Wegfall des Ost-West-Konflikts erhofften, alsbald wieder für die neuen Konflikte aufgebraucht werden müsste.

Für Amerikaner mögen die Theorien Huntingtons schon deshalb nicht so dramatisch geklungen haben, weil das englische Wort »clash« nicht eigentlich »Kampf«, sondern vielmehr »Zusammenprall« bedeutet – was sich übrigens eher mit meiner eigenen Ansicht von den Dingen deckt. »Kampf« klingt da schon viel gefährlicher, und außerdem tut man Europäern (und besonders Deutschen) wahrscheinlich nicht Unrecht, wenn man vermutet, dass sie diesem Ausdruck, nicht zuletzt im Anschluss an den bekannten Filmtitel *Krieg der Sterne*, unversehens die martialische Konnotation »Krieg« zu verleihen geneigt sind. Huntington selbst ist an dieser Dramatisierung seiner Thesen übrigens nicht ganz unschuldig. Besonders in Medienauftritten (und vielleicht auch zur Förderung des Absatzes seiner späteren Bücher) hat er, um es vorsichtig auszudrücken, nicht immer deutlich genug zwischen der Gefahr und der Gewissheit weltweiter bewaffneter Konflikte unterschieden.

Ich selbst habe von Anfang an die Gefahr solcher Konflikte nie geleugnet, aber stets auch an die Möglichkeit geglaubt, die Realisierung der zweifellos bestehenden Gefahr durch eine besonnene Politik zu verhindern oder doch zumindest deutlich abzubremsen. Es mag durchaus sein, dass mich dazu schon mein tief verwurzeltes polizeirechtliches Denken gebracht hat – die Hauptaufgabe der Polizei ist es ja eigentlich nicht, eingetretene Störungen oder Schädigungen zu *beheben*, sondern ihren Eintritt schon vorher zu *verhüten*. Es müsste eigentlich jedem einleuchten, dass eine Politik, die in solchen Fragen von unausweichlichen Automatismen ausgeht, ziemlich erbärmlich ist und dass es, schon angesichts der zur Debatte stehenden Katastrophen, entschieden klüger ist, alles zu deren Abwendung zu unternehmen.

Eine solche – realistischere – Politik muss sich zwangsläufig auf zwei verschiedenen Ebenen bewegen. Zum einen muss sie weltweit alles an den Abbau politischer, ökonomischer, sozialer und vor allem auch weltanschaulicher Konflikte setzen. Zum anderen muss sie sich aber auch auf den Fehlschlag solcher Bemühungen einrichten – und das bedeutet zugleich eine starke Außen- und Bündnispolitik, im Endeffekt eine ausreichende Sicherheits-, d. h. Verteidigungspolitik.

Für meine praktische Amtsführung als Bundespräsident ergaben diese Überlegungen ein ganzes Bukett von Aufgaben:

1. Ich musste besonderen Akzent auf alle Fragen legen, die mit technischer Entwicklung, Innovation und deren öffentlicher Akzeptanz zusammenhingen.

2. Bei meinen außenpolitischen Kontakten musste ich einen Stil pflegen, der den Respekt auch noch vor dem kleinsten Staat erkennen ließ (»gleiche Augenhöhe«), zugleich aber auch das Selbstbewusstsein des erfolgreichen Deutschland repräsentierte.

3. Ich musste die weltweiten Bemühungen um Armutsbekämpfung unterstützen, insbesondere die eigentliche Entwicklungshilfe und die Bestrebungen zum Abbau aller, insbesondere aber der europäischen Handelsschranken.

4. Ich musste daran mitwirken, dass die neu aufbrechenden weltanschaulich-religiösen Gräben so weit wie möglich überbrückt werden konnten (»interkultureller Dialog«).

5. Angesichts der großen und volkreichen Blöcke, die sich in der Welt etablieren, musste die Integration des ohnehin sehr kleinen und nicht gerade menschenreichen Europa weiter vorangetrieben werden, vor allem auf den Gebieten der Außen- und Sicherheitspolitik und zwar in Formen, die solche Aktivitäten nicht in einem Wust von Vorschriften und Formalismen erstickten.

6. Besondere Aufmerksamkeit galt es, den Blöcken zu schenken, die schon etabliert waren und eine eigenständige Politik betrieben: dem alten Freund Amerika, Russland als dem Nachbarn Europas auf dem eurasischen Kontinent, den heranwachsenden Riesen China und Indien und nicht zuletzt der lateinamerikanischen Staatengruppe, die sich in den 1990er Jahren zunehmend stabilisierte und die zu einem guten Teil aus den gleichen geistigenQuellen schöpft wie Europa selbst.

Mir war klar, dass ich nicht alle diese Aufgabenfelder gleichermaßen bestellen konnte. In den meisten Fragen habe ich aber redlich versucht, die Dinge mit anderen zusammen in die richtige Richtung zu steuern, und manche mir notwendig scheinende Initiative habe ich selbst auf den Weg gebracht.

Apropos: »Auferstanden aus Ruinen ...«

Die folgende Geschichte ist seinerzeit durch alle Zeitungen gegangen. Sie ereignete sich während meines Staatsbesuchs in Brasilien in einer der Provinzhauptstädte.

Der Empfang in diesen – wie man in Deutschland sagen würde – Landeshauptstädten spielte sich immer in der gleichen formlosen Weise ab: Ich stieg aus dem Flugzeug aus, am Fuß der Gangway erwartete mich der jeweilige Gouverneur, begrüßte mich und führte mich dann zum Wagen, in den wir beide einzusteigen hatten. Nicht so verfuhr aber der Gouverneur, der mich dieses Mal empfing und dem man Ambitionen für die nächste Präsidentenwahl nachsagte. Er bestand darauf, mich mit militärischen Ehren zu empfangen. Die Zentralregierung gestand ihm das letzten Endes nur unter der Bedingung zu, dass er die Ehrenkompanie nicht mit mir abschreiten durfte, sondern, während ich sie allein abschritt, sich hinter der Truppe an deren Ende begeben musste, um mich dort wieder in Empfang zu nehmen. Da die Truppe ziemlich weit links von mir, er aber während des Abspielens der Nationalhymnen nicht weniger weit rechts von mir zu stehen hatte, kam für ihn auf diese Weise ein ganz netter Weg zustande.

Zunächst erklangen die beiden Nationalhymnen, die jeder von uns mit ein paar Begleitern auf einem eigenen Podest entgegenzunehmen hatte. Die Militärkapelle begann zu spielen, und ich war etwas überrascht, weil weder die deutsche noch die mir bereits wohlbekannte brasilianische Hymne ertönte. Anfangs dachte ich mir noch nichts Böses, sondern ich glaubte, der Herr Gouverneur lasse eben seine eigene Landeshymne vorab spielen. Während ich noch überlegte, was ich mit einem deutschen Ministerpräsidenten machen würde, der seine Landeshymne vor der Nationalhymne spielen ließe, fiel mir aber plötzlich auf, dass ich die Melodie sehr wohl kannte. Sie spielten – statt der deutschen Nationalhymne – die Hymne der

In Brasilien mit Ehefrau Christiane Herzog (Mitte) bei einer Begegnung mit Einheimischen des Amazonas-Deltas am 29. November 1995.

untergegangenen DDR! Später stellte sich das natürlich als nicht geplanter Irrtum heraus. Die guten Menschen hatten einfach die Hymne, deren Staat das Attribut »demokratisch« im Namen führte, für die richtige gehalten.

Ich musste mich aber entscheiden, wie ich mich verhalten sollte. Da kam mir eine bemerkenswerte Form von *self-fulfilling prophecy* zu Hilfe. Ich schielte hinter mich, wo mein »Verbindungsoffizier« (früher hätte man »Adjutant« gesagt), ein leibhaftiger Luftwaffenoberst, stand. Der salutierte, als ob überhaupt nichts geschehen wäre, und ich sagte mir: Solange der salutiert, bleibst du auch stehen. Freilich dachte er im gleichen Augenblick ebenfalls so: Solange der Präsident stehen bleibt, salutierst du weiter. Aber das haben wir erst später voneinander erfahren. Jedenfalls machten wir im Endeffekt gute Miene zum bösen Spiel – und das war ja wohl auch das Beste, was wir tun konnten.

Nur dem Gouverneur ist die Sache nicht gut bekommen. Zunächst schritt ich die Ehrenkompanie so schnell ab, dass es fast schon unhöflich war, und da er den ungleich längeren Weg zurücklegen musste, war er ganz schön außer Atem, als er mich am Ende der Kompanie wieder in Empfang nahm. Am nächsten Tag zogen ihn die Zeitungen seiner Provinz nach allen Regeln der Kunst durch den Kakao. Und Präsident ist er auch nicht geworden. Aber in diesem Punkt bestreite ich jegliche Kausalität.

Ansätze interkultureller Politik

Der Vorgang, den ich als Regionalisierung der Welt bezeichne, wird, wenn nicht alles trügt, die Menschheit wenigstens einige Generationen lang beschäftigen. Es wird sich erst noch herausstellen müssen, ob in dieser verhältnismäßig langen Zeitspanne die bisherigen Normen und Instrumente des Völkerrechts ausreichen, um zwischen den verschiedenen Regionen und ihren politischen Organisationen geordnete, vor allem friedliche Beziehungen sicherzustellen. Nach den bisherigen Erfahrungen der Weltpolitik ist das eher nicht zu erwarten.

Es erweist sich mehr und mehr, dass neben Instrumenten der Konfliktlösung und -entscheidung auch Verfahren der Konflikt*vermeidung* und Konflikt*linderung* notwendig sind, und wenn man, wie ich, einen Grund für ernsthafte Konflikte zwischen den Regionen in deren verschiedenen kulturellen und weltanschaulichen Traditionen sieht, führt kein Weg an der Notwendigkeit vorbei, auch diese Unterschiede so weit wie irgend möglich einzuebnen.

Solche Überlegungen haben mich veranlasst, während meiner gesamten Amtszeit immer wieder einen interkulturellen Dialog einzufordern und diesen, soweit mir das irgend möglich war, auch selbst zu fördern. Weniger in Deutschland selbst, das in solchen Fragen stets besonders schwerfällig ist, als im asiatischen und afrikanischen Ausland haben diese Bestrebungen ein beträchtliches Echo ausgelöst, dessen Nachwirkungen ich noch heute verspüre.

Der erste Schritt

Der erste Schritt, den ich in dieser Richtung tat, war eigentlich gar nicht als Versuchsballon gedacht, erwies sich aber sehr schnell als solcher. Es handelte sich um eine Vorlesung, die ich im Rahmen eines Staatsbesuchs in Pakistan am 5. April 1995 vor dem Department für internationale Beziehungen der Quaid-e-Azam-Universität Islamabad hielt,[22] und die sich eigentlich nur mit allgemeinen außen- und weltpolitischen Aspekten der Gegenwart befasste, wie man sie in derartigen Überblicksvorträgen üblicherweise erwartet. Erst am Schluss kam ich auf Samuel Huntington und seinen *Clash of civilizations* zu sprechen, und auch da beschränkte ich mich auf wenige Bemerkungen. Ich sagte, dass ich solche Prophezeiungen für gefährlich hielte. Die großen Denker des Ostens wie des Westens hätten über das Gegenteil nachgedacht, nämlich über Querverbindungen zwischen Islam und Christentum. Ich zitierte Mohammed Iqbal, der einmal geschrieben hatte, in der Angleichung islamischer Gesellschaften an den Westen könne er nichts Schlimmes sehen; denn letzten Endes baue Europa ja auf uralten islamischen Traditionen auf, und ich erinnerte daran, dass Mohammed Jinnah, der Gründer Pakistans, unmissverständlich die Vereinbarkeit von Islam und Demokratie bejaht habe. Der künstliche Gegensatz zwischen Islam und Demokratie, der da und dort aufgebaut werde, sei willkürlich und entspringe oft sogar bösartigen Motiven. Im gedruckten Text nehmen diese Sätze noch nicht einmal eine ganze Seite ein und der Schlusssatz ist mehr als knapp: »Unser Ziel sollte nicht der Zusammenprall der Kulturen oder Zivilisationen sein, sondern die Entwicklung einer gemeinsamen Zivilisation, gegründet auf Konsens und gegenseitigem Vertrauen.«

Das waren beileibe keine besonders programmatischen Äußerungen, genau genommen waren sie, besonders der letzte Satz, sogar ziemlich unpräzise. Sie erwiesen sich aber als Schlüssel zu einem wirklichen Dialog.

Wenige Tage nach meiner Asienreise besuchte ich das Wissenschaftskolleg in Berlin. Dort traf ich selbstverständlich auch mit den ausländischen Wissenschaftlern zusammen, die sich zu Forschungszwecken in Berlin aufhielten, und unter diesen war ein Islamwissenschaftler aus Asien, der mich ohne Umschweife auf den letzten Teil meiner in Islamabad gehaltenen Vorlesung ansprach und mich in einen interessanten Dialog über das Thema verwickelte. Seine Kollegen mögen sich durch ihn und sein punktuelles Interesse am *Clash of civilizations* etwas irritiert gefühlt haben, mir aber wurde dadurch klar, dass das Thema die geistig führenden Schichten in der islamischen Welt ernstlich beschäftigte und dass, was mich noch mehr überraschte, meine wenigen Sätze, die noch dazu so geringe eigene Substanz enthielten, binnen kurzer Zeit in erhebliche Teile der islamischen Welt kolportiert worden waren. Ich hatte zwar nicht, wie ich es zunächst ausdrückte, in ein Wespennest gestochen, dazu waren die Reaktionen, die mich von nun an erreichten, entschieden zu freundlich. Wohl aber hatte ich ein Thema angerissen, das in den islamischen Ländern offenbar vielen Menschen (und gerade den Gebildeten unter ihnen) auf den Nägeln brannte.

Übrigens begleitete mich auf dieser ersten Asienreise auf meine ausdrückliche Einladung hin die große deutsche Islamwissenschaftlerin Annemarie Schimmel, die ich bis dahin nur aus ihren Publikationen kannte und der in Pakistan, wie ich unschwer beobachten konnte, eine nahezu unbegrenzte Verehrung, ja Liebe entgegengebracht wurde. Auch ihr waren die letzten Sätze meiner Rede aufgefallen, und sie ermutigte mich, auf dem einmal eingeschlagenen Weg nicht stehenzubleiben. Es sei ausdrücklich noch einmal betont: Mir war die Bedeutung des Themas zwar seit geraumer Zeit klar gewesen, über die Reaktionen auf die erste, fast zufällige Erwähnung in einer öffentlichen Rede war ich doch einigermaßen verblüfft.

Islam, Fundamentalismus, Terrorismus

Das Aufkommen eines weltweiten, internationalen Terrorismus, insbesondere die Anschläge vom 11. September 2001 und die daran anschließenden Terrorattacken, haben das Thema, um das es hier geht, eher verschleiert, als einer Klärung nähergebracht. Weder lehrt der Islam als Religion den Terrorismus, noch beruft sich jeder Terrorismus auf den Islam. Schon daraus erweist sich, dass es in dieser Beziehung vor jeder anderen Erörterung glasklarer begrifflicher Unterscheidungen bedarf, in die von Anfang an auch der Fundamentalismus, vor allem der religiöse, einbezogen werden muss.

Das Wesensmerkmal des Terrorismus ist die Gewalt, und zwar eine absolut rücksichtslose, brutale Gewalt, die auch große Zahlen

Ansätze interkultureller Politik 231

von Todesopfern in Kauf nimmt, wenn nicht sogar ansteuert. Terrorismus kann religiös motiviert sein (was dann praktisch fundamentalistische Überzeugungen voraussetzt), er kann aber auch auf ethnischen, ökonomischen, sozialen Verwerfungen innerhalb einer Gesellschaft oder zwischen verschiedenen Gesellschaften beruhen. Im Falle des Islam, der im Augenblick am meisten (und zwar zu Recht) mit Terrorismus in Zusammenhang gebracht wird, kommt erschwerend noch eine in anderen Religionen nicht so stark ausgebildete Diskrepanz zwischen den Lehren des Koran, den Lehren wichtiger religiöser Autoritäten und dem Volksglauben hinzu. Ohne diese Kluft zu beachten, wird man kaum zu einem Erfolg versprechenden Umgang mit dieser Religion kommen.

Wie groß die Kluft wirklich ist, wurde mir während einer Konferenz von Repräsentanten mehrerer Religionen bewusst, zu der ich ins Schloss Bellevue nach Berlin eingeladen hatte. Die Stimme des Islam führten zwei hohe Würdenträger, mit denen ich gern tagelang weiterdiskutiert hätte. Als ich mich nach ihren persönlichen Lebensumständen erkundigte, erfuhr ich allerdings, dass sie gerade wegen ihrer theologischen Position in ihren Heimatländern permanenten Polizeischutz benötigten und dass auch ihre Häuser zu ihrer Sicherheit in Festungen umgebaut worden waren.

Wenig erhellende Wirkungen scheinen mir vom Begriff des Fundamentalismus auszugehen. Gewiss trifft es zu, dass Religiosität auf dem Weg über den Fundamentalismus zum Terrorismus entarten kann. Da dieser aber auch ohne religiöse Wurzeln zustande kommen kann, ist damit nicht sehr viel Neues gewonnen – vielleicht mit Ausnahme der Tatsache, dass eine Überzeugung umso leichter terroristische Züge annimmt, je irrationaler sie ist und je überzeugter, ja fanatischer sie geglaubt und verfochten wird. Aber hier zeigt sich bereits das Dilemma: Wo hört die Überzeugung auf (die auch irrational sein kann), und wo beginnt der Fanatismus? Die aus den USA gemeldeten Bestrebungen, die Darwinsche Evolutionslehre aus den Schulen zu verbannen, sind gewiss religiös motiviert, und man wird ihnen auch nicht Unrecht tun, wenn man sie als fundamentalistisch einstuft – zu Verhaltensweisen, die man als terroristisch bezeichnen könnte, haben sie aber noch nicht geführt, und ob nicht manche Spielarten des

Darwinismus ebenfalls fundamentalistisch sind, ist ja auch noch nicht ganz ausgemacht.

Das Dilemma, vor dem die westliche Zivilisation in dieser Frage steht, scheint darin zu bestehen, dass ihr wirkliche, tiefe Religiosität mittlerweile abhanden gekommen ist und sie infolgedessen nicht mehr klar unterscheiden kann zwischen Religiosität, Fanatismus und Fundamentalismus.

Aus welchen Wurzeln wird aber derzeit der Terrorismus erklärt? Für mich ergeben sich zwangsläufig drei verschiedene Wurzeln: Glaubensgründe, soziale Gründe und allgemeine Gründe einer Bedrohung oder auch Unterlegenheit derer, in deren Mitte terroristische Aktivitäten entstehen. Wenn man diese Quellen klar unterscheidet, erschließen sich einem auch die nötigen praktischen Folgerungen. Die habe ich während meiner Amtszeit wenigstens für mich allmählich ermittelt und dann versucht, mich nach ihnen zu richten, so gut es ging.

Beruht eine Spannung vorwiegend auf religiös-weltanschaulichen Motiven, so ist eine besonnene, auf Frieden und Entspannung angelegte Politik gut beraten, mit den Kontrahenten im ständigen Gespräch über folgende Themen zu bleiben. Erstens: Was sagen die Lehren der anderen Seite zur Frage des Friedens (oder umgekehrt zu der Frage, ob die kriegerische Austragung des Konflikts erlaubt ist)? Zweitens: Gibt es Übereinstimmungen zwischen den theologischen, vor allem aber den ethischen Lehren der beteiligten Religionen, die zur Grundlage gemeinsamer Aktivitäten gemacht werden könnten? (Hier spielen dann insbesondere die »Goldene Regel« und ihre Konsequenzen eine erhebliche Rolle). Und schließlich drittens: Wenn sich solche Übereinstimmungen nicht finden lassen (oder bei den Themen, für die sie sich nicht finden lassen), kann wenigstens der Austausch von Wissen über die verschiedenen Lehren vermittelt werden in der Hoffnung, für ein besseres Verständnis und vor allem für gegenseitigen Respekt zu sorgen? Dieses Vorgehen bezeichnet man üblicherweise als *interkulturellen Dialog*. Im günstigen Fall kann auf diese Weise entweder die bestehende Spannung gemildert oder zumindest die Wahrscheinlichkeit, dass sie sich in militärischen Attacken entlädt, verringert werden. Darin sehe ich eine außenpoli-

Ansätze interkultureller Politik

tische Aufgabe, die eigentlich alle betrifft – nicht nur die gelernten Diplomaten, sondern ebenso die Regierungen, die Parlamentarier, die Medien, die Wirtschaft, die Kulturschaffenden. Auch als Bundespräsident habe ich darin eine meiner wichtigsten außenpolitischen Aufgaben gesehen.

Der Westen hat es bei solchen Bestrebungen schwer, weil die Religion, die er in einen Dialog einbringt, eigentlich keine Religion mehr, sondern ein tief eingewurzelter und weithin wirkender Rationalismus ist. Deshalb ist er, wie gezeigt, schon nicht im Stande, Religiosität und Fundamentalismus richtig voneinander zu unterscheiden, und deshalb spricht er beispielsweise mit Repräsentanten des Islam oder des Hinduismus von unterschiedlichen, absolut inkommensurablen Ebenen aus. Das erschwert einen Dialog ungemein. In Betracht kommen hier eigentlich nur kompensatorische Haltungen: präzise Kenntnisse von der Gedankenwelt der Gesprächspartner, ungeheuchelter Respekt vor deren Überzeugungen, schließlich vor den künstlerischen Emanationen ihrer Religion. Ich habe die Erfahrung gemacht, dass es durchaus möglich ist, mit solchen Kompensationen Erfolge zu erzielen. Ebenso habe ich aber festgestellt, wie schwer es Europäern (und erst recht Amerikanern) fällt, vom hohen Ross ihrer eingebildeten geistigen Überlegenheit herabzusteigen.

In deutschen Debatten über die Gründe des internationalen Terrorismus spielen die religiös-weltanschaulichen Antriebskräfte eine viel geringere Rolle als die wirtschaftlichen und damit zugleich die sozialen. Das mag verschiedene Ursachen haben, z. B. die bereits erwähnte Fremdheit gegenüber religiösen Fragen, aber auch die Blindheit gegenüber der Tatsache, dass es verschieden friedliche Religionen (und verschieden friedliche Phasen in der Geschichte ein und derselben Religion) geben kann, schließlich auch den verständlichen Wunsch interessierter Kreise, der abflauenden Bereitschaft zur Finanzierung von Entwicklungshilfe ein neues Argument und damit neuen Antrieb zu verschaffen.

Bei Licht besehen hat die große Armut, die es gerade auch in islamischen Ländern gibt, mit der Entstehung des Terrorismus nicht vorrangig zu tun. Die Länder, die einem islamischen Fundamentalismus huldigen und daher den geistigen Nährboden für den Terrorismus bieten könnten, gehören aufgrund ihrer Öleinkünfte überwiegend zu den reichsten der Welt und von ihren Ölmilliarden fließt auch genug an die einfachen Leute, um diese nicht gerade für bettelarm zu halten. Außerdem gehören die aktuellen Führer des Terrorismus, Osama bin Laden an der Spitze, zu den reichsten Männern der Welt. Eine Weltbewegung der Ärmsten ist der internationale Terrorismus also gewiss nicht.

Seine Truppen, seine Selbstmordattentäter, rekrutiert er jedoch vor allem aus den ärmsten Schichten der islamischen Gesellschaften, pointiert ausgedrückt: aus den Menschen, die in dieser Welt nichts mehr zu gewinnen und deshalb auch nichts mehr zu verlieren haben. Deshalb bleibt es ein Desiderat ersten Ranges, die teilweise entsetzliche Armut, die es auch in islamischen Ländern gibt, konzentrisch zu bekämpfen (und aus diesem Grund richten sich terroristische Attentate oft gerade gegen Entwicklungshelfer und Anlagen der Entwicklungshilfe). Entwicklungshilfe dient also nicht nur einem verschwommenen Gerechtigkeitsideal oder der Menschenliebe, sondern sie ist ein wichtiges, wenn auch nur langfristig wirkendes Mittel im Kampf gegen den internationalen Terrorismus und für den Weltfrieden. Als Bundespräsident konnte ich in dieser Richtung nur wenig tätig werden; denn Entwicklungshilfe ist zuallererst Sache der Regierung und der gesellschaftlichen Institutionen, bei denen sie meiner Überzeugung nach auch besser aufgehoben ist. Ich selbst hatte nur die Möglichkeit, die Aktiven der Entwicklungshilfe in Reden und Appellen, nicht zuletzt aber durch Besuche vor Ort zu unterstützen. Besonders gefreut haben mich die Verleihungen von Preisen an Journalisten, die sich für solche Themen eingesetzt und dabei mitunter erstaunliche publizistische Leistungen erbracht haben. Wenn die Chefredakteure das Thema genauso hoch einschätzen würden wie eben solche Kollegen, wäre in unseren Medien ein wichtiger Teil unserer Sicherheitspolitik gut »abgedeckt«.

Wahrscheinlich findet man die wahren Ursachen für den Terrorismus erst, wenn man sich klarmacht, dass seine heutigen Repräsentanten – von allen anderen Motiven abgesehen – von einem abgrundtiefen Hass »gegen den Westen« getrieben werden. Aber auch da gibt es wieder zwei Varianten. In selteneren Fällen wird es darum gehen, dass die westliche Lebensweise abgelehnt und deshalb ganz besonders ihre Übertragung auf die islamischen Gesellschaften bekämpft wird. Das ist letztlich eine innere Angelegenheit dieser Gesellschaften, und der Westen wäre wahrscheinlich nicht gut beraten, wenn er sich da einmischen würde – auch wenn dabei ein paar Absatzmärkte für Luxusartikel verlorengehen sollten. Viel wichtiger ist die zweite Quelle des Hasses: das abgrundtiefe Unterlegenheitsgefühl mancher Gesellschaften und ihrer Mitglieder gegenüber dem Westen und seinen Hervorbringungen. Ich habe das so empfunden, seit ich mich mit den einschlägigen Problemen befasse. Im Zusammenhang vorgetragen habe ich es jedoch erst lange nach dem Ablauf meiner Amtszeit auf einem wissenschaftlichen Kongress (»Konzeption von ›Reich‹ und ›Welt‹«), der im April 2005 im Kulturwissenschaftlichen Institut in Essen stattgefunden hat und wo meine Thesen weitgehend akzeptiert wurden.[23] Dort hatte ich ausgeführt:

… kommen wir einem Phänomen auf die Spur, das uns vielleicht noch einen Schritt weiter zu bringen vermag. Ich kenne keinen wirklich anerkannten Fachausdruck dafür, wohl aber den ausgrenzenden Gegenbegriff dazu – nämlich den Begriff des Barbaren. Es geht also um das Überlegenheitsgefühl, das »kultivierte« und erfolgreiche Völker gegenüber weniger »kultivierten« und weniger erfolgreichen an den Tag zu legen pflegen. Schon aus dem alten Ägypten gibt es staunenswerte Belege dafür, aus anderen alten Reichen natürlich auch. Am schlagendsten kommt das, was ich meine, aber in der Selbsteinschätzung der Weltreiche Rom und China zum Ausdruck. Weder der Hinweis auf ihre internen Kulturgefälle noch der auf die Achtbarkeit ihrer Nachbarkulturen kann darüber hinwegtäuschen, dass dieses Überlegenheitsgefühl nicht unbegründet war, dass es aber auch seine gewichtigen Folgen hatte: Zusammengehörigkeitsgefühl bis hin zur Arroganz bei den Reichsangehörigen, Unterlegenheitsgefühl bis hin zur tödlichen Feindschaft bei den Ausgegrenzten. (…)
Das Überlegenheitsgefühl des »weißen Mannes« mag berechtigt gewesen sein oder nicht. Niemand wird jedenfalls bestreiten können, dass es in den Europäern nicht nur integrative Kräfte her-

vorgerufen hat, sondern auch ausgesprochen zerstörerische. Man braucht dafür noch nicht einmal den Herrenmenschenwahn des deutschen 20. Jahrhunderts mit all seinen fürchterlichen Folgen zu bemühen. Schon die üblen Nebenerscheinungen des europäischen Kolonialismus haben an dem, was ich hier meine, einen beträchtlichen Anteil.

Die Medaille hat natürlich auch eine andere Seite; wir erleben das fast täglich. Dem Überlegenheitsgefühl der Europäer und Amerikaner, es mag begründet sein oder auch nicht, entspricht mehr und mehr ein Unterlegenheitsgefühl bei anderen Völkern, in dem viele Auguren zum Beispiel den eigentlichen Nährboden des anwachsenden internationalen Terrorismus erblicken, viel mehr als in dem bekannten Wohlstandsgefälle.

Gefordert ist der schnellstmögliche Rückzug des »weißen Mannes« von allem, was sein bisheriges Überlegenheitsgefühl und – sagen wir es deutlich – seine Arroganz ausgemacht hat. Weder wirtschaftlich noch politisch wird eine internationale Politik auf die Dauer Erfolg haben, die nicht auf der Idee der Ranggleichheit und folglich auf der Bereitschaft zu gegenseitigem Respekt aufbaut.

Die Völker der westlichen Welt werden in dieser Beziehung noch einiges lernen müssen, und Deutschland ist davon nicht ausgenommen. Von hier aus ist beispielsweise das fast unvermittelte Streben Deutschlands nach einem ständigen Sitz im Weltsicherheitsrat übereilt (ganz abgesehen davon, dass man sich damit unnötig vom Wohlwollen vieler anderer Regierungen abhängig gemacht hat), und manche Großmäuligkeit, die in den vergangenen Jahrzehnten ebenfalls zu beobachten war, wäre besser unterblieben. Die Völker der Dritten Welt werden dem neuen Streben nach gegenseitigem Respekt ohnehin mit Skepsis begegnen. Es wird ihnen zumindest wenig behagen, dass die Europäer dieses Streben gerade zu dem Zeitpunkt entwickeln, in dem ihre bisherige Art aufzutreten nichts mehr bringt.

Ich für meinen Teil habe mich während meiner ganzen Amtszeit als Bundespräsident bemüht, die Länder der Dritten Welt (und übrigens auch die kleinen europäischen Staaten) mit dem gleichen

Ansätze interkultureller Politik 237

Respekt zu behandeln wie die großen Mächte. Man braucht dabei weder zu buckeln noch sich zu verbiegen. Einige ganz einfache Verhaltensweisen, wie sie unter gebildeten Menschen selbstverständlich sein sollten, reichen völlig aus, etwa der unaufdringlich gezeigte Respekt vor der Geschichte und Kultur des Gastlandes, das Interesse für seine Sorgen und Probleme und nicht zuletzt die Bereitschaft, sich seine Sicht der Weltprobleme anzuhören, ja sie aktiv zu erfragen. Das ist zudem höchst sinnvoll, weil gerade kleine und wenig einflussreiche Länder eine beachtliche Sensibilität für langfristige, sich erst andeutende Entwicklungen besitzen.

Dass diese Methode Beschwerlichkeiten mit sich bringt, ist nicht zu verschweigen. Aber meist handelt es sich dabei nur um ein paar Besuche, Gespräche oder Besichtigungen mehr, sei es an sozialen Brennpunkten oder an kulturellen Highlights. Geld ist, entgegen den in Deutschland gängigen Vorstellungen, überwiegend nicht gefragt; wenn überhaupt, fließt es im Rahmen der ohnehin geplanten Entwicklungshilfeleistungen, und der Aufwand an Zeit, der auf diese Weise erforderlich wird, wird durch den Effekt bei weitem aufgewogen.

Am klarsten ist mir das merkwürdigerweise im Königreich Nepal geworden, dem ich nach China einen Staatsbesuch abstattete. Dieses kleine Land wird von Staatsgästen meist nur für einen oder zwei Tage besucht. Ich entschied mich hingegen für die volle Dauer eines üblichen Staatsbesuchs, also vier Tage (allerdings muss ich zugeben, dass ich das Land auf Privatreisen besonders lieben gelernt hatte). Alle maßgeblichen Leute, vom Königspaar über die Regierung bis zu den Führern der verschiedenen Parteien, waren über die Länge meines Besuchs und über die Wertschätzung, die darin zum Ausdruck kam, geradezu begeistert. Wogen der Freundschaft, ja der Begeisterung für Deutschland strömten mir allenthalben entgegen. Skeptiker mögen durchaus sagen, dass Nepal ein unbedeutendes und unsicheres Land sei, auf das es in der Welt nicht besonders ankomme. Ich denke da anders: Freundschaft kann man immer gebrauchen, vor allem wenn man selbst ein Land ist, dessen wirtschaftliche Interessen (und damit auch Verwundbarkeiten) weit über seine politische Macht hinausragen. Und eine Stimme in der Generalversammlung der Vereinten Nationen haben auch diese Länder.

Ansätze zu einem interkulturellen Dialog

Der interkulturelle Dialog spielt in diesen Zusammenhängen nur eine partielle, aber umso wichtigere Rolle. Die Aufgabe war derart neu, dass es einem einzelnen Staatsoberhaupt schwerfallen musste, in dieser Hinsicht überhaupt etwas Wesentliches zu bewegen. Zwar gab es seit geraumer Zeit immer wieder Konferenzen von Theologen, auch von »Kirchen«-Führern der unterschiedlichsten Religionen, aber sie sind meines Wissens nicht über allgemeine Friedensbekundungen hinausgekommen, oder sie haben sich mit Überlegungen zu einem allgemeinen, gemeinsamen »Weltethos« befasst, wie es insbesondere der Schweizer Theologe Hans Küng leidenschaftlich propagiert.

Das ist zwar beides, wie ich gern einräume, außerordentlich wichtig, hat jedoch den entscheidenden Nachteil, dass die Fragen, die in diesem Zusammenhang behandelt werden müssen, viel zu feinmaschig sind, als dass man mit ihnen die *Völker* erreichen könnte. Einfach ausgedrückt: Es ist notwendig, aber es reicht nicht aus. Unter solchen Umständen darf aber nicht überraschen, dass schon oft das Anliegen selbst, um das es geht, nicht verstanden wird. Für einen ernsthaften und auch politisch wirksamen interkulturellen Dialog zu werben, ist also eine ziemlich mühsame Angelegenheit, bei der oft schon kleine Schritte als Erfolg gewertet werden müssen.

Den ersten Schritt nach den kurzen Anmerkungen von Islamabad tat ich mit meiner Laudatio auf Annemarie Schimmel, die am 15. Oktober 1995 in der Frankfurter Paulskirche den Friedenspreis des deutschen Buchhandels erhielt. Als ich von dieser Verleihung hörte, habe ich mich selbst als Laudator angeboten. Ich hatte in Pakistan gesehen, welch ungeheueres Ansehen diese Frau in der islamischen Welt genoss, war daher sicher, dass die Verleihung des Friedenspreises an sie außerordentlich große Aufmerksamkeit auslösen würde – und ich sagte mir, das würde sich natürlich noch steigern, wenn das deutsche Staatsoberhaupt selbst diese Auszeichnung begründete und würdigte. Mir selbst gab es die einmalige Möglichkeit, vor der gesamten deutschen Öffentlichkeit die Bedeutung des Dialogs zwischen den Kulturen herauszustellen, und zwar so, dass kein Fernsehredakteur eine ihm nicht genehme Passage herausschneiden konnte. Gegenüber der islamischen Welt aber konnte ich durch meine Rede die in Islamabad nur angerissenen Themen vertiefen und damit – nunmehr bewusst – wichtige Signale aussenden.

Die Sache wäre wunderbar gelaufen, wenn sich nicht zwischen die Zusage der Laudatio und die Verleihung des Preises eine typisch deutsche Rüpelkomödie eingeschoben hätte. Der Friedenspreis des deutschen Buchhandels war bis dahin fast ausschließlich Politikern und Literaten verliehen worden, nur ausnahmsweise einmal einem Wissenschaftler und schon gar nicht einer Islamistin; das konnte die Gralshüter des Guten und Edlen schon auf die Barrikaden bringen. Dazu kam, dass in den Begründungen, die für die Verleihung des Preises gegeben wurden, von den berechtigten kritischen Anfragen an den heutigen Islam kaum die Rede war und dass die Laureatin, im Umgang mit deutschen Medien wenig erfahren, zu diesen – berechtigten – Anfragen auch recht naive Erklärungen abgab. Mit einem Wort: Die Phalanx der Gralshüter war in heller Aufregung, die sich auch nicht legte, als man Frau Schimmel etwas aus dem Verkehr mit den Medien zog. Es fehlte nicht an Aufforderungen, der Börsenverein möge den Preis zurückziehen oder Frau Schimmel ihre Annahmeerklärung. Auch ich wurde aufgefordert, die Laudatio nicht zu halten. Es haben aber alle durchgehalten. Ich selbst habe zu den an mich gerichteten guten Ratschlägen einfach geschwiegen, wie ich es immer tue, wenn eine Aufforderung öffentlich an mich gerichtet wird – da könnte ja jeder kommen.

Die Preisverleihung ging dann würdig und unter großer Anteilnahme der Öffentlichkeit vonstatten. Meine Rede will ich hier nicht weiter rekapitulieren.[24] In ihr habe ich nichts verschwiegen, was an Respektvollem wie an Kritischem zum Islam gesagt werden musste, und sie ist in den Medien sehr gelobt worden. Über ihre Wirkung konnte ich mich allerdings keinen Illusionen hingeben. In Deutschland, wo man am liebsten Nabelschau betreibt, wurde daraus mehr ein Appell zum Dialog mit den hier lebenden Muslimen, der natürlich auch wichtig ist, im vorliegenden Fall aber nicht gemeint war. In der islamischen Welt wird dagegen, mindestens genauso wie meine

Rede selbst, der Umstand interessiert haben, dass die Preisverleihung auf heftigen Widerspruch gestoßen war. Das kann der Wirkung des Ganzen nicht gut getan haben.

Die Form des öffentlichen Dialogs, die ich angesteuert hatte, wurde dann übrigens von ganz anderer Seite aufgegriffen, nämlich vom (damals neuen) Präsidenten des Iran, Mohammad Chatami. Chatami publizierte in der *Frankfurter Allgemeinen Zeitung* zwei ganzseitige Artikel zu Fragen des Islam in der modernen Welt, in denen es ihm offensichtlich auf zweierlei ankam: auf die Darstellung jener Argumente, mit denen er selbst auf eine Erneuerung und vor allem Öffnung des Islam hinwirkte, und auf die Darstellung der inneren Wandlungs- bzw. Interpretationsfähigkeit des Islam selbst. Bei der Veröffentlichung des ersten Artikels ließ er mich wissen, dass dieser auch als Antwort auf meine verschiedenen Äußerungen zu verstehen sei. Ich habe darauf, ebenfalls in der *Frankfurter Allgemeinen Zeitung*, gebührend geantwortet und bedaure immer noch, dass es auf diese Weise nicht zu einem wirklichen Dialog kommen konnte. Mohammad Chatami war und ist nach wie vor ein sehr beachtlicher Mann. Im Westen wurden aber seine verfassungsrechtlichen Möglichkeiten bei weitem überschätzt. Der iranische Präsident hat weder die Kompetenzen starker westlicher Präsidenten (USA, Frankreich), noch genießt er die Freiheiten des deutschen Staatsoberhaupts oder gar die Aufmerksamkeit, die diesem entgegengebracht wird. Ein persönlicher Dialog mit ihm hätte der Sache ganz bestimmt gedient. So waren aber die politischen Verhältnisse nicht, und daher ist es bei einem interessanten Versuch geblieben.[25]

Wie schwierig die Dinge im praktischen Vollzug sind, habe ich auch bei meinem Staatsbesuch in Malaysia erfahren. Der damalige starke Mann des Landes, Premierminister Mohammed Mahatir, war sowohl an einer Erneuerung des Islam als auch an einem offenen Dialog mit anderen Kulturkreisen, besonders dem christlichen, interessiert. Vor allem aber hatte er ein Institut für das Verständnis des Islam gegründet, das als Gesprächspartner für einen etwas gründlicheren Dialog in Betracht kam. In diesem Institut habe ich mich einen halben Tag aufgehalten und eine Diskussion zwischen Christen und Muslimen, die dann von Hans Küng geleitet wurde, mit

Ansätze interkultureller Politik 241

einer Rede eingeleitet, in der ich die Leistungen des Instituts im interkulturellen Dialog gebührend herausstellte.[26]

Die darauf folgenden Diskussionen habe ich als gründlich, ja teilweise sogar aufregend in Erinnerung. Allerdings ist mir damals wie noch heute nicht ganz klargeworden, ob Premierminister und Institut wirklich in der Zielrichtung ganz einig waren. Mahatir war einer der großen, oft sogar bedenkenlosen Reformer seines Landes. Ihm dürfte es vorwiegend darauf angekommen sein, seine Modernisierungspolitik nicht an einem engen, veralteten Islam scheitern zu lassen, und dazu musste dieser eben modernisiert werden. Interkultureller Dialog dürfte für ihn klar in der zweiten Reihe gestanden haben, zumal er von der Vitalität der westlichen Zivilisationen ohnehin eine sehr geringe Meinung hatte. In diese Richtung dürfte er wohl auch das Institut gelenkt haben, obwohl dort zweifellos beträchtliche Potenzen für einen wirklichen Dialog mit anderen Ideensystemen vorhanden waren. Wie schwierig die Dinge sind, wurde mir gerade an der Person des Institutsleiters deutlich, den ich am Vormittag als eine hochinteressante, gebildete und vor allem aufgeschlossene Persönlichkeit kennengelernt hatte. Am Abend, bei einem Essen, stellte er mir dann aber die Frage, was wir Europäer denn eigentlich am ägyptischen Präsidenten Hosni Mubarak fänden; der würde doch nur den Islam unterdrücken. Was sollte ich darauf antworten?

Das alles mag etwas desillusionierend klingen. Man darf darüber aber das Folgende nicht vergessen: Einer der Hauptgründe für die Ablehnung der westlichen Welt seitens der Muslime sind gerade die Auswirkungen und Erscheinungsformen einer modernen, technisierten Welt, die sich mit dem althergebrachten, konservativ, ja starr gewordenen Islam nicht vereinbaren lassen. Wäre diese Barriere beseitigt, so wäre wahrscheinlich die wichtigste Ursache für Feindschaft und Unterlegenheitsgefühle behoben, und es könnte ein offener Dialog beginnen, wie ihn Menschen auf gleicher Augenhöhe untereinander führen.

Man mag über Persönlichkeiten wie Mahatir und Chatami denken, wie man will, aber es könnte sein, dass sie sich auf dem richtigen Weg befinden und wir Europäer nur wieder einmal zu ungeduldig sind. Die Zukunft wird es weisen.

Zur Vorbereitung von einem meiner USA-Besuche hat mein Mitarbeiter Henrik Schmiegelow die Reden, Redeauszüge und Zeitungsartikel, die ich dem interkulturellen Dialog gewidmet hatte, zusammengefasst und in englischer Sprache veröffentlicht.[27] Ich habe das Buch 1999 in Washington bei einem Lunch vorgestellt und dafür höflichen Beifall erhalten. Das Thema selbst und das damit verwandte des internationalen Terrorismus waren den anwesenden Amerikanern noch völlig fremd, ich hatte sogar den Eindruck, es störe sie etwas in der Ruhe, die sie sich nach dem Zusammenbruch des Ostblocks ihrer Ansicht nach verdient hatten. Bill Clinton und sein Vizepräsident Al Gore hatten allerdings aufgehorcht, als ich bei einem Mittagessen darüber gesprochen hatte. Aber damit standen sie meines Wissens in den USA damals ziemlich allein.

Bei dem bereits erwähnten Frühstück, das Henry Kissinger für mich gab und an dem etwa vierzig Senatoren, Abgeordnete, Offiziere und Medienvertreter teilnahmen, wurde ich jedenfalls gefragt, welche Rolle denn nach dem Zusammenbruch des Sozialismus die NATO noch spielen könne, und als ich auf den drohenden Terrorismus hinwies, löste ich damit ziemlich ungläubiges Staunen aus – allerdings auch eine angeregte Diskussion, in der sich zeigte, dass zumindest einige meiner Gesprächspartner die von ihnen erwartete Friedensprämie in Gefahr sahen. Henry Kissinger erzählt noch heute davon, dass ein besonders wichtiger Senator, der ihm nur zwanzig Minuten Anwesenheit zugesagt hatte, dann doch zwei Stunden geblieben sei. Dieser Senator saß direkt neben mir, und ich kann daher mit Sicherheit sagen, dass ihm die Aussicht auf internationalen Terrorismus doch ziemlich abwegig erschien. Ich bin nicht stolz darauf, dass letztlich ich Recht behalten habe.

Themen dieser Art wurden übrigens auch in den verschiedenen Gesprächen behandelt, die ich mit dem verstorbenen Papst Johannes Paul II. führen konnte, in Rom, Gnesen und vor allem auch in Berlin. Was er von den Thesen Huntingtons hielt, ist mir dabei nicht restlos klar geworden. Die Aufsehen erregenden Kontakte zu den Führern anderer Religionen hat er wohl eher als geistliche Reaktionen auf das Kleiner- und Engerwerden der Welt verstanden denn als Reaktion auf eine momentane Phase der weltlichen Politologie.

Privataudienz bei Papst Johannes Paul II. am 2. März 1995.

Einig waren wir uns aber darüber, dass beide Theme nahe zusammenhängen und dass beide Seiten, die kirchliche und die politische, hier zwangsläufig auf den Interessenbereich der jeweils anderen einwirken müssen.

Über Einzelheiten dieses wiederholten Gesprächs kann ich hier aus Gründen der Diskretion so wenig berichten wie über andere Diskussionen, die wir führten. Aber die Themen waren fast unbegrenzt. Einmal ging es um das polnisch-deutsche Verhältnis und die politische Gestaltung des östlichen Mitteleuropa, ein anderes Mal um die Zukunft der Ukraine, die für die Zukunft der ganzen Region entscheidend sein kann, wieder ein anderes Mal um die Rolle, die die Orthodoxie dort spielt (beziehungsweise spielen könnte). Aber selbstverständlich ging es auch um kurzfristigere Problemstellungen unterschiedlichster Art: die weltweiten Migrationen und die Reaktion der Europäer darauf, die Zusammenführung der christlichen Kirchen, die er sich so sehr wünschte, die Abtreibungsfrage, in der ich ihm nicht restlos zustimmen konnte, und im Zusammenhang damit um das menschliche Leben in der absehbaren Zukunft. Auch über die päpstliche Personalpolitik in Deutschland wurde in aller Offenheit gesprochen.

Bessere Gespräche über all diese Themen habe ich nie geführt, und es spielte auch keine Rolle, ob wir dabei nur die Meinung des anderen erkunden, also gewissermaßen voneinander lernen wollten, ob wir in aktuellen Fragen einer oder verschiedener Meinung waren, und wie klar das beim jeweiligen Thema zum Ausdruck gebracht worden war. Ich hatte vor ihm wirklich Respekt, und er hat mich, weit über das im internationalen Verkehr Übliche hinaus, immer respektvoll behandelt.

Seine letzten Lebensjahre habe ich mit ehrlicher Anteilnahme verfolgt, ohne ihn wiedergesehen zu haben. Der Verfall seiner körperlichen Kräfte hat mich immer wieder tief erschüttert. Die Tapferkeit, mit der er dagegen ankämpfte, habe ich bewundert. Und am Tag seines Todes war ich dankbar, dass er sein Martyrium überstanden hatte.

Apropos: *Wie ich den Papst vom rechten Weg abbrachte*

Wenige Menschen habe ich, obwohl Protestant, so verehrt wie Papst Johannes Paul II. Ich durfte mit ihm zahlreiche völlig offene Gespräche über alle möglichen wichtigen Themen führen. Davon kann ich hier natürlich nicht berichten. Die folgende Geschichte aber hat sich in aller Öffentlichkeit abgespielt. Es gibt also keine Anstandspflicht zur Vertraulichkeit.

Meiner Erinnerung nach trug sie sich bei seinem letzten Deutschlandbesuch in meiner Amtszeit zu. Seine Maschine landete auf einem kleinen Flugplatz bei Paderborn, und ich hatte die Ehre, ihn wieder einmal in Deutschland willkommen zu heißen.

Was sich dort abspielte, kann nur der verstehen, der Mindestkenntnisse über das rechtwinklige Dreieck besitzt – nach diesem Muster war nämlich der Ablauf des Empfangs angeordnet. Es gab eine kürzere Kathete, die von einer Tribüne gebildet wurde, und auf dieser saß in vollem Ornat fast die gesamte deutsche Bischofskonferenz. Die längere Kathete, die sich im rechten Winkel daran anschloss, wurde von etwa acht- bis zehntausend Gläubigen gebildet, die zur Begrüßung des Papstes zugelassen waren. Das Protokoll der Kurie hatte dieser Absicht zwar aus Sicherheitsgründen widersprochen; ich hatte aber darauf bestanden und war mir auch ziemlich sicher, dass dies dem Wunsch und Willen des hohen Gastes entsprach. Nun zurück zum rechtwinkligen Dreieck, das ja noch nicht vollständig ist: Die Hypotenuse bestand aus einem langen roten Teppich, der uns vom Ort der ersten Begrüßung zu unseren Fahrzeugen führen sollte.

Und nun geschah es: Wir hatten uns an dem einen Ende des roten Teppichs, vor der Tribüne mit den Bischöfen, mit kurzen Ansprachen begrüßt. Getreu dem Protokoll sollten wir nun über den Teppich zu unseren Fahrzeugen gehen. Der Papst stand auch bereits auf dem Teppich und wollte losgehen. Da fragte ich ihn: »Heiliger Vater,

wollen Sie denn nicht zu Ihren Gläubigen gehen und die begrüßen?«
Darauf er: »Ja dürfen wir das denn?« Und wiederum ich: »Nein, das
dürfen wir nicht. Aber wenn wir jetzt zu den Leuten gehen, kann uns
auch keiner mehr zurückholen.« Da lächelte er leise, fast verschmitzt,
und wir gingen zu den Gläubigen.

Die waren natürlich begeistert und haben diesen Regelbruch,
wie ich kürzlich aus einer deutschen Zeitung entnehmen konnte, bis
heute nicht vergessen. Sofort war auch eine Losung da, zwar nicht
sehr originell, dafür aber umso herzlicher. Sie riefen nämlich pausenlos: »Johannes Paul der Zweite, wir steh'n an deiner Seite!« Der
Papst hat sie begrüßt, wie er es immer tat: voller Herzlichkeit und
Güte.

Durch diese Eigenmächtigkeit geriet der Zeitplan etwas durch-
einander, aber das hielt sich in Grenzen. Dass die, an denen wir
schon vorbeigekommen waren, schnurstracks ans andere Ende der
Menschenmenge liefen und dort den Papst noch einmal sehen wollten, haben wir nicht mehr berücksichtigt, sondern sind an der vorgesehenen Stelle in unsere Fahrzeuge gestiegen. Der Schaden hat sich
also, wie gesagt, in Grenzen gehalten – und der Nutzen war gewiss
größer.

Europa und die Weltpolitik

Der *Clash of civilizations*, von dem Samuel P. Huntington spricht, ist also zwar möglich, aber keineswegs schicksalhaft vorgegeben. Meiner Meinung nach gibt es eine ganze Reihe von Möglichkeiten, ihm auch auf friedliche Weise entgegenzuwirken. Wenn man allerdings ehrlich ist, sind auch das nur Möglichkeiten, die sich lediglich beim Vorliegen bestimmter Umstände realisieren lassen. Es sind keine Gewissheiten, auf die die Menschheit sich einfach verlassen könnte. Gerade die westliche Welt tut also gut daran, auch auf den Ernstfall, das heißt auf die Erfolglosigkeit aller friedlichen Bemühungen, vorbereitet zu sein.

Für die Staaten des europäischen Kontinents bedeutet dies zuallererst Zusammenschluss und Integration. Die Klein- und Mittelstaaten Europas sind heute weder machtpolitisch noch ökonomisch imstande, sich gegenüber einer sich globalisierenden und zugleich regionalisierenden Welt zu behaupten. Diese Erkenntnis stand schon hinter der Gründung der drei europäischen Gemeinschaften in den fünfziger Jahren, sie hat sich seither fast von Jahr zu Jahr bestätigt, und ihr haben sich im Laufe der Zeit siebenundzwanzig europäische Staaten angeschlossen. So ist Europa allmählich zu einem Kontinent geworden, in dessen Innerem Frieden herrscht, der in seinem Vorfeld wenigstens versucht, die Zone des Friedens zu erweitern, und der nach seinem wirtschaftlichen Gewicht, seiner intellektuellen Kapazität und seiner Bevölkerungszahl immerhin die Chance hat, sich gegenüber den neu aufgetretenen Konkurrenten zu behaupten.

Weniger gut bestellt ist es um die militärische Sicherheit des Kontinents. Die Staaten Europas, zumindest aber ihre verteidigungspolitischen Anstrengungen, sind gegenwärtig zu schwach, als dass sie sich gegenüber ernsthaften Herausforderungen durch die neu entstehenden Machtblöcke der Welt behaupten könnten. Zwar existiert immer noch die NATO, in der sich die europäischen Staaten mit den beiden angelsächsischen Staaten Nordamerikas zusammengeschlossen haben, doch das Bündnis ist geschwächt – durch Vernachlässigung seitens vieler europäischer Mitglieder, durch fahrlässig herbeigeführte Meinungskonflikte zwischen Europäern und Amerikanern und nicht zuletzt durch die problematische Verwicklung der amerikanischen Kräfte in möglicherweise notwendige, gleichwohl aber unüberlegte Auseinandersetzungen im vorderasiatischen Raum.

Dass die NATO wieder handlungs- und bewegungsfähig werden muss, müsste heute eigentlich jeder einsehen. Aber darum allein geht es nicht. Weit über den Rahmen der NATO hinaus steht Europa vor der Frage, wie es sich in der sich regionalisierenden Welt sowohl gegen politische als auch gegen wirtschaftliche Angriffe vonseiten anderer Blöcke schützen will. Weniger denn je ist Sicherheitspolitik heute gleichbedeutend mit Verteidigungspolitik.

Bündnisse zwischen den Blöcken

Das Beispiel der NATO kündigt es bereits an, ist aber doch noch zu eng: Wenn es zutrifft, dass sich die Welt der Zukunft aus weltanschaulich fundierten Blöcken zusammensetzt, dann kommt es aus europäischer Sicht ganz besonders auf die politische Kooperation mit solchen Weltblöcken an, die mit Europa auf vergleichbaren geistigen und kulturellen Fundamenten stehen. Der Blick richtet sich hier zunächst natürlich auf die beiden angelsächsischen Staaten Nordamerikas, von denen die USA auf absehbare Zeit weiterhin die Last der Führung werden tragen müssen, während das ständig wachsende Potenzial Kanadas zumindest nicht aus den Augen verloren werden darf. Wie immer sich die beiden Staaten, vor allem die USA, in der Zukunft gerieren und weiterentwickeln mögen – hierauf muss weiterhin ein Hauptakzent deutscher und europäischer Außenpolitik liegen.

Darüber darf aber, wie ich seit 1994 oft genug betont habe, Lateinamerika nicht vergessen werden. Je mehr sich die Staaten dieses Halbkontinents aus ihren drückenden wirtschaftlichen und sozialen

Probleme befreien und je deutlicher sie infolgedessen dem demokratischen Lager zugerechnet werden können, desto mehr können sie sich auch an der Stabilisierung der Welt beteiligen – selbst wenn es noch zwei, drei Jahrzehnte dauern sollte, bis es soweit ist.

Ich habe immer die Meinung vertreten, man könne nicht bis zu diesem Zeitpunkt warten, ehe man wirklich freundschaftliche, vertrauensvolle Beziehungen zu den lateinamerikanischen Ländern anbahnt. Heute muss zumindest so viel getan werden, dass Freundschaftsangeboten nicht wieder einmal der Stempel kurzfristiger Vorteilssuche aufgedrückt wird. Deshalb habe ich in den fünf Jahren, die ich Bundespräsident war, drei ausgedehnte Reisen nach Lateinamerika unternommen und dort mit Dutzenden von Politikern gesprochen – und viel Verständnis für meine Vorstellungen gefunden. In Brasilien, Argentinien, Venezuela und Mexiko habe ich nicht nur die Hauptstädte, sondern auch Teile des flachen Landes besucht, und mit den Präsidenten der acht zentralamerikanischen Staaten habe ich immerhin drei Tage lang in ständigen Gesprächen zusammengesessen. Ich verkenne absolut nicht die Schwierigkeiten, vor denen alle diese Länder stehen. Trotzdem bin ich für Lateinamerika immer noch (und trotz mancher Rückschläge in der Zwischenzeit) hoffnungsvoll – und damit auch für Europa.

Die Frage, ob es über Nordamerika, Europa und Lateinamerika hinaus noch weitere langfristige Bündnismöglichkeiten gibt, scheint mir derzeit noch offen zu sein. Gewiss lässt sich hier zunächst an den australisch-neuseeländischen Archipel denken, dessen heutige Bewohner genau genommen dem europäischen Wesen noch näher stehen als viele Lateinamerikaner. Aber Australien und Neuseeland liegen in einer ganz anderen geografischen Weltecke als die drei bisher genannten Regionen und müssen dort wahrscheinlich ihren eigenen Status und ihre eigene Sicherheit suchen. Es ist daher fraglich, ob sie sich unter diesen Umständen wirklich noch eine umfassende weltpolitische Verantwortung aufladen können (und wollen).

Eine andere Frage ist die nach der künftigen Rolle Russlands. Ich gehe davon aus (und habe mich während meiner ganzen »politischen« Jahre auch so verhalten), dass Russland die Schwächeperiode, in die es durch das unsinnige Wirtschaftssystem des Marxismus-Leninismus gestürzt wurde und die durch dessen Beseitigung erst richtig offenbar geworden ist, in absehbarer Zeit überwinden und damit in den Kreis der Weltmächte zurückkehren wird. Fraglich ist aber, ob es wirklich allzu nahe an die westlichen Staaten der Freiheit herangeführt werden kann und ob es das selbst wollen wird. Auch nach Auflösung der Sowjetunion ist Russland so groß und teilweise so wenig entwickelt, dass es allein mit westlichen Regierungsformen schwerlich überleben könnte (wie immer seine innere Politik dann im Einzelnen aussehen mag). Im Leben des Westens wird es zweifellos stets eine bedeutende Rolle spielen.

Fragen gibt es übrigens auch hinsichtlich der politischen Stabilität des riesigen russischen Reichs. Die heutige Russische Föderation besteht ja aus beinahe hundert selbstständigen Körperschaften, die teilweise selbst als Staaten, teilweise nur als »selbstständige Gebiete«, Rayons oder ähnlich bezeichnet werden. Einzelne von ihnen streben schon heute – bewaffnet oder auch nicht – aus dem russischen Staatsverband heraus, andere geraten zunehmend unter den Einfluss islamischer Denominationen, die südlichen Provinzen drohen, den Norden durch unglaubliche Geburtenraten in ihren Einwohnerzahlen zu überflügeln und eines Tages vielleicht sogar zu majorisieren, die wirtschaftliche und gesellschaftliche Entwicklung ist von Provinz zu Provinz verschieden – Russland zeigt also Sollbruchstelle um Sollbruchstelle, und niemand weiß, wie es sich in dieser Beziehung weiterentwickelt. Dass sich diese Probleme nur mit dem militärisch sanktioniertem Zentralismus heutiger Prägung lösen lassen, wird man bezweifeln müssen, ebenso aber auch, dass ihnen mit einer nur vorsichtigen Dezentralisierung wirklich beizukommen ist. Die Dinge stehen hier offenbar, wenigstens mittelfristig, auf Messers Schneide.

Bei dem ersten Besuch in Moskau, den ich noch als Präsident des Bundesverfassungsgerichts machte, hatte ich ein sehr erhellendes Erlebnis. Ich besuchte zusammen mit dem deutschen Botschafter Klaus Blech den seinerzeitigen Stellvertreter Boris Jelzins, seinen späteren Feind Ruslan Chasbulatow, im »Weißen Haus«. Kurz zuvor hatte ich mit dem Präsidenten des damals noch bestehenden Obersten Sowjets der Sowjetunion gesprochen und das künftige Verhältnis der Union zu den soeben entstehenden GUS-Staaten diskutiert. Chasbulatow, den ich nach seiner Auffassung zur Föderalisierung der Sowjetunion befragte, bestätigte mir, was ich im Obersten Sowjet gehört hatte. Dann fragte ich ihn folgerichtig, ob es ähnliche Föderalisierungstendenzen denn auch im Verhältnis zwischen der Russischen Föderation und ihren Teilrepubliken geben werde. Das verneinte er entschieden und ohne jedes Zeichen der Nachdenklichkeit. Da konnte ich mir den Hinweis auf die völlig widersprüchliche Behandlung der beiden Ebenen nicht verkneifen. Aber auch darauf hatte er eine passende Antwort. So groß sei der Unterschied gar nicht; denn selbstverständlich werde Russland auch im Kreis der anderen Nachfolgestaaten der UdSSR aufgrund seiner Tradition und seiner Macht ganz allgemein den Ton angeben. Das Wort »Hegemonie« fiel zwar nicht, war aber gemeint. Botschafter Blech und ich riefen, obwohl wir nicht nebeneinander saßen, zur gleichen Zeit das gleiche Wort aus: »Preußen«.

Auf dem Weg zum Weltstaat?

Die Welt von heute ist voller Probleme, die von den bestehenden Nationalstaaten allein nicht gelöst werden können. (Das habe ich übrigens gemeint, wenn ich gelegentlich sagte, die Zeit des Nationalstaates sei zu Ende.) Natürlich werden Nationen auch in Zukunft ihren eigenen Staat haben wollen, aber der wird nicht mehr das leisten können, was das Wichtigste am klassischen Nationalstaat war: umfassenden Schutz des Bürgers und Lösung all seiner Probleme. Kein Nationalstaat oder vergleichbar kleiner Staat ist heute mehr imstande, die Probleme der Umwelt und der Klimaveränderung allein zu lösen, keiner wird jemals den aus immer neuen Viren entstehenden Seuchen, den weltweiten Währungsspekulationen, den weltweiten Massenwanderungen allein Herr werden können, und keiner wird jemals allein in der Lage sein, Kriege zwischen anderen Staaten zu verhindern, obwohl die radioaktiven Schwaden der Atom- und Wasserstoffbomben an seiner Grenze nicht haltmachen werden. Die Welt schreit also förmlich nach einer Ordnungsgewalt, die, weit über die Ebene der herkömmlichen Staaten hinaus, all diese Probleme autoritativ löst und die gefundenen Lösungen dann auch durchsetzt. Die Welt schreit, um es kurz zu sagen, nach einem Weltstaat.

In einer solchen Situation liegt es nahe, die Umwandlung der Vereinten Nationen in einen solchen Weltstaat zu fordern, und tatsächlich bin ich von besorgten Bürgern oft mit solchen Überlegungen konfrontiert worden. In ihrer heutigen Verfassung sind jedoch die UN zu einer solchen Mutation nicht imstande. Ihre Generalversammlung verfügt nicht über die nötigen Rechte, und sie hat in der Vergangenheit oft auch zu unüberlegt gehandelt, als dass man sie ihr anvertrauen möchte. Der Sicherheitsrat hat zwar wenigstens zum Teil die nötigen Rechte, aber es fehlt ihm an ausreichender Exekutivgewalt – die muss er sich von Fall zu Fall von den Großmächten oder von Bündnissen wie der NATO übertragen lassen. Außerdem haben die Mitgliedstaaten natürlich ihre Selbstverteidigungsrechte behalten, agieren also immer noch weitgehend autonom auf der internationalen Bühne.

Die faktischen Chancen einer grundlegenden UN-Reform sind jedoch gering. Es gibt Gegenkräfte in Hülle und Fülle: das Selbstbewusstsein alter und neu entstehender Nationen, »ererbten« gegenseitigen Hass, verbunden mit Misstrauen und Angst, Grenzen der Rasse, Religion und Kultur, der Lebensweise, der Verfassung, des Wohlstands und der wirtschaftlich-technischen Entwicklung. In den jüngst vergangenen Jahren haben wir bereits erlebt, wie all diese Motive schon eine partielle UN-Reform bis zur Unkenntlichkeit verstümmelt haben. Die Prognosen für eine wirklich weiterführende, »große« Reform dürften noch erheblich schlechter sein.

Historische Vergleiche hinken immer, meist sogar auf beiden Beinen. Trotzdem erinnert mich die Idee des »Weltstaates« in der heute gegebenen Situation auffällig an die Lage des Heiligen Römischen Reichs Deutscher Nation um das Jahr 1500. Damals waren allenthalben Staaten in einem halbwegs modernen Sinne im Entstehen – in Spanien, Portugal, Frankreich, Großbritannien, auch in Deutschland –, aber hier war bereits abzusehen, dass sich die neu entstehende Staatlichkeit nicht beim Reich, sondern bei den Territo-

Europa und die Weltpolitik 253

rialstaaten anlagern würde. So geschah es dann auch, und das ist mit der Lage vergleichbar, die heute zwischen den Vereinten Nationen und ihren beiläufig zweihundert Mitgliedstaaten besteht. Das Reich hatte einige mehr oder weniger arbeitsfähige Zentralorgane, vor allem den Kaiser und, seit dem Wormser Reichstag von 1495, das Reichskammergericht, das durch den etwas später entstandenen Reichshofrat dann freilich weitgehend an die Wand gedrückt wurde. Die Macht, wirklich Politik zu machen und den inneren Frieden zu garantieren, hatten sie von Reichs wegen aber alle nicht. Wenn es mitunter doch den Anschein hatte, war das darauf zurückzuführen, dass die Kaiser dem Hause Habsburg angehörten, dessen Machtressourcen sich im Allgemeinen eher vermehrten als reduzierten, und dass sie diese natürlich auch im Reichsinteresse (oder besser: in ihrem eigenen Interesse als Kaiser) einsetzen konnten.

Funktionierte das im konkreten Fall nicht, so kam es auf die Exekutionsgewalt der Reichskreise an. Das Reich war nämlich in eine Reihe von Kreisen eingeteilt und die waren – von Rechts wegen – für die Durchsetzung von Entscheidungen des Reichskammergerichts zuständig. So war zwar rechtlich alles aufs Beste geordnet, aber wenn die Sache einmal so weit gediehen war, begann das politische Spiel. War es der Kreisvorsitzende selbst, gegen den das Urteil erging, war auf eine tatsächliche Vollstreckung bestimmt nicht zu hoffen. Richtete sich das Urteil gegen einen anderen, so kam es darauf an, ob dieser mit dem Kreisvorsitzenden befreundet oder verfeindet war, wie sich die anderen Kreisgenossen zu der Sache stellten und ob der Vorsitzende stark genug und obendrein bereit war, zur Vollstreckung zu schreiten.

Am Ende ist aus diesem Monstrum dann doch ein deutscher Staat geworden, wie wir aus der Geschichte des 18. und vor allem 19. Jahrhunderts wissen. Aber bis in Gestalt Preußens auf deutschem Boden ein einigermaßen moderner Staat entstand, vergingen mehr als zweihundert Jahre, bis zur Durchsetzung der modernen Staatsidee in ganz Deutschland runde dreihundert Jahre, bis zur Entstehung eines wenigstens kleindeutschen Gesamtstaates fast vierhundert Jahre. Es ist natürlich sinnlos, die Zeit bis zur Entstehung eines Weltstaates (die frühestens 1945 begonnen haben könnte) penibel nach diesen deutschen Erfahrungen zu berechnen. Die Größenordnung dürfte angesichts der Widerstandskräfte aber wohl nicht von der Hand zu weisen sein.

Die Frage ist also, wie sich die Menschheit zu behelfen hat, wenn die Entstehung des Weltstaates erst in zwei- bis dreihundert Jahren möglich werden sollte, und worauf sie sich zumindest alternativ rüsten sollte, wenn sie die Entstehung des Weltstaates zwar für früher möglich, aber nicht als gesichert betrachtet. Wir kehren aus dem Land der Träume also in die Realität zurück.

In einer Rede vom 28. Januar 1999, mit der ich das Weltwirtschaftsforum Davos eröffnete, habe ich im Bewusstsein meines bald fälligen Amtsendes meiner Fantasie etwas freieren Lauf gelassen und über politische Grundsätze philosophiert, nach denen sich eine Weltpolitik mangels der raschen Realisierbarkeit des Weltstaates in der absehbaren Zukunft abspielen könnte.[28] Nach wie vor halte ich die Propagierung der Demokratie für eine der wichtigsten Methoden in diesem Zusammenhang. In der Geschichte hat es zwar auch Kriege gegeben, die von den Völkern gebilligt, ja sogar gewünscht wurden, aber die Kantsche Hoffnung, dass Demokratien keine Kriege gegeneinander führen werden, hat gegenüber dieser Erfahrung immer noch die größere Wahrscheinlichkeit. (Ralf Dahrendorf hat allerdings jüngst in einem Vortrag darauf hingewiesen, dass mangels der Bereitschaft oder historischen Disposition, die Demokratie einzuführen, auch der Übergang zum Rechtsstaat ein ausreichender Fortschritt sein könnte.[29] Ich pflichte dem ausdrücklich bei. So entspricht es der europäischen, insbesondere aber der deutschen Geschichte, und wir haben deshalb weder Ursache noch Berechtigung, uns bei der Beurteilung anderer päpstlicher als der Papst aufzuführen.)

Über die organisatorischen Möglichkeiten, die Probleme der modernen Menschheit jenseits des Nationalstaates zu lösen, habe ich in Davos nicht ausdrücklich gesprochen (obwohl ich dafür einige Beispiele angeführt habe). Das sei im Folgenden nachgeholt.

An erster Stelle rangiert selbstverständlich die Stärkung der UN und ihrer Unterorganisationen, sowohl hinsichtlich ihrer Ausstattung mit Personal und Mitteln als auch hinsichtlich ihrer internen Entscheidungsverfahren und der Korruptionsbekämpfung, auch in ihrem Inneren. Dass das eine Sisyphus-Arbeit ist, die nie am Ziel ankommen und deshalb eine Daueraufgabe bleiben wird, leuchtet wohl ein. Daneben scheint es mir am realistischsten zu sein, verschiedenste *Kristallisationskerne einer Weltinnenpolitik* zu schaffen und auf deren – wenn nicht integriertes, so doch summiertes – Zusammenwirken zu hoffen. Kristallisationskerne dieser Art kann es sowohl in funktionaler als auch in regionaler Hinsicht geben. Zu den funktionalen Kristallisationskernen gehören im Moment die Weltbank, der Weltwährungsfonds, die Welthandelsorganisation, der Internationale Gerichtshof, der Internationale Strafgerichtshof samt seiner Anklagebehörde und einige kleinere Institutionen. Als regionale Kristallisationskerne wären demgegenüber Zusammenschlüsse wie die EU, ASEAN, SAARC, SADC, MERCOSUR, Arabische Liga u.ä. zu nennen, daneben aber auch Bündnisse wie die NATO, die nicht nur im Kreise ihrer Mitgliedstaaten für eine gewisse Ordnung sorgen, sondern in Einzelfällen – befugt oder unbefugt – auch bereits die Rolle des Weltpolizisten übernommen haben. Hier treffen regionale Motive der Selbstverteidigung und Selbstregierung mit fast gleichgerichteten Erwartungen der Weltgemeinschaft zusammen. Der Vergleich mit den deutschen Reichskreisen, die oben dargestellt wurden, mag zwar etwas weit hergeholt erscheinen, ist so falsch aber doch auch nicht.

Für die Gegenwart und die nächsten Generationen erwarte ich eher ein mehr oder weniger koordiniertes Nebeneinander solcher Kristallisierungskerne als die Überleitung der UN in einen Weltstaat. Für einen Weltstaat ist die Welt noch viel zu zerstritten, zu inhomogen und vor allem auch zu unterschiedlich entwickelt. Politische Konsequenzen brauchte ich während meiner Amtszeit daraus nicht zu ziehen – dazu waren die politischen Vorstellungen im In- und Ausland zu wenig entwickelt, und außerdem ist Deutschland im Augenblick zu schwach, um in diesen Fragen den geistigen Führer zu spielen. Das Einzige, was ich unter diesen Umständen für machbar hielt, war die Davoser Rede, die man ohne weiteres als den Traum eines älteren Herrn betrachten konnte – und die Vermeidung von Reden, die sich präziser mit der absehbaren Zukunft der UN beschäftigten. Manchmal ist Schweigen ja wirklich Gold.

Die Energiefrage

Eine Bedrohung besonderer Art kann sich aus der Rohstoffarmut Deutschlands ergeben, vor allem aus der Armut an Energiequellen. Sie kann unterschiedliche Grade aufweisen, je nachdem ob bei politischen Spannungen nur der Energiepreis nach oben gedrückt wird, oder ob es vollends zu einem Lieferstopp kommt. Für ein Land wie Deutschland kann beides zu einem ernsten Problem werden, und es spielt auch keine Rolle, ob es sich dabei um einseitige Maßnahmen handelt wie beim Lieferstopp oder ob »nur« das Marktgeschehen beeinflusst wird (beispielsweise durch die enorme Nachfrage, die augenblicklich von Ländern wie China ausgeht). Die bisherige deutsche Politik hat zur Absicherung gegen solche Strangulierungsgefahren zwar einiges getan, aber nach meinem Dafürhalten doch noch nichts wirklich Durchgreifendes. Die Diversifikation zwischen den hauptsächlichen Energieträgern (Erdöl, Erdgas und Uran) war zwar ein Schritt in die richtige Richtung, keineswegs aber eine ausreichende Maßnahme. Eine Sicherheit dagegen, dass sich die verschiedenen Lieferantenländer zusammenschließen, um Deutschland (bzw. Europa) gemeinsam in die Knie zu zwingen, bietet die Diversifikation jedenfalls nicht. Und dass sich auf den Weltmärkten die Preise für die einzelnen Energieträger auf alle Dauer unabhängig voneinander entwickeln werden, kann auch niemand glauben, der die Marktgesetze halbwegs kennt.

Die entscheidende Frage der Zukunft wird also sein, ob Deutschland über genügend eigene Energiequellen verfügt, um seine bisherigen Lebens- und Wirtschaftsformen aufrechtzuerhalten. Erdöl, Erdgas und Uran allein werden es jedenfalls nicht sein, Uran jedenfalls dann nicht, wenn man nicht an eine Weiterführung der so genannten Plutoniumwirtschaft denkt (und Plutonium hat eine sehr hohe Halbwertzeit!) – ganz zu schweigen von der Endlichkeit aller dieser Quellen.

Wenn man die gegenwärtigen energiepolitischen Diskussionen verfolgt, so stellt man fest, dass es fast ausschließlich um die verstärkte Nutzung der so genannten erneuerbaren Energien geht. *Logisch* ist das die einleuchtendste Lösung, weil solche Energieformen eben grundsätzlich nicht begrenzt sind. *Praktisch* bieten sie aber doch einige Schwierigkeiten. Von den fünf Erfolg versprechendsten Formen – Sonne, Wasser, Biomasse, Wind und Erdwärme – stoßen zwei auf starke Gegenargumente, selbst aus ökologischer Sicht; sowohl Wasser- als auch Windkraftwerke führen nämlich zu schwerwiegenden Eingriffen in die Natur, die sich der Bürger auf die Dauer kaum gefallen lassen dürfte. Es wird sich auf lange Sicht also alles auf Sonnenenergie, Erdwärme und Biomasse konzentrieren, und diese sollten folglich auch so nachdrücklich gefördert werden wie nur irgend möglich.

Eine Frage, über die meines Erachtens in Deutschland zu wenig nachgedacht wird, ist die Zukunft der Steinkohle. Unser Land verfügt über beträchtliche Steinkohlelager, und zwar von ausgezeichneter Qualität. Trotzdem ist dieser Energieträger in den vergangenen Jahrzehnten zunehmend aus der Mode gekommen. Der Grund dafür leuchtet ein: Die deutsche Kohle ist zu teuer, als dass sie auf die Dauer mit der importierten Kohle konkurrieren könnte. Trotzdem habe ich meine Zweifel, ob es richtig ist, auf sie vollständig zu verzichten, dabei auch noch die bestehenden Anlagen aufzugeben und das technische Know-how einschlafen zu lassen. Wenn es eines Tages bei den anderen Energieträgern zu längerfristigen Lieferengpässen kommen sollte, könnten wir das bitter bereuen, und die Frage, ob man in diesem Zusammenhang nicht wenigstens auf ein bisschen Autarkie setzen sollte, ist zumindest nicht völlig unberechtigt – was immer die Theoretiker der Marktwirtschaft davon denken und dazu sagen mögen.

Aussichtsreicher scheint übrigens die Verstromung von Braunkohle zu sein, die in Deutschland weit mehr Energie zu bieten hat als die gesamten heute bekannten Erdöllager der Nordsee, und die überdies auch noch im Tagebau, das heißt auf relativ einfache technische Weise abgebaut werden kann. Deutschland wird es sich auf die Dauer kaum leisten können, diesen Energieträger für alle Zukunft im Boden liegen zu lassen. Das hat zwar erhebliche Probleme zur Folge, die zum Teil erst noch gelöst werden müssen – einerseits die Entziehung und Ablagerung der schädlichen CO_2-Bestandteile und andere gravierende Umweltprobleme, andererseits die Rekultivierung der betroffenen Grundflächen nach dem Abbau. Aber diese Fragen sind, soweit sich das beurteilen lässt, lösbar. Man muss sich nur rechtzeitig um ihre Lösung bemühen, und wenn man bedenkt, welche Zeiträume heute zur Bewältigung solcher Fragen erforderlich sind, sollte man damit auch nicht mehr allzu lange zuwarten.

Eine weitere Möglichkeit einer wirklich verantwortungsvollen Energiepolitik besteht im Energiesparen. Selbstverständlich muss auch auf diesem Gebiet alles nur erdenklich Mögliche unternommen werden, von der Konstruktion energiesparender Autos und Flugzeuge bis hin zur Wärmedämmung im Haus- und Wohnungsbau.

Alle Maßnahmen, von denen bisher die Rede war, sind richtig und wichtig und sollten von Bund, Ländern und Gemeinden nachdrücklich verfolgt werden – anders ausgedrückt, es muss nicht nur einen Energie-Mix, sondern ebenfalls einen Energie*spar*-Mix geben, bei dem es nicht um ein Entweder-Oder, sondern um ein Sowohl-als-auch gehen muss. Klar muss aber auch sein, dass die Energiefrage hoch technisierter und hoch industrialisierter Gesellschaften auf allen diesen Wegen nicht annähernd gelöst werden wird. Es wird die Frage bleiben, ob es möglich ist, die riesigen Energiemengen, die eine solche Gesellschaft auch in Zukunft benötigen wird, in Formen zu gewährleisten, die jede dieser Gesellschaften zu einem großen Teil aus *eigener* Kraft und vor allem aus *eigenen* Ressourcen sicherstellen kann. Nur so wird die internationale Unabhängigkeit Deutschlands (wie ganz Europas) garantiert bleiben.

In diesem Zusammenhang erinnere ich mich an ein Gespräch, das ich kurz nach meiner Amtszeit mit dem großen Technikpionier Ludwig Bölkow geführt habe. Er legte mir einige Berechnungen über den Energiebedarf der Menschheit vor, wenn diese eine technische Entwicklung wie heute Europa und die USA hinter sich hätte. Dieser Bedarf, so sagte er, lasse sich mit herkömmlichen Kraftwerken einschließlich der Kernkraftwerke (die er weltweit auf mehrere hundert bezifferte) nicht mehr decken – ob ich eine Vorstellung davon hätte, wie er denn sonst zu decken wäre. Ich ahnte zwar, welche Antwort er erwartete, gab die Frage aber einfach zurück. Seine Antwort bestand aus einem einzigen Wort: »Brennstoffzelle«. Damit hatte er nicht nur meine Erwartung, sondern auch meine Überzeugung getroffen.

Der Energieträger, den die Brennstoffzelle aktiviert, ist der Wasserstoff. Er ist auf der Erde nahezu unbegrenzt vorhanden und setzt auch nicht die technischen Aufwendungen voraus, die etwa die Kernfusion, das heißt die nukleare Umwandlung von Wasserstoffatomen in Heliumatome, verlangt. Die Technologie der Brennstoffzelle ist unendlich viel einfacher und billiger. Sie bedarf gewiss auch noch einer erheblichen Weiterentwicklung – zum Beispiel basieren die bereits funktionierenden Brennstoffzellentechniken überwiegend noch nicht auf Wasserstoff. Die Entwicklungsarbeiten, die in vielen Ländern der Welt in Gang sind, sind aber außerordentlich vielversprechend, und wenn Deutschland in diesem Bereich eine führende Rolle spielen könnte, wäre nicht nur unser eigenes Energieproblem weitgehend gelöst, sondern unser Land hätte in der technischen Entwicklung wieder einmal einen großen Sprung nach vorn getan.

Nun ist es nicht so, als ob Deutschland auf dem Gebiet der Brennstoffzellenentwicklung überhaupt keine Rolle spielte. Die strategische Bedeutung dieses Forschungsgegenstands ist hierzulande aber bei weitem nicht erkannt, und der Nachdruck, der darauf gelegt wird, könnte sowohl seitens der Wirtschaft als auch der staatlichen Forschungsförderung erheblich größer sein. Ich habe das selbst erlebt, als ich einmal Energiepolitiker, Techniker, Vertreter von Energieversorgungsunternehmen und Vertreter der Autobranche zu einem Symposium ins Schloss Bellevue einlud, um mich zum einen sachkundig zu machen und zum anderen für die Sache zu werben. Der Eindruck, den ich dabei gewann, war höchst zwiespältig. Zwar wurde deutlich, dass praktisch alle relevanten Autoproduzenten an Modellen arbeiteten, die mit der Brennstoffzelle betrieben werden sollten (ähnlich wie sie sich ja auch ernstlich mit dem energiesparenden Auto befassen), dass bis zur Serienherstellung aber noch Jahre vergehen würden. Der ganze Umfang der Schwierigkeiten wurde mir aber erst gegen Ende der Veranstaltung klar, als ein Vertreter der Erdölwirtschaft mit dem Ausdruck tiefster Zufriedenheit erklärte, dass es wohl noch für sehr lange Zeit beim benzingetriebenen Auto bleiben werde.

Diese Formulierung und der Ton, in dem sie zum Besten gegeben wurde, machten mir schlaglichtartig den entscheidenden Punkt klar. Ich will nicht so weit gehen zu behaupten, dass die Erdölkonzerne an der Ersetzung des Öls durch Wasserstoff überhaupt nicht interessiert seien. Ihre deutschen Vertreter scheinen aber nie gelernt zu haben, strategisch zu denken. Sie sind nur die Repräsentanten weit entfernter Konzernzentralen und, sagen wir es unumwunden, ausschließlich Ölverkäufer; von technischen und strategischen Überlegungen haben sie keine Ahnung. (Das habe ich auch in einem anderen Zusammenhang beklagen müssen. Die zentralasiatischen Erdölländer hätten in der Entwicklung ihrer Ölquellen liebend gern mit deutschen Firmen zusammengearbeitet, um nicht ganz von Amerikanern und Russen abhängig zu werden – aber bei den Deutschen fehlte mindestens das Know-how, wenn nicht ganz einfach der Mut.)

Das daraus folgende Desinteresse der Erdölwirtschaft hatte eine fatale Folge: Die Brauchbarkeit der Brennstoffzelle konnte nur von einem anderen großen Wirtschaftszweig durchgeplant und getestet werden, und das war die Automobilindustrie. Die aber befindet sich in einer denkbar ungünstigen Lage. Sie muss nämlich mit zwei großen Problemen fertig werden: erstens mit dem Raumbedarf und Gewicht der Apparaturen, die sich in den letzten Jahren zwar deutlich reduziert haben, für den Autofahrer aber trotzdem stets unbequem bleiben werden, und zweitens mit der Tatsache, dass, gleichgültig von welchem Grundstoff man ausgeht, neben den Netzen der Benzin- und Dieselölversorgung noch ein ganz neues Versorgungsnetz aufgebaut werden müsste. Man hat also mit jenem Teil der Energieversorgung begonnen, bei dem es die größten Schwierigkeiten gibt, und so etwas kann nicht gut gehen.

Der deutsche Energieverbrauch verteilt sich im Großen und Ganzen auf drei große Felder: Industriebedarf, Beheizung und Straßenverkehr. Über die Möglichkeiten und Probleme der Industrie will ich hier nicht rechten; davon verstehe ich zu wenig. Straßenverkehr und Wohnungsheizung kenne ich dagegen aus eigener Anschauung und der zufolge ist auch die größte Brennstoffzelle für die Heizung eines Einfamilienhauses nicht größer als Öltank und Brenner, und die Anlieferung von Wasserstoff (jedenfalls nach einer gewissen Anlaufzeit) kann nicht schwieriger als die von Heizöl sein. Der energiepolitische Effekt aber wäre der gleiche – sowohl was das Verschwinden des CO_2-Ausstoßes als auch die größere Unabhängigkeit von ausländischen Lieferanten betrifft.

Als Bundespräsident bin ich in dieser Frage nicht sehr weit gekommen, sie gehörte ja auch nicht direkt zu meinen Aufgabengebieten. Vielleicht geben aber die Erfahrungen, die Deutschland seither mit dem Erdölpreis und dem russischen Erdgas gemacht hat, doch einen neuen Anstoß zur Brennstoffzellenentwicklung. Das ist kein Votum gegen andere Energieträger wie Wasser, Sonne, Erdwärme, Erdöl, Erdgas und Uran. Unabhängigkeit von fremden Energien wird es auf lange Sicht aber nur mit dem Wasserstoff geben, und zwar nicht durch die Kernfusion, sondern durch die Brennstoffzelle.

Apropos: Am Victoria-See

Einer meiner afrikanischen Staatsbesuche führte mich nach Uganda, das viele Jahre lang durch den Diktator Idi Amin terrorisiert und wirtschaftlich an den Rand des Abgrunds getrieben worden war. Nunmehr gab es eine neue Regierung, die die alten Wunden zu schließen versuchte, so gut es eben ging, dabei aber täglich auf neue Probleme und an Grenzen ihrer Möglichkeiten stieß, von denen wir Europäer keine Ahnung haben – weswegen wir uns auch mit Urteilen darüber am besten etwas zurückhalten sollten.

Wie kompliziert auch scheinbar einfache Sachverhalte dort sein können, zeigt eine Geschichte, die mir ein deutscher Zoologe erzählte. Mir war aufgefallen, dass in der Gegend, durch die er mich führte und für die er verantwortlich war, alle Bäume gleich hoch waren, und er erklärte mir das folgendermaßen: In dieser Gegend sei es außerordentlich schwer, dass Bäume zu einer annehmbaren Größe heranwüchsen, weil sie im Allgemeinen von den ortsansässigen Elefanten schon vorher vernichtet würden. In der Zeit, als Idi Amin von ausländischen Truppen gestürzt wurde, seien die Elefanten aber von schießwütigen Soldaten zu Tausenden abgeschossen worden (erst jetzt gebe es, nach großen Bemühungen, wieder knapp tausend), und seither hätten die Bäume ungestört wachsen können, alle vom gleichen Zeitpunkt an, und daher seien sie auch alle gleich hoch. Man hoffe, dass sie stark genug seien, wenn die Elefantenherden wieder zu alter Größe herangewachsen seien. Aber etwas Genaues wisse man natürlich nicht. Und das ist noch eine der leichteren Übungen, die den dortigen Regierungen – Stichwort Ökologie – abverlangt werden!

Eine ganze Reihe von den jungen Leuten, die allmählich in Regierungsstellen einrücken sollten, habe ich bei einer anderen Exkursion kennengelernt. Es war am Ufer des Victoria-Sees, dort, wo der Weiße Nil den See verlässt. Der Horizont war zwar durch ein Kraftwerk verschandelt, sonst aber war es ein Ort von unglaublicher, nur durch das Rauschen des Flusses unterbrochener Stille, auf einer Landnase, die etwas höher als das übrige Ufer im Schatten hoher, dicht belaubter Bäume lag. Dort waren hölzerne Bänke aufgestellt, wie man sie bei uns in Biergärten hat, und auf diesen Bänken saßen etwa sechzig bis achtzig junge Menschen, die in Deutschland studiert hatten, teils im Westen, teils im Osten, und vorzüglich Deutsch sprachen. Die meisten von ihnen waren noch immer bestens über das unterrichtet, was bei uns geschah, stellten ihre Fragen dazu, hörten sich meine Antworten an und begannen dann mit mir und untereinander zu diskutieren.

Ihre Fragen und Diskussionsbeiträge sind mir nicht mehr präsent, aber an die Stimmung des Tages erinnere ich mich noch genau – an die Interessiertheit und Freundlichkeit, vor allem an die ernste Konzentration meiner Gesprächspartner, besonders aber an das Rauschen des Flusses und an die Ruhe dieses Ortes, die ich mir nie hätte träumen lassen – und erst recht nicht, dass ich dort einmal ein solches Gespräch führen dürfte.

Technik und Innovation

Die Globalisierung und die auf sie reagierende Regionalisierung der Welt waren nicht das einzige Gebiet, auf dem ich während meiner Amtszeit als Bundespräsident Akzente setzen wollte. Das zweite Gebiet hing zwar eng damit zusammen, war mit ihm aber keineswegs identisch: Es ging mir um die Propagierung der Naturwissenschaften, der aus ihnen resultierenden Techniken und, wiederum damit zusammenhängend, der Innovationen auf diesen Feldern.

Überlebensstrategien

Die Notwendigkeit technischer Innovationen ist mittlerweile so oft begründet worden, dass es überflüssig wäre, sie hier noch einmal zu erwähnen – wenn man sagen könnte, dass sich diese Überzeugung auch schon in der Bevölkerung, besonders aber im Denken der Intellektuellen durchgesetzt hat. Eigentlich ist der Gedankengang, der hier notwendig wird, ganz einfach: Wenn es zutrifft, dass unsere Konkurrenten in der Weltwirtschaft die Produkte und Dienstleistungen, die wir gegenwärtig anzubieten haben und von denen wir immer noch gut leben, mehr und mehr in gleicher Qualität, aber zu wesentlich niedrigeren Preisen anbieten können, dann hängt die Erhaltung unseres Wohlstands, auch unseres sozialen Netzes, grundlegend davon ab, dass es uns gelingt, immer mehr Produkte und Dienstleistungen neuen Typs anzubieten, die einerseits unsere Konkurrenten noch nicht selbst hervorbringen können, die für sie aber gleichwohl nützlich sind und die sie daher bereitwillig abnehmen werden. Daran beißt die Maus keinen Faden ab, und man braucht sich auch nicht einzubilden, dass es dabei nur um die Aufrechterhaltung einiger überflüssiger Wohlstandsauswüchse geht. Verhandelt wird hier nicht um den Zweitwagen oder den dritten Jahresurlaub einiger betuchter Schichten, sondern um die Arbeitsplätze und damit die Löhne der Zukunft sowie um die soziale Sicherheit in dieser Zukunft. Das ist kein Gegenstand für geschmäcklerische sozialphilosophische Gedankenkonstrukte, sondern es geht einfach darum, ob Deutschland – und Europa – in Zukunft noch ähnlich (wenn auch vielleicht etwas bescheidener) leben können wird wie bisher, oder ob sie einen wirtschaftlichen und sozialen Abstieg sondergleichen riskieren wollen.

Schon solche Überlegungen müssten für ein Volk, das sich nicht selbst aufgeben will, eigentlich Grund genug sein, die technische Innovation und alles, was den Weg zu ihr eröffnet, ganz groß auf seine Fahne zu schreiben. In einigen interessierten Kreisen ist das gewiss auch so, von vielen anderen hat man aber den Eindruck, dass Technik und Innovation bei ihnen entweder nur Angst hervorrufen oder dass sie ihnen zu wenig schöngeistig oder wenigstens zu anstrengend sind. Und es trifft ja zu: Über Wohlstand, soziale Gerechtigkeit und Humanität zu reden ist wesentlich leichter, als sich den Tatsachen zu stellen und etwas für deren Verbesserung zu tun.

Übrigens stimmt es nicht, dass Naturwissenschaft, Technik und Innovation nichts mit Weltanschauung, Philosophie und Humanität zu tun hätten. Das Gegenteil ist der Fall. Ich will hier ganz von der Frage absehen, welchen Einfluss Physik, Chemie und Neurowissenschaften auf das philosophische Denken des 20. Jahrhunderts gehabt haben und welchen sie auf das Denken des 21. Jahrhunderts noch ausüben werden. Bleiben wir bei der Humanität! Kann sich heute noch irgendjemand vorstellen, wie das Leben und der Arbeitstag eines Kleinbauern, eines Bauernknechts, eines Steinbrucharbeiters oder eines Kumpels vor zweihundert Jahren ausgesehen hat? Von ein paar Historikern vielleicht abgesehen, kann sich das niemand vorstellen. Es wäre aber nötig, wenn man sich aufmacht, den Wert der modernen Technik zu beurteilen; denn die Humanisierung der Arbeit, die seither stattgefunden hat, vor allem aber die Entstehung neuer, unendlich humanerer Arbeitsmöglichkeiten sind genau von jener Technik bewirkt worden, über die sich viele Zeitgenossen geistig erheben oder von der sie sich zumindest vornehm abwenden.

Natürlich muss man nicht alles gutheißen, was die moderne

Technik hervorbringt, und erst recht nicht alles, was findige Produzenten in den Supermärkten an technischem Firlefanz anbieten. Zugeben sollte man aber, dass ein Volk wie das deutsche mit seiner unentwegt zunehmenden Lebenserwartung und seiner dementsprechend steigenden Überalterung – soweit sich das heute vorhersehen lässt – noch generationenlang auf kraftvollen technischen Fortschritt angewiesen sein wird, gerade im Zusammenhang mit dem, was man Humanität nennt. Ich will nur zwei Beispiele nennen: Die Medizintechnik, in der Deutschland immer noch an führender Stelle steht, kann nicht nur ganz neue Märkte im Weltmaßstab erschließen, sondern sie kann gleichzeitig vielen kranken Menschen auf der ganzen Welt, auch in Deutschland, ein besseres, humaneres Leben sichern als bisher. Und die Geriatrietechnik, eine eben erst im Entstehen begriffene Disziplin, wird die gleichen Wirkungen haben, gerade in einem Land wie Deutschland mit seiner auf dem Kopf stehenden Alterspyramide. Wer soll die alten Leute in ihren letzten Lebensjahren denn pflegen, wenn es gleichzeitig immer weniger junge Menschen gibt, die das tun könnten? Da drängt sich der Gedanke an technische Hilfen und Erleichterungen doch förmlich auf!

Dass die Technik über die Menschheit auch unendliche Gefahren und Katastrophen gebracht hat, soll hier keinen Augenblick verschwiegen werden. Dazu sind die Opfer der Waffentechnik und die ökologischen Folgen mancher technischen Entwicklungen zu präsent. Vor allem sind in dem Augenblick, in dem eine neue Erfindung gemacht und zum ersten Mal in die Praxis umgesetzt wird, ihre Konsequenzen kaum abzusehen, weder die positiven noch die negativen. Die Erfinder des Autos können z. B. keine Ahnung von den Leistungen sowie den Problemen des heutigen Massenverkehrs gehabt haben. Wenn man ihnen Autobahnstaus von vierzig bis fünfzig Kilometern oder gar den CO_2-Ausstoß der heutigen Autoflotten vorausgesagt hätte, hätten sie beides wahrscheinlich gar nicht für möglich gehalten, und genauso wäre es wohl bei der Zahl der alljährlichen Verkehrsopfer gewesen – die Zahl der Menschen, die umgekehrt durch das Auto alljährlich gerettet und am Leben erhalten werden, verzeichnet ja noch heute keine Statistik. Es dürfte kaum ein Gebiet der modernen Technik geben, mit dem sich das anders verhält, und dazu kommt noch, dass die Hervorbringungen der heutigen Technik immer komplizierter (und folglich für den einfachen Mann auch immer unverständlicher) werden, dass die damit verbundenen Veränderungen immer rasanter vor sich gehen und die negativen Folgen nicht von vornherein immer hinter den positiven zurückbleiben.[30]

Sieht man die Dinge so realistisch, dann gelangt man leicht zu der Einsicht, dass die Technikfeindlichkeit (oder zumindest Technikskepsis), die sich die Deutschen derzeit leisten, nicht nur auf der geschmäcklerischen Arroganz der »geistigen« Menschen in unserem Land beruht, sondern auch auf handfesten Verständnisschwierigkeiten und auf dem Bewusstsein der Ambivalenz, die der Technik nach allen Erfahrungen eben auch anhaftet. Nur ändert das nichts daran, dass die Technik unser Schicksal ist, weil nur sie unser Land vor einem Absacken in die Bedeutungslosigkeit und vor allem vor dauernder, tief einschneidender Verarmung retten kann. Noch ehe ich Bundespräsident wurde, war mir klar, dass das ein ganz zentrales Aufgabenfeld für meine Amtszeit war und dass es dabei um folgende Dimensionen ging:

1. Information der Öffentlichkeit über die technischen Entwicklungen der Gegenwart, aber auch über ihre Probleme (und wiederum deren Grenzen);
2. beharrliches Werben sowohl um grundsätzliche Akzeptanz für technische Neuerungen als auch um die Annahme technischer Berufe durch die nachwachsenden Generationen;
3. Etablierung einer wirklich ergebnisoffenen und öffentlichen Abwägung von Chancen und Risiken solcher neuer Entwicklungen.

Das größte Problem in diesem Zusammenhang ist die so genannte Risikoabwägung.[31] Schon der Ausdruck führt nämlich in die Irre. Jeder neuen Entwicklung wohnen sowohl Chancen als auch Risiken inne, und wenn das eine bereits in der Bezeichnung vergessen (oder verschwiegen) wird, ist der Weg zu objektiven Ergebnissen meist schon verbaut. Analog zu der betriebswirtschaftlichen Kosten-Nutzen-Analyse sollte man also von vornherein von einer Chancen-Risiken-Analyse sprechen. Außerdem sollte es eine Selbstverständlichkeit sein, dass in die Abwägung nicht nur der größtmögliche

Nutzen und der größtmögliche Schaden einer Innovation einbezogen werden, sondern auch die Wahrscheinlichkeiten, mit denen der eine und der andere zu erwarten sind. Alles andere wäre nicht fair, und zur Fairness gehört schließlich, dass die Mitglieder der Gremien, die über Annahme und Ablehnung einer Innovation zu entscheiden haben, in Fällen, in denen sie sich schon eindeutig positiv oder negativ geäußert haben, am Mitentscheiden verhindert sein sollten. Das kann nicht anders als bei den Gerichten sein.

Dass das ganze Verfahren »ergebnisoffen« sein und dass das auch von den Entscheidenden verlangt werden muss, ist eine Selbstverständlichkeit. Ergebnisoffen sollten meiner Ansicht nach aber auch die Entscheidungen selbst sein. Vor allem sollten möglichst keine unabänderlichen Entscheidungen getroffen werden; denn sowohl auf der Risiken- als auch auf der Chancenseite können sich immer wieder neue – positive wie negative – Erkenntnisse ergeben, die Anlass zur Korrektur ursprünglich abgegebener Urteile sein können. In dieser Angelegenheit sind alles in allem die richtigen Gremien, Verfahren und Entscheidungsformen noch nicht gefunden worden. Auch hier bestehen erhebliche Erfahrungslücken.

Dieses Thema hat mich schon als Bundespräsident intensiv beschäftigt. Das Staatsoberhaupt kann zwar aus eigener Initiative zu bestimmten Themen beratende Kommissionen einsetzen, es wird aber gut daran tun, sich gerade mit solchen Gremien zurückzuhalten, die sich sofort in eine ganze Anzahl von Untergremien aufspalten müssten, und erst recht mit solchen, von denen man ohne einen gewissen administrativen Unterbau keine ordentliche Arbeit erwarten kann. Deshalb hat es mich von Anfang an fasziniert, als mir nach dem Ende meiner Amtszeit der frühere Vorstandsvorsitzende von BMW, Professor Joachim Milberg, das Projekt einer Akademie für Technik und technische Wissenschaften vorstellte und mich zur Mitarbeit einlud. Das Institut, das daraus entstand, lebt gegenwärtig unter dem Namen »Acatech«, tritt in lockeren Abständen durch öffentliche Veranstaltungen hervor, arbeitet im Übrigen aber – ähnlich wie eine Akademie – in Kommissionen, die sich nicht nur mit Sachfragen aus allen naturwissenschaftlichen und technischen Disziplinen (einschließlich der so genannten Lebenswissenschaften) befassen, sondern auch mit Fragen der Technikerausbildung und der Propagierung des technischen Fortschritts.

Meine Hoffnung geht dabei noch weiter. Als Bundespräsident habe ich es als Mangel unserer deutschen Wissenschaftsorganisation empfunden, dass es zwar eine Reihe höchst angesehener Länderakademien gibt, nicht aber eine bundesweite Akademie der Wissenschaften, die auch gegenüber ausländischen Akademien als Repräsentantin der deutschen Wissenschaft auftreten könnte. Versuche, die der damalige Wissenschaftsminister Jürgen Rüttgers und ich in dieser Richtung unternommen haben, sind am Sperrfeuer der etablierten Akademien, wohl aber auch am Übereifer der Administration gescheitert. »Acatech« könnte für die Naturwissenschaften und die technischen Disziplinen eine solche bundeseinheitliche Akademie werden und damit zugleich den Anstoß zu einer Klärung auf der Seite der Geisteswissenschaften geben. Damit wäre eine der »Unvollendeten« aus meiner Amtszeit doch noch zu einem guten Ende geführt.

Popularisierung der modernen Technik

Ein wirklich bedeutendes Forum, vor dem ich meine Vorstellungen über Notwendigkeit und zugleich Disziplinierung des technischen Fortschritts mit ausreichender Öffentlichkeitswirkung hätte darstellen können, gab es in meiner Amtszeit nicht. Ich habe das durch eine Fülle kleinerer Auftritte auszugleichen versucht – bei Kongressen einzelner Fachsparten, bei Erfindermessen, bei den gar nicht so seltenen Start-up-Veranstaltungen, durch Besuche in hoch spezialisierten Betrieben, durch Anwesenheit bei Preisverleihungen an besonders erfolgreiche Existenzgründer usw.

Erwähnen möchte ich aber, dass ich diese Aktivitäten schon gleich nach meinem Amtsantritt aufgenommen habe. Mein erster öffentlicher Auftritt in Sachen technischer Fortschritt datiert vom 29. August 1994, also aus dem zweiten Monat meiner Amtszeit. Damals nahm ich – auch zur Überraschung meiner Mitarbeiter im Bundespräsidialamt – in Hamburg am 13. Welt-Computer-Kongress teil.

Natürlich kam ich auch dort um eine Rede nicht herum. Das Thema war: »Neues Wachstum durch Wissen«.[32] Schon damals habe ich mich, wie später noch oft, zu den Lasten und Chancen Deutschlands in der Konkurrenz auf den Weltmärkten, zu den Chancen der Ökologie im technischen Fortschritt und selbstverständlich auch zu den arbeitsmarktpolitischen Folgen der Technik geäußert.

Für mich persönlich war es viel wichtiger, bei dieser Gelegenheit den Ersterfinder des Computers, den deutschen Techniker Konrad Zuse, kennengelernt zu haben. Mir ist es bis heute unverständlich, dass dieser Mann, der ein neues Zeitalter eingeläutet hat, in Deutschland nicht als Heros dieser neuen Zeit gefeiert wird. In Amerika hat es sein Konkurrent Howard H. Aiken, der dort lange als der erste Erfinder galt, für nötig gehalten, Zuses zeitlichen Vorsprung ausdrücklich anzuerkennen und ihm dadurch die größte Ehre zu erweisen, die man einem Erfinder zuteil werden lassen kann. In Deutschland aber ist sein Name heute nur noch wenigen Menschen bekannt. Als ich ihm kurz vor seinem Tod wenigstens noch das Große Bundesverdienstkreuz mit Stern und Schulterband verlieh, war das nur wenigen Zeitungen eine kurze Nachricht wert. Wenn aber eine Jodel-Prinzessin aus Hollywood in einem beliebigen Wettbewerb den fünften Platz belegt, dann sind die Gazetten voll davon. Schon daran sieht man den Unterschied zwischen den Völkern, und daran erkennt man schlaglichtartig auch, warum Deutschland im internationalen Wettbewerb immer weiter in Rückstand gerät: Weder das Volk noch seine Medien haben begriffen, worauf es in dieser auf Konkurrenz angelegten Welt ankommt.

Der sichtbarste Ausdruck für die Bedeutung, die ich der technischen Entwicklung beimesse, dürfte die Stiftung des Deutschen Zukunftspreises im Jahre 1996 gewesen sein. Vorschläge dafür können von einer ganzen Reihe techniknaher Institutionen eingereicht werden. Dann wählt eine unabhängige Jury vier der vorgeschlagenen Innovationen für den Endlauf aus. Aus diesen wird in einem letzten Entscheidungsgang der Sieger ausgewählt, der ein Preisgeld von damals 500 000 DM (heute 250 000 Euro) erhält. Dank der vorzüglichen Mitarbeit des ZDF konnte die Preisverleihung in einer Fernsehsendung vorgenommen werden, die ein wenig nach dem

Technik und Innovation

Roman Herzog (links) besucht am 14. November 1994 die Firma Günter Spröggel in Quedlinburg, die eine Bau-Informations- und Produkt-Informationsdatenbank anbietet.

Vorbild der amerikanischen Oscar-Verleihungen vor sich ging. Für mich war es das Wichtigste, dass im Rahmen der Sendung sowohl die Arbeit des Siegers als auch die seiner drei Konkurrenten vorgestellt wurden, was dem einen oder anderen bei der späteren Verwertung seiner Erfindung einige Türen geöffnet haben mag. Ob der technische Fortschritt als solcher popularisiert werden konnte, ist mir aber nach wie vor zweifelhaft. So etwas kann mit einer Sendung pro Jahr meines Erachtens nicht erreicht werden. Weitere Sendungen mit dieser Thematik gibt es aber kaum, und sie werden, soweit ich das beurteilen kann, auch immer anspruchsloser. Die vom ZDF ausgestrahlte Sendung »Knoff-hoff« (die sich allerdings mehr mit naturwissenschaftlichen als mit rein technischen Themen befasste), hat unter der Moderation von Joachim Bublath jahrelang auf angenehme Weise ernsthaftes Wissen vermittelt. Eine gleichwertige Nachfolgerin hat sie bisher nicht bekommen.

Ich fürchte, dass meine Bemühungen um die Technik nicht mehr als eine marginale Ermunterung derer bewirkt haben, die sich überhaupt für dieses Thema interessieren. Die Beschäftigung mit solchen Gegenständen scheint nicht nur unseren jungen Leuten, sondern auch unseren Journalisten zu viel abzuverlangen – dies sei in allem Respekt vor den da und dort bestehenden naturwissenschaftlichen Redaktionen gesagt, die wirklich Erstaunliches leisten, von den Chefredakteuren aber viel zu stiefmütterlich behandelt werden.

Hier liegt eine der empfindlichsten Eingrenzungen des Bundespräsidentenamtes vor – jedenfalls nach meinem Dafürhalten. Der Bundespräsident, so wie ihn das Grundgesetz ausgestattet hat, kann zwar durch öffentliche Gesten und erst recht durch öffentliche Reden erstaunlich viel bewirken. Jedoch in dem Augenblick, in dem er in einer Thematik operativ tätig werden will, ist er auf die Einsetzung einer Kommission oder auf die Bitte an andere Institutionen (Medienunternehmen, Stiftungen u. dgl.) angewiesen. Und irgendwie hängt es auch vom Zufall – oder vom mehr oder weniger glücklichen Ergreifen eines *kairós* – ab, ob es ihm gelingt, die öffentliche Meinung und auf dem Umweg über sie die Grundstimmung des Volkes zu verändern.

Apropos: Konrad Zuse

Konrad Zuse, den Erbauer des ersten funktionsfähigen Computers, habe ich im August 1994 bei einem internationalen Computer-Kongress in Hamburg kennengelernt. Zuvor kannte ich zwar seinen Namen und die Geschichte, dass in den USA viele Jahre lang ein anderer als der Erfinder gegolten, dann aber von sich aus die Priorität Zuses anerkannt hatte. Aber ihm selbst, dem Mann, der ein neues Zeitalter eingeläutet hatte, war ich vorher noch nie begegnet.

Auf jenem Kongress hatten wir auch nicht sehr viel Zeit, uns gegenseitig zu beschnuppern. Da ich aber ohnehin vor hatte, das Thema »technische Innovation« während meiner Amtszeit gründlich zu beackern, war ich schnell entschlossen, ihn wieder etwas mehr ins öffentliche Bewusstsein zu rücken, in dem er zu jener Zeit fast nicht mehr vorkam. Für den Bundespräsidenten gibt es dabei eine Möglichkeit, die andere nicht haben: Er kann Orden, auch hohe Orden verleihen, und genau das habe ich im Fall Zuse getan.

Die Überreichung des Ordens nahm ich in der Villa Hammerschmidt vor; daran schloss sich eine eineinhalbstündige Unterhaltung mit dem Pionier der deutschen Computertechnik an. Die angesprochenen Themen sind dabei nicht so wichtig, wohl aber der Umstand, dass sich Zuse, so lebendig er sich an dem Gespräch beteiligte, nebenher, wie ich glaubte, ununterbrochen Notizen machte. Das hätte ich mir ja verbitten können, aber im Zusammenhang mit der doch recht hohen Ehrung, die ich gerade vorgenommen hatte, hätte sich das nicht gut gemacht. Außerdem lasse ich gerade alten Menschen gern ihre Marotten. Erst lange nach Zuses Tod habe ich begriffen, dass er sich damals gar keine Notizen gemacht, sondern Skizzen zu einem Porträt angefertigt hatte, das mir einer seiner Weggefährten gewissermaßen posthum überbrachte. Für mich war das keine geringe Überraschung. Ich hatte nicht einmal gewusst, dass Zuse sich auch als Maler betätigte.

Das Bild hängt heute in meinem Münchener Büro. Es zeigt unverkennbar mich, aber doch in einer etwas eigenwilligen Auffassung. Seit ich ein Selbstporträt Konrad Zuses gesehen habe, bin ich nämlich ziemlich sicher, dass mein Bildnis durch Zuse-Züge stark modifiziert ist. Es ist gewissermaßen das arithmetische Mittel zwischen Konrad Zuse und Roman Herzog.

Man kann gewiss darüber streiten, ob das zur Richtlinie einer neuen Porträtkunst werden sollte. Jedenfalls bin ich auf dem Bild zu erkennen, was man nicht von allen Porträts behaupten kann, die mittlerweile von mir angefertigt worden sind. Und außerdem ist die unübersehbare Verbindung mit dem großen Erfinder ja auch schmeichelhaft. Zumindest für mich.

Die Kernfrage: Freiheit und Initiative

Das Thema »technischer Fortschritt« lässt sich nicht in aller Kürze behandeln. Die Menschen in unserem Lande pflegen die Probleme, die sie mit einem ungehemmten Fortschritt der Technik haben, meist in ganz simplen Wendungen auszudrücken. »Wohin soll die ganze Entwicklung denn eigentlich gehen?« Bei Gesprächen mit Bürgern wurde mir oft diese oder eine ähnliche Frage gestellt: »Wie stellen Sie sich denn Deutschland in fünfzig (oder meinetwegen auch in hundert) Jahren vor?«. Ich bekenne freimütig, dass ich auf solche Fragen nie eine konkrete Antwort gegeben habe. Schließlich lässt sich so etwas nicht im Vorübergehen oder gar beim Smalltalk leisten. Beim folgenden Satz wird sich aber doch manch einer die Augen reiben: Ich bin der felsenfesten Überzeugung, dass es auf solche Fragen auch gar keine korrekte Antwort mehr geben *kann*.

Der Grund der Unsicherheit

Die Problematik, die damit angerissen ist, hat mich eigentlich mein ganzes Leben als Wissenschaftler und Politiker hindurch nicht losgelassen. Der erste größere Beleg dafür ist der Grundsatzartikel »Der Mensch des technischen Zeitalters als Problem der Staatslehre«, den ich schon 1966 der ersten Auflage des *Evangelischen Staatslexikons* vorangestellt habe,[33] und der letzte ist mein 2005 erschienenes Buch *Wie der Ruck gelingt*, das nicht nur politische Rezepte zur Bewältigung der augenblicklichen Staatsträgheit, sondern auch grundsätzliche Ausführungen zur Gestaltung des Verhältnisses von Staat und Gesellschaft enthält.[34]

Weniger bekannt ist ein Vortrag, den ich am 11. Juni 1997 auf einem Symposion der Ludwig-Erhard-Stiftung gehalten habe. Er ist verständlicherweise mehr auf das Verhältnis zwischen Wirtschaft und Staat ausgerichtet, behandelt aber zugleich viele Probleme, auf die es in unserem jetzigen Zusammenhang ankommt.[35]

Der Vortrag hat eine Vorgeschichte, die eng mit der Entstehung der so genannten »Ruck-Rede« zusammenhängt. Ich hatte seit langem den Eindruck, dass es an der Zeit sei, mit dem deutschen Volk wieder einmal die geistigen Grundlagen der Marktwirtschaft und darüber hinaus der gesamten freiheitlichen (oder offenen) Gesellschaft durchzudeklinieren. Als klar wurde, dass ich im April 1997 den Reigen der »Berliner Reden« im Hotel Adlon mit einer eigenen grundsätzlichen Rede eröffnen sollte, hielt ich das für die beste Gelegenheit, diese Absicht zu verwirklichen. Also setzte ich mich hin und schrieb den Text einer Rede zu diesem Thema. Unvermeidlich stieß ich dabei, wie Tausende vor mir, bis zur Bedeutung der Freiheit für die Problemlösungskapazität von Staat, Gesellschaft und Wirtschaft vor. Soweit enthielt der Vortrag also nichts Neues. Während ich die betreffenden Sätze schrieb, drängte sich mir aber die eigentliche Misere der Gegenwart auf: der fehlende Mut, mit dieser Freiheit etwas Nützliches und Weiterführendes anzufangen. Ich habe das damals so ausgedrückt:

»Adam Smith und die ihm folgenden klassischen Liberalen hatten von einer – ihnen fast selbstverständlichen – Hoffnung gelebt: Man gebe den Menschen Freiheit, sie werden dann ganz von selbst das Beste daraus machen, für sich selbst und für die Gemeinschaft als Ganzes. Heute stellt sich die Frage aber doch etwas anders. Was ist, wenn sie nichts aus ihrer Freiheit machen? Vielleicht nicht einmal etwas daraus machen wollen, weil sie den Mut verloren haben?«

Diese Frage habe ich einige Tage später auch in einem meiner Beraterkreise zur Diskussion gestellt. Nach einer erregten Debatte ging die Ansicht fast aller Teilnehmer dahin, ich sollte nicht die offene Gesellschaft oder gar die Marktwirtschaft zum Thema meiner Berliner Rede machen, sondern genau die mentale Problematik, die ich mit meiner Frage angesprochen hatte. Dieser neue Entwurf wurde sodann nach genauen Vorbesprechungen von den Redenschreibern des Bundespräsidialamtes vorformuliert, von mir noch einmal gründlich überarbeitet und am 26. April 1997 im Hotel

Adlon gehalten, zumal Professor Renate Köcher, ein Mitglied des erwähnten Beraterkreises, berichtet hatte, dass neueste Umfragen etwas weniger Mutlosigkeit unter den Befragten signalisierten. Mein eigener, ursprünglicher Entwurf wurde auf diese Weise für die Ludwig-Erhard-Stiftung frei.

Wenn ich mich nun dem Thema selbst nähere, muss ich vorab betonen, dass die Mut- und Antriebslosigkeit, die seither zu einem meiner zentralen Themen geworden sind, nicht nur auf Faulheit und Feigheit oder gar auf eine Art mentaler Degeneration der Deutschen zurückzuführen sind, sondern dass es dafür in der Entwicklung unserer westlichen Zivilisation durchaus handfeste Gründe gibt. Das habe ich in den letzten Jahren immer und immer wieder dargestellt. In meiner Rede »Ludwig Erhards Soziale Marktwirtschaft: Erbe und Verpflichtung« zum 40. Symposium der Ludwig-Erhard-Stiftung am 11. Juni 1997 in Bonn habe ich es beispielsweise folgendermaßen ausgedrückt:

»Die westlichen Gesellschaften – zumindest sie – sind seit etwa zwei Jahrhunderten in eine unaufhörliche, im Tempo von Generation zu Generation zunehmende Bewegung geraten. Immer neue Möglichkeiten werden eröffnet, alte wie neu entstehende Bedürfnisse auf diesem Wege gedeckt. Zugleich entstehen immer neue Fragen und Probleme und Bedürfnisse. Die technischen und organisatorischen Fähigkeiten des Westens werden in andere Teile der Welt exportiert und kommen von dort als Probleme, meist ganz einfach als Konkurrenz, wieder zurück. Die veränderten Lebensbedingungen der Menschen – auch hierzulande – schaffen veränderte Bewusstseinslagen. Eine vervielfachte Lebenserwartung und ein explodierender Wissensstand der Massen erzeugt eine neue Sicht der Welt und des Menschen. Mit einem Wort: Die Gesellschaften der westlichen Welt – und nicht nur sie – sind das geworden, was man mit einem verbreiteten Schlagwort dynamische Gesellschaften nennt. Nicht weil sie selbst so dynamisch wären, sondern weil sie in Bewegung geraten sind.«

Ergänzend sei an dieser Stelle noch hinzugefügt:

1. Die geschilderte Entwicklung ist nicht aus sich heraus entstanden, sondern sie ist von Menschen gemacht; man sollte deshalb

lieber nicht von dynamischen, sondern von *dynamisierten* Gesellschaften sprechen.

2. Die Entwicklungen, um die es hier geht, sind nicht nur in sich schon kompliziert genug, sondern sie bedingen und beeinflussen sich auch noch gegenseitig auf kaum mehr zu entwirrende Art und Weise. Sie waren daher schon zum Zeitpunkt ihres Beginns nicht in ihren künftigen Konsequenzen berechenbar und werden das auch in Zukunft nicht sein.

3. Je mehr das Wissen der Menschheit wächst und je leichter es jederzeit zur Verfügung steht, desto *rascher* ergeben sich überdies die Entwicklungen der Zukunft.[36]

Diese drei Punkte charakterisieren die Lage, in der sich die moderne Welt und an ihrer Spitze die westlichen Gesellschaften befinden, besser und eindringlicher als jedes theoretische Gedankensystem – und sei es noch so ausgefeilt und ausziseliert.

Wer steuert das System?

Angesichts dieser nicht gerade zuversichtlich stimmenden Tatsachen habe ich mir – wie viele andere auch – immer wieder die Frage gestellt, welche Rolle Staat und Gesellschaft in diesem Szenario überhaupt noch spielen können. Anfang der siebziger Jahre glaubte man in Deutschland (und nicht nur hier), mit großen Braintrusts und vor allem mit gewaltigen Planungsbehörden besser über die Runden zu kommen als mit dem bisherigen Regierungssystem. Ich gestehe, dass ich zu bestimmten Zeiten von diesen Ideen, die natürlich eine »Verwissenschaftlichung« der Politik bedeutet hätten und für einen Universitätsprofessor daher verführerisch klingen mussten, durchaus fasziniert war. Allmählich – und von Jahr zu Jahr immer gebieterischer – setzte sich bei mir jedoch die Erkenntnis durch, dass mit solchen Organisationen auf die Dauer keine Blumentöpfe zu gewinnen sind. Erstens ist auch eine Planungsbehörde eine Bürokratie mit allen Nachteilen einer Bürokratie, das heißt, sie wird schwerfällig und neuen Ideen, die nicht in ihre Dogmatik passen, nicht unbedingt zugänglich sein. Zweitens besteht die manifeste Gefahr, dass auch sie, wie jede andere Behörde, von außen – oder sagen wir es deutlich: von »oben« – beeinflusst, gesteuert oder gar manipuliert werden kann. Und drittens: Wenn die Dinge ohnehin so kompliziert sind und sich so rasend schnell verändern, wenn also hinsichtlich künftiger Entwicklungen ohnehin niemand mehr »durchblickt« – warum sollte gerade sie den totalen Durchblick haben?

Worum es unter diesen Umständen wirklich geht, habe ich in der erwähnten Ansprache vor der Ludwig-Erhard-Stiftung dargelegt:

»Überlebensfähig ist unter solchen Umständen nur eine Gesellschaft, die im Stande ist, neu entstehende Schwierigkeiten und Probleme so rasch und vollständig wie möglich zu erkennen, sich auf sie einzustellen, Lösungen dafür zu entwickeln und diese dann auch in die Wirklichkeit zu übersetzen. (…)

Deshalb werden Systeme, die mit polyzentraler Problem- und Entscheidungsfindung arbeiten, in aller Regel besser bestehen. Ihre Fähigkeit, Probleme zu erkennen, Lösungen dafür zu suchen und zu finden und sie dann auch in die Realität umzusetzen, ist größer, oder – einfacher ausgedrückt – ihre Lernfähigkeit ist größer. Der Erfolg ist zwar auch ihnen nicht sicher; denn das ist im menschlichen Leben überhaupt nichts. Aber er ist wahrscheinlicher als in jedem anderen System.

Hierin liegt die große Chance der offenen Gesellschaft. Man kann das – vorsichtig quantifizierend – auch so ausdrücken: Je mehr Personen, Einrichtungen und Unternehmen sich am Aufspüren neuer Probleme und Bedürfnisse beteiligen und je mehr sich an ihrer Lösung bzw. Befriedigung versuchen, desto größer wird auch die Wahrscheinlichkeit, dass beides wirklich erreicht wird.«

In diesen wenigen Sätzen liegt der Grund dafür, dass ich während meiner ganzen politischen Amtszeit für die offene, freiheitliche Gesellschaft, für Marktwirtschaft und Dezentralisation eingetreten bin. Diese garantieren nämlich zweierlei, was heute von vitaler Bedeutung ist: die größtmögliche Zahl der Mitgestalter, von der soeben die Rede war, und deren Gestaltungsfreiheit, die zugleich eine Gestaltungschance ist.

Wohin steuert das System?

Solche Überlegungen haben eine für moderne Menschen fast bestürzende Konsequenz. Sie zeigen nämlich, dass die schon erwähnte Frage, *wohin* sich die Menschheit denn eigentlich entwickeln werde, heute praktisch keinen Sinn mehr hat. Weil es auf sie keine Antwort *gibt*, ja weil es auf sie keine Antwort *geben kann*. Denn einerseits sind die Dinge zu unüberschaubar, als dass halbwegs verbindliche Prognosen möglich wären, und andererseits wären für halbwegs klare Antworten Vorgaben nötig, wie sie auch eine ungesteuerte, polyzentrale Gesellschaft nicht im Voraus geben kann.

Von dem bedeutenden evangelischen Theologen Helmut Thielicke habe ich vor vielen Jahren einen Vergleich gehört, der mir schon damals zu denken gegeben hat. Er sagte, die politische Ethik könne heute nicht mehr wie früher als Handreichung zu einer Wanderung mit Generalkarten verstanden werden. In Zeiten, in denen die Gesellschaften noch annähernd statisch gewesen seien, hätte man sich Politik als Wanderung zu einem deutlich sichtbaren Ziel bei lückenloser Kenntnis der zum Ziel führenden Wege vorstellen können. Heute sei das anders: Das Ziel sei zwar immer noch sichtbar, doch auf der Wanderkarte gebe es Fehler und weiße Flecken, und Aufgabe der Politik sei es, das Ziel trotz allem zu erreichen.

Ich fürchte, auch dieser modifizierte Vergleich trifft heute nicht mehr zu; denn auch das Ziel, auf das sich unsere politisch-gesellschaftlichen Systeme hin bewegen, ist nicht mehr klar auszumachen. Wir haben zwar noch eine ungefähre Ahnung davon, wo es sich befindet, genau lässt es sich aber nicht mehr erkennen. Es ist, um im Bild zu bleiben, hinter einer Wolke, um nicht zu sagen hinter einer Nebelwand verschwunden.

Aber die Politik ist dazu verurteilt, sich ihm so gut wie möglich zu nähern und an seiner Fixierung mitzuwirken. Die Lösung weist, um wiederum im Bild zu bleiben, zwei Komponenten auf: Die Politik muss sich wenigstens in die geahnte Richtung bewegen, um überhaupt noch mithalten zu können, und sie muss zu diesem Zweck ständig und angestrengt »auf Sicht fahren« – mit unendlich vielen Detailproblemen, unaufhörlichen Kurskorrekturen und folgerichtig mit der Notwendigkeit zu ständig neuen, raschen Entscheidungen. Die Zeit der großen Entwürfe ist ebenso zu Ende wie die Zeit, in der man ganze Systeme und ihre Weiterentwicklung aus einer geschlossenen Ideologie oder Philosophie erklären konnte. Mehr denn je werden *Vermutung*, *Versuch* und *Irrtum* die kommenden Jahrzehnte beherrschen.

Auf der Suche nach Bindungen

Völlig ungebunden ist die staatliche Politik dabei freilich auch nicht. Selbst wenn ich von der Frage einer allgemeinen politischen Ethik absehe, bleiben doch die zahlreichen mehr oder minder verbindlichen Hinweise, die das Völkerrecht und insbesondere die verschiedenen nationalen Verfassungen dazu geben. Dem Grundgesetz, auf das ich mich hier beschränken will, wohnt zum Beispiel ein deutlich erkennbarer Auftrag zu einer Friedenspolitik und zur internationalen Zusammenarbeit inne. Ganz besonders sind es aber die Grundrechtsartikel, die hier eine Rolle spielen.

Wer das Grundgesetz zur Hand nimmt und nicht verfassungsrechtlich vorgebildet ist, wird es wohl etwas überraschend finden, dass in seinen ersten Kapiteln nicht die Organisation des Staates enthalten ist, sondern eine stattliche Reihe von Vorschriften, in denen bestimmt wird, was dieser Staat gerade *nicht* darf; denn das ist genau genommen der Zweck der Grundrechte, die im Ersten Abschnitt des Grundgesetzes niedergelegt sind. Diese Verbote in Zielvorgaben umzudeuten, fällt verhältnismäßig schwer. Als junger Professor habe ich einmal den Versuch unternommen, aus unserer Verfassung den Auftrag an die politischen Führungsorgane zu dauernder (und immer extensiverer) Verbesserung der Grundrechtssituation in Deutschland herzuleiten,[37] doch in diesem Punkt sind mir meine Kollegen ebenso wenig gefolgt wie die Verfassungsgerichte des Bundes und der Länder.

Heute gebe ich gern zu, dass ein solcher Verfassungsauftrag die politischen Staatsorgane vor kaum lösbare Probleme gestellt hätte, nicht nur praktisch, sondern auch rechtlich. Die Grundrechte sind im Grundgesetz (und erst recht in den Verfassungen anderer Staaten) nämlich gar nicht so eindeutig festgelegt, wie man sich das als Laie vorstellt. Sie sind nicht einfach garantiert, sondern den meisten von ihnen ist ein so genannter *Gesetzesvorbehalt* beigegeben, der dem Gesetzgeber bestimmte Ausgestaltungs-, Einschränkungs- und Eingriffsrechte vorbehält. Zu einem guten Teil hat es also der Gesetzgeber, das heißt das Parlament, selbst in der Hand, darüber zu entscheiden, wie weit, in welcher Form und unter welchen Voraussetzungen die Grundrechte überhaupt Wirksamkeit entfalten sollen, und damit reduziert sich natürlich auch die Deutlichkeit, mit der diese die Ziele definieren können, auf die sich unser Gemeinwesen bei seiner »Fahrt auf Sicht« gerade nicht zubewegen soll.

Wie schwierig die Dinge verfassungsrechtlich und ethisch sind, hat sich in den vergangenen Jahren bei den Fragen der Stammzellenforschung und der Biotechnik gezeigt. Was die Letztere betrifft, so bin ich wenigstens im Kern sicher, dass Eingriffe in die menschliche Keimbahn, das heißt Veränderungen der menschlichen Erbsubstanz, mit dem Grundsatz der Menschenwürde unvereinbar sind. Die systematische (oder auch nur individuelle) Anzüchtung beliebiger Eigenschaften wäre bei Gott das Letzte, was man noch als menschenwürdig bezeichnen könnte.

Aber so klar, wie man meinen möchte, ist die Problematik in ihren Randbereichen auch wieder nicht. Aus der Arbeit der Christiane-Herzog-Stiftung, die der gar nicht so selten auftretenden Erbkrankheit Mukoviszidose (cystische Fibrose) den Kampf angesagt hat, weiß ich, wie nicht nur die jugendlichen Patienten leiden müssen (und trotzdem sehr jung sterben), sondern wie ganze Familien, in denen nur ein einziges Kind an der Krankheit leidet, zugrunde gehen können. Es ist heute noch keineswegs sicher (und wird durch die Forschung sogar immer weniger wahrscheinlich), dass man diese Krankheit durch die gezielte Veränderung der Keimsubstanz heilen könnte. Dass ein solcher Eingriff – wenn er denn möglich wäre und Aussicht auf Erfolg verspräche – aber mit dem Grundsatz der Menschenwürde unvereinbar sein soll, ist doch mehr als zweifelhaft. Niemand wird bestreiten, dass Menschen auch in schlimmen Krankheiten ihre Würde bewahren können. Dass Menschenwürde

Bundespräsident Roman Herzog (2. von rechts) macht am 14. März 1996 den »ersten Spatenstich« für den Neubau des Bundespräsidialamtes, unterstützt von Klaus Töpfer, Bundesminister für Raumordnung, Bauwesen und Städtebau (2. von links), Eberhard Diepgen, Regierender Bürgermeister von Berlin (rechts) und Wilhelm Staudacher, Staatssekretär im Bundespräsidialamt (links).

aber – darüber hinaus – bedeuten soll, dass eine an sich heilbare schwere Krankheit nicht geheilt werden *darf*, ist mir jedenfalls unbegreiflich.

Als ich schon längst aus dem Amt des Bundespräsidenten ausgeschieden war, geriet ich in einer ähnlichen Frage übrigens ungewollt in einen öffentlichen Konflikt mit meinem Nachfolger Johannes Rau. Ich hatte zur Stammzellenforschung, wo die Dinge verfassungsrechtlich ähnlich liegen, einen Artikel für *Die Welt* verfasst und dabei etwas provokativ geschrieben, wenn diejenigen, die immer alles so ganz genau wüssten, einem Opfer schwerer Erbkrankheiten eine mögliche Heilung verweigern wollten, dann sollten sie das diesem Opfer auch selbst erklären – ich würde es nicht tun.[38] Das war gegen niemand Bestimmten gerichtet. Während der paar Tage, in denen das Manuskript bei der Redaktion lag und auf seine Veröffentli-

chung wartete, erklärte sich aber Johannes Rau mit aller Deutlichkeit gegen die Stammzellenforschung, von deren Ergebnissen man ja
ebenfalls die Heilung von Erbkrankheiten erwartet, und natürlich
musste er nun meine Äußerung als gegen sich gerichtet verstehen. So
war sie nicht gemeint, und ich habe den Grund des Missverständnis-
ses überhaupt erst bemerkt, als ich mein Manuskript in meine Unterlagen aufnahm und dabei noch einmal durchlas. Zu dieser Zeit
hatte sich Rau schon auf seine Weise an mir schadlos gehalten. Aber
das ist eine andere Geschichte.

Bei der Stammzellenforschung liegen die Fragen etwas anders
als bei der Biotechnik, obwohl beide meist im gleichen Atemzug genannt werden. Hier geht es verfassungsrechtlich nicht primär um die
Menschenwürde, sondern um das Grundrecht auf Leben, das vom
Grundgesetz in einem anderen Artikel geschützt wird. Dieser Zweig
der Forschung experimentiert gegenwärtig noch mit befruchteten
menschlichen Keimzellen, das heißt mit Zellen, aus denen sich normalerweise ein Mensch entwickeln müsste (oder zumindest könnte).
Geht man davon aus – und das halte ich für richtig –, dass der
Mensch mit der Vereinigung der beiden elterlichen Keimzellen zu
existieren beginnt, so stellt sich folgerichtig die Frage, weshalb es erlaubt sein soll, um der Forschung willen (und ohne den Beweis, dass
sie sicher zu nützlichen Ergebnissen führt) menschliches Leben zu
töten. Dass sich dagegen gerade in Deutschland angesichts seiner
verhängnisvollen Erfahrungen mit Menschenversuchen und Men-
schenzucht im Nationalsozialismus Bedenken erheben, liegt auf
der Hand. Außerdem vertritt auch die katholische Kirche – wenn-
gleich erst seit ein paar Jahrhunderten – den Standpunkt, dass das
Leben mit der Verschmelzung der Keimzellen beginnt, und setzt
die Stammzellenforschung folgerichtig auf eine Ebene mit der Ab-
treibung.

Analysiert man die einschlägige Bestimmung des Grundgesetzes,
so erkennt man rasch, dass diese keine eindeutige Auskunft gibt –
auch wenn man wie ich der Meinung ist, dass das Leben schon mit
der Verschmelzung der Keimzellen beginnt. Selbst das Leben ist
im Grundgesetz nämlich nicht bedingungslos geschützt. Die Verfassung ist da ganz unemotional. Sie gewährleistet hintereinander drei

Rechte: Leben, körperliche Unversehrtheit und Freiheit und fügt dann lapidar hinzu: »In diese Rechte darf nur auf Grund eines Gesetzes eingegriffen werden.« Auch hier hat also wieder der Gesetzgeber ein gewichtiges Wort mitzureden – er ist es aber zugleich derjenige, der nach dem hier verwendeten Bild die »Fahrt auf Sicht« in die Zukunft zu bewältigen hat und dem ein Satz wie der soeben zitierte daher eine wichtige Wegmarke verweigert.

Gewitzte Vertreter der strengen Lesart versuchen diesen Effekt dadurch zu umgehen, dass sie behaupten, die Vernichtung von Leben sei stets zugleich auch ein Verstoß gegen die Menschenwürde, und die sei keinem Gesetzesvorbehalt ausgesetzt. Zwar trifft es zu, dass man auf ein und denselben Sachverhalt auch zwei oder noch mehr Grundrechte anwenden kann und dass dann für den Bürger selbstverständlich die günstigste Regelung gilt. Aber so kann eine Verfassung doch nicht interpretiert werden, dass eine Vorschrift eine andere in vollem Umfang außer Geltung setzt. Außerdem: Wenn jede Tötung gegen die Menschenwürde verstieße, welchen Sinn hätte dann der Artikel 102 des Grundgesetzes, der die Todesstrafe noch einmal ausdrücklich verbietet? Und müsste dann nicht auch der Straßenverkehr verboten werden, der ebenfalls Menschenleben kostet? So widersprüchlich ist keine Verfassung in sich, und so darf sie infolgedessen auch nicht ausgelegt werden.

Es bleibt also dabei: Die Menschheit wird noch auf geraume Zeit ihren Weg in die Zukunft ohne klare Wegweiser und Zielangaben, in einer Reise »auf Sicht«, finden müssen. Die Verfassungen können ihr dafür zwar gewisse Richtlinien geben, nicht aber die eigene, ernsthaft zu verantwortende Entscheidung abnehmen. Alles andere würde die althergebrachten Verfassungstexte überfordern. Schließlich sind sie zu Zeiten entstanden, in denen viele der heute drängenden Fragen noch gar nicht gestellt werden konnten.

Die »Ruck-Rede«

Um den eingangs gestellten Fragen – »Was ist, wenn die Menschen nichts aus ihrer Freiheit machen? Vielleicht nicht einmal etwas daraus machen wollen, weil sie den Mut verloren haben?« – nachzugehen, sind Mut und Bereitschaft zum Handeln in der Ungewissheit über die prognostizierte Zukunft besonders wichtig. Hier stehen wir wirklich vor der Kernfrage unserer politischen und gesellschaftlichen Zukunft. Deshalb habe ich sie zum Gegenstand meiner wohl wichtigsten Rede als Bundespräsident gemacht.[39]

Diese Rede ist mittlerweile fast legendär geworden. In ihr zählte ich die Defizite schonungslos auf, unter denen Deutschland heute leidet, ich nannte die um sich greifende Lethargie und Depression zum ersten Mal beim Namen und rief dazu auf, endlich die Augen aufzumachen und das Schicksal wieder selbst in die Hand zu nehmen.

Die Rede, die am 26. April 1997 im Berliner Hotel Adlon gehalten wurde, war also nicht nur, ja nicht einmal in erster Linie an die damals Regierenden (und Opponierenden) gerichtet, sondern an das gesamte deutsche Volk. Das habe ich in einem etwa zehnzeiligen Einschub, den ich selbst noch formulierte, besonders zum Ausdruck gebracht (dieser Einschub war allerdings in den an die Presse verteilten Vorabexemplaren der Rede nicht enthalten, sodass er später auch nicht so wirken konnte, wie es an sich nötig gewesen wäre). Ich betone das nicht, um der Regierung Helmut Kohl noch nachträglich Entlastung zu verschaffen, und auch nicht, um die damalige Opposition zu rechtfertigen, die vorsichtige Reformversuche der Regierung zum größten Teil blockierte, ja später zum Teil sogar wieder außer Kraft setzte. Ich hebe es vielmehr deshalb hervor, weil auf diese Weise das deutsche Volk geschont wurde, das an der heutigen Misere mindestens genauso schuld ist wie seine Abgeordneten und Minister. Die Bundestagswahlen von 1998 und 2002 haben gezeigt, dass stets die Parteien gewählt wurden, die zwar auch Reformen ankündigten, dabei aber den Eindruck erweckten, die daraus entstehenden Belastungen für den einzelnen Bürger würden doch nicht so schlimm werden.[40] Genau genommen war das ja sogar noch für das überraschende Ergebnis der Bundestagswahl 2005 verantwortlich. Man

Die Kernfrage: Freiheit und Initiative   287

wird sehen, wie sich Deutschland in dieser Beziehung weiterentwickelt.

Deshalb war es übrigens richtig, in diesem Zusammenhang das
Wort »Ruck« zu verwenden. Dass das, was getan werden musste
(und weitgehend auch noch getan werden muss), aus einer langen
Reihe einzelner, oft relativ kleiner Schritte besteht und diese vielen
Schritte natürlich nicht auf einmal, in einem einzigen großen Aufwa-
schen getan werden können, war mir von Anfang an klar. Die Men-
talitätsänderung im Volk, bei jedem einzelnen Bürger, setzte (und
setzt) aber sehr wohl einen Ruck voraus, eine einzige Entscheidung
für die Umorientierung zum Mut, zur Handlungsbereitschaft, zu
dem einen oder anderen Risiko oder Verzicht. Der Zusammenhang
der Rede zeigt das ganz deutlich. Dort heißt es nämlich: »Durch
Deutschland muss ein Ruck gehen. Wir müssen Abschied nehmen
von liebgewordenen Besitzständen. Alle sind angesprochen, alle müssen Opfer bringen, alle müssen mitmachen …« Gerade die Mehrdeu-
tigkeit des Wortes »Ruck« hätte Anlass zu genaueren Diskussionen
geben können. So hoffte ich wenigstens, aber diese Hoffnung ging nur
teilweise in Erfüllung. Das zeigte sich vor allem an drei Tatsachen:

Erstens haben schon die Medien die Bedeutung des Themas
nicht auf Anhieb begriffen. In den Nachrichten des 26. April 1997
spielte die Rede praktisch keine Rolle. Es bedurfte eines gründlichen
Nachfassens durch Staatssekretär Wilhelm Staudacher bei den Redaktionen, um wenigstens in den Spätnachrichten noch eine ange-
messene Erwähnung zu erreichen. Wie sollte es auch anders sein?
Die Unbeweglichkeit des Volkes spiegelt sich in der Unbeweglichkeit
seiner Meinungsmacher naturgemäß wieder, und diese stabilisiert
ihrerseits wiederum die Unbeweglichkeit des Volkes. Es trifft nicht
nur auf die Regierungen zu – jedes Volk hat auch die Medien, die es
verdient.

Zweitens: Vom 27. April an gingen alle Medien dann auf die
Rede ein. Aber nun wurde sie überwiegend als Angriff auf die Regierung interpretiert, was sie natürlich auch, aber nicht ausschließlich,
ja noch nicht einmal vorrangig sein sollte. Den eigentlichen Angriffs-
punkt, die Mahnung an den demokratischen Souverän, hat kaum jemand verstanden.

Und drittens kamen nun wie bestellt die Stellungnahmen der politischen Parteien und anderer Gruppierungen, die alle dem Bundespräsidenten begeistert zustimmten und für seine wegweisenden Worte dankten. Damit war das Klassenziel – für den Augenblick wenigstens – endgültig verfehlt; denn wenn dir alle zustimmen, haben sie dich entweder falsch verstanden oder du hast in Wirklichkeit gar nichts gesagt.

Am amüsantesten waren für mich Stimmen, die allen Ernstes die Frage aufwarfen, ob der Bundespräsident denn überhaupt befugt sei, eine solche Rede zu halten und gar noch einen Ruck anzuordnen. Das war typisch für die Art und Weise, in der hierzulande unangenehme Themen wegretuschiert werden. Entweder lenkt man die öffentliche Aufmerksamkeit auf einen Verstoß gegen die Gebote der Ziemlichkeit und Reputierlichkeit und entrüstet sich darüber gebührlich (das ist etwa dem allzu temperamentvollen Franz Josef Strauß immer wieder passiert), oder man wirft die Frage der Verfassungsmäßigkeit auf (mit der man mir gegenüber allerdings keinen Blumentopf gewinnen konnte, denn als Verfassungsjurist war ich beschlagener als alle kritischen Nachfrager). Solche Stimmen sind dann allerdings sehr rasch verstummt – freilich weiß ich nicht warum.

Trotz all dieser – ohnehin absehbaren – Randerscheinungen hat die Rede vom 26. April 1997 durchaus ihre Wirkungen gehabt. Für die Langzeitwirkungen stellt sich das erst allmählich heraus; in dieser Beziehung war ich meiner Zeit möglicherweise wirklich voraus und muss jetzt warten, wann die Probleme, die ich damals angesprochen habe, den Verantwortlichen in Staat und Wirtschaft endlich so auf den Nägeln brennen, dass sie vor ihnen nicht mehr die Augen verschließen *können*. Wahrscheinlich hat insoweit auch die Bundestagswahl vom 18. September 2005 – mehr zufällig als absichtlich – eine positive Wirkung hervorgebracht. In einer solchen Lage ist es für die Entscheidenden, die den Bürgern ja Opfer zumuten müssen, gar nicht so ungünstig, wenn sie sich auf längst gehaltene und fast allgemein bekannte Reden beziehen können. Was immer die im Herbst 2005 gebildete Bundesregierung in die Wege leiten mag, sie täte gut daran, in dieser Beziehung nicht nur den Weg der von Bundeskanzler Gerhard Schröder initiierten Agenda 2010 zu gehen.

Diese wurde nämlich von Helmut Schmidt in einem Artikel in der *Zeit* mit meiner »Ruck-Rede« verglichen, und dabei wurde ihr attestiert, dass sie – sechs Jahre nach dieser– immer noch weit hinter ihr zurückbleibe!

Menschlich gefreut haben mich übrigens ganz andere Nachwirkungen der »Ruck-Rede«. Seit 1997 haben mich Hunderte von Briefen erreicht, in denen Bürger, Vereinsvorsitzende, Schulleiter, Universitätsinstitute und Fakultäten mir von größeren und kleineren Reforminitiativen aus ihrem Lebensbereich berichteten, also, wie sie oft schrieben, von dem einen oder anderen »Ruck« im Kleinen. Ich weiß nicht, wie erfolgreich all diese Initiativen dann wirklich waren, und auch nicht, wie viel Durchhaltevermögen ihre Initiatoren letztlich für sie aufbrachten. Zudem bin ich mir sicher, dass viele von diesen Experimenten auch ohne meine Rede unternommen worden wären. Aber wichtig ist mir, dass die Menschen, von denen ich hier berichte, froh waren, sich als Glieder einer größeren Bewegung verstehen, ihr Tun auf einen größeren Nenner bringen zu können. Hier ist – mit oder ohne staatlichen Impuls – tatsächlich etwas in Bewegung geraten, was Hoffnung für die Zukunft verspricht. Denn das Grundsätzliche bleibt: Der Staat kann positive Entwicklungen im Gesamtsystem zwar durch eine falsche Politik behindern oder gar abwürgen, er kann sie aber durch eine richtige Politik nicht ersetzen, sondern allenfalls möglich machen. Erst an den Menschen ist es dann zu entscheiden, ob sie aus diesen Möglichkeiten etwas machen wollen oder nicht.

Die Sache mit dem Neoliberalismus

Trotz aller Zustimmung, die die »Ruck-Rede« erfahren hat, sollte man sich über eines nicht täuschen: In den verschiedensten Winkeln unseres Landes sitzen wahrscheinlich noch viele Menschen, die mich gerade wegen dieser Rede für einen ausgekochten »Neoliberalen« halten, und »Neoliberaler« zu sein, ist in diesen Kreisen ganz unvermutet zu einem Schimpfwort geworden – manchmal habe ich sogar den Eindruck: zu einer Krankheitsdiagnose.

Die Sache ist nicht ohne jede Pikanterie. Liberal zu sein hat jahrhundertelang eher als positiv denn als negativ gegolten, und »neoliberal« kann sprachlich im Grunde nichts anderes bedeuten als »erneut liberal«. Liberalismus ist die politische Idee, die sich am stärksten für die Freiheit des Menschen und im Zusammenhang damit für die Freiheitlichkeit des Staates einsetzt, und an beidem wird man schwerlich etwas aussetzen können. Natürlich meinen die modernen Kritiker des Neoliberalismus mit dessen Ablehnung etwas ganz anderes. Sie werfen den Neoliberalen, wie sie sie verstehen, etwas vor, was man noch vor kurzer Zeit als Manchester-Liberalismus bezeichnet hat: die Absicht, vom Modell der sozialen Marktwirtschaft wieder zum Modell der reinen, also nicht sozial gebundenen Marktwirtschaft zurückzukehren. Genau darum geht es mir aber nicht. Zu der Frage, ob es auch in Zukunft bei einer sozialen Marktwirtschaft bleiben soll und vor allem, wie sie konkret aussehen soll, ist mit dieser Begriffsdiskussion überhaupt nichts ausgesagt. *Dass* die Marktwirtschaft auch in Zukunft als soziale fortbestehen muss, sollte eigentlich jedem klar sein. Dafür gibt es zwei Gründe, die in der modernen Welt Europas schlechterdings nicht aus dem Feld geschlagen werden können. Ich habe das einmal folgendermaßen ausgedrückt:

»Einerseits handelt es sich ganz einfach um Gerechtigkeitserwägungen; denn wenn Gleichheit unter den Menschen sich auch niemals voll herstellen lässt, kann eine Gesellschaft das Maß an Gerechtigkeit, das auf Erden überhaupt zu erreichen ist, doch auch nicht außer Betracht lassen, sonst würde sie zur Räuberhöhle. Und andererseits bauten Erhard und Müller-Armack auch auf Stabilitätsüberlegungen auf: Gesellschaftssysteme, in denen es allzu viel Ungleichheit und Ungerechtigkeit gibt, leben erfahrungsgemäß nicht lange in Ruhe, sondern enden irgendwann einmal in Aufstand, Revolution und Bürgerkrieg; Beispiele dafür gibt es in der Geschichte wie in der Gegenwart zur Genüge.«[41]

Und an anderer Stelle habe ich noch drastischer nachgefasst:

»Entscheidend ist, dass es schon aus Vernunftgründen niemandem gleichgültig sein kann, wie sich die sozialen Verhältnisse … auf die Dauer entwickeln. Massenarbeitslosigkeit und erst recht Mas-

Die Kernfrage: Freiheit und Initiative 291

senarmut mögen zwar die Konkurrenzfähigkeit Deutschlands und Europas auf den Weltmärkten stärken, die westlichen Gesellschafts-systeme werden durch sie in ihrem Inneren jedoch entscheidend ge-schwächt. Ob es für die westlichen Gesellschaften aber erstrebens-wert ist, in der Welt den Koloss auf tönernen Füßen zu spielen, mag jeder mit sich selbst abmachen; hier zumindest wird daran festge-halten, dass beides notwendig ist: äußere Konkurrenzfähigkeit und innere Stabilität.«[42] Dass es insoweit komplizierter Abwägungsvor-gänge und schwieriger Kompromisse bedarf, versteht sich von selbst.

Mit solchen Überlegungen ist freilich die alles entscheidende Frage der Zukunft nicht beantwortet: In welchem Umfang es sich die europäischen Gesellschaften künftig noch *leisten* können, sozial zu sein. Darüber wird es auf lange Zeit Debatten und Kämpfe geben, und was am Ende stehen wird, lässt sich heute weder voraussagen noch halbwegs berechnen. Fest steht meines Erachtens nur, dass eine Rückkehr zur reinen, sozial nicht gebundenen Marktwirtschaft nicht in Frage kommen kann und dass die grob fahrlässigen Äuße-rungen mancher Auguren, die dazu in letzter Zeit gemacht worden sind, weder der Verantwortlichkeit noch der Intelligenz ihrer Ur-heber ein besonders gutes Zeugnis ausstellen – unabhängig davon, ob sie Amerikaner oder Europäer sind.

Es handelt sich hier übrigens nicht nur um einen Gegenstand staatlicher Politik, sondern genauso um eine Verantwortlichkeit der Wirtschaft. Viel zu wenig wird nämlich gesehen, dass auch die bis-herigen Leistungen der sozialen Marktwirtschaft von *beiden* Seiten des Gemeinwesens erbracht worden sind. Denn das Soziale an der deutschen Marktwirtschaft hat sich bisher auf vier Feldern abge-spielt und wird das auch in Zukunft tun:

1. Die Arbeitsmarktpolitik (besser: Beschäftigungspolitik), für die Staat, Unternehmen und Gewerkschaften gemeinsam zuständig sind;

2. die Lohnpolitik, die überwiegend in den Händen von Arbeitge-bern und Gewerkschaften liegt;

3. die Sozialpolitik im engeren Sinne, zu der einerseits die fünf Zweige der Sozialversicherung, andererseits die Sozialhilfe gehö-ren und für die der Staat die Verantwortung trägt;

4. der weite, fast unübersehbare Bereich der Leistungen, die Staat und Kommunen für den Bürger entweder kostenlos oder zumindest für Gegenleistungen erbringen, die weit unter den Gestehungskosten liegen – Verkehrsinfrastruktur, Bildungseinrichtungen, Kindergärten, Weiterbildungsinstitutionen, Verkehrsbetriebe, Wasserver- und -entsorgung, Müllabfuhr usw.

Es wird sich erst noch herausstellen müssen oder, um genauer zu sein, es wird ausgekämpft werden müssen, wie weit all diese Elemente des Sozialen in der knapper werdenden Zukunft aufrechterhalten werden können. Das Ergebnis vermag heute niemand vorherzusagen – ich ganz gewiss nicht. Fest steht aber, dass ausreichender Wohlstand und hinlängliche soziale Sicherheit für jedermann nur erhalten werden können, wenn all diese Elemente vollständig in die nötigen Entscheidungen einbezogen und sorgsam aufeinander abgestimmt werden – und das ist nichts für Doktrinäre. Und außerdem: Das alles ließe sich leichter leisten, wenn die Wirtschaft wieder Zuwachsraten produzieren würde, die diesen Namen wirklich verdienten. Ich bin gespannt, ob sich das deutsche Volk, seine Politiker, seine Unternehmer und vor allem auch seine Gewerkschaftsführer dazu aufraffen.

Apropos: Arbeitslosigkeit im Unternehmerlager

Um einem Missverständnis vorzubeugen: Es geht mir nicht um entlassene deutsche Spitzenmanager – die finden ohnehin schnell wieder einen neuen Job. Ich will über einen ganz anderen Fall berichten, der zeigt, wie schwierig es ist, von planwirtschaftlichen auf marktwirtschaftliche Begriffe umzuschalten.

Von der Geschichte, die ich jetzt erzählen will, habe ich im Frühjahr 1995 erfahren, als ich Albanien einen ersten Besuch abstattete. Albanien hatte sich jahrzehntelang am entschiedensten unter allen kommunistischen Staaten vom Westen abgeschottet. Dementsprechend lag nach der Wende, die es schließlich auch dort gab, seine Wirtschaft am tiefsten darnieder. Die Staatswirtschaft reduzierte sich praktisch innerhalb weniger Tage auf Null, und neue, privatwirtschaftliche Initiativen ließen auf sich warten.

Präsident des Landes war damals der Arzt Sali Berisha, der später einige Male ab- und dann wiedergewählt wurde. Vom wirtschaftlichen Aufbau hatte er eigentlich eine ganz vernünftige Vorstellung. Anders als seine Kollegen in anderen früheren Ostblockstaaten war er wenig daran interessiert, internationale Großkonzerne ins Land zu holen und ihnen die Aufbauarbeit zu überlassen. Vielmehr glaubte er an eine Art Graswurzel-Marktwirtschaft: Er ermunterte seine Landsleute, sich im Rahmen ihrer jeweiligen Möglichkeiten selbst eine bescheidene Existenz zu schaffen, und von dem daraus zu erwartenden Wettbewerb erhoffte er sodann das allmähliche Anwachsen einzelner Unternehmen zu mittelständischer oder noch bedeutenderer Größe.

Dass diese Hoffnung realistisch war, leitete er unter anderem aus dem Beispiel eines seiner Nachbarn ab. Dieser war unter dem alten Regime bei der Eisenbahn beschäftigt gewesen und hatte jahraus jahrein Holzschwellen in die Gleiskörper verlegt. Diese Tätigkeit war seit dem Sturz des alten Regimes aber nicht mehr gefragt und er selber daher arbeitslos. Da begann seine Frau, kleine Gerichte zu kochen und Kuchen zu backen. Er selbst stellte vor seinem Haus einen Küchentisch auf, von dem aus er diese Waren verkaufte – und siehe da, das Geschäft ging so gut, dass er seine Küchentische auch noch an anderen Stellen in der Stadt aufstellen konnte.

Als ich Albanien besuchte, betrieb er drei veritable Läden, hatte die Phase der Küchentische also schon längst hinter sich gelassen. Seinem Staatspräsidenten, der immer noch sein Nachbar war, nannte er eines Tages den Betrag, den er nun jeden Monat aus seinem Geschäft entnehmen konnte, und dieser erzählte wiederum mir, es handle sich etwa um das Fünffache von dem, was er selbst, der Staatspräsident, monatlich verdiente.

In Berishas Bericht schwang keine Spur von Neid mit. Er gönnte seinem Nachbarn sein Glück, zumal er ihn als treffliches Beispiel für die Richtigkeit seiner eigenen wirtschaftspolitischen Thesen zitieren konnte. Nur über eines beklagte sich Sali Berisha bitterlich: Dass sein Nachbar immer noch über seine Arbeitslosigkeit jammerte. Das zeigt, wie schwierig es ist, Marktwirtschaft, Arbeitsmarkt und Unternehmertum richtig auseinanderzuhalten, wenn man es anders gelernt hat.

Europäische Verfassungspolitik

Im Laufe des Jahres 1999 schälte sich mehr und mehr heraus, dass die Staats- und Regierungschefs der Europäischen Union einen neuen Anlauf zur Reform und zugleich zur Vertiefung der Gemeinschaft unternehmen wollten. Das Ziel waren bedeutsame, weiterführende Beschlüsse, die spätestens im Dezember 2000 in Nizza gefasst werden sollten. Dazu sollte auch eine völlig neu erarbeitete Grundrechtscharta gehören, von der man sogar ins Auge fasste, sie in eine europäische Verfassung aufzunehmen. Beim Zusammentreffen der Staats- und Regierungschefs in Helsinki im Sommer 1999 wurde zu diesem Zweck die Einsetzung eines Gremiums beschlossen, das die neue Charta ausarbeiten sollte. Man wollte bewusst die üblichen Wege meiden und nahm dafür, nicht weniger bewusst, in Kauf, dass man auf solchen nicht ausgetretenen Pfaden unter Umständen auch scheitern konnte. Unter den Mitgliedern des Rates der Staats- und Regierungschefs scheint man sich sehr rasch darüber einig geworden zu sein, dass Deutschland in diesem Gremium den Vorsitz führen sollte. Auch die Absicht der Bundesregierung, mich dafür vorzuschlagen, scheint ziemlich früh geäußert worden und auf Zustimmung gestoßen zu sein.

Der Grundrechtskonvent

Das Kind hatte zunächst nicht einmal einen Namen. Die Bezeichnung »Konvent«, die an ältere Vorbilder erinnern konnte, hat er sich in seiner ersten Sitzung selbst gegeben. Auch seine Zusammensetzung war untypisch: fünfzehn Mitglieder (darunter ich für Deutschland) wurden von den Mitgliedsregierungen berufen, fünfzehn vom Europäischen Parlament, dreißig von den Parlamenten der Mitgliedstaaten. Dazu kamen noch einige Vertreter der EU-Kommission, des

Europäischen Gerichtshofs, des Europarates und des Europäischen Gerichtshofs für Menschenrechte. Der Konvent, wie er dann hieß, hatte also etwas mehr als sechzig Mitglieder.

Ein weniger strukturiertes Organ von dieser Größe hatte ich in meinem Leben noch nicht erlebt. Da waren Mitglieder aus dem angelsächsischen Rechtskreis, in dem geschriebenes Recht immer noch eine Besonderheit ist, und Vertreter der verschiedenen kontinentalen Rechtskreise, die auf geschriebenes Recht praktisch dressiert sind. Großbritannien wies die Besonderheit auf, dass es seine Juristen soeben höchst penibel auf das Inkrafttreten der Europäischen Menschenrechtskonvention eingeschworen hatte und nun der Frage gegenüberstand, was daneben ein neuer Grundrechtskatalog sollte. Kontinentale Länder waren teils nach Frankreich, teils nach Deutschland hin orientiert. Die Hälfte der Staaten hatte noch kein eigenes Verfassungsgericht erlebt, die andere Hälfte lebte seit Jahrzehnten ausgezeichnet damit. Dazu kam, dass sich unter den Mitgliedern altgediente Parlamentarier befanden, die dementsprechend auch zu den üblichen Geschäftsordnungspraktiken neigten, während andere Mitglieder aus der Zivilgerichtsbarkeit, wieder andere aus der Wissenschaft bzw. der Anwaltschaft kamen. Zugehörigkeiten zu politischen Lagern waren, mit Ausnahme der EP-Mitglieder, kaum greifbar, waren bei Einzelnen aber doch immer wieder zu ahnen, und so gab es genau genommen nichts, was, wenn man nicht ununterbrochen abstimmen lassen wollte, imstande gewesen wäre, den Weg zu halbwegs klaren Vorstellungen von den Absichten des Gremiums zu ebnen. Abstimmungen mussten aber so lange wie möglich vermieden werden, weil nach dem Auftrag der Konferenz von Helsinki am Ende nicht etwa das Gremium selbst beschließen sollte, sondern das Präsidium einen Text erstellen sollte, der nach *seiner* Überzeugung dem überwiegenden Willen der Mitglieder entsprach.

Nachdem ich den Konvent im Dezember 1999 zum ersten Mal erlebt hatte, legte ich mir während der Weihnachtspause folgendes – fast unvermeidbare – Arbeitskonzept zurecht:

1. Ich musste versuchen, im Präsidium, das letztlich entscheidend war, möglichst rasch eine möglichst große Geschlossenheit zustande zu bringen.

Europäische Verfassungspolitik 297

2. Ich musste so schnell und so nachhaltig wie möglich dafür sorgen, dass die Mitglieder des Konvents Vertrauen in die Unparteilichkeit des Präsidiums fassten. Da die Verhandlung nur ausnahmsweise von den Vizepräsidenten geleitet wurde, lag diese Aufgabe, wie sich rasch herausstellte, überwiegend bei mir allein.

3. Bei der Unstrukturiertheit des Konvents war es fast ausgeschlossen, binnen kurzer Zeit einen im Präsidium formulierten Text durchzubringen. Ich musste also für mich selbst fünf oder sechs Essentials festlegen, die ich für so wichtig hielt, dass ich sie auf alle Fälle durchsetzen wollte. Zu diesen Essentials gehörten dann insbesondere: a) eine Formulierung des Textes, die es möglich machte, ihn unverändert in einen späteren Verfassungstext zu übernehmen; b) eine Formulierung, die keinen Zweifel daran ließ, dass es sich nicht um eine bloße Deklamation, sondern um eine rechtsverbindliche Charta handeln sollte; c) der Grundsatz der Menschenwürde, der im Grundgesetz eine so zentrale Rolle spielt; d) das Grundrecht der Religionsfreiheit, das meines Erachtens die Nagelprobe für jeden Grundrechtstext darstellt, soweit es um geistige Freiheit und staatliche Toleranz geht; e) die Festlegung, dass Grundrechte auch eingeschränkt werden können, in einem einzigen, gemeinsamen Artikel – eine mehr juristische Frage; f) der Grundsatz der Verhältnismäßigkeit bei der Einschränkung von Grundrechten.

Klar war bei alldem, dass das Präsidium einerseits effektiv arbeiten und andererseits in sich absolut einig sein musste, wenn es etwas erreichen wollte. Das war der Schlüssel zum Erfolg, und es war ein Glück, dass im Präsidium darüber von vornherein nicht der geringste Zweifel bestand. Sowohl der erste Vizepräsident, der spanische Wirtschaftsrechtler Inigo Mendes de Vigo, der die Abgeordneten des Europäischen Parlaments im Präsidium vertrat, als auch der von den Aaland-Inseln stammende Finne Gunnar Jansson, der für die nationalen Abgeordneten sprach, waren – auch mir gegenüber – von uneingeschränkter Loyalität, ja Freundschaft. Dasselbe galt für den französischen Professor Guy Braibant, den wir zum Präsidium kooptierten, weil Frankreich in der entscheidenden Phase in Nizza

»Präsidialmacht« der EU war, also den Vorsitz im Rat der Staats- und Regierungschefs führen sollte.

Das Präsidium ließ während der Monate Januar, Februar und auch noch in einigen Sitzungen des März 2000 im Plenum eine Art Generaldebatte durchführen, in der jedes Konventsmitglied alle Vorschläge sowie alle skeptischen Bemerkungen vorbringen konnte, die es für richtig hielt. Das hatte für uns den doppelten Vorteil, dass sich einerseits bei den Mitgliedern der Eindruck verfestigte, es solle nichts *par ordre du mufti,* also auf Anordnung von oben, entschieden werden (was für das nötige Vertrauen in das Präsidium sorgte), und dass andererseits wir im Präsidium erfuhren, von welcher Seite dem Gesamtwerk die größten Widerstände drohten. Diese kamen erwartungsgemäß von der britischen Seite, auf der Lord Peter Goldsmith meist ebenso glänzend wie hartnäckig kämpfte.

Die unangenehmsten Fragen, die in dieser Phase immer wieder gestellt wurden, richteten sich auf das Zustandekommen der Charta selbst. Für gelernte Parlamentarier verstand es sich fast von selbst, dass im Konvent am Ende abgestimmt werden musste, und sie fragten deshalb immer wieder, von welchen Mehrheitserfordernissen das Präsidium denn ausgehe. Da war es nicht ganz leicht zu erklären, dass der Einsetzungsbeschluss am Ende überhaupt keine Abstimmung vorsah, dass das Präsidium bei der Entscheidung, ob die nötige Übereinstimmung im Konvent vorliege, aber äußerste Fairness walten lassen werde – dieses Verfahren war, wie ich zugeben muss (und damals auch zugegeben habe), zwar absolut unüblich, von den Helsinki-Beschlüssen aber eindeutig so vorgegeben. Nicht weniger peinlich war die Frage, welche Chance wir dem entstehenden Text denn insgesamt gäben – ob er jemals die Aussicht habe, verbindlich zu werden. Ich erwiderte darauf stereotyp, dass ein Text, wenn wir ihn denn zustande brächten, »natürlich« auch in Nizza beschlossen werden würde, dass man aber nicht weiter in die Zukunft blicken könne.

Mein Optimismus bezüglich Nizza war gut begründet (übrigens auch, was die letztendliche Haltung Großbritanniens anging): Mit jeder Woche des Jahres 2000, die ins Land ging, wurde deutlicher, dass der Gipfel von Nizza in den Fragen der Organisationsreform nicht viel zustande bringen würde. Der Schluss daraus war einfach: Die Staats- und Regierungschefs würden froh sein, wenigstens eine Grundrechtscharta verkünden zu können. Dieser Optimismus hatte nur den einen Nachteil, dass ich seine Gründe natürlich nicht gut öffentlich bekanntgeben konnte. (Einmal habe ich es im Plenum des Konvents dann allerdings doch getan – als mich eines der Mitglieder mit seinen Zweifeln zu sehr piesackte.)

In der zweiten Märzhälfte konnte ich dem Konvent nach einigen gescheiterten (vielleicht auch nur missverstandenen) Versuchen eine Liste jener Rechte vorlegen, die in die endgültige Charta Aufnahme finden sollten, und zwar in einer einigermaßen systematischen Ordnung. Die Liste fand die Zustimmung des Plenums, und damit war der Grund für die weitere Arbeit gelegt. Auch die ersten Entwürfe für einzelne Artikel, die das Präsidium als Beispiele in die Beratungen eingespeist hatte, waren damals bereits diskutiert. Man konnte also ungefähr absehen, wie sich die Arbeit der kommenden vier, fünf Monate gestalten würde. Mehr Zeit hatten wir nicht mehr; denn wenn der für Dezember angesetzte Gipfel in Nizza seine Vorlage rechtzeitig erhalten und für die nötigen Vorberatungen in Brüssel und den fünfzehn Hauptstädten noch ausreichend Zeit bleiben sollte, musste der Konvent mit seiner Arbeit spätestens um den 20. September zurande gekommen sein.

Schwierigkeiten bereitete zu diesem Zeitpunkt immer noch der Vertreter des Vereinigten Königreichs, dem es am liebsten gewesen wäre, unter Bezugnahme auf die bekannten Menschenrechtskataloge nur eine Art Kommentar abzufassen, und der auf meine Versuche, ihn auf eine Kombination ausformulierter Rechte und konkreter Kommentare festzulegen, stets freundschaftlich, aber ohne die erhoffte Festlegung reagierte. Dabei zeichnete sich freilich immer deutlicher ab, dass er mit dieser Position im Plenum des Konvents ziemlich allein bleiben würde. Hätte die britische Regierung unter Premierminister Tony Blair auf dem Nizza-Gipfel diese Position aber übernommen, so wäre die ganze Arbeit umsonst gewesen. Damit allerdings rechnete im Präsidium des Konvents zu dieser Zeit niemand mehr. Das Scheitern der organisatorischen Reformvorhaben kündigte sich bereits allzu deutlich an.

Dass gegen Ende März 2000 mit der Detailarbeit begonnen werden konnte, war übrigens in erheblichem Maße auch der Gruppe der fünfzehn Europaparlamentarier zu verdanken. Bis dahin war nämlich noch ungeklärt, ob in dem entstehenden Grundrechtskatalog soziale Grundrechte eine Rolle spielen und wie stark diese sein sollten. Die Franzosen – und zwar nicht nur die Anhänger des sozialistischen Ministerpräsidenten Lionel Jospin, sondern auch die des gaullistischen Staatspräsidenten Chirac – setzten sich leidenschaftlich für die starke Betonung sozialer Grundrechte ein; andere Konventsmitglieder votierten ebenso leidenschaftlich dagegen, teils weil ihnen die ganze Richtung nicht passte, teils weil sie um die Verbindlichkeit der Charta fürchteten, die gefährdet gewesen wäre, wenn sie allzu viel versprochen hätte, was sich wegen hoher Kosten nachher nicht oder nur sehr bedingt halten ließ. Der Konvent wäre zu einer solchen Diskussion, noch dazu binnen relativ kurzer Zeit, wohl kaum fähig gewesen.

Da setzten sich die Konventsmitglieder, die vom Europäischen Parlament delegiert waren, freiwillig zusammen, und weil sie im Gegensatz zum Konventsplenum gewöhnt waren, in Fraktionsordnungen zu denken und zu arbeiten, brachten sie binnen sehr kurzer Zeit einen Vorschlag zustande, den das Plenum so gut wie unverändert übernehmen konnte. Dieser Teil des Textes ist später gelegentlich als zu breit und ausufernd kritisiert worden, und diese Kritik mag durchaus berechtigt sein. Er hat aber den Vorteil, dass die Themen, auf die es im sozialen Bereich wirklich ankommt, jetzt in der Charta katalogisiert und daher als wichtig anerkannt sind, dass die Charta durch die häufigen Verweisungen auf die nationalen Rechtsordnungen aber auch nicht von unverantwortlichen Versprechungen belastet wird. Der Konvent als Ganzes hat diese Aktivität der Parlamentariergruppe jedenfalls als Befreiungstat empfunden. Von wem die Initiative dazu ausgegangen ist, vermag ich übrigens nicht zu sagen. Ich könnte mir aber denken, dass sie von Inigo Mendes de Vigo, dem Vertreter der Gruppe im Präsidium, angeregt wurde. Auch dem Vertreter des Deutschen Bundestages, dem SPD-Abgeordneten Jürgen Meyer, der in die Konventsarbeit unendlich viel Arbeit investierte, würde ich eine solche Anregung zutrauen.

Wie auch immer: Anfang August »stand« der Text der Europäischen Grundrechtscharta, so wie er dann in Nizza zum Beschluss erhoben wurde. Durch den Tod meiner ersten Frau war ich allerdings in den Wochen zuvor, als die Feinarbeiten geleistet werden mussten, nicht wirklich einsatzfähig gewesen. Ich wurde zwar stets auf dem Laufenden gehalten, aber erst Anfang September, also ein, zwei Wochen vor der letzten Sitzung des Konvents, wieder mit Details befasst, nun allerdings mit solchen, an denen das ganze Unternehmen durchaus noch hätte scheitern können. Es ging um die bis heute umstrittene Frage, ob in der Präambel der Charta Gott oder zumindest die religiösen Wurzeln Europas erwähnt werden sollten.

Die Aufnahme der Religionsfreiheit in den Text der Charta gehörte von Anfang an zu den Essentials, die ich im Konvent auf alle Fälle durchsetzen wollte. Schon bei diesem Unterfangen ergaben sich überraschende Schwierigkeiten, weil ich nicht damit gerechnet hatte, dass es gerade unter den Vertretern der romanischen Länder so unerhört starke laizistische Tendenzen geben würde, und außerdem kam auch aus dem angelsächsischen Bereich keine sehr starke Unterstützung. Fünf- bis sechsmal musste ich im Plenum meinen Vorschlag vortragen, bis die Aufnahme der Religionsfreiheit endlich in trockenen Tüchern war. Von da an war mir bewusst, dass es bei der Erwähnung Gottes in der Präambel noch größere Probleme geben würde. Mir selbst war zudem frühzeitig klar, dass wohl nur das eine von beiden durchsetzbar sein würde – entweder der Gottesname in der Präambel oder die Religionsfreiheit im Text der Charta. Da mir eine rechtsverbindliche Garantie im Grundrechtstext selbst aber immer als wichtiger erschienen ist als eine vage Erwähnung in einer Präambel (die ja eben nicht rechtsverbindlich ist), hätte ich mich persönlich auch mit einer Niederlage in der Präambelfrage abfinden können. Allerdings wurde innerhalb des Konvents (und in meiner Abwesenheit aus den bekannten familiären Gründen) dann eine Lösung gefunden, in der zwar nicht Gott, wohl aber die geistig-religiösen Wurzeln Europas erwähnt wurden.

So wäre alles gut gewesen, und das Präsidium glaubte wohl Ende August noch, dass es dabei bleiben würde. Da meldete sich aus Paris Guy Braibant und berichtete, dass es wegen der Präambel sowohl im Büro des Ministerpräsidenten als auch in dem des Staatspräsidenten grundsätzliche verfassungsrechtliche Bedenken gebe. Frankreich sei ein laizistischer Staat, das sei ausdrücklich auch in seiner Verfassung verankert, und so werde befürchtet, dass mit der Zustimmung zu der Charta in ihrer jetzigen Fassung französisches Verfassungsrecht verletzt werde. Dieses Risiko werde man aber auf keinen Fall eingehen, sondern lieber der Charta die Zustimmung verweigern.

In den darauffolgenden Tagen haben die Beteiligten viel telefoniert. Am besten erschien uns am Ende die Lösung, die heute im Charta-Text zu lesen ist. In der deutschen Fassung der Präambel, der auch die meisten anderen Staaten folgen, heißt es: »Im Bewusstsein ihres *geistig-religiösen* und sittlichen Erbes gründet sich die Union ...« Der französische Text lautet dagegen: »Conscient de son patrimoine *spirituel* et moral, l'Union se fonde ...« Diese Lösung ist später von Kritikern als Formelkompromiss und fauler Ausweg gewertet worden. Daran ist zwar richtig, dass »spirituel« und »geistig-religiös« in den beiden Sprachen tatsächlich nicht ganz deckungsgleich sind, aber deutsch »religiös« und französisch »religieux« sind es eben auch nicht. Sie weichen sogar erheblich voneinander ab; denn das französische Wort »religieux« bedeutet, wie ich in jenen Tagen gelernt habe, eher so viel wie »bigott«. Das hätte den Sinn unserer ursprünglichen Formulierung noch weniger getroffen, und es hätte auch niemand bestreiten können, dass man damit die französische Verfassung wirklich verletzt hätte.

Die Franzosen nahmen die Sache übrigens so wichtig, dass ich damals binnen weniger Tage zwei tief besorgte Anrufe von Lionel Jospin und Jacques Chirac erhielt. Da ich das soeben geschilderte sprachliche Problem zu dieser Zeit bereits begriffen hatte, habe ich Verständnis für ihre Lage gezeigt und ihnen ehrlich versichert, das das Präsidium des Konvents in dieser Frage bestimmt noch eine befriedigende Lösung finden werde. Dass wir die Lösung bereits gefunden hatten, habe ich den beiden allerdings verschwiegen, um zu verhindern, dass ihre Beamten sich diese auch noch einmal vornehmen und ein neues Haar in der Suppe finden würden.

Am Morgen nach dem letzten Telefonat habe ich dann einen

Europäische Verfassungspolitik   303

Herzinfarkt erlitten. Ich berichte das nicht, um mich als Opfer der beiden darzustellen. Tatsache ist aber, dass ich von nun an aus dem Verkehr gezogen war und auch an dem Dezember-Gipfel in Nizza nicht teilnehmen konnte.

Das Werk ist am Ende also geglückt, und zwar in einer für EU-Verhältnisse ungewöhnlich kurzen Zeit. Dass es uns gelungen ist, hängt von den außerordentlich günstigen Verhältnissen ab. Alle Mitglieder des Konvents waren von vornherein zu offener und loyaler Mitarbeit bereit, und es gelang auch sehr schnell, sie von den redlichen Absichten des Präsidenten und des Präsidiums zu überzeugen. Das Präsidium fand, ebenfalls von Anfang an, den Weg zu einem einigen Auftreten gegenüber dem Plenum. Außerdem – dieses offene Wort möge man mir nachsehen – arbeiteten beide nach einer relativ langen Phase der allgemeinen Debatten dann doch so rasch, dass die Ständigen Vertreter der Mitgliedsregierungen in Brüssel gar nicht bemerkten, wie hier etwas viel schneller als sonst bei der EU üblich zustande kam. Als sie endlich anfingen, doch noch mitreden zu wollen, konnten wir ihnen freudestrahlend eröffnen, die Arbeit sei praktisch schon getan. Dass die Grundrechte ein Thema waren, bei dem es wenig Streit geben konnte und bei dem auch keine wichtigen nationalen Interessen aufeinanderprallten, kam natürlich hinzu.

Damit ist auch schon erklärt, warum der Grundrechtskonvent nicht zum Modell für den zweiten, vom ehemaligen französischen Staatspräsidenten Valéry Giscard d'Estaing geleiteten Konvent werden konnte. Dieser hatte es mit sehr viel umstritteneren Themen zu tun, in die sich die Regierungen und ihre Ständigen Vertreter fast zwangsläufig immer wieder einmischen mussten, und außerdem hätten sich die Letzteren aufgrund ihrer Erfahrungen mit dem ersten Konvent ohnehin kein zweites Mal so überfahren lassen. Ob es richtig war, diesen zweiten Konvent zunächst monatelang über eine Geschäftsordnung beraten zu lassen und ihm dann einen fast lukendichten, Hunderte von Paragraphen umfassenden Vertragsentwurf vorzulegen, steht auf einem anderen Blatt.

Über Sinn und Bedeutung der Grundrechtscharta ist nach meinem Dafürhalten zu viel theoretisiert worden. Am weitesten ging Romano Prodi, der damalige Präsident der EU-Kommission, der sich von der Charta eine tief greifende integrierende Wirkung auf die EU-Bürger versprach. Meiner Meinung nach wäre sie mit solchen Erwartungen hemmungslos überschätzt. Natürlich kann man dem EU-Bürger erklären, aus dem Grundrechtstext ergebe sich, dass die ganze EU »für ihn« da sei. Der Bürger ist aber schon unter der bisherigen Rechtslage so sehr an die Selbstverständlichkeiten eines freiheitlichen Gemeinwesens gewöhnt, dass ihm ein zusätzlicher Grundrechtskatalog nicht als sehr notwendig erscheinen dürfte; er begreift ja nicht einmal die handfesten wirtschaftlichen Vorteile, die er Jahr für Jahr aus der Einigung Europas zieht.

Trotzdem hat die Europäische Grundrechtscharta ihren guten Sinn. Erstmals seit den Römischen Verträgen von 1956 würde sie die Organe der EU – Ministerrat, Parlament, Kommission, Europäischer Gerichtshof – an einen Katalog schriftlich niedergelegter Grundrechte binden, wie sie bisher nur in den Verfassungen der einzelnen Mitgliedstaaten bestanden. Man mag zwar einwenden, dass der Europäische Gerichtshof in seiner Rechtsprechung schon bisher grundrechtsähnliche Prinzipien anerkannt und angewandt habe, aber ein geschriebener Katalog ist demgegenüber doch viel effektiver. Insofern ist die Charta, wenn sie erst einmal verbindlich geworden ist, wirklich ein unbestreitbarer Fortschritt. Ob dem einfachen Bürger aber eine solche juristische Finesse beizubringen ist?

Etwas ganz anderes ist, dass die Grundrechtscharta möglicherweise im Rahmen von Beitrittsverhandlungen noch eine zusätzliche, weit über das Juristische hinausreichende Funktion entfalten dürfte. Wenn man realistisch denkt, kann man nämlich auf den Gedanken kommen, dass sich in ihr wenn nicht alle, so doch die wichtigsten politisch-ethischen Grundsätze vereint finden, auf denen die Europäische Union aufbaut und die sie in der sich regionalisierenden Welt zu bekennen und zu verteidigen hat. Ist das so, dann liegt auch der weitere Gedanke nahe, dass sich Staaten, die der Union künftig beitreten wollen, auch auf ihre Einstellung zu – und das heißt dann zwangsläufig auf ihre Übereinstimmung mit – den Werten der Charta befragen und gegebenenfalls überprüfen lassen müssen. Formalrechtlich bindet die Charta zwar, wie schon gesagt, nicht die Mitgliedstaaten, sondern allein die Organe der Europäischen Union.

Staaten, die diesen Werten gleichgültig oder gar ablehnend gegen-
überstehen, haben in der Union jedoch nichts zu suchen. Ihnen gegenüber könnte – und sollte – die Charta, übrigens gleichgültig ob sie
formell in Kraft tritt oder nicht, also eine Art Beichtspiegel werden.

Was mich betrifft, so habe ich auch aus dem zweiten Konvent,
der den Entwurf einer Europäischen Verfassung ausarbeitete und
dem ich gar nicht angehört habe, etwas Wichtiges gelernt. Wie alle
Kollegen im Präsidium »meines« Konvents hatte ich meine Arbeit
selbstverständlich ehrenamtlich geleistet; für uns war das ein *nobile
officium*, eine Anstandspflicht. Valéry Giscard d'Estaing seinerseits
forderte Presseberichten zufolge für den Vorsitz in »seinem« Konvent ein sechsstelliges Euro-Honorar. Ich weiß nicht, wie viel er davon wirklich bekommen hat, will aber hoffen, dass wenigstens das
Honorar nobel war.

Der europäische Verfassungsentwurf

Nach den Volksabstimmungen in Frankreich und den Niederlanden,
die im Jahre 2005 mit einer glatten Ablehnung stattgefunden haben, ist der Entwurf einer Europäischen Verfassung, so wie er im
zweiten Europäischen Konvent ausgearbeitet wurde, mausetot. Erstaunlich ist eigentlich nur, dass das für die Berufseuropäer überraschend kam.

Die Europäische Union – oder, wie sie ursprünglich hieß, die
Europäische Gemeinschaft – hat in den vergangenen Jahrzehnten
keine gute Entwicklung durchgemacht. Gewiss, wirtschaftlich war
ihre Politik von außerordentlichen Erfolgen gekrönt, ihre innere
Integration erlebte zahlreiche notwendige Fortschritte, die Erweite-
rungen in den skandinavischen und iberischen Raum hinein ließen
die Hoffnung auf ein wirklich umfassend vereintes Europa sprießen,
und die Aufnahme der ostmitteleuropäischen Staaten lässt noch
heute an dieses Ziel glauben. Die Völker der Mitgliedstaaten haben
diese unbezweifelbaren Erfolge aber nicht verinnerlicht. Sie sehen
die Erfolge zwar möglicherweise noch, halten sie aber für selbstverständlich. Die großen Mängel jedoch, die sich in den vergangenen

Jahrzehnten eingeschlichen haben, sehen sie ebenfalls und halten sie allmählich nicht mehr für selbstverständlich, und sie sind auf die Dauer auch nicht mehr bereit, sie hinzunehmen und für sie auch noch zu bezahlen. Europa ist seinen Völkern fremd geworden, und man braucht nicht viel Fantasie, um die beiden Felder auszumachen, von denen diese Entfremdung vor allem ausgegangen ist.

Da ist zunächst die überbordende Bürokratie, die sich insbesondere in einer gigantischen Normenflut äußert. Über ein Übermaß an Gesetzen und Verordnungen wird in jedem modernen Land geklagt – das allein kann es nicht sein. Beispiele für besonders lebensfremde und unnötige Normierungen (wie etwa die Form von Bananen und die Größe von Schleppersitzen) finden sich bestimmt auch in den nationalen Rechtsordnungen. Wenn man aber in jeder Zeitung – und immer wieder –liest, dass neuen Beitrittskandidaten vor Beginn der Verhandlungen ein Aquis von nicht weniger als siebzig- bis achtzigtausend Druckseiten vorgelegt wird, also eine Sammlung von Rechtsvorschriften, die in der EU bereits gültig sind und an die der Beitrittskandidat seine eigene Rechtsordnung binnen verhältnismäßig kurzer Zeit angleichen soll, dann beginnt nicht nur der einfache Bürger den Kopf zu schütteln, sondern auch der in Gesetzgebungs- und Verwaltungsfragen halbwegs versierte Fachmann. Begeisterung für die Sache Europas löst so etwas bestimmt nicht aus, und die Geduld, die die Völker bisher bewiesen haben, kann sich dann leicht ihrem Ende zuneigen.

Wenn sich der staunende Betrachter sodann dem alljährlichen Haushalt der EU zuwendet, kann sich seine Stimmung auch nicht wesentlich verbessern. Das Budget einer Vereinigung von fortgeschrittenen Industriestaaten, das allen diesen Tatsachen zum Trotz fast zur Hälfte für Agrarsubventionen bestimmt ist, entbehrt für den Bürger, der ohnehin voller Skepsis an die europäischen Fragen herangeht, allmählich jeglicher überzeugenden Kraft.

Die Gründe für die Entfremdung, die mittlerweile zwischen der EU und ihren Bürgern eingetreten ist, liegen also auf der Hand. Sie heißen »Bürokratie« und »Agrarhaushalt«. Die EU-Politiker, an ihrer Spitze Kommission und Parlament, haben diese Probleme nie in ausreichendem Maße aufgegriffen – man tut ihnen wohl nicht einmal

Europäische Verfassungspolitik

Unrecht, wenn man vermutet, sie hätten sie nicht verstanden. Wahrscheinlich sind sie in ihrem Denken allzu sehr von deutschen Juristen und französischen ENA-Schülern beeinflusst, die die Wirklichkeit oft nur durch die Brille theoretischer Gedankenkonstrukte sehen.

Von einem Verfassungstext, der nahezu fünfhundert Artikel umfasst, kann man erst recht keine integrierende Kraft erwarten. Es wird ziemlich wenige Fachleute geben, die diesen Text in seinem vollen Umfang gelesen und verstanden haben. Für die Bürger ist er aber völlig unverständlich. Sie dürften ihn, soweit sie ihn überhaupt einmal in der Hand hatten, wohl eher als ein Dokument verstehen, das die bisherige Politik der Bürokratisierung fortsetzt und perfektioniert, als dass es ihr entgegenwirkt. Deshalb wird sich auch die Vorstellung von Europapolitikern, man müsse nur eine bessere Gelegenheit abwarten und den Völkern dann den gleichen Text erneut vorlegen, sehr rasch als Windei erweisen – wenn es nicht wenigstens zu einer energischen Kürzung des Textes kommt.

Dass es auf absehbare Zeit weder eine europäische Öffentlichkeit noch eine europäische Nation gibt (und die nationalen Verfassungen sind bisher alle von ihren Nationen oder zumindest in deren Auftrag erlassen worden!), wird die Dinge noch auf lange Zeit zusätzlich erschweren. Eine Verfassung im herkömmlichen Sinn wird der jetzt abgelehnte Text also ohnehin nicht werden können. Aber auch hier zeigt sich wieder die Kurzsichtigkeit, mit der das ganze Unternehmen auf den Weg gebracht wurde. Solange der im zweiten Konvent beschlossene Text als Selbstläufer betrachtet wurde, nannte man ihn frohgemut »Verfassung« – obwohl man wissen konnte, dass er überwiegend nicht von den Völkern, sondern in vielen Ländern nur von den Parlamenten beschlossen werden würde. Erst als sich sein Scheitern abzeichnete, bequemte man sich dann dazu, ihn als das zu bezeichnen, was er wirklich ist: als Verfassungs*vertrag*. Als ob dadurch irgendetwas besser geworden wäre!

Seit dem Fall des Eisernen Vorhangs ist zu den erwähnten Problemen übrigens noch eine weitere, grundlegende Schwierigkeit hinzugekommen: der Beitritt der ostmitteleuropäischen Staaten. Er hatte zwei unschätzbare Vorzüge: deren Rückkehr zum alten Europa, das ja gerade nicht an der Elbe zu Ende war, und den Ausgleich der geschichtlichen Ungerechtigkeit, die 1945 einen Teil der europäischen Völker in ein Reich der Freiheit und Prosperität, den anderen aber in ein Reich der Tyrannei und Verarmung verwiesen hatte. Das Glück, das das Ende des Eisernen Vorhangs deshalb für ganz Europa bedeutete, ist oft – und zu Recht – beschworen worden. Einen Nachteil hatte die Entwicklung freilich auch, und zwar gerade für den Fortgang der europäischen Integration. Bisher hatte es eine Regel gegeben, die darauf hinauslief, dass jede räumliche Erweiterung der Union durch eine Vertiefung ihres Integrationsstandes ergänzt werden musste. Seit die Staaten Ostmitteleuropas ihre Freiheit wieder erlangten und an die EU herangeführt wurden, scheint dieser Grundsatz von der allgemeinen Überzeugung der Mitgliedstaaten nicht mehr so recht getragen zu werden.

Aufnahme in die Union bedeutet für neue Mitgliedstaaten zwangsläufig den Verzicht auf Souveränitätsrechte, die diesen ursprünglich selbst zugestanden haben, und Vertiefung der Integrationsstruktur ist dementsprechend mit einem weiteren Souveränitätsverlust gleichbedeutend. Den Mitgliedern aus Mittel-, West-, Nord- und Südeuropa leuchtete dieser Automatismus ein; sie nahmen ihn leichter hin, als ihnen der Verzicht auf die augenscheinlichen Vorteile einer EU-Mitgliedschaft gefallen wäre. Bei den eben erst frei gewordenen Staaten Ostmitteleuropas ist das jedoch anders. Sie haben ihre Souveränität fast ein halbes Jahrhundert bitter entbehrt und sollen jetzt, da sie sie endlich wiedererlangt haben, um einer Mitgliedschaft in der EU willen schon wieder große Teile von ihr abgeben – man muss wirklich Verständnis dafür haben, dass ihnen das alles andere als leichtfällt! Nicht wenige von ihren Politikern versuchen infolgedessen, die Souveränitätsverzichte, die durch eine weitere Vertiefung der Integration auf sie zukommen könnten, so weit wie möglich auszubremsen. Dass vielen von ihnen eine bloße Freihandelszone, freilich vermehrt durch kräftige Subventionen, am liebsten wäre, ist zwar vielleicht eine böswillige Übertreibung, ganz abwegig ist sie aber wohl nicht – und es sei bewusst wiederholt: Aufgrund der Geschichte, der diese Völker fünf Jahrzehnte lang ausgesetzt waren, muss man dafür auch volles Verständnis haben.

Die Frage ist nur, ob man solchen Vorstellungen Folge leisten sollte, und diese Frage ist mit aller Deutlichkeit zu verneinen. Man braucht sich dazu nur die Welt anzusehen, wie sie sich heute entwickelt. Die Staaten der Dritten Welt werden mit jedem Jahr, das ins Land geht, immer mehr Waren und Dienstleistungen, die ihnen bisher Amerika und Europa geboten haben, in der gleichen Qualität und zu erheblich niedrigeren Preisen anbieten können. Europa wird dadurch gezwungen werden, alle Synergieeffekte auszunutzen, die sich aus dem Zusammenschluss seiner Ökonomien gewinnen lassen, bedarf also schon deshalb einer nachhaltigen Integration und Erweiterung – ganz abgesehen von der Notwendigkeit ständiger Innovationen. Dazu kommt, dass die auf die Globalisierung antwortende Regionalisierung der Welt den Westen vor gänzlich neue Probleme stellen wird. Die muslimischen Staaten vereinen rund eine Milliarde Menschen auf sich, Indien kommt ungefähr auf die gleiche Bevölkerungszahl, China im Augenblick auf etwa 1,3 Milliarden. Wenn diese Blöcke wirtschaftlich immer potenter und geistig immer geschlossener und selbstbewusster werden, wird es das kleine Europa mit seiner halben Milliarde Menschen schon aus diesem demografischen Grund immer schwerer haben, sich selbst, seinen Lebensstil und nicht zuletzt seine Überzeugungen zu bewahren. Dazu muss es so groß wie nur irgend möglich werden und in den wesentlichen Fragen eine einheitliche Politik betreiben, auch eine weitgehend einheitliche Außen- und Sicherheitspolitik. Dass damit nicht primär macht- und militärpolitische Weltpolitik gemeint ist, dürfte sich von selbst verstehen, und dass der Abbau der im Weltmaßstab bestehenden Konflikte vorwiegend durch Hilfe gegenüber den Ärmsten und durch unentwegten Dialog zu leisten ist, war ein Grundtenor meiner gesamten Aktivitäten als Bundespräsident.

Trotzdem braucht Europa, um das alles leisten zu können und dennoch Bestand zu haben, auch eine eigene innere Reform. Es muss sich politisch so stark machen, wie es nur eben möglich ist. Was versteht man aber unter einer solchen Stärkung Europas?

Zunächst ist in diesem Zusammenhang natürlich an Kooperationen und Bündnisse mit anderen, politisch und weltanschaulich verwandten Staaten bzw. Staatengruppen zu denken. Es wird niemanden überraschen, dass dabei die beiden angelsächsischen Staaten Nordamerikas, also die USA und Kanada, absolut im Vordergrund stehen. Ich will aber ausdrücklich wiederholen, dass die nächste Priorität nach Lateinamerika weist, das sich in Zukunft hoffentlich günstiger (und demokratischer) entwickeln wird als in der Vergangenheit und das, wenn ihm das glücken würde, zu einer weiteren Weltmacht mit ähnlichen geistigen Fundamenten wie Europa werden könnte. Es ist zu früh, um sich eine solche weltpolitisch angelegte Kooperation konkreter auszumalen. Wenn die Regionalisierung der Welt aber so weitergeht, wie sie sich in den vergangenen Jahren abgezeichnet hat, wird an ihr kein Weg vorbeiführen – und es wird nicht so sehr ein militärischer als vielmehr ein politisch-weltanschaulicher Weg sein.

Dass die EU für eine solche Politik heute schon richtig »aufgestellt« ist, wird man bezweifeln dürfen. Dazu ist sie einerseits, ihrer Herkunft entsprechend, zu sehr ökonomisch ausgerichtet, andererseits hat sie sich in den vergangenen Jahrzehnten zu sehr in bürokratischer Kleinkrämerei verstrickt, und ihre bisherige Außen- und Sicherheitspolitik verdient kaum den stolzen Namen, den man ihr zuerkannt hat. Die Regierungen mögen es gern hören oder nicht – es steht eine prinzipielle Umorientierung der Gemeinschaftspolitik an, die die EU einerseits »schnittiger« macht (das bedeutet unter anderem auch die Rückgabe von Kompetenzen an die Mitgliedstaaten), andererseits aber auch »beweglicher« (und das bedingt vor allem raschere und entschlossenere Entscheidungen, speziell in der Weltpolitik). Für die Gliedstaaten heißt das zwar Rückgewinnung diverser Souveränitätsrechte, gleichzeitig aber auch neue Souveränitätsverluste – und genau hier liegt das Problem.

Dem Grundsatz nach wäre es für die EU das Beste, wenn die notwendige Vertiefung ihres Organisationsgefüges im Rahmen ihrer jeweiligen Verfassungsordnung einvernehmlich vor sich ginge. Soweit es möglich ist, sollte das auch in Zukunft so geschehen. Die verständliche – im Verhältnis zu den bisherigen Mitgliedern ungleich geringere – Bereitschaft der ostmitteleuropäischen Staaten zu weiteren Souveränitätsverzichten wird dem aber in vielen Fällen entgegenstehen. Damit wird man sich auf mittlere Sicht wohl abfinden müssen. Es muss jedoch möglich sein, dass wenigstens die Mitgliedstaaten, die zu weiteren Integrationsschritten bereit sind, diese – im Rahmen der EU, wenn auch nur mit Wirkung für ihre gegenseitigen Beziehungen und Entscheidungen – dann auch gehen können. Das mag zwar zu einem etwas differenzierten Bild der EU führen, zu einem »Europa der unterschiedlichen Geschwindigkeiten«, und für Lehrbuchschreiber, die die innere Ordnung der EU darstellen wollen, etwas unbequem sein, entspricht aber zum einen dem vitalen Bedürfnis nach einer möglichst effektiven Politik Europas in der sich neu ordnenden Welt und folgt zum anderen nur den Regeln, nach denen die europäische Integration bereits im ersten halben Jahrhundert ihrer Existenz vor sich gegangen ist.

Schon bisher hat sich die Einigung Europas in unterschiedlichen Geschwindigkeiten und im Zusammenwirken höchst verschiedener Staatengruppen vollzogen. Der NATO gehören Staaten an, die sich zur EU rechnen, ebenso aber solche, die dieser nicht angehören. Im Schengener Abkommen haben sich nur einzelne EU-Mitgliedstaaten zusammengefunden, in der Europäischen Währungsunion wieder andere, und genau genommen waren ja selbst die sechs Gründungsmitglieder der Europäischen Wirtschaftsgemeinschaft (EWG), die sich dann zur EU mauserte, nur ein ganz geringer Teil Europas, der sich zu einer entschiedenen Integrationspolitik zusammenfand, während andere dazu entweder noch nicht imstande oder noch nicht bereit waren. Dass einzelne EU-Mitglieder auch künftig zu einem solchen Vorangehen befugt sein sollen, müsste im Rahmen der EU also eine bare Selbstverständlichkeit sein.

Der Konvent, der den Verfassungsentwurf ausarbeitete, hat das leider nicht so gesehen. Die Mitgliedstaaten, die eine verstärkte Zusammenarbeit im kleineren Kreis wünschen, können das nicht von sich aus beschließen (selbstverständlich immer mit der Maßgabe, dass sich ihnen jeder andere Mitgliedstaat, der das will, jederzeit anschließen kann), sondern sie benötigen eine Ermächtigung, die erstens von der Kommission vorgeschlagen, zweitens vom Rat der Staats- und Regierungschefs ausgesprochen und drittens vom Parlament ausdrücklich gebilligt sein muss. Das hört sich verhältnismäßig harmlos an, ist es aber nicht. Denn im Rat kann die Ermächtigung nur einstimmig beschlossen werden. Es hat also nicht nur die Mehrheit der Mitgliedstaaten die Möglichkeit, die verstärkte Zusammenarbeit anderer nach Belieben zu verhindern, sondern jeder einzelne Mitgliedstaat – und sei er noch so klein und im Kreis der EU noch so »jung« – hat das Recht, die verstärkte Zusammenarbeit anderer durch sein Veto zu blockieren.

Hier sind die unterschiedlichen Interessen, vor allem aber die unterschiedlichen politischen Absichten der Mitgliedstaaten nicht ausreichend gegeneinander abgewogen – genau genommen ist nur der Wunsch, weitere Integrationsschritte zu verhindern, einseitig berücksichtigt worden. Es ist durchaus verständlich, dass gerade diejenigen Staaten, die ein halbes Jahrhundert lang ihre Unabhängigkeit entbehren mussten, gegenüber allzu raschen und allzu weit gehenden Souveränitätsverzichten Skepsis an den Tag legen und sich gegen eine Gleichschaltung absichern wollen. Sie deshalb aber auch allen anderen Mitgliedstaaten zu verweigern, ist nicht vertretbar. Es geht nämlich keineswegs ausschließlich um die egoistischen Interessen dieser anderen Staaten. Verbaut wird auf diese Weise auch, dass sich Europa – oder wenigstens die Teile davon, die dazu fähig und bereit sind – für die absehbare wirtschaftliche, politische und ideologische Auseinandersetzung mit der sich ebenso globalisierenden wie regionalisierenden Welt stark macht.

Alle anderen Argumente, die gegen einzelne Regelungen des Verfassungsentwurfs in der Öffentlichkeit vorgebracht wurden, sind demgegenüber von geringem Gewicht. Sie werden sich durch eine einigermaßen vernünftige Politik der Beteiligten einschleifen lassen, letztlich, wenn es gar nicht anders geht, durch die Rechtsprechung des Europäischen Gerichtshofs in Luxemburg. Der springende Punkt sind die total verunglückten Bestimmungen über die verstärkte Zusammenarbeit einzelner Mitgliedstaaten.

Alles in allem: Ich weine dem Entwurf einer Verfassung für Europa in seiner heutigen Fassung keine Träne nach.

Apropos: Händel, Haydn und die Leitkultur

Bei Staatsbesuchen ist es üblich, dass der Staatsgast den Gastgeber und andere hervorragende Persönlichkeiten des gastgebenden Landes zu einem festlichen Essen einlädt, und außerdem wird es sehr begrüßt, wenn er irgendeine kulturelle Besonderheit aus seinem eigenen Land präsentiert. Als ich im Dezember 1998 dem Vereinigten Königreich meinen Staatsbesuch abstattete, lud ich deshalb den Windsbacher Knabenchor ein, mich zu begleiten und in London für eine ausgewählte Gesellschaft ein Konzert zu geben.

Die Chorleitung nahm diese Einladung natürlich gern an und legte mir alsbald einen Programmvorschlag vor, den ich mir zwar genau ansah und auch billigte, dann aber sehr schnell wieder vergaß.

Am Tag vor dem Abflug, als ich meine Reiseunterlagen noch einmal durchsah, fiel mir dann auf, dass das Programm eindeutig von deutschen Komponisten beherrscht war. Nur der Brite Henry Purcell war mit einigen kleinen Stücken vertreten. Mir erschien das wenig. Aber nun war alles entschieden, und ich wollte nicht noch während des Flugs die ganze Veranstaltung durcheinanderbringen.

Am dritten Tag des Besuchs fand das Konzert statt. Musikalisch war es ein glänzendes Ereignis, für das sich die Eingeladenen herzlich bedankten, und auch meine Befürchtung, sie könnten die mangelnde Vertretung englischer Komponisten kritisieren, erwies sich als voreilig. Im Gegenteil: Mehrere von ihnen bedankten sich ausdrücklich dafür, dass so viele Stücke von englischen Komponisten gesungen worden seien. Die Erklärung war einfach: Sie betrachteten Händel und Haydn ganz selbstverständlich als Engländer, weil sie viele Jahre auf der Insel zugebracht hatten – und die beiden waren auf dem Konzertprogramm nicht gerade selten vertreten.

Ich erinnerte mich nun an einen Passus aus meiner Rede zum 8. Mai 1995, dem fünfzigsten Jahrestag des Endes des Zweiten Weltkriegs, die mir damals sehr wichtig gewesen war: »Es ist ein Irrtum,

Europa primär als einen Begriff der Politik oder gar der Ökonomie zu begreifen. Das, was uns Europäer zunächst einmal eint, ist unsere gemeinsame europäische Kultur. Sie ist das Dach, unter dem wir alle leben. (…) Heute haben wir die einmalige Chance, das Dach – den geistigen Überbau Europas – zu festigen und es auf einen soliden Unterbau politischer Einheit und wirtschaftlicher Entwicklung zu stellen.«

Es gibt eine gemeinsame europäische Kultur, zu der die Völker Europas ihre unterschiedlichen Beiträge geleistet haben, und der deutsche Beitrag dazu kann sich bei Gott sehen lassen. Deshalb von verschiedenen nationalen Kulturen zu sprechen, führt aber auf Abwege und wird auch der Sache nicht gerecht. Keiner der nationalen Beiträge unterscheidet sich von den Beiträgen anderer europäischer Völker auch nur annähernd so deutlich wie die gemeinsame Kultur der Europäer von anderen – asiatischen oder afrikanischen – Kulturen.

Folge: Man kann durchaus von einer »Leitkultur« sprechen – jedoch von einer europäischen, und nicht mit einem Anspruch gegenüber allen anderen Teilen der Welt.

REISEN UND BEGEGNUNGEN

Das »alte« Europa, USA, Osteuropa und Asien

Wenn man sich die absehbare geopolitische Entwicklung, insbesondere die politischen Folgen aus Globalisierung und Regionalisierung vor Augen hält, so wird einem klar, wie wichtig es ist, die naturgegebene strategische Partnerschaft mit den europäischen Staaten, vor allem aber die mit den angelsächsischen Staaten Nordamerikas zu erhalten und sorgsam zu pflegen. Für die Staaten Europas bedeutet das die aktive Teilnahme am Fortgang der europäischen Integration. Für Deutschland bedeutet es zugleich die ständige Pflege freundschaftlicher Beziehungen zu den für europäische Verhältnisse immer noch großen Staaten Großbritannien und Frankreich. Die drei westlichen Alliierten können gar nicht zu sehr gepflegt werden.

Das ist nach den Regeln der deutschen Verfassung vor allem Aufgabe der Bundesregierung, die in dieser Funktion von der Diplomatie, dann und wann aber auch von Parlamentariertreffen und ähnlichen Kontakten unterstützt wird. So wie die internationalen Gepflogenheiten sind, hat aber auch der Bundespräsident dabei eine wichtige Rolle zu spielen, speziell dann, wenn der internationalen Alltagsarbeit durch »ausgehende« bzw. »eingehende« Staatsbesuche ein protokollarisches Sahnehäubchen aufgesetzt werden soll.

Die Kritiker dieser hergebrachten Usancen, die meist nur die in den Hauptstädten notwendig werdenden Straßensperren und höchstens noch die anfallenden Kosten sehen, billigen solchen Staatsbesuchen meist nur wenig Sinn zu, und ich muss zugeben, dass ich dafür Verständnis habe, soweit es sich um die Kontakte zu den Mitgliedstaaten der EU handelt. Zwischen ihnen gibt es auf allen nur denkbaren Ebenen so häufige und vor allem so enge Kontakte, dass man sich förmliche Staatsbesuche eigentlich ersparen könnte. Als Bundespräsident habe ich folglich auch einmal vorgeschlagen, Staatsbesuche innerhalb der EU abzuschaffen. Dem hat eine ganze Reihe von Mitgliedstaaten freudig zugestimmt, andere votierten allerdings genauso entschieden dagegen. Damit war die Idee gestorben; denn in Fragen der internationalen Courtoisie müssen alle einer Meinung sein, ehe man etwas Wesentliches ändert.

Für meine Amtsführung bedeutete das, dass in die Zeitplanungen auch Staatsbesuche in Paris und London aufzunehmen waren – gegenüber den USA kam eine Abschaffung ohnehin nicht in Frage. Daran änderte es nichts, dass ich auch mit den höchsten Repräsentanten dieser Staaten pausenlos in Kontakt war, bei Antrittsbesuchen, im Rahmen so genannter Arbeitsbesuche, auf Tagungen, in Telefongesprächen und dergleichen mehr. Staatsbesuche bei jedem unserer nächsten Verbündeten waren also unverzichtbar – und sie konnten unkompliziert und in einem freundschaftlich gestimmten Personenkreis stattfinden.

Bei den Verbündeten

Ein Problem für den deutschen Bundespräsidenten ist bei Staatsbesuchen in Washington, London und Paris eigentlich nur die Medienwelt. Das hängt mit den verschiedenen Verfassungsformen zusammen. In Frankreich und den USA wird die Politik vom Staatsoberhaupt gemacht, in Deutschland vom Regierungschef, den infolgedessen auch in den Gastgeberländern jedermann kennt, besonders wenn er so lange regiert, wie das bei Helmut Kohl der Fall war. Der Bundespräsident, dessen Amtszeit zeitlich beschränkt ist, hat es viel schwerer, die Aufmerksamkeit auf sich zu ziehen; denn niemand kann ihn in den gastgebenden Ländern so richtig einordnen. In Großbritannien liegen die Dinge wieder anders, die Stellung der Queen lässt sich durchaus mit der des Bundespräsidenten vergleichen; aber gegen eine Königin, die ihr Amt damals seit mehr als vierzig Jahren ausübte, kam und kommt ein deutscher Präsident nur schwer an.

Aus diesen Gründen habe ich mit meinen Staatsbesuchen in den drei Hauptstädten etwas gewartet, um mir zunächst einmal einen Sockel an internationalen Auftritten und damit die nötige Aufmerksamkeit seitens der Medien zu verschaffen. Da ich mich – mit Recht, wie sich erwies – darauf allein nicht verlassen wollte, strukturierte ich, zumindest in den USA und Frankreich, den üblichen Besuchskalender etwas um. Während es üblich ist, zuerst die Hauptstadt zu besuchen und erst danach einen Abstecher »in die Provinz« folgen zu lassen, ging ich zuerst »in die Provinz«. Die Vorteile hatte ich mehr zufällig bei einem Staatsbesuch in Brasilien kennengelernt: Während ein Staatsbesuch in den hauptstädtischen Medien kaum je größere Aufmerksamkeit findet, ist er für eine Provinzhauptstadt eine fast einmalige Sensation – alle Zeitungen und Fernsehsender berichten davon, und diese Berichte werden in der Zentrale seltsamerweise dann doch zur Kenntnis genommen. Man konnte sich auf diese Weise also wenigstens ein gewisses Entree bei den Medien verschaffen. Dieser Praxis verdanke ich mehr interessante Erfahrungen als den Besprechungen in den Hauptstädten selbst, weil diese sich auf längst bekannte und meist schon halb gelöste Fragen bezogen.

Pittsburgh

In Amerika hatte ich einen hochinteressanten Besuchstag in Pittsburgh. Zunächst konnte ich einen Betrieb der Firma Bayer Leverkusen besichtigen, der nach der Beschlagnahme im Zweiten Weltkrieg mühsam wieder aufgebaut worden war und erst seit kurzer Zeit wieder den angestammten Namen tragen durfte. Dann traf ich den Bürgermeister der Stadt, der mir sofort einen gedrängten, besonders anschaulichen Überblick über die Geschichte seiner Stadt gab. Pittsburgh war bis in die erste Hälfte des 20. Jahrhunderts eine klassische Industriestadt. Dann aber hatte die Industrie wie in vielen Teilen der Welt ihre Bedeutung verloren und die Stadt (die übrigens durchweg von Demokraten regiert wurde) war am Ende nur noch ein dunkles Loch ohne Zukunftsperspektiven gewesen. Den Umschwung brachte, wenn die Darstellung des ebenfalls demokratischen Bürgermeisters stimmte, die Wahl eines neuen Gouverneurs für den Staat Pennsylvania, und zwar ausgerechnet eines Republikaners. Er schraubte die Bürokratie, die es offenbar auch dort im Übermaß gab, mit aller Entschlossenheit zurück, senkte drastisch die Steuern und zog auf diese Weise moderne, zukunftsträchtige Wirtschaftsunternehmen in die Region. Pittsburgh wurde wieder zu einer lebendigen, wohlhabenden Stadt.

Bürgermeister und Gouverneur gaben ein Mittagessen für mich, und es war fast rührend zu sehen, wie sie sich trotz ihrer unterschiedlichen Parteizugehörigkeit gegenseitig unentwegt lobten. Meine Frage an den Gouverneur, ob denn im Verhältnis zu den Nachbarstaaten nicht die Gefahr eines Steuerdumpings bestünde und ob er nicht fürchte, von Konkurrenten in der Nachbarschaft eingeholt und zu weiteren Steuersenkungen gezwungen zu werden, beantwortete dieser freilich nicht ganz befriedigend. Das würden sich, so meinte er, die Gouverneure der Nachbarstaaten ja doch nicht trauen.

In Pittsburgh habe ich auch ein Museum über die deutsche Einwanderung gesehen, das dort gerade im Entstehen war. Schon bei früheren USA-Besuchen hatte ich die Erfahrung gemacht, dass das Interesse an deutschen Familiennamen, besonders aber an einer Abstammung aus Deutschland unter den Amerikanern zunehmend wuchs. In den beiden Weltkriegen hatten die Eltern und Großeltern ihre Abstammung möglichst verborgen gehalten. Nun aber begannen sich die Kinder und Enkel zu erinnern, alte Urkunden und Fotos hervorzuholen und sich mit anderen zu gemeinsamer Nachforschung und Dokumentation zusammenzutun. Ich erinnere mich noch gut an die Fülle von »Devotionalien« aus Deutschland und an ein paar wirkliche Wertgegenstände, die im Pittsburgher Museum mit rührender Gründlichkeit aufbewahrt und ausgestellt wurden.

In der französischen Provinz und in Paris

Ganz anders verlief der Besuch, den ich vor meinem Staatsbesuch in Paris einem Ort der französischen Provinz abstattete. Es handelte sich um La Brède, einen Ort in der Nähe von Bordeaux, in dem der große Staatstheoretiker Charles Montesquieu – genauer Charles de Secondat, Baron de la Brède et de Montesquieu – gelebt hatte. La Brède hatte seit seinen Tagen wahrscheinlich keinen hohen Politiker mehr gesehen, schon gar kein ausländisches Staatsoberhaupt, und war bei meiner Ankunft entsprechend enthusiasmiert. Fast die ganze Bevölkerung war auf den Beinen, deutsche und französische Fahnen wehten von den Masten, und der Bürgermeister begrüßte mich im Schmuck seiner blau-weiß-roten Amtsschärpe mit einer Rede, die ich zwar nicht ganz verstanden habe, die aber ersichtlich die Zustimmung seiner Mitbürger fand. Dann wurde auf vielerlei angestoßen, auf mein Wohl, auf unsere Länder, auf die Freundschaft der Völker und wahrscheinlich auch auf die europäische Einigung.

Nach einiger Zeit führte mich der Bürgermeister dann vor das Schloss, das seinerzeit dem Parlamentspräsidenten Montesquieu gehört hatte. Dort nahmen mich Angestellte der Comtesse de Chabannes, eines Abkömmlings des Staatsphilosophen, in Empfang. Sie führte mich dann über eine Stunde lang durch das Schloss. Es war ein Erlebnis. Der Bürgermeister allerdings konnte daran nicht teilhaben. Er lag mit der Gräfin, aus welchen Gründen auch immer, in Fehde, hatte Hausverbot, und sie war nicht bereit gewesen, dieses Verbot auch nur für eine oder zwei Stunden aufzuheben.

In Paris wurde mein Besuch in La Brède und die Reverenz, die ich dadurch einem Franzosen erwiesen hatte, mit großem Interesse aufgenommen; der Aufwand hatte sich also gelohnt. Ehe ich in Bordeaux mit dem damaligen Ministerpräsidenten Alain Juppé, zugleich Bürgermeister von Bordeaux, zu einem festlichen Abendessen zusammenkam, galt es allerdings, noch ein mehrstündiges Montesquieu-Kolloquium zu absolvieren, das Professoren und Journalisten zu meinen und Montesquieus Ehren veranstalteten. Natürlich musste ich die Eröffnungsansprache halten. Dazu hatte ich einen Entwurf in der Tasche, der im Bundespräsidialamt erarbeitet worden war. Ich hatte beim besten Willen keine Zeit gehabt, ihn zu überarbeiten oder gar an meine Vorstellungen anzupassen. Also blieb mir nichts anderes übrig, als ihn einfach vorzutragen. Er war ganz bestimmt nicht schlecht, aber das, was mir als wichtig erschienen wäre, brachte er doch nicht zum Ausdruck. Ich war also nicht sehr zufrieden, während die französischen Fachkollegen es offenbar waren, und an manchen Teilen der nun folgenden Diskussion konnte man wirklich seine Freude haben – bis etwas geschah, was der Publizist Johannes Gross später in seinem Notizbuch im *F.A.Z.-*

Magazin folgendermaßen (und für mich sehr schmeichelhaft) darstellte:

»Der Bundespräsident hatte sich bei seinem Staatsbesuch in Frankreich den lang gehegten Wunsch erfüllen wollen, Schloss La Brède, Geburts- und Arbeitsstätte des Staatsdenkers Montesquieu, zu besuchen; der Wunsch war von den Gastgebern als ehrend und originell erfüllt worden. Dem Besuch sollte sich, gleichfalls auf Herzogs Wunsch, ein Colloquium über Montesquieus Wirkungsgeschichte bis in unsere Tage anschließen, das ich mit dem alten Kollegen vom Deutschlandfunk, André Pouille, inzwischen zum Rektor der Akademie von Bordeaux aufgestiegen, moderieren durfte. Zum Schluss der Veranstaltung kam Pouille der Gedanke, den Bundespräsidenten aufzufordern, ein Schlusswort als Resümee zu sprechen. Das traf Herzog, in der ersten Reihe sitzend, gänzlich unerwartet, doch zögerte er nur eine Sekunde, kletterte aufs Podium und redete fünfzehn Minuten so unaufdringlich gelehrt, politisch gewandt und liebenswürdig, dass ihm der herzlichste Beifall des höchst beeindruckten akademischen Publikums sicher war. Die Deutschen im Saal hatten die angenehme Empfindung, keine andere Nation zu wissen, deren Oberhaupt zu Ähnlichem im Stande wäre.«

Den Inhalt meines Abschlussstatements, von dem Johannes Gross spricht, gebe ich hier aus dem Gedächtnis wieder: Das wesentliche Anliegen Montesquieus sei offenkundig die Beschränkung der königlichen Gewalt gewesen, die er als Angehöriger des Adels und als Gegner jeglicher Despotie wünschen musste. Das habe ihn zur Idee der Gewaltenteilung an sich geführt, die auch heute noch ihre volle Berechtigung in sich trage. Seine Vorstellungen von der sinnvollsten Ausgestaltung dieser Gewaltenteilung seien demgegenüber inzwischen überholt. Sowohl die Legislative als auch die Exekutive seien heute mit ganz anderen Gegenständen beschäftigt, als es seiner Gedankenwelt entsprochen habe, seine Meinung, dass die Judikative »in gewissem Sinne ein Nichts« sei, habe sich als grandioser Irrtum erwiesen, und das von ihm geforderte Vetorecht von Staatsoberhaupt oder Regierung gegenüber Gesetzgebungsakten des Parlaments sei zumindest aus den meisten geltenden Verfassungen verschwunden. Was bleibe, sei also tatsächlich nur das Petitum der Gewaltenteilung an sich. Dieses aber sei angesichts des Zuwachses an staatlichen Machtmöglichkeiten, die sich seit Montesquieu herauskristallisiert hätten, heute wichtiger denn je.

Dazu gibt es eine kleine Nachgeschichte, die wunderbar zeigt, wie die Redensammlungen führender Politiker zustande kommen. Der Vortrag, von dem Johannes Gross berichtete, war frei gehalten, folglich taucht er in keinem meiner Redenbände auf – obwohl er angeblich so gut gelungen war. Hingegen ist die absolut durchschnittliche Eröffnungsrede selbstverständlich abgedruckt worden, bleibt der staunenden Nachwelt also auf ewig erhalten.[43] Meiner Erfahrung nach hat das nicht nur mit technischen Fragen zu tun, sondern es beruht auch darauf, dass die Redenschreiber – wenigstens einzelne von ihnen – sehr wohl darauf achten, dass ihre Produkte später im Druck erscheinen. So viel zur Aussagekraft mancher Redensammlungen.

In Paris wurde ebenfalls ein wissenschaftliches Kolloquium veranstaltet, dieses Mal allerdings zu meinen Ehren. Dabei fiel mir zunächst auf, dass die Franzosen hier, zumindest im ersten Drittel, ganz andere Regeln beachteten, als das in Deutschland üblich ist. Es wurde nämlich nicht über das angekündigte Thema gesprochen, sondern über meine vermeintlichen Verdienste um Staat, Völkerverständigung und Verfassungsgerichtsbarkeit – mein Freund Robert Badinter und der allseits anerkannte Alfred Grosser wurden nicht müde, diese Verdienste zu lobpreisen. Aber deshalb erwähne ich dieses Kolloquium nicht. Besser als viele andere Veranstaltungen zeigte es, welche Missverständnisse entstehen können, wenn eine etablierte und teilweise sogar festgefahrene Wissenschaft mit einem frischen, unverbildeten Menschenverstand zusammentrifft.

Es ist eine uralte (und eigentlich selbstverständliche) Beobachtung, dass weder ein Rechtsstaat noch die von ihm produzierte Rechtsordnung jemals das Ideal der Gerechtigkeit vollständig erreichen können – abgesehen davon, dass es unter den Menschen ja auch keine Übereinstimmung darüber geben dürfte, was Gerechtigkeit eigentlich ist und was sie im konkreten Fall fordert. Das Thema ist im Grunde »ausdiskutiert«. Es zu erwähnen, ist genau genommen nur deshalb immer wieder nötig, weil viele juristische Laien sich von Gesetzgeber und Gerichten zu viel erwarten und weil es andererseits immer noch Juristen gibt, die sich der Grenzen ihrer Tätigkeit nicht bewusst sind.

Nun hatte ich auf meinen Staatsbesuch in Frankreich einige von den führenden Bürgerrechtlern der ehemaligen DDR mitgenommen, um ihnen, ihren Erfahrungen und ihren politischen Vorstellungen im Nachbarland eine Plattform zu geben. Unter diesen war auch die Malerin Bärbel Bohley. Sie hatte einige Zeit vorher in Deutschland ein Interview gegeben, in dem sie sich höchst unzufrieden mit der Aufarbeitung der SED-Missetaten durch die deutsche Strafjustiz geäußert hatte. Wahrscheinlich waren es rechtsstaatliche Grundsätze wie *Nulla poena sine lege* und *In dubio pro reo*, mit deren praktischen Ergebnissen sie nicht einverstanden war, und deshalb hatte sie einen Satz formuliert, der auch in Deutschland durch alle Gazetten geisterte: »Wir wollten Gerechtigkeit und haben den Rechtsstaat bekommen.«

Über die milde strafrechtliche Verfolgung von SED-Tätern kann man tatsächlich unterschiedlicher Meinung sein. Dass aber der Satz von Bärbel Bohley nichts oder nur sehr wenig mit der allgemeinen Problematik von Recht und Gerechtigkeit zu tun hatte, konnte einem von Anfang an klar sein. Dass die meisten deutschen Kommentatoren das nicht begriffen, mögen sie mit sich selber ausmachen. In dem Pariser Kolloquium, von dem hier die Rede ist, ist es aber leider auch nicht klargeworden, und so ist mir diese Zusammenkunft noch heute als eine der Veranstaltungen in Erinnerung, in denen von angesehenen und geistvollen Menschen zu einem wichtigen Thema aneinander vorbeigeredet wurde (ohne dass ich übrigens hätte eingreifen können). Die eine Seite konnte sich nicht in die andere hineinversetzen, jede hatte nur ihr mehr oder weniger festgezurrtes Erkenntnisinteresse im Auge, und die Dolmetscher, denen das Ganze wahrscheinlich zu kompliziert war, waren auch nicht gerade hilfreich. Ich fand das schade – schließlich waren hier Menschen beisammen, die sich viel hätten sagen können.

Die offiziellen Gespräche während meiner Frankreichreise beschäftigten sich mit den damals anstehenden europäischen Problemen, vor allem mit der Währungsunion, die schließlich zum Euro führte. Bemerkenswert an ihnen war eigentlich nur der enge Schulterschluss zwischen Frankreich und Deutschland, der damals allenthalben sichtbar war.

In Washington

In dieser Beziehung waren die Amerikareisen ergiebiger. Wie oft ich in amtlicher Eigenschaft in den USA war, weiß ich nicht mehr. Nur die verschiedenen Termine, die ich dort wahrgenommen habe, sind mir noch plastisch im Gedächtnis. Meine ersten wichtigeren Auftritte hatte ich noch als Präsident des Bundesverfassungsgerichts. Im Herbst 1989 nahm ich in Washington an einem Kolloquium zum vierzigsten Geburtstag des Grundgesetzes teil und traf erstmals mit dem Chief Justice des Supreme Court, Rehnquist, und einigen seiner Vorgänger zusammen. Von Washington flog ich dann nach New York weiter, um dort vor dem Deutschen Club einen Vortrag zu halten, der sich ursprünglich wohl auch um das Grundgesetz drehen sollte, aus dem dann aber eine Analyse der durch den unerwarteten Fall der Berliner Mauer grundlegend veränderten Situation Deutschlands wurde. Ich habe damals ähnliche Vorstellungen vertreten, wie sie kurze Zeit später in den zehn Thesen Helmut Kohls zum Ausdruck kamen. Die allgemeine, aus tiefer Nachdenklichkeit entspringende Zustimmung zu meinen Thesen ist mir noch deutlich in Erinnerung. Aber natürlich sind wir dann alle von der zunehmenden Dynamik der Entwicklung überrollt worden, für die die Bürger der DDR vor und erst recht nach den ersten demokratischen Volkskammerwahlen selbst sorgten.

In Washington habe ich mehrfach das Capitol besucht und mit wichtigen Kongressmitgliedern gesprochen. Das Frühstück, das Henry Kissinger für mich gab, und die Vorstellung meines Buches gegen den *Clash of civilizations* habe ich bereits erwähnt. Auch eine Veranstaltung mit Jürgen Schrempp, dem Vorstandsvorsitzenden der Daimler-Benz AG, ist mir in Erinnerung geblieben, vor allem wie eindringlich mir Schrempp einige Chrysler-Manager vorstellte. Später habe ich begriffen, warum ihm das so wichtig war. Er hatte schon damals die Fusion mit ihrem Konzern im Auge.

Als offen und ausgesprochen konstruktiv habe ich die Gespräche in Erinnerung, die ich mehrfach mit Vertretern der in den USA besonders aktiven jüdischen Verbände führte. Das begann mit einer Diskussion, die wir im Mai 1997 in New York hatten, bei einem Lunch, in dessen Verlauf mir der angesehene »Joseph-Prize for Human Rights« überreicht wurde.[44] Wir sprachen über die Gründe für den Antisemitismus, in aller Offenheit zwar, aber doch so, dass ich auch meine Kernthese darstellen konnte, einer der Hauptgründe für jede Verfolgung von Minderheiten sei die Akzeptanz, die die Verallgemeinerung immer noch allgemein genieße (»alle Juden«, »alle Deutschen«, »alle Katholiken«, »alle Brillenträger«). Da ging es dann, bei aller Freundlichkeit, schon zur Sache, weil natürlich sofort die Frage auftauchte, ob es nicht doch wenigstens »alle SS-Leute« heißen dürfe.

Ich führte ihnen den Fall Kurt Gerstein vor Augen, der ihnen weitgehend unbekannt war, verwies daneben auf die differenzierten Erfahrungen, wie sie etwa Victor Klemperer in seinen Tagebüchern dargestellt hatte, und mutete ihnen dann auch noch die Erkenntnis zu, dass die Verurteilung wie der Freispruch ganzer riesiger Organisationen durch das Nürnberger Kriegsverbrechertribunal Unsinn gewesen sei. Auf dieser Basis haben wir uns dann geeinigt.

Das interessanteste Gespräch mit Vertretern der jüdischen Verbände beschäftigte sich aber mit der Frage der Zwangsarbeiterentschädigung, die damals noch in den Anfängen steckte und erst nach schwierigen Verhandlungen von Otto Graf Lambsdorff gelöst werden konnte. Meinen Gesprächspartnern war natürlich klar, dass ich ihnen keine verbindlichen Zusagen geben konnte. Sie wollten aber doch sehr genau wissen, warum diese Frage erst jetzt, mehr als fünfzig Jahre nach dem Ende des Hitlerregimes, ernsthaft diskutiert und verhandelt wurde. Wiederum antwortete ich in aller Offenheit: Frühzeitige Entschädigungszahlungen sind an der Überzeugung gescheitert, dass sie in den Kassen der kommunistischen Regierungen verschwunden und keineswegs den ehemaligen Zwangsarbeitern zugute gekommen wären. Daran konnten aber weder die westdeutsche

Regierung noch die Regierungen der Westalliierten ein Interesse haben. Auf dieser Überlegung bauten sowohl das Londoner Schulden-
abkommen als auch die deutsche Gesetzgebung auf.

Während dieser Ausführungen bemerkte ich schon wachsendes
Verständnis für die gegebene Situation. Deshalb fügte ich hinzu,
meine Gesprächspartner könnten sich darüber wahrscheinlich auch
bei der amerikanischen Regierung bestens informieren. Die einschlägigen deutschen Gesetze (die jetzt freilich korrigiert werden müssten) seien sämtlich in den ersten Jahren der Bundesrepublik erlassen
worden, also zu einer Zeit, als deutsche Gesetze noch die Zustimmung der drei Alliierten Hochkommissare benötigten, und die betreffenden Akten seien in Washington gewiss noch vorhanden. Das
war ein Gesichtspunkt, der das Problem wesentlich entspannte, wenigstens für das Gespräch selbst.

Am bedeutendsten war für mich das Mittagessen, das Präsident
Bill Clinton im Weißen Haus für mich gab. Im Weißen Haus war ich
bisher noch nie gewesen. Als besonders freundlich habe ich es von
Anfang an empfunden, dass auch Vizepräsident Al Gore daran teilnahm – es wird nicht allzu oft vorkommen, dass beide Spitzen des
US-Staates einen Gast gleichzeitig »wahrnehmen«. Das Gespräch
bewegte sich zunächst in den allgemein üblichen Formen. Man berichtete über die politische Lage in den beiden Staaten, aber da war
seinerzeit noch nicht viel Dramatisches zu besprechen. Da aber Clinton und Al Gore kurz vorher Reisen durch Osteuropa unternommen
hatten, brachte ich die Rede rasch auf dieses Thema, und damit
wurde das Gespräch immer lebendiger, auch leidenschaftlicher geführt. Eine Beobachtung und eine Hypothese ergänzte die andere,
und offenbar hatten beide Seiten das Gefühl, von den Gesprächspartnern Neuigkeiten zu erfahren.

Bei den geostrategischen Vorlieben der Amerikaner konnte es
allerdings nicht ausbleiben, dass Bill Clinton von Osteuropa allmählich zur Türkei überging und seinen längst bekannten Wunsch nach
ihrer Aufnahme in die EU zur Sprache brachte. Hier gab es eine
ernsthafte Meinungsverschiedenheit – nicht unbedingt hinsichtlich
des Ergebnisses eines Aufnahmeverfahrens, sondern in der grundsätzlichen Sicht des Problems. Für die Amerikaner ist die Mitglied-

schaft Ankaras in der EU primär eine strategische Frage (als ob die EU eine Fortsetzung der NATO mit anderen Mitteln wäre), für uns Europäer bedeutet sie aber, dass in den Beratungssälen Brüssels auch türkische Mitglieder teilnehmen, und zwar nicht nur in türkischen Angelegenheiten, sondern auch mit Wirkung für und gegen die Bürger ganz Europas. Da ist es schon interessant, wes Geistes Kinder sie sind und wie sie diesen Geist in ihrem eigenen Land manifestieren.

Mir geht es nicht um die höchst theoretische Frage, wo die geografischen Grenzen Europas verlaufen und ob die Türkei inner- oder außerhalb dieser Grenzen liegt. Ich habe auch keine grundsätzlichen Bedenken gegen die EU-Mitgliedschaft eines islamischen Landes. Aber dann will ich doch sicher sein, dass der alte europäische Grundsatz der Trennung von Staat und Religion, den in der Türkei schon Kemal Atatürk eingeführt hat, dort auch zuverlässig beibehalten wird und was zu geschehen hat, wenn sich das einmal – und sei es aufgrund demokratischer Wahlen – ändern sollte. Außerdem pflege ich Staaten vor allem danach zu bewerten, wie sie mit ihren Bürgern umgehen, insbesondere wie sie es mit den Menschenrechten halten, und hier gibt die Türkei trotz mancher ehrlicher Bemühungen auch heute noch Anlass zu höchst kritischen Fragen.

Man kann sich vorstellen, dass die Diskussion rasch hohe Wogen schlug. Zur Übereinstimmung kamen wir nicht, aber die Gesprächspartner respektierten immerhin meine Schlussbemerkung: »Sie können sagen, was Sie wollen, aber über das Schicksal meiner Kinder und Enkel entscheidet in Brüssel keiner mit, der nicht einmal imstande ist, seine Gefängnisse in Ordnung zu halten.« Als Beweis verwies ich auf meine früheren Erfahrungen als Verfassungsrichter.

Bill Clinton, Al Gore und ich schieden im besten Einvernehmen voneinander. Wie leidenschaftlich die Debatte gewesen war, zeigte ein Blick auf die Uhr: Wir hatten die Zeit für den Lunch um mehr als fünfundzwanzig Minuten überschritten. Die deutschen Journalisten, die vor dem Weißen Haus so lange warten mussten, nahmen es als Zeichen für das Gewicht unserer Gespräche, ja sogar für meine internationale Bedeutung. Ich sah keinen Anlass, ihnen dieses Gefühl zu verderben.

Im gleichen Jahr 1997 wurde meinem Freund Václav Havel und

mir der »European Statesman Award« verliehen, eine begehrte (und auch begehrenswerte) Auszeichnung. Der Preis sollte uns durch die damalige Außenministerin Madeleine Albright überreicht werden, und zwar im Rahmen eines festlichen Dinners, an dem rund tausend zahlende Gäste teilnahmen, und jeder hatte für seinen Platz tausend Dollar zu zahlen. Es war das erste Mal, dass ich an einer solchen Veranstaltung teilnahm, also war ich von Anfang an ziemlich neugierig, und diese Neugierde erhöhte sich noch dadurch, dass es um die Plätze eine ziemliche Konkurrenz zwischen den in New York lebenden (und entsprechend begüterten) Deutschen und Tschechen gegeben hatte. Jede Nation wollte »ihrem« Präsidenten mit einer besonders hohen Präsenz entweder den Rücken stärken oder wenigstens Reverenz erweisen. Ich erfuhr aber noch mehr: In der letzten Phase des Kartenverkaufs hatte offensichtlich aller Anschein dafür gesprochen, dass die Tschechen in größerer Zahl vertreten sein würden als die Deutschen. Das konnten diese natürlich nicht auf sich sitzen lassen. Also griff John Kluge ein, kaufte einen beträchtlichen Posten Karten und entschied so die Partie für Deutschland.

John Kluge stammt aus Chemnitz, und als seine Mutter in den zwanziger Jahren des vorigen Jahrhunderts nach Amerika auswanderte, nahm sie ihren kleinen Sohn, der damals wahrscheinlich noch Hans hieß, mit. Er arbeitete sich im Laufe der Jahre zu einem millionenschweren Unternehmer hoch und war (und blieb) ein Mensch, der seine Millionen nicht nur zu dem Zweck erwarb, sie für sich zu behalten.

Zum ersten Mal hörte ich von ihm durch Walther Leisler Kiep, den Vorsitzenden der »Atlantikbrücke«. Er erzählte mir Folgendes: Nach dem Fall der Mauer sei er zu der Überzeugung gelangt, dass es von vitaler Bedeutung sei, möglichst viele Schüler, vor allem Abiturienten, aus den östlichen Bundesländern mit den USA und vor allem mit ihrer freiheitlichen Lebensweise bekanntzumachen. Dazu brauchte er Geld, und deshalb rief er den ihm gut bekannten John Kluge an und schilderte ihm das Problem. John Kluge habe darauf nur geantwortet: »Ich schicke dir einen Scheck über eine Million Dollar. Wird das ausreichen?«

Der Zufall führte mich bald nach dieser Unterhaltung nach

Chemnitz. Dort wurden mir an verschiedenen Stellen Restaurierungsarbeiten und Ähnliches gezeigt, und wenn ich mich nach der Finanzierung erkundigte, erhielt ich mehr als einmal die Antwort: »Das hat uns John Kluge gespendet.« Der Mann musste mich also interessieren. Bei einer Tagung der »Atlantikbrücke« lernte ich ihn dann kennen und überreichte ihm eine relativ hohe Klasse des Bundesverdienstkreuzes – das meiner Ansicht nach gerade für solche Menschen gedacht und angebracht ist.

John Kluge griff also auch ein, als beim »European Statesman Award« die Deutschen überflügelt zu werden drohten, und hatte Erfolg. Als die Preise überreicht und die auch in Amerika unvermeidlichen Reden gehalten waren, verlebten wir noch einen fröhlichen Abend miteinander.

In Großbritannien

Die Besuche in Großbritannien verliefen ganz anders als die in den USA. Zu den Premierministern John Major und Tony Blair gab es von Anfang an ein unverkrampftes Verhältnis, in dessen Rahmen sich auch komplizierte Fragen offen und unvoreingenommen erörtern ließen. Ich erinnere mich insbesondere an ein Gespräch mit John Major, in dem er mir die »rechtspsychologischen« Probleme der Briten mit der zunehmenden Vertiefung der europäischen Integration nahezubringen versuchte. Großbritannien baue, so sagte er mir, nicht einfach wie die kontinentalen Staaten auf der Souveränität des Staates auf, die man dann ohne weiteres auch zugunsten Brüssels durchbrechen könne, sondern dort gehe es ganz konkret um die Souveränität des Unterhauses, die man eben nicht so leicht relativieren könne. Die Briten seien daran gewöhnt, Rechtsnormen ausschließlich von diesem Parlament entgegenzunehmen. Schon die Rechtsetzungsbefugnisse des EU-Parlaments seien für sie daher ein fast unverdaulicher Brocken. Besonders problematisch erscheine ihnen – und auch ihm selbst – jedoch das Recht des Europäischen Gerichtshofes in Luxemburg, seinerseits immer neue Rechtsgrundsätze zu entwickeln, zumal dieser sich in der vergangenen Zeit offensichtlich als ausgesprochene »Integrationsagentur« verstanden und das durch seine Repräsentanten gelegentlich auch noch ausdrücklich gesagt habe. Er, Major, habe schon daran gedacht, in Großbritannien eine Verfassungsgerichtsbarkeit wie in Deutschland einzuführen, damit ein Teil der anstehenden Fragen wenigstens primär in britischer Hand bleibe.

Ich war mir hingegen nicht ganz sicher, ob sich die Briten eine ihnen so fremde Institution einfach vorsetzen lassen würden und ob dadurch wirklich eine auch nur teilweise Abschirmung gegen das Luxemburger Gericht zu erreichen sei. Die Frage, die wir angeregt diskutierten, kam aber nie zum Schwur, schon weil kurz darauf der Regierungswechsel stattfand, der zu einer langen, bisher noch nicht beendeten Regierungszeit der Labour Party führte.

Unvergesslich sind mir die Gespräche mit Königin Elizabeth II. Details daraus kann ich selbstverständlich nicht mitteilen. Ich möchte aber wiederholen, was ich schon mehrfach öffentlich gesagt habe: Die Königin, die mittlerweile mehr als ein halbes Jahrhundert regiert, in diesen Jahren mindestens einmal pro Woche eingehende Unterrichtungen durch ihre Premierminister entgegengenommen und wahrscheinlich nicht weniger eingehende Diskussionen mit ihnen geführt hat, die Hunderte von führenden Politikern aus der ganzen Welt kennengelernt und fast alle Länder der Erde, meist mehrfach, bereist hat, verfügt über einen Wissens- und Erfahrungsschatz, wie ich ihn bei keinem anderen meiner zahlreichen Gesprächspartner angetroffen habe. Dieser Erfahrungsschatz zusammen mit einer außerordentlichen praktischen Klugheit (und einem gerüttelten Maß an Mutterwitz) macht sie zu einer absolut singulären Erscheinung unter den Staatsoberhäuptern – und nicht nur in diesem Kreis. Sie ist einer der wenigen Menschen, vor denen ich wirklich Respekt habe.

Ein Problem im Verhältnis zwischen Großbritannien und Deutschland sind die Ausfälle gegenüber Deutschland, zu denen sich Teile der britischen Presse immer noch verpflichtet fühlen. Das Problem scheint mir tiefenpsychologischer Natur zu sein; ich will das hier aber im Interesse der Völkerverständigung nicht vertiefen. Ich selbst habe damit keine Probleme, weil ich nicht zu den Deutschen gehöre, die unbedingt auf der ganzen Welt bewundert und geliebt werden wollen. Diese Haltung kann ich auch meinen Landsleuten nur empfehlen. Wenn jemand uns nicht liebt (wofür es ja auch heute noch Gründe geben mag), dann müssen wir das eben aushalten. Warum eigentlich nicht?

Einmal wurde ich in einer englischen Schule von den Schülern auf dieses Thema angesprochen. Mir war nicht ganz klar, ob es eine besorgte Anfrage sein sollte oder ob nicht doch etwas Provokation in der Frage steckte. Jedenfalls antwortete ich ehrlich, das heißt meiner Überzeugung entsprechend. In der Politik hielte ich es genauso wie im Privatleben: Über mich dürfe jeder sagen, was er für notwendig und richtig halte. Ob ich solche Äußerungen ernst nehmen wolle oder nicht, sei aber allein meine Angelegenheit. Ob die Schüler das verstanden haben, weiß ich bis heute nicht, denn sie waren auf britische Art sehr wohlerzogen. Vielleicht waren sie, im Umgang mit journalistischen Klischees noch nicht bewandert, etwas irritiert. Vonseiten der Lehrer erhielt ich jedoch vorsichtige Zustimmung.

Trotzdem – oder gerade deshalb – will ich aber dankbar erwähnen, dass es in Großbritannien einen Kreis hervorragender, fachlich wie menschlich hoch achtbarer Politiker und Journalisten gibt, die sich regelmäßig, ja sogar systematisch für ein besseres Deutschlandbild ihrer Landsleute einsetzen und dabei auch manchen Ärger in Kauf nehmen. Bei fast bei jedem meiner Besuche auf der Insel habe ich mit Repräsentanten dieses Kreises gesprochen, ihnen gedankt und sie vor allem ermutigt, von ihrer geduldigen Arbeit nicht abzulassen.

Dass dem englischen Königshaus viel an einem fairen Verhältnis zu Deutschland gelegen ist, habe ich nicht nur in zahlreichen Gesprächen erfahren, sondern bei meinem Staatsbesuch im Dezember 1998 auch durch eine Handlung von – wie ich meine – beträchtlicher Symbolkraft bestätigt bekommen.

Wie immer man die damit zusammenhängenden Fragen im Einzelnen beurteilt, fest steht, dass das deutsch-britische Verhältnis nicht nur durch die Bombardierung englischer Städte und ihren Beschuss mit V1-Raketen schwer belastet ist, sondern auch durch die Vernichtung Dresdens im Februar 1945.

Deshalb habe ich es als ein besonders symbolträchtiges Zeichen menschlichen Versöhnungswillens betrachtet, dass sich unmittelbar nach der Entscheidung für den Wiederaufbau der Dresdener Frauenkirche englische Privatleute zu einer Stiftung zusammenfanden, die sich die Finanzierung des riesigen goldenen Turmkreuzes dieser Kirche zum Ziel setzten. Auch die Queen hat sich, wenn ich richtig unterrichtet bin, mit einem namhaften Betrag beteiligt.

Im Dezember 1998 war das Kreuz so weit fertig, dass es im Hof des Schlosses Windsor provisorisch aufgestellt werden konnte. Meine Frau und ich konnten es damals zusammen mit dem Königspaar aus nächster Nähe besichtigen. Bei der Einweihung der Frauenkirche am 30. Oktober 2005 sah ich es dann – voller Rührung – auf der Turmspitze. Für mich ist das ein überzeugendes Symbol für die Zukunft, unabhängig davon, wie sich die Haltung Großbritanniens zur EU oder allgemein zum Kontinent entwickelt. Ein überzeugendes Symbol – das habe ich schon am 13. Februar 1995 in Dresden gesagt, und so empfinde ich es heute noch. Und der Königin war dieses Symbol wichtig genug, es bei ihrem Deutschlandbesuch im Dezember 2005 in einer Tischrede noch einmal ausdrücklich zu erwähnen.

In Osteuropa

Als im Jahre 1999 meine Amtszeit zu Ende ging, wurde mir unter anderem eine Liste meiner Auslandsreisen vorgelegt, fein säuberlich geordnet, je nachdem ob es sich um förmliche Staatsbesuche oder um andere Reisen, etwa die so genannten Arbeitsbesuche, handelte – die Zahlen, die sie aufweist, sind doch ganz bemerkenswert. Ihr zufolge habe ich im Laufe von fünf Jahren insgesamt einunddreißig Staatsbesuche gemacht, dazu kamen dann noch dreiundfünfzig andere Reisen und Besuche. (Die Zahl der Besuche, die ich entgegengenommen habe, wird davon, wenn überhaupt, eher nach oben als nach unten abgewichen sein.)

Ich will hier weder über den Ablauf solcher Besuche noch über die dabei angewandte Technik – das »Protokoll« – räsonieren, obwohl dazu bei Gott einiges zu sagen wäre, worüber man vielleicht gern unterrichtet wäre oder zumindest den Kopf schütteln möchte. Auch auf einen vollständigen Überblick über die Menschen, die ich dabei getroffen habe, möchte ich verzichten, jedoch werde ich hier die wichtigsten Kontakte, die ich zu knüpfen oder wenigstens zu bekräftigen hatte, erwähnen.

In Russland

Der größte Partner Deutschlands in Osteuropa ist selbstverständlich Russland. Präsident dieser riesigen Föderation war während meiner gesamten Amtszeit Boris Jelzin. Während meines Moskaubesuchs im Jahre 1990 hatte ich mit ihm nicht sprechen können, weil er zur fraglichen Zeit – ähnlich wie übrigens auch Michail Gorbatschow – nicht im Lande war. Folgerichtig habe ich Jelzin erst im August 1994 kennengelernt, als die russischen Truppen aus der ehemaligen DDR abgezogen und in Berlin förmlich verabschiedet wurden. Die Bundesregierung setzte damals aus gutem Grund alles daran, nach der grundlegenden Veränderung der deutschen Verhältnisse und dem damit verbundenen Fall des Eisernen Vorhangs nicht einige hundert Kilometer weiter östlich, an der polnisch-russischen Grenze, einen neuen Graben entstehen zu lassen – ein Grundsatz, der auch heute noch für die deutsche Osteuropapolitik gilt (und zu gelten hat).

Boris Jelzin hatte offenbar das gleiche Gefühl, was sich nicht zuletzt in seinen freundschaftlichen Beziehungen zu Bundeskanzler Helmut Kohl äußerte, ebenso aber auch in der Aufmerksamkeit, mit der er alle seine deutschen Gesprächspartner wahrnahm. Ich selbst habe ihn vom ersten Augenblick an so erlebt, und ich habe keinen Anlass, das rückwirkend irgendwie in Frage zu stellen oder zu korrigieren.

In der deutschen Öffentlichkeit ist Boris Jelzin meiner Meinung nach stets unterschätzt worden. Gewiss hat Russland unter seiner Regierung schwere Rückschläge hinnehmen müssen, die es bis heute noch nicht ganz überwunden hat. Bei fairer Betrachtung muss man aber zugeben, dass es sich dabei um unvermeidliche Konsequenzen aus dem Zusammenbruch des kommunistischen Systems handelte.

Das »alte« Europa, USA, Osteuropa und Asien 335

Die Liquidation der Sowjetunion, die Entlassung der osteuropäischen Staaten, insbesondere der DDR, aus dem russischen Machtbereich, der Verzicht auf COMECON und Warschauer Pakt waren für das russische Volk ebenso revolutionäre Vorgänge wie der Übergang zur Demokratie und zu einer marktwirtschaftlichen Wirtschaftsordnung. Für all diese Neuerungen gab es in der russischen Geschichte keinerlei Vorbilder und noch weniger Erfahrungen, nicht einmal das Wissen darum, dass sich die Nachteile einer Marktwirtschaft sofort, die Vorteile aber erst nach einer geraumen Weile einstellen und dass in der Zwischenzeit erhebliche soziale Abfederungen und erst recht strenge Maßnahmen gegen Selbstbedienung und Korruption nötig sind. Konterrevolution und Bürgerkrieg lagen in dieser Situation durchaus im Bereich des Möglichen, wenn nicht des Wahrscheinlichen. Dass es dazu nicht gekommen ist, mag gewiss auch glücklichen Zufällen zuzurechnen sein. Boris Jelzins innerrussische Politik, so schwer verständlich sie manchem Europäer mitunter gewesen sein mag, hat aber einen wichtigen Anteil daran.

In diesem Zusammenhang seien einige Worte über den legendären Alkoholkonsum Jelzins eingeflochten. Kein Mensch (und auch er selbst nicht) wird in Frage stellen, dass er in dieser Beziehung oft des Guten zu viel getan hat. In den Fällen, in denen *ich* ihn über längere Zeit und aus nächster Nähe beobachten konnte, bestanden aber doch immer besondere Umstände, die den Rückgriff auf den Alkohol zumindest verständlich machten.

Am Abend des Tages, an dem die russischen Truppen verabschiedet wurden, gab es ein Bankett in der russischen Botschaft Unter den Linden. Es stimmt: Boris Jelzin goss an diesem Abend Mengen von Wodka in sich hinein. Mir hat der Grund dafür aber eingeleuchtet, ja ich hatte sogar volles Verständnis dafür. Jelzin hatte in seiner Delegation eine stattliche Reihe von Marschällen und hohen Generälen der Roten Armee mitgebracht, die den Tag ausnahmslos als einen Tag der Niederlage, ja der Demütigung empfanden und in entsprechender Stimmung waren. Während des Essens rief Jelzin nun einen nach dem anderen zu sich, sprach mit ihm und versuchte, ihm zu erklären, dass für den Abzug der Russen gewichtige Gründe sprachen und dass die neue Freundschaft zu den Deutschen außergewöhnliche Vorteile für Russland mit sich bringe. Nach jeder Unterredung musste dann natürlich ein Glas Wodka geleert werden. Ich habe nicht mitgezählt, wie viele Gläser es im Endeffekt waren. Aber ich habe Jelzin dafür bewundert – was immer man sonst über Alkohol denken mag. Wer ihn dafür tadeln will, soll es tun. Eine Berechtigung dazu sehe ich allerdings nicht.

Die zweite Gelegenheit, von der ich hier sprechen möchte, war das Abendessen, das Jelzin aus Anlass meines Staatsbesuchs in Russland in den ersten Septembertagen 1997 für mich im Kreml gab. Ein deutscher Journalist hat mitgezählt und behauptet, wir hätten unsere Wodkagläser siebenundzwanzig Mal geleert. Hier ist einfach die Tatsachenbehauptung falsch: Wir mögen tatsächlich so oft angestoßen haben. Ich selbst leerte dabei aber höchstens drei oder vier Gläser; denn ich nippte meistens nur, und meine russischen Tischpartner taten, als würden sie das nicht merken. Boris Jelzin aber trank an diesem Abend nur Wasser; das kann ich beeiden. Wie ich das festgestellt habe, möchte ich hier nicht mitteilen. Dem Journalisten, der seine Zahl nach Deutschland melden wollte, habe ich übrigens sagen lassen, wenn er das tue, würde ich ihn nie wieder auf eine Reise mitnehmen. Da war endlich Ruhe.

Über die Gespräche mit der russischen Führung gibt es nicht viel zu berichten, was heute noch von Interesse wäre. Sie fanden in einer angenehmen, freundschaftlichen Atmosphäre statt. Wie nicht anders zu erwarten, bezogen sie sich überwiegend auf innerrussische Verfassungsfragen, wie es in jenen Jahren überall in Osteuropa üblich war. Allen Völkern dieser Region fehlten Erfahrungen mit dem Aufbau einer halbwegs demokratischen Staatsordnung, mit Gewaltenteilung und unabhängiger Justiz. Das führte zu Problemen und Konflikten, die man sich im Westen gar nicht mehr vorstellen konnte, die im Osten aber auf den Nägeln brannten. Da war westlicher, vor allem deutscher Rat gefragt. Ich habe geholfen, so gut es ging.

In der russischen Medienwelt herrschte allerdings schon, wie im Westen üblich, die absolute Priorität des Kurzfristigen. Kurz vor meinem Besuch waren in Deutschland zwei Möbelstücke gefunden worden, die, wie man damals nur sagen konnte, möglicherweise zu dem weltberühmten Bernsteinzimmer gehört hatten, und die russi-

Das »alte« Europa, USA, Osteuropa und Asien 337

schen Journalisten interessierte nun brennend, ob diese Möbelstücke an Russland zurückgegeben würden. Ich musste hier natürlich den Vorbehalt machen, dass ihre Zugehörigkeit zum Bernsteinzimmer ja noch gar nicht geklärt sei. Aber damit war die nächste Frage schon programmiert: Was denn geschehen würde, wenn sich die Zugehörigkeit herausstellen würde? Ich antwortete, wie es meiner Überzeugung entsprach: Dann würden sie selbstverständlich zurückgegeben. In den Gesprächen hinter verschlossenen Türen spielte die ganze Frage kaum eine Rolle. Nur einmal war die Rede nebenher auf die beiden Möbelstücke gekommen, ohne dass von Rückgabe auch nur eine Andeutung gefallen wäre. Ich sagte aber für alle Fälle Folgendes: Wenn die beiden Möbelstücke echt seien, würde ich für Rückgabe plädieren. Sollte dagegen, was ich allerdings für ausgeschlossen hielte, eines Tages das ganze Bernsteinzimmer gefunden werden, so wäre ich dafür, die Frage seiner Rückgabe in die Verhandlungen über die deutsche Beutekunst einzubeziehen – also Rückgabe Zug um Zug. Die Unterhaltung über dieses Thema war, wie ich schon sagte, minimal. Ich weiß auch nicht mehr, von welchem meiner russischen Gesprächspartner sie ursprünglich ausgegangen ist.

Übrigens hatte Boris Jelzin die sympathische Angewohnheit, mir bei all unseren Zusammenkünften junge, seiner Ansicht nach vielversprechende Politiker vorzustellen. So kam es, dass ich sämtliche Ministerpräsidenten, die er nach der Entlassung von Viktor Tschernomyrdin in rascher Folge ernannte, längst vor ihrer Ernennung kannte. Diese Praxis halte ich noch heute für klug, weil sie briefliche oder auch telefonische Kontakte in komplizierten Fragen wesentlich erleichtert hätte. Doch dazu ist es nicht gekommen. Dazu war das politische Verhältnis zwischen unseren Staaten damals zu entspannt, und dazu waren auch die Amtszeiten der Ministerpräsidenten zu kurz. Nur Wladimir Putin habe ich auf diese Weise nicht kennengelernt. Auch General Alexander Iwanowitsch Lebed, den letzten Gegenkandidaten Jelzins, der mich sehr interessiert hätte, habe ich nie getroffen.

Bei aller Wichtigkeit, die ich dem Verhältnis zu Russland auch heute noch beimesse, waren meine Kontakte dorthin doch relativ grobmaschig. Bei der engen Verbindung zwischen Boris Jelzin und Helmut Kohl wäre alles andere nur Doppelarbeit gewesen.

In Polen

Anders verhielt es sich mit Polen. Die historischen Gründe, die mich dazu veranlassten, sind allgemein bekannt. Deutschland braucht sowohl zu Polen als auch zu Russland ein geordnetes, friedliches, ja freundschaftliches Verhältnis und hat allen Grund, an Polens Ostgrenze nicht wieder einen tiefen Graben entstehen zu lassen. Es muss aber zugleich der Tatsache Rechnung tragen, dass sich Polen aus bitterer geschichtlicher Erfahrung nicht nur von Deutschland, sondern erst recht von Russland bedroht fühlt und dass es sich bei jedem gemeinsamen Schritt Deutschlands und Russlands sofort und unvermeidlich an die polnischen Teilungen wie an den Hitler-Stalin-Pakt vom August 1939 erinnert – jedes Mal war Polen zwischen seinem östlichen und seinem westlichen Nachbarn förmlich zerdrückt worden. Deshalb ist das Vertrauen zwischen Polen und Deutschland, das seit 1990 mühsam gewachsen ist (und selbst in dieser kurzen Zeit immer wieder Rückschläge erlebt hat), nichts, was man als gegeben hinnehmen könnte, sondern es muss immer wieder neu erworben und bekräftigt werden – auch nachdem Polen sowohl zur NATO als auch zur EU gestoßen ist und beides nicht zuletzt durch deutschen Einsatz erreicht hat. Deshalb habe ich schon als Präsident des Bundesverfassungsgerichts, dann aber erst recht als Bundespräsident dem Verhältnis zu Polen ein ganz besonderes Augenmerk gewidmet, deshalb war ich während meiner Amtszeit mit Sicherheit in keinem anderen Land so oft wie in Polen, und deshalb habe ich zu den Präsidenten, Außenministern, hohen Richtern und Wissenschaftlern Polens, wie ich glaube, ein besonders enges Vertrauensverhältnis hergestellt.

Mein erster Gesprächspartner war selbstverständlich der gefeierte Lech Wałęsa, der meinen Besuch am 1. August 1994 angeregt und, so gut es ihm möglich war, auch erleichtert hatte. Ich hatte sofort ein ausgezeichnetes Verhältnis zu ihm, und wir haben uns über manche innenpolitische Frage, mit der er sich auseinanderzusetzen hatte, ausgetauscht. Zu der Zeit, als ich Bundespräsident wurde, stand ihm allerdings schon eine kommunistisch dominierte Regierung gegenüber, und die Kohabitation, zu der er dadurch verurteilt war, lag ihm offensichtlich nicht.

Lech Wałęsa ist ein durch und durch spontaner Mensch, militärisch gesprochen ein draufgängerischer Troupier. So hat er, freilich mit dem übermächtigen polnischen Papst im Hintergrund, die kommunistische Diktatur niedergerungen und im besten Sinne des Wortes Geschichte geschrieben. Das Suchen und Finden fein gesponnener Kompromisse ist ihm aber fremd. So suchte er immer wieder den Konflikt mit seiner Regierung, die immerhin aus einer Volkswahl hervorgegangen war, und schätzte wohl auch die Chancen einer Wiederwahl falsch ein.

Die Danziger haben ihm die Treue gehalten, die er sich bei ihnen auch verdient hatte. Das habe ich selbst bei unserem letzten Zusammentreffen noch beobachten können: Ich erwartete ihn in einem Haus in Danzig und war etwas zu früh. Aber ich konnte ihn von weitem kommen hören – wo er gerade ging, brandete ein Beifall auf, der selbst bei geschlossenen Fenstern zu hören war. Aber die Wiederwahl hat er nicht erreicht, weil der Rest seines Landes ihn offenbar anders beurteilte, und ein späterer Versuch, erneut anzutreten, ist sogar kläglich gescheitert. Seither habe ich ihn aus den Augen verloren, so gern ich ihn mochte.

Wałęsas Nachfolger war Aleksander Kwasniewski, der in der letzten Regierung des alten Regimes Jugendminister war und sich bei der katholischen Kirche folgerichtig ziemlich unbeliebt gemacht hatte. Nunmehr bekannte er sich aber klarer als mancher andere zur Demokratie und vor allem zur Marktwirtschaft und erlangte dementsprechend – wie auch durch sein offenes Wesen – großes Ansehen in Westeuropa und Deutschland. Wie oft ich ihn in den nun folgenden Jahren getroffen habe, weiß ich nicht mehr. Sicher ist aber, dass wir beide uns so oft wie möglich sowohl in Polen als auch in Deutschland gesehen und alles daran gesetzt haben, dieses gute Verhältnis auch öffentlich kundzutun.

Als mir der Zentralrat der Juden in Deutschland 1998 den Leo-Baeck-Preis verlieh, war Aleksander Kwasniewski zur Stelle, um eine Laudatio zu halten, die selbst mich, einen verhältnismäßig kühlen Menschen, tief berührt hat. Die große Ausstellung über die sächsischen Polenkönige haben wir zweimal gemeinsam eröffnet, einmal in Warschau und einmal in Dresden. Im Jahre 1998 hatten wir so viele Termine des Zusammentreffens in unseren Kalendern, dass wir am Ende vereinbarten, den letzten zu streichen, weil es beim besten Willen nichts mehr zu beraten und zu besprechen gab.

Von einem meiner Polenbesuche, dem im Juni 1997, will ich wenigstens eine Episode berichten, deren Behandlung – oder genauer: Nichtbehandlung – durch die deutschen Medien mich tief verärgert hat, nicht aus persönlicher Eitelkeit, sondern um der Sache willen. Während dieses Besuchs lag eine Fregatte der Bundesmarine vor Danzig, und Kwasniewski und ich hatten vereinbart, dass wir uns auf diesem Kriegsschiff treffen wollten. Dass das für die Polen nicht ganz einfach war, lag auf der Hand. Deshalb lehnte ich auch den polnischen Vorschlag, das Schiff bis zur Westerplatte (mit deren Beschießung der Zweite Weltkrieg begonnen hatte) vorrücken zu lassen, vorsichtshalber ab. Aber dann kam Kwasniewski an Bord und wurde von mir mit allen militärischen Ehren begrüßt. Im Anschluss daran ließen wir uns fotografieren, einmal jeder unter seiner Flagge und – ich hatte das nicht einmal zu hoffen gewagt – einmal jeder unter der Flagge des anderen. Ich bin kein Freund großer Gesten, und historischer Symbolik bin ich nur wenig zugeneigt – aber in diesem Augenblick hatte ich doch das Gefühl, dass der 1. September 1939 zwischen Polen und Deutschland nun überwunden war. Die Bereitschaft zu dieser Geste werde ich Aleksander Kwasniewski nie vergessen.

In Deutschland haben die Medien von all dem überhaupt keine Notiz genommen. Warum weiß ich nicht. Wenn ich nicht nur an politische Dummheit denken soll, muss ich vermuten, dass die Journalisten, die mich damals begleiteten, alle den 1. September 1939 nicht mehr selbst erlebt hatten und dass man ihnen auf Deutschlands Schulen auch nicht das Minimum an historischen Kenntnissen beigebracht hatte.

In Tschechien

In Tschechien war während meiner gesamten Amtszeit der hoch angesehene Václav Havel Staatspräsident. Ich habe schon berichtet, wie wir erstmals Kontakt zueinander aufnahmen: während einer Fahrt in meinem Wagen, der uns vom Flugplatz Innsbruck nach Alpbach brachte, zu einem der ebenfalls bereits beschriebenen Treffen zentraleuropäischer Staatsoberhäupter. Ich würde die Erinnerung an diese Episode hier gar nicht auffrischen wollen, wenn ich nicht Havels Nachfolger und zeitweiligen Gegenspieler, den damaligen tschechischen Ministerpräsidenten Václav Klaus, auf ähnliche Weise näher kennengelernt hätte.

Erstmals getroffen hatten wir uns Ende Januar 1995 beim Weltwirtschaftsforum in Davos. Ich hatte damals acht oder zehn prominente Forumsteilnehmer zu einem Mittagessen in einem Restaurant hoch über Davos eingeladen, darunter die Präsidenten von Kasachstan, Nursultan Nasarbajew, und von Usbekistan, Islam Karimow, sowie die damalige Präsidentin von Irland und spätere Menschenrechtsbeauftragte der UN, Mary Robinson. Václav Klaus war ebenfalls Gast bei diesem Essen. Die stattliche Zahl der Teilnehmer und die knappe Zeit, die das Forum uns allen ließ, hatten die Aufnahme näherer Kontakte jedoch verhindert.

Unmittelbar nach diesem ersten Treffen bemühte er sich dann um einen Termin für eingehendere Gespräche. Zu meinem lebhaften Bedauern fanden wir trotz mehrfacher Anläufe aber keinen geeigneten Zeitpunkt, und das wurde mir allmählich peinlich. Da hörte ich zufällig, dass Klaus, der nebenher ja habilitierter Volkswirt ist, zu einem Fachvortrag nach Freiburg kommen sollte. Ich war an dem fraglichen Tag in München beschäftigt, und so schlug ich ihm vor, auf dem Militärflughafen Fürstenfeldbruck zu landen und von dort aus mit mir im Wagen zu fahren. Ich würde ihn am Flugzeug abholen, und da ich ebenfalls in den Schwarzwald müsste, könnten wir das gewünschte Gespräch während der Fahrt führen. Darauf ging er ein, und so kam es wieder einmal zu einer der im Protokoll nicht vorgesehenen Kfz-Konferenzen.

Während unserer Unterhaltung wurde mir sehr rasch klar, dass

Klaus ein in der Wolle gefärbter Anhänger der Marktwirtschaft ist, allerdings von der angelsächsischen Sorte, die mit dem Attribut »sozial« nicht viel anfangen kann. Das hat ihm später in seinem Land beträchtliche Schwierigkeiten eingebracht, übrigens auch bei Václav Havel, der die Dinge aufgrund seines Werdegangs natürlich anders sehen musste und deshalb in der tschechischen Öffentlichkeit mehr als einmal vernehmbar an die Glocke schlug. Aber das war nicht der Hauptgegenstand unseres Gesprächs, sondern es ging um die Deutsch-Tschechische Erklärung, die Havel damals gerade zur Diskussion gestellt hatte und die nach einiger Zeit und einigen Verhandlungen dann auch zustande kam.

Klaus fragte mich ganz offen, was ich von dem Projekt hielte. Ich hatte mich in Deutschland schon vorsichtig dafür ausgesprochen – zwar halte ich von solchen Texten nur dann etwas, wenn darauf auch Taten folgen, aber das hatten zumindest Havel und ich vor, und außerdem war das Verhältnis zwischen Tschechien und Deutschland immer noch so belastet, dass auch kleine Schritte schon als Fortschritt gewertet werden konnten. Klaus zeigte hingegen eine deutlich größere Skepsis. Verhandlungen über eine solche Erklärung könnten nur zu einem Kompromisspapier führen, mit dem am Ende keine Seite zufrieden sein werde. Stattdessen bestehe aber die Gefahr, dass alte Wunden wieder aufgerissen und die bestehenden Gräben vertieft würden. Außerdem hegte er den Verdacht, der Vorschlag sei »vom Hradschin« nur deshalb gemacht worden, weil die Umgebung Václav Havels diesen gegenüber der Regierung außenpolitisch wieder stärker ins Spiel bringen wolle.

Ich meldete daran meine Zweifel an, für eine Einigung in dieser Sache war aber ohnehin nicht die rechte Zeit, und Klaus erwartete sie selbstverständlich nicht. Insgesamt war das Gespräch auf der Autobahn A8 höchst anregend und vor allem auch menschlich sehr angenehm. Klaus und ich haben uns seither öfter – meist zufällig – getroffen, und immer hat sich für mich dieser erste Eindruck bestätigt.

Václav Havel und ich haben noch viel unternommen, um das Verhältnis zwischen Tschechen und Deutschen in einigermaßen geordnete Bahnen zu lenken. Wir haben hinter den Kulissen für die geplante Erklärung geworben (was sich allerdings wirklich als

Das »alte« Europa, USA, Osteuropa und Asien 343

schwierig erwies und keinen wirklichen Durchbruch brachte). Wir
haben mit der Historikerkommission konferiert, die die unterschiedlichen Interpretationen der gemeinsamen Geschichte einander angleichen sollte. Im September 1996 haben wir gemeinsam das Ju-
gendtreffen von Policka durchgeführt, an dessen Ende sich bei mir
zum ersten Mal ein vorsichtiger Optimismus für die Zukunft einzustellen begann.

Václav Havel hat schließlich vor dem Deutschen Bundestag in
Bonn eine Rede gehalten, ebenso ich auf dem Hradschin (»Europa
ist eine Gemeinschaft des Friedens, der Freiheit und der Demokratie«) vor fast allen Abgeordneten des tschechischen Parlaments[45],
beides im Jahre 1997. Wir haben wirklich getan, was wir konnten.
Störfeuer von Leuten, die das alles ganz anders sahen (und vielleicht
auch ganz anders sehen mussten), gab es natürlich auch, ebenfalls
auf beiden Seiten. Noch heute ist das tschechisch-deutsche Verhältnis komplizierter als etwa das polnisch-deutsche. Aber das liegt
wahrscheinlich auch an der unterschiedlichen Größe dieser beiden
Nachbarvölker. Größere Völker fühlen sich immer stärker als kleinere.

In Bulgarien und Rumänien

Als ich Bulgarien einen Besuch abstattete, hatte dort ein echter Phi-
losoph von anerkannt demokratischer Prägung das Amt des Präsidenten inne, Schelju Schelew, die Mehrheit des Parlaments und damit die Regierung wurden aber von den nicht gerade geläuterten
Kommunisten gestellt. Das gab meinen Gesprächen eine Art Schlag-
seite: Herzlichkeit auf der einen, Höflichkeit auf der anderen Seite.
Am auffälligsten war das bei einer Rede, zu der mich das Parlament
eingeladen hatte. Natürlich lobte ich Demokratie, Rechtsstaat und
Parlamentarismus in den höchsten Tönen, noch dazu von einem
Rednerpult aus, das nicht vor der Mitte der Abgeordnetensitze, sondern ausgerechnet vor der großen linken Fraktion stand, und hatte
von Minute zu Minute mehr Spaß an dem Applausritual, das sich
nunmehr entwickelte. Wann immer ich Demokratie und Rechtsstaat

lobte, gab es von der rechten Seite Applaus, die Regierungsfraktion jedoch schwieg eisern. Mir machte das nichts aus, aber dieser wurde es offensichtlich selbst immer peinlicher. Also spendete sie, sobald ich über Parlamente und Parlamentarismus etwas Positives sagte, umso freudigeren Applaus – gegen Parlamente konnten sie beim besten Willen nichts haben, sie waren ja selber eines.

Aus Rumänien ist mir eine völlig andersgeartete Episode in Erinnerung geblieben. Im Laufe des Staatsbesuchs, den ich dort 1995 machte, besuchte ich selbstverständlich auch die deutschen Siedlungsgebiete in Siebenbürgen, insbesondere Hermannstadt und seine nähere Umgebung. Von der großen Tradition der Siebenbürger Sachsen und ihren Schicksalen im 20. Jahrhundert soll hier nicht die Rede sein, auch nicht davon, dass viele von dort noch in den letzten Jahrzehnten des Jahrhunderts abgewandert sind, weil sie sich in Deutschland bessere Fortkommenschancen versprachen. Die Folge war, dass sich die in Rumänien verbliebenen Deutschen nach 1945 nicht mehr als eigenständige Volksgruppe stabilisieren konnten, sondern dass sie in einem permanenten Schrumpfungsprozess begriffen waren. Die folgende Geschichte erinnert mich persönlich stets daran, aber sie hat sich am Rande dieses Problems abgespielt und zeigt bestenfalls die Spitze eines Eisbergs.

Während meines Besuchs in Siebenbürgen kam ich auch in eine evangelische Kirchengemeinde, die mich mit einer Kaffeetafel im Freien, rund um die Kirche herum, herzlich begrüßte. Ich habe dort eine Stunde größter menschlicher Wärme und Dankbarkeit erlebt. Am Ende des Besuchs schenkte mir der Pfarrer eine wunderbar bemalte kleine Truhe, von der er sagte, sie habe einst die wichtigsten Urkunden und Dokumente der politischen Gemeinde enthalten, und tatsächlich ließ die Inschrift, die auf dem Stück angebracht war, darauf schließen. Ich weigerte mich zunächst, die Gemeinde eines solchen Traditionsstücks zu berauben, und wies den Pfarrer außerdem darauf hin, dass es im Geschenkkeller des Bundespräsidialamtes – grob gesprochen – nur verkommen würde.

Aber so hatte er sich die Sache nicht vorgestellt. Die Truhe, so sagte er, gehörte auch ihm nicht. Beraubt würde ebenfalls niemand; denn die fragliche Gemeinde bestehe ganz einfach nicht mehr, und

Das »alte« Europa, USA, Osteuropa und Asien   345

die letzten Gemeindemitglieder hätten ihm die Truhe anvertraut, als
sie abwanderten. Bei ihm selbst sammelten sich aber so viele Stücke
dieser Art, dass er sie bald nicht mehr aufnehmen und pflegen könne.
Also wolle er mir jetzt eines anvertrauen und aufs Herz binden; denn
er sei sicher, dass ich sie in Ehren halten würde.

Ich habe die Truhe dann also doch angenommen und in meiner
Privatwohnung aufgestellt. Als Eigentum habe ich sie nie betrachtet,
sondern als eine Art anvertrauter Leihgabe, und wenn heute irgendein von den Siebenbürger Flüchtlingen autorisiertes Museum sie haben möchte, so steht sie natürlich zur Verfügung.

Übrigens fällt mir diese Episode umso öfter ein, je mehr ich mich
mit Fragen der Demografie Deutschlands befasse – was ziemlich oft
der Fall ist. Die Gelehrten mögen darüber streiten, ob Deutschland
um die Mitte des 21. Jahrhunderts nun fünfzehn oder zwanzig Millionen Einwohner weniger haben wird als heute. Die Schrumpfung
als solche könnte man durchaus hinnehmen – das Glück der Welt
hängt nicht davon ab, dass es ausgerechnet achtzig Millionen Deutsche gibt wie im Augenblick, und außerdem ist es gerade zweihundert Jahre her, dass Deutschland nur von zwanzig Millionen
Menschen bewohnt war. Kaum jemand macht sich aber klar, dass
die Schrumpfung ja nicht binnen eines Tages geschieht, sondern in
einem langen, schleichenden und wahrscheinlich demoralisierenden
Prozess. Die geringeren Arbeiterzahlen, die sich aus ihr ergeben werden, mögen durch weitere Technisierung noch zu kompensieren sein.
Das geringere Aufkommen an Sozialabgaben kann zwar aus dem
Steuertopf ergänzt werden, aber auch der wird natürlich schrump-
fen, weil es immer weniger Steuerzahler und vor allem ein immer
kleineres Sozialprodukt geben wird. Die Städte werden immer mehr
leer stehende Wohnungen, ja sich entleerende Wohnviertel zu beklagen haben, wie wir das nach 1990 in der früheren DDR erlebt haben.
Die Binnennachfrage wird dramatisch sinken, weil es immer weniger Kunden geben wird. Nur die Nachfrage nach Pflegeplätzen und
vor allem nach Pflegepersonal wird unaufhörlich wachsen – und mit
Sicherheit die Zahl der Zuwanderer.

In Finnland und in den baltischen Staaten

Völlig unproblematisch war und ist noch heute unser Verhältnis zu dem tapferen und leistungsstarken Finnland. Mit seinem damaligen Präsidenten Martti Ahtisaari bin ich noch heute befreundet. Nach dem Ende seiner Amtszeit hat er mehr internationales Aufsehen erregt und mehr Anerkennung erhalten, als es ihm während seiner auch schon sehr erfolgreichen Amtszeit möglich war. Heute wird Ahtisaari zur Schlichtung unlösbarer internationaler Konflikte herangezogen, wofür er meine uneingeschränkte Bewunderung hat. Gelegentlich bin ich gefragt worden, ob ich nicht an ähnlichen Aufgaben interessiert sei. Aber für so aufopferungsvolle Funktionen fehlt es mir sowohl an der nötigen Geduld als auch am Verständnis für die Intransigenz, die am Beginn solcher Verhandlungen meist auf beiden Seiten vorhanden ist.

Während unserer gemeinsamen Amtszeit habe ich Martti Ahtisaari zu wiederholten Malen getroffen und ausgiebig gesprochen, nicht zuletzt bei den Opernfestspielen in Savonlinna, zu denen er mich immer wieder einlud. Dabei habe ich die Vorteile eines so kleinen Landes wie Finnland aus nächster Nähe kennengelernt. Die führenden Politiker kennen praktisch jede Gemeinde, und das hält sie von allzu ausgeprägten ideologischen Höhenflügen ab. Wahrscheinlich hängen sogar die unbestreitbaren Vermittlungsfähigkeiten solcher Politiker mit der geringen Größe ihrer Länder zusammen. Zum einen kommt ihnen gegenüber kaum der Verdacht der Eigennützigkeit auf; zum anderen sind sie wohl auch sensibler gegen Verkrustungen wie gegen Veränderungen im internationalen Gefüge, aus denen vermittlungsbedürftige Konflikte meist entstehen. Große Länder (und solche, die es nicht mehr sind, sich aber immer noch so vorkommen) sind solchen Vibrationen gegenüber viel unempfindlicher, schon weil sie sich wegen ihrer Macht sicherer fühlen. Die kleineren dagegen leben gerade auch davon, dass sie ständig ein wachsames Auge auf Veränderungen in der politischen Atmosphäre haben müssen. (Das ist übrigens einer der Gründe, weswegen ich während meiner ganzen Amtszeit nicht nur mit den Finnen, sondern mit allen kleinen Mitgliedstaaten der EU regelmäßige

Kontakte gehalten habe. Dabei habe ich viel gehört und nicht weniger gelernt.)

Nicht zuletzt aus diesem Grund habe ich, so gut es ging, stets auch die drei baltischen Staaten »wahrgenommen«. Allerdings mag es sein, dass dabei auch ein Erlebnis aus meiner Kindheit mitspielte. Als die Baltenstaaten nach dem Hitler-Stalin-Pakt von der Sowjetunion annektiert wurden, hörte ich meinen Vater sagen, die baltischen Völker seien »arme Völker«; denn Deutschland habe sie jetzt »verkauft«. Mit meinen fünf Jahren habe ich das damals natürlich nicht wirklich verstanden, aber die Worte sind mir im Gedächtnis haften geblieben und haben mich, als ich ihre Bedeutung ermessen konnte, nicht mehr losgelassen. Dem estnischen Präsidenten Lennart Meri habe ich die Geschichte einmal erzählt, und sie hat ihn so beeindruckt, dass er sie, als er mir den höchsten Orden seines Landes verlieh, in seiner Laudatio von sich aus wiederholt hat.

Während meiner Amtszeit habe ich fast alle Staaten Osteuropas und des östlichen Mitteleuropa besucht. Es gibt nur wenige Ausnahmen, etwa Weißrussland, dessen staatsrechtliche Verbindung zu Russland von Meldung zu Meldung anders aussah (was einem offiziellen Besuch im Wege stand), und außerdem einige von den Nachfolgestaaten Jugoslawiens, nämlich Serbien, Kroatien und Bosnien-Herzegowina. Die Präsidenten dieser wenigen Staaten habe ich allerdings in Bonn bzw. Berlin empfangen, teilweise mehrfach, und außerdem bei den meisten auch die Ministerpräsidenten und Außenminister.

In Mittelasien

In Asien habe ich, vom Nahen Osten einmal abgesehen, eine stattliche Reihe von Ländern besuchen können.

Besonders interessiert hatten mich seit jeher Zentralasien und die Himalayagebiete. Die Geschichte des Alexanderzugs, die darauf aufbauende Geschichte des griechisch-baktrischen Königreichs im nördlichen Afghanistan und im heutigen Usbekistan, die Geschichte des Mongolenreichs und im Zusammenhang damit die des eurasischen Nomadentums haben mich stets fasziniert. Als Privatperson hatten mich schon in den siebziger Jahren Reisen von Süden her an den Fuß des Himalaya, bis nach Kaschmir und Nepal geführt. Es war also vielleicht nicht nur ein Zufall, dass meine erste große Asienreise als Bundespräsident nach Pakistan führte, wo ich das berühmte Museum von Taxila mit seinen baktrischen Exponaten besichtigen und außerdem in die GUS-Staaten Usbekistan und Kasachstan (1995) reisen konnte. 1998 kam dann noch ein Besuch in Kirgistan dazu.

Alle diese Staaten sind keine Demokratien im westlichen Sinne. Die Präsidenten können sich zwar auf gewonnene Wahlen berufen, aber meist hatten sie bei ihrer Wahl gar keinen Gegenkandidaten, und konkurrierende politische Parteien gibt es in ihren Ländern in der Regel nicht. Über die Schwierigkeiten, mit denen sich zentralasiatische Regierungen auseinanderzusetzen haben, habe ich jedoch bei den Gesprächen mit diesen Präsidenten viel gelernt. Deshalb beneide ich sie nicht um ihre Ämter.

Zunächst ist die Wiederkehr des Islam in ihre früher kommunistischen, das heißt atheistischen, Länder zu nennen. Ihnen allen ist meiner Einschätzung nach klar, dass diese Wiederkehr unvermeidlich, ja sogar wünschenswert ist, weil die Völker sie wollen. Ihre Sorge ist aber, dass es sich dabei um einen fundamentalistischen Islam handeln könnte, mit dem Ideen von Gottesstaat, Scharia und Ähnlichem verbunden wären. Der Westen kann ihnen in dieser Frage kaum Hilfe geben – obwohl natürlich auch seine Geschicke durch die künftige Entwicklung beeinflusst werden: Europa kann es weder gleichgültig sein, dass Zentralasien mit seinen reichen, aber noch kaum erschlossenen Bodenschätzen in die Hände fundamentalistischer Regime fällt, noch dass die Russische Föderation eines Tages von dieser Seite her destabilisiert wird.

Andererseits fürchten sich manche zentralasiatische Staaten auch vor einer von Russland ausgehenden Destabilisierung. Das gilt insbesondere für Kasachstan. Dieses Land ist ja nicht nur von Kasachen bewohnt, die noch bis in das 19., ja teilweise bis in das 20. Jahrhundert hinein als Nomaden lebten und erst dann – teilweise sogar gewaltsam – fest angesiedelt wurden, sondern es hat, gerade seit der Sowjetzeit, auch starke russische Bevölkerungsgruppen, die vor allem in seinem Norden leben und naturgemäß mit dem Anschluss an Russland liebäugeln. Im Süden des Landes aber gibt es usbekische Bevölkerungsteile, die dasselbe mit Usbekistan tun und von denen mir mehr als eine führende Persönlichkeit offen erklärt hat, sobald es in den Nordprovinzen Absetzungsbewegungen in Richtung Moskau gebe, würden sie sich dann eben in Richtung Taschkent bewegen.

Zieht man zudem in Betracht, dass alle diese Völker blutig arm sind, dabei aber reiche, freilich unerschlossene Bodenschätze haben und dass sie diese weder russischen noch amerikanischen Gesellschaften ausliefern möchten, so kann man sich die Probleme vorstellen, vor denen sie und ihre Regierungen stehen – vom Zugang zum Meer, den sie dringend brauchen, ganz zu schweigen. Dass dieser Zugang im Wesentlichen durch neue Eisenbahnlinien bewerkstelligt werden muss, bezweifelt niemand in der Region. Aber auf welchen Trassen soll dieser Verkehr letztlich stattfinden und wie kann er ausreichend gesichert werden? Usbekistan blickt beispielsweise weit nach dem Süden, zur pakistanischen Küste des Indischen Ozeans, und hat deshalb eine Zeit lang die nach Osten, nach Afghanistan, vordringenden Taliban unterstützt. Ursprünglich betrachtete es sie wohl als Ordnungsfaktor, später stellten sie sich aber als fundamentalistische Gefahrenquelle heraus. In Kirgistan dagegen war ich überrascht, wie wenig dort die Verantwortlichen an die ihnen offenstehende Alternative dachten, nämlich an Eisenbahnlinien, die den Anschluss an die großen nordchinesischen Linien (und nicht nach Süden) hätten finden können.

Die bewegendste Szene, die ich in Zentralasien erlebte, hat sich 1995 in Taschkent abgespielt. In einer kleinen Kirche nahm ich an einem Gottesdienst teil, der von Russlanddeutschen gefeiert wurde. Es handelte sich überwiegend um alte Menschen, die in der Stalin-Zeit nach Zentralasien deportiert worden waren, vierzig Jahre und länger zu der so genannten Trud-Armee gehört hatten, also zu einem Heer von rechtlosen Zwangsarbeitern, denen es nicht einmal gestattet war, sich in ihrer Muttersprache zu verständigen. Nunmehr waren sie frei, lebten in bescheidensten Verhältnissen und hatten es mit

Kindern und Enkeln zu tun, mit denen sie sich auf Russisch unterhalten mussten, weil sie ihnen ihre eigene Sprache nicht hatten beibringen dürfen. Für mich war es fast ein belastendes Gefühl, das Vertrauen und die Liebe zu spüren, mit der mich diese Menschen aufnahmen. Was sie erlitten haben, lässt sich nicht mehr wiedergutmachen. Aber vielleicht sollten sich manche eilfertige Kritiker, die Spätaussiedlern vorwerfen, sie könnten ja nicht einmal Deutsch, mit solch selbstgerechter Kritik doch etwas zurückhalten.

Eine von diesen Begegnungen hat mich tief erschüttert. Noch in der Kirche kam eine alte Frau auf mich zu, überreichte mir eine zerfledderte deutschsprachige Bibel und bat mich, sie als Geschenk und zur dauernden Erinnerung nach Deutschland mitzunehmen. Sie hätte sie während der ganzen Jahrzehnte in der Trud-Armee bei sich gehabt – und jede Seite sei mit Tränen getränkt. Dieses Buch besitze ich noch heute.

Ganz anders spielte sich der offizielle Besuch ab, den ich im Juni 1996 Georgien abstattete. Präsident war damals Eduard Schewardnadse, der 1990 als Außenminister der Sowjetunion einen entscheidenden Anteil an der deutschen Wiedervereinigung hatte und in der Welt immer noch ein beträchtliches Ansehen genoss. Ich hatte ihn nur während eines Besuchs von Michail Gorbatschow in Bonn einmal kurz gesprochen. Meine Berater sagten mir, es sei erfahrungsgemäß nicht ganz leicht, zu ihm Zugang zu finden, und dafür sprach auch, dass er mit Zusagen, an meinen Programmpunkten in Georgien persönlich teilzunehmen, sehr zurückhaltend gewesen war und das meiste offen gelassen hatte. Entscheidend würde also der erste Abend sein, an dem er (selbstverständlich im Beisein seiner Frau) mich und meine Frau zu einem privaten Abendessen gebeten hatte.

An diesen Abend erinnere ich mich besonders gern. Schewardnadse, der damals bereits schwere innenpolitische Konflikte durchstand und auf den immerhin schon zwei oder gar drei erfolglose Attentatsversuche unternommen worden waren, eröffnete das Gespräch mit einem genauen Ausblick auf das bevorstehende Essen. Dieses bestand überwiegend aus spezifisch georgischen Speisen, auf die wir natürlich neugierig waren, und als er merkte, dass wir ihnen keineswegs skeptisch gegenüberstanden, begann er, ein wirklich fas-

Das »alte« Europa, USA, Osteuropa und Asien 351

zinierendes Gespräch über Fragen der georgischen Küche mit uns zu führen. Von da aus war es nur ein kleiner Schritt zu historischen Themen, bei denen ich schon eher mithalten konnte. Immerhin ist Georgien, wie ich schon aus dem Schulunterricht wusste, ja das griechische Kolchis, das aufgrund seiner Lage am Schwarzen Meer eine bedeutende Rolle in den Wirtschaftsbeziehungen der alten Griechen nach Asien spielte. Zudem hat sich dort höchstwahrscheinlich die so genannte Neolithische Revolution vollzogen, der Übergang zu Ackerbau und Viehzucht beziehungsweise von der »aneignenden« zur »produzierenden« Wirtschaftsweise.

Die Unterhaltung wurde immer angeregter, und am Ende des Abends war das Eis vollends gebrochen. Als Frau Schewardnadse die Tafel aufhob, hatten wir besten Zugang zueinander gefunden. Das sollte sich schon am nächsten Morgen bestätigen. Vor dem Museum, das ich besichtigen sollte, erwartete mich bereits mein Gastgeber, um mich zu begleiten, was er sich übrigens für die ganze Dauer meines Besuchs nicht nehmen ließ. Nur unsere Beamten waren in jener ersten Nacht wohl nicht ganz zufrieden. Ich sehe sie noch vor mir, wie sie, als wir das Esszimmer verließen, mit gezückten Bleistiften auf mich zustürzten, notieren wollten, worüber wir Präsidenten gesprochen hätten – und nur die Antwort erhielten, man habe sich über die georgische und die deutsche Küche unterhalten.

Für politische Gespräche war in den folgenden Tagen genug Zeit, vor allem auch in den Autos, die den Vorteil haben, dass man in ihnen mit einiger Wahrscheinlichkeit vor Indiskretionen sicher ist. Zu besprechen war in der Tat viel, denn Georgien gehört ja zu den so genannten GUS-Staaten, die ihr Verhältnis zur Russischen Föderation damals erst allmählich definieren mussten und auch untereinander schwierige Gruppierungen bildeten. Dann sprachen wir über die Innenpolitik Georgiens, die damals wie heute unter Stammesfehden, Insubordinationen und Korruption zu leiden hatte, über die abtrünnige Provinz Abchasien, die sich auch damals schon in den Händen russischer Truppen befand, und natürlich über die deutsche Wiedervereinigung, in der Schewardnadse bekanntlich eine ähnlich tragende Rolle gespielt hatte wie der ungarische Außenminister und spätere Ministerpräsident Gyula Horn.

Dieser Teil unserer ausgedehnten Unterhaltungen ist mir besonders in Erinnerung. Schewardnadse behauptete nämlich, dass er, als
er Außenminister wurde, in den inneren Zirkeln Moskaus sehr bald
die Auffassung vertreten habe, die Wiedervereinigung Deutschlands
sei unvermeidlich und überdies auch sinnvoll. Damals habe Gorbatschow noch monatelang die entgegengesetzte Ansicht vertreten. Dieses Jahr, so sagte Schewardnadse mehrfach und mit deutlicher Betonung, sei für ihn »die Hölle gewesen«. Ich konnte mir davon keine
klare Vorstellung machen, und auch er illustrierte die Hölle nicht,
durch die er offensichtlich gegangen war. Erst einige Jahre später habe
ich zu verstehen begonnen, was er mir hatte sagen wollen. Da fielen
mir nämlich die Lebenserinnerungen des großen Reformers und Gor-
batschow-Beraters Alexander Jakowlew in die Hände, der sich bei
den alten Betonköpfen Moskaus natürlich ähnlich missliebig gemacht hatte wie Schewardnadse nach seiner damaligen Darstellung.
Gegen Jakowlew wurde, wenn seine Berichte stimmen, ein veritables
Kesseltreiben veranstaltet, im Vergleich zu dem alles, was man im
Westen als Mobbing bezeichnet, nur ein müder Abklatsch ist.

Meine letzte Reise auf zentralasiatischem Gebiet führte mich in
die Mongolei. Großartige politische Probleme zwischen unseren Ländern gab es dort nicht zu besprechen, wohl aber hielten es sowohl
die Bundesregierung als auch ich selbst für notwendig, diesem Land,
das einen schwierigen Weg hinter sich und keinen leichten vor sich
hatte, wenigstens einmal die ihm zustehende Reverenz zu erweisen.
Ich übernahm diese Aufgabe besonders gern, weil ich mich seit der
Mitte der sechziger Jahre immer wieder intensiv mit mongolischer
Kultur und Geschichte befasste. Damals hatte ich im Gästehaus der
Freien Universität Berlin einen ungarischen Historiker kennengelernt, der nach 1945 an eine karibische Universität berufen worden
war und sich insbesondere mit der Geheimen Reichsgeschichte der
Mongolen beschäftigt hatte. Nun war es mir ein Anliegen, diesem
traditionsreichen, teilweise immer noch nomadisch lebenden Volk
meine Aufwartung zu machen und dabei erstmals sein Land zu sehen.

Die Zusammenkünfte mit dem damaligen Staatspräsidenten waren für die Lage dieses Volkes zwischen Nomadentum und Indus-
trialisierung typisch, nicht so sehr wegen der Themen, die behandelt

Das »alte« Europa, USA, Osteuropa und Asien   353

wurden, sondern wegen des Ortes, an dem sie stattfanden. Der Präsidentenpalast in der Hauptstadt Ulan Bator war wie alle Regierungsgebäude im früher sowjetischen Einzugsbereich ein riesiger, für die Bedürfnisse der Mongolei höchst überdimensionierter Betonbau von jener unaussprechlichen Sterilität, die all diesen Gebäuden anhaftet. Aber solche Gebäude haben auch ihre geräumigen Höfe, und in einem von diesen war nach uralter Sitte eine aufwändige, ja luxuriöse Staatsjurte errichtet, in der mich der Präsident empfing und in der auch unsere Unterhaltungen über die richtige Abwägung zwischen Landschafts- und Denkmalschutz einerseits und Tourismuspolitik andererseits stattfanden. Die Kenner der mongolischen Kultur bzw. dessen, was noch übrig ist, fürchteten damals ein Überhandnehmen des vom Staat forcierten Tourismus, und es war durchaus verständlich, dass sie sich meiner bedienten, um die Regierung auf diese Gefahr hinzuweisen – und auf die Unmöglichkeit, allzu große Übertreibungen später wiedergutzumachen. Ich glaube, ich habe ihnen dabei etwas helfen können, und das gab mir zugleich die erwünschte Möglichkeit, meine Liebe zur mongolischen Kultur und meine Sorge um sie im hellsten Licht erstrahlen zu lassen.

Natürlich habe ich auch die Mongolensteppe und das Leben des immer noch nomadisierenden (und viehzüchtenden) Volksteils gesehen – freilich nur auf einem eintägigen Ausflug. Ein Viehzüchter, der nach der kommunistischen Gleichmacherei gerade dabei war, eine neue Herde aufzubauen, begrüßte mich zusammen mit seiner ganzen Familie vor seiner Jurte und erklärte mir sodann die richtige Zusammensetzung einer Steppenherde. Zu meinen Ehren gab es Reiterspiele und Ringkämpfe (bei denen allerdings die Sieger schon vorher bestimmt waren). Man führte mich auch zu einer Stelle, die dem ganzen mongolischen Volk heilig ist, weil sie an den unvergessenen Dschingis Khan erinnert.

Mitten in der Steppe hat sich – offenbar wirklich aus seiner Zeit, also Ende des 12./Anfang des 13. Jahrhunderts – eine überdimensionale Schildkröte aus grauem Stein erhalten, aus deren Rückenschild einmal eine Säule als Symbol der Herrschaft herausgewachsen sein soll. Die Säule ist mittlerweile ebenso verschwunden, wie die Herrschaft der Mongolenkhane, aber die Schildkröte ist erhalten geblieben und erinnert an Dschingis Khan, der zwar ein Angst und Schrecken verbreitender Krieger, aber auch ein genialer Stammesfürst war, der mit seinen Eroberungen zum Vermittler verschiedener Kulturen wurde und politisch so viel bewegt hat wie kaum ein anderer.

Ich stand eine ganze Weile schweigend vor seinem Herrschaftssymbol, aber seltsamerweise dachte ich weder an den Steppenhäuptling, der er als junger Mann einmal war, noch an die »Geißel Gottes«, wie er sich als Beherrscher der halben Welt später selbst nannte. Ich hatte plötzlich das Gefühl, dass von dem Platz aus, an dem ich stand, eine Verbindung zu einer völlig anderen, geistigen Welt bestehe. Ich kannte dieses Gefühl schon von anderen Stellen der Welt, an denen ich gewesen war. Im achämenidischen Reichsheiligtum Persopolis hatte es mich erfasst, ebenso im Speyerer Dom und seltsamerweise auch im Escorial bei Madrid – dort hatte ich allerdings noch einen weiteren Eindruck gehabt: dass alle Gedanken, die sich in die andere Welt aufmachten, durch die Steinmasse zurückgehalten würden wie die elektromagnetischen Strahlen in einem Schwarzen Loch. So stark wie in der mongolischen Steppe war aber dieses Gefühl noch nie gewesen.

Woher solche Gefühle kommen, weiß ich nicht – vielleicht haben sie nur etwas mit Adrenalin oder ähnlichen Substanzen zu tun. Auch wundert es mich selbst, dass sie einen so verstandesbetonten Menschen wie mich überkommen. Empfunden habe ich sie aber immer wieder – auch wenn ich ihnen nicht gefolgt bin.

In Japan

Besonderes Interesse hatte ich seit jeher für die ostasiatischen Regionen, die ich allerdings nur zum Teil bereisen konnte. Dass heute China im Vordergrund solchen Interesses steht, wird niemand überraschen – dazu ist das Land zu groß und seine Wirtschaft, gerade in jüngster Zeit, zu expansiv. China wird unbezweifelbar eine der beherrschenden Nationen des 21. Jahrhunderts werden, wenn es sich nicht, aus welchen Gründen auch immer, durch eigenes Handeln daran hindert

Allerdings glaube ich nicht, dass man darüber Japan auch nur einen Augenblick vergessen dürfte. Ähnlich wie Deutschland hat Japan nach dem Zweiten Weltkrieg sowohl einen atemberaubenden Aufstieg gemeistert, als auch eine lange Phase der Stagnation und der Fehlentwicklungen durchlaufen, und man kann gespannt sein, wann diese Phase zu Ende sein und wie man sie zu Ende bringen wird. Von meinem Staatsbesuch, den ich dem Land im April 1997 abstattete, habe ich nur gute Eindrücke mitgebracht, vor allem ein Erlebnis, das mir die Kraft gezeigt hat, die in diesem Volk – und vor allem in seiner ökonomischen Elite – immer noch wirksam ist.

Zu den guten Eindrücken gehört die Erinnerung an das wirklich noble Kaiserpaar, seine grenzenlose Gastfreundschaft und an die Gespräche mit dem Ministerpräsidenten Hashimoto, der vorher Sozialminister gewesen war und als einer der Ersten überhaupt die Probleme der modernen Demografie in seinem Land aufgegriffen hat. Besonders gern erinnere ich mich an ein Konzert, das in meinem Auftrag die Münchener Symphoniker unter Zubin Mehta gaben und bei dem ich die Begeisterung des japanischen Publikums für europäische Musik erleben durfte. Zubin Mehta begann mit der Leonoren-Ouvertüre Nr. 3 von Beethoven; die kannten die Japaner offenbar und spendeten nachhaltigen, letztlich aber doch nur höflichen Applaus. Dann folgte die Große Symphonie in C-Dur von Schubert, und die war ihnen offensichtlich neu. Entsprechend groß war die Begeisterung, mit der sie sie aufnahmen. Es fehlte wenig, und die angeblich so beherrschten Japaner hätten das Inventar der Musikhalle demoliert.

Das erwähnte besondere Erlebnis kam freilich aus einer ganz anderen Richtung, nämlich aus der Wirtschaft – von dem Großindustriellen Shoichiro Toyota. Dieser war damals noch Präsident des japanischen Industriellenbundes Keidanren. Ein Treffen mit dieser machtvollen Institution war in meinem Zeitplan ursprünglich nicht vorgesehen. Toyota hatte sich aber von sich aus gemeldet und seinen Wunsch, mich zu sprechen, unmissverständlich zum Ausdruck gebracht. Wir trafen uns also zu früher Stunde zu einem gemeinsamen Frühstück und fanden uns beide sympathisch. Jedenfalls kam es zu einem sehr offenen Gespräch über alle möglichen Fragen, die von gemeinsamem Interesse waren, vor allem natürlich aus der Wirtschaftspolitik. Aber davon will ich hier nicht berichten, sondern von einer kleinen Episode am Rande, die mich überrascht und angenehm berührt hat.

Toyota war schon dabei, sich zu verabschieden, als der damalige deutsche Botschafter in Japan das Wort ergriff und ihm dafür dankte, dass er sich gegenüber den Behörden für den Abbau von Einfuhrbeschränkungen eingesetzt hatte (und das war seinerzeit ein ständiges Hemmnis in den Wirtschaftsbeziehungen). Toyota nahm den Dank mit geziemender Würde entgegen. Als ich ihn vor die Tür begleitete, fragte ich ihn, warum er das denn getan hätte. Er hätte auf die Interessen des japanischen Exports hinweisen können und wäre damit absolut überzeugend gewesen. Aber er antwortete so offen, wie unser ganzes Gespräch gewesen war: »Sie müssen wissen, dass unsere Wirtschaft dabei ist, bequem zu werden. Da muss frischer Wind herein!« Der große alte Mann hatte das Wesen des Wettbewerbs verstanden und in einem einzigen Satz zusammengefasst.

Apropos: Die zentralamerikanische Einladung

Im Spätherbst 1995 erreichte mich eine Einladung, über die ich mich sehr freute und die ich unbedingt annehmen wollte, obwohl sie »außer der Reihe« einging. Im Mai 1996 wollten sich die Präsidenten der acht zentralamerikanischen Staaten in Montelimar/Nicaragua treffen, wie sie das regelmäßig taten, und ich sollte an diesem Treffen teilnehmen und zu ihnen sprechen.

Dafür gab es aus meiner Sicht mehrere Argumente. An Lateinamerika war ich schon immer interessiert, und die Hoffnungen, die ich für die weitere Zukunft auf diese anderthalb Kontinente setze, habe ich nie verschwiegen. Sodann war die Annahme einer solchen »Sammeleinladung« der einzige Weg, zu diesen kleinen und weltpolitisch wenig einflussreichen Ländern überhaupt Kontakt aufzunehmen. Und schließlich war ich der Meinung, dass sich die üblichen Formen der internationalen Besuche, die in einer Welt von vielleicht fünfunddreißig oder vierzig Staaten entstanden waren, in der heutigen Welt von annähernd zweihundert Staaten ohnehin nicht lupenrein würden aufrechterhalten lassen. Eine »Gruppeneinladung« konnte möglicherweise sogar stilbildend wirken. Ich teilte die Einladung also dem Auswärtigen Amt mit, betonte meinen Wunsch, sie anzunehmen, und ersuchte um eine Stellungnahme.

Natürlich ging ich zum damaligen Zeitpunkt davon aus, dass es sich um einen Selbstläufer handelte. Aber da hatte ich mich getäuscht. Das Auswärtige Amt riet von der Reise händeringend ab. Das hätte mich durchaus in Verlegenheit bringen können; denn immerhin braucht der Bundespräsident für solche Reisen die Zustimmung der Bundesregierung. Die hätte ich mir zwar leicht beschaffen können, und es hätte dazu höchstens eines Anrufs beim Außenminister oder beim Bundeskanzler bedurft, aber das wollte ich – noch – nicht. Zum einen habe ich es nie für sehr sinnvoll gehalten, Chefs ohne äußerste Not gegen ihre Mitarbeiter auszuspielen, und zum anderen war mir aufgefallen, dass die Begründung des Auswärtigen Amtes ziemlich windelweich formuliert, das heißt, eigentlich gar keine Begründung war. Mein Staatssekretär Wilhelm Staudacher und ich beschlossen daher, etwas genauer nachzufragen.

Das Ergebnis war so, wie man sich den modernen internationalen Verkehr vorstellt. Im Auswärtigen Amt wusste man ganz einfach nicht, wer eigentlich der Einladende war: Nicaragua, wo das Treffen stattfinden sollte, oder die acht teilnehmenden Staaten insgesamt. Das war, wie man uns erläuterte, entscheidend für die unvermeidliche Frage der Gegeneinladung, die man irgendwann einmal würde aussprechen müssen. Ging die Einladung nur von Nicaragua und seiner bewundernswerten Präsidentin Dona Violeta Barrios de Chamorro aus, so gab es keine Schwierigkeiten – Dona Violeta musste man dann eben in absehbarer Zeit nach Deutschland einladen. Kam die Einladung aber von allen acht zentralamerikanischen Staaten, so wäre damit das übliche Kontingent an »eingehenden« Staatsbesuchen für volle zwei Jahre ausgebucht gewesen, was den Terminkalender wirklich höchst übermäßig belastet hätte.

Die Frage war rasch geklärt. Formell war nur Nicaragua einladendes Land, und Dona Violeta hatte so kurz nach der sandinistischen Diktatur und mitten in ihrem Versöhnungswerk andere Sorgen, als in der Welt herumzureisen. Die armen Seelen im Außenministerium hatten also ihre Ruhe, und mir ging im Laufe der Monate auf, dass auch sie ehrenhafte Motive für ihr Zögern gehabt hatten.

Der Nahe Osten

Der Nahe Osten (oder, wie die Angelsachsen sagen, der Mittlere Osten) ist der Teil der Erde, in dem es Deutschland am schwersten hat, eine halbwegs ausgewogene und Erfolg versprechende Politik zu betreiben. Dass es nach den schrecklichen Verbrechen des Nationalsozialismus für den Bestand und das Schicksal des Staates Israel Mitverantwortung trägt, ist selbstverständlich, doch diese wird durch die zeitweilige Intransigenz Israels nicht gerade erleichtert. Auf der anderen Seite tut Deutschland gut daran, sich seine traditionelle Freundschaft zu den arabischen Völkern und erst recht deren traditionelle Deutschlandfreundlichkeit so weit wie möglich zu erhalten. Das liegt nicht nur im eigenen Interesse, sondern auch im Interesse Israels. Das Problem ist nur, dass es sich dabei um eine Art Quadratur des Kreises handelt.

Seit Menschengedenken ist der Nahe Osten ein Unruheherd. Ursprünglich lag er im Schnittwinkel der großen Hochkulturen, die sich im 3. und 2. vorchristlichen Jahrtausend in Ägypten, Mesopotamien, Kleinasien und auf den heute griechischen Inseln, vor allem Kreta, entfalteten und ihre unvermeidlichen ökonomischen sowie politischen Interessengegensätze gerade in Palästina und den ihm angrenzenden Gebieten austrugen. Das wäre heute kaum mehr erwähnenswert, wenn nicht die unveränderte geografische Lage das Ihre zu der ständigen Unruhe beigetragen hätte – und wenn nicht die einzelnen Völker, so verschieden sie regiert wurden, das Wissen um diese Unruhe in sich aufgesogen und von Generation zu Generation weitergegeben hätten. Wirklichen Frieden haben sie eigentlich nie kennengelernt, und das hat auch ihre Mentalität tief geprägt.

Seit dem Ende des Altertums sind die ursprünglichen Gründe für die Antagonismen entfallen, aber es haben sich immer wieder neue Gründe für tödlichen Antagonismus ergeben. Neue Religionen sind aufeinandergeprallt, und zwar mit zunehmender Intensität solche, die von einem aggressiven missionarischen Eifer beseelt waren. Es haben sich Nationalitäten herausgebildet, die ebenfalls mehr zur Trennung als zur Einigung beigetragen haben. Westlicher und orientalischer Lebensstil sind in Konkurrenz zueinander getreten, und diese Konkurrenz ist zunehmend schärfer und erbarmungsloser geworden. Schließlich setzte sich der Islam immer mehr gegen das zur Wehr, was er westlichen Modernismus nennt, und seine Anhänger begannen, den unterschiedlichen Wohlstand nicht mehr als Folge unterschiedlicher Lebensweisen, sondern einer himmelschreienden Ungerechtigkeit zu verstehen. Das wäre für sich schon eine mehr als explosive Mischung von Gegensätzen gewesen. Durch das Hinzutreten des Staates Israel wurden diese aber gleichsam materialisiert und zugleich auf die Spitze getrieben.

Eine europäische Nahostpolitik, wie sie immer wieder gefordert und zunehmend auch praktiziert wird, muss mit all diesen Verwerfungen fertigzuwerden versuchen. Das ist an sich nicht leicht und stößt zudem in den europäischen Hauptstädten noch auf ein zusätzliches Problem: In jeder dieser Hauptstädte, vor allem in ihren Außenministerien, gibt es höchst verschiedene Denktraditionen, die meist noch aus dem 19. und der ersten Hälfte des 20. Jahrhunderts stammen und so leicht nicht auszumerzen sind. England und Frankreich haben beispielsweise jahrzehntelang eine ganz andere Nahostpolitik getrieben als Deutschland. Das erzeugt immer noch erhebliche Unterschiede in der Annäherung an die Probleme der Region. Zunehmend beginnt man allerdings zu begreifen, dass darin auch eine Chance liegen könnte, die zum einen in einer objektiveren Sicht der Dinge, zum anderen in einer Politik der verteilten Rollen bestehen könnte.

Ich selbst war als Verfassungsrichter überhaupt nicht an der Nahostpolitik beteiligt und als Bundespräsident nur peripher.

Erste Besuche in Israel

Israel habe ich verhältnismäßig oft besucht, zuerst als Privatmann, dann vor allem als Bundespräsident. Nicht alle diese Besuche waren politisch gleich interessant, doch sie haben mich in den verschiedensten Situationen mit allen wichtigeren Akteuren des Weltgeschehens zusammengebracht, und das bedeutet zugleich: Sie haben mir nicht nur die offiziellen Begründungen für die politische Entwicklung, sondern auch manche Einsichten in Persönlichkeitsstruktur und Motivation der Entscheidungsträger vermittelt.

Das erwies sich besonders bei meinem ersten Besuch als Bundespräsident, den ich Israel bewusst noch im Herbst 1994 abstattete. Nach den unvermeidlichen Antrittsbesuchen in den Hauptstädten der EU-Mitgliedstaaten sollte meine erste über Europa hinaus reichende Reise dem jüdischen Staat gelten. Bei der Vorbereitung gab ich mich nicht mit den üblichen schriftlichen Unterlagen des Auswärtigen Amtes und dem Briefing durch Kenner des Landes zufrieden, sondern führte auch eingehende Gespräche mit dem Botschafter Israels in Bonn, dem sensiblen Avi Primor, der mich durch seine offene Redeweise und seine Fairness gegenüber Deutschland stets tief beeindruckt hat. (Allerdings hat er mir einmal ein seltsames Ei ins Nest gelegt. Ich erzählte ihm nämlich, dass ich in meiner Jugend einige Jahre Hebräisch gelernt hatte. Das hinterbrachte er einem Journalisten des israelischen Rundfunks, und der forderte mich in seinem nächsten Interview auf, den Zuhörern irgendetwas auf Hebräisch zu sagen. Ich habe alles geboten, wozu ich noch im Stande war, und zitierte die ersten Sätze der biblischen Schöpfungsgeschichte. Als es Licht geworden war, war mein Repertoire allerdings erschöpft.)

Meine wichtigsten Gesprächspartner beim ersten Besuch waren Premierminister Itzhak Rabin und Außenminister Shimon Peres – und natürlich mein eigentliches Pendant, Staatspräsident Ezer Weizman. Rabin, den ich insgesamt nur zweimal getroffen habe, ist mir wegen seines nachdenklichen, fast verschlossenen Wesens in bester Erinnerung. Im Unterschied zu anderen israelischen Spitzenpolitikern scheint er in seinem Denken eher auf die USA als auf Europa festgelegt gewesen zu sein, was sich mühelos aus seinem Werdegang erklären ließe.

Nach unseren Gesprächen hatte ich jedenfalls immer den Eindruck, dass er genau wusste, was er wollte, und dass er sich stets auch der Bedingtheit jeder Politik Israels bewusst war – mit anderen Worten, er vermittelte mir den Eindruck ständiger Wachsamkeit und Bereitschaft zur Überprüfung der eigenen Positionen. Nach seiner Ermordung im Jahre 1995 haben Helmut Kohl und ich gemeinsam an seiner Beerdigung teilgenommen und ihm so die letzte Ehre erwiesen. Zu seiner Frau Lea bestanden fast bis zu ihrem Tod enge freundschaftliche Beziehungen.

Shimon Peres war menschlich das genaue Gegenteil von Itzhak Rabin und ist es bis heute geblieben. Er ist ein Visionär, der stets innere Beweglichkeit, ja Unruhe ausstrahlt, eine stabile, vor keinem Tabu haltmachende Politik zur dauernden Sicherung Israels anstrebt und unaufhörlich in diese Richtung wirbt und wirkt. Ich war 1998 selbst dabei, als er in Anwesenheit des deutschen Außenministers Klaus Kinkel und König Husseins den Palästinenserführer Yassir Arafat fast bestürmte, von sich aus den oft geforderten Staat der Palästinenser zu proklamieren und damit die Dinge im Nahen Osten wieder in Bewegung zu setzen. Uns Europäern war bei so viel Verwegenheit nicht ganz wohl zumute. Ich frage mich aber oft, ob ein solcher abrupter Schritt nicht doch auch ein Segen sein könnte.

Ezer Weizman, einer der Architekten des ägyptisch-israelischen Friedensvertrags von 1979, war während meiner gesamten Amtszeit mein wichtigster Gesprächspartner in Israel. Er war General der Luftwaffe gewesen und hatte die Attitüde des Offiziers nie ganz abgelegt. (Das zeigte sich insbesondere bei seinem Staatsbesuch in Deutschland, bei dem er nicht müde wurde, die Disziplin unseres Wachbataillons zu rühmen.) Wie viele nachdenkliche Offiziere war er alles andere als kriegslüstern. Er wollte nur, dass Israel gerüstet war, um auf diese Weise einen neuen Krieg zu verhindern. Aus voller Überzeugung befürwortete er die Friedenspolitik des so genannten Oslo-Prozesses, und er scheint auch alles ihm Mögliche unternommen zu haben, um diese Politik und das Vertrauen in ihren Vollzug durch Israel in aller Welt zu popularisieren. Mich jedenfalls, den er schon beim Abschied nach meinem ersten Besuch in aller Öffentlichkeit als Freund bezeichnete, hat er jahrelang entweder selbst oder durch seinen Präsidialamtschef über jeden einschlägigen Schritt seiner Regierung unterrichtet und diese Schritte auch stets im Sinne der Regierung interpretiert. Es muss ihn darum besonders getroffen haben, dass die Anhänger eines kompromisslosen Kurses, die in seinen letzten Amtsjahren besonders virulent wurden, bei einer ihrer großen Demonstrationen ihm nicht einmal mehr zuhörten. Ich habe die Szene, bei der er im Gedränge fast zum Straucheln gebracht worden wäre, im Fernsehen gesehen und kann mir vorstellen, was er dabei empfunden hat.

Obwohl es mir schwerfällt, den Charakter anderer Menschen zu schildern, aus Angst, zu viel von ihnen preiszugeben, möchte ich über zwei Episoden berichten, die Ezer Weizman von ganz verschiedenen Seiten zeigen, die sich aber zu einem einheitlichen Bild ergänzen.

Die erste zeigt ihn mehr als den draufgängerischen Fliegeroffizier – wenn auch von einer höchst unerwarteten Seite. Bei einem meiner Besuche gab Weizman ein Bankett für mich und meine Delegation. Wir trafen uns in seinem Amtszimmer, das mit dem Bankettsaal durch einen schmalen Gang verbunden war. An den Wänden dieses Ganges hingen Fotografien. Vor einer hielt er inne und fragte mich, ob mir auf ihr etwas bekannt vorkomme. Ich warf einen Blick darauf und war verblüfft. Das Foto zeigte einen jungen Luftwaffenoffizier, der leicht als der jugendliche Ezer Weizman auszumachen war. Das Flugzeug, vor dem er stand, stellte mich aber vor ein veritables Rätsel: Es war eine Me 109, »das« deutsche Jagdflugzeug des Zweiten Weltkriegs! Er löste das Rätsel mühelos auf: Er war in England zum Kampfflieger ausgebildet worden, an der Spitfire, wie er sagte, und die hielt er für das beste Jagdflugzeug jener Jahre. Als am 15. Mai 1948 der Staat Israel gegründet wurde, kehrte er in seine palästinensische Heimat zurück und stellte sich der jungen, aus nur wenigen Flugzeugen bestehenden Luftwaffe zur Verfügung. Auf eine Spitfire konnte er da freilich nicht rechnen, weil England als bisherige Schutzmacht Palästinas und als Gegner der Staatsgründung – wie viele andere Staaten auch – gegen Israel ein Waffenembargo verhängt hatte. Auch die UdSSR unterstützte den neuen Staat nicht mit Waffen. Aber sie ließ doch ein Türchen offen. Die Tschechoslowakei, die erst 1948 in den Ostblock geputscht worden war, durfte in beschränktem Umfang Flugzeuge nach Israel liefern, und deren Flugzeugproduktion, die während des Krieges in die deutsche Rüstungswirtschaft eingegliedert gewesen war, war drei Jahre nach Kriegsende immer noch auf deutsche Modelle festgelegt. Weizman hat mir seinen ersten Luftkampf dramatisch geschildert: Er war mit seiner Me109 unterwegs und sah sich plötzlich drei feindlichen Spitfires gegenüber, die zu einer der arabischen Armeen gehörten. Darauf war er seelisch nicht vorbereitet gewesen, und er war, wie er sagte, fast dabei, »vom Stuhl zu fallen«. Aber dann besann er sich – und er besann sich vor allem darauf, dass die Spitfire, so sehr er sie schätzte, doch auch einige Mängel hatte. »Und da habe ich zwei von den dreien gleich abgeschossen.«

In der zweiten Episode begegnete mir der nachdenkliche Ezer Weizman, der sich in der dreitausendjährigen Geschichte seines Volkes verwurzelt fühlte und für den diese Geschichte ein einziges großes Kontinuum war. Vor meinem Staatsbesuch in Israel war das Programm von den beiden Protokollabteilungen längst festgelegt und von mir auch gebilligt gewesen, als mir der Leiter meiner außenpolitischen Abteilung noch einen gravierenden Änderungswunsch Weizmans ankündigte und mir riet, darauf nicht mehr einzugehen. Ich tat das zunächst auch, aber dann hatte ich plötzlich Ezer Weizman selbst am Telefon, und wenn er anrief, ging es ihm um eine Herzenssache: Er schlug mir vor, einen Tag weniger in Jerusalem zu bleiben und stattdessen eine kleine, aufstrebende Stadt im Negev zu besuchen. Ich müsse unbedingt sehen, wie sich die Wüste in fruchtbares Land verwandle, das sei die Zukunft Israels, und er werde mich dorthin selbstverständlich begleiten. Das Angebot machte mich neugierig, und ich sagte trotz des Widerspruchs meiner Mitarbeiter zu. Ich habe es nicht bereut.

Wir flogen mit einem Militärhubschrauber in den Negev. Ezer Weizman stand neben mir an einem der Fenster und erklärte mir die Landschaft – und die Art, wie er das tat, werde ich nie in meinem Leben vergessen. »Sehen Sie, dort unten haben in den zwanziger Jahren bulgarische Juden zwei Kibbuzim gegründet. Und dort, rechts drüben, liegen die alten Philisterstädte, mit denen es unser Volk vor der Gründung des Königreichs zu tun hatte. Linkerhand müsste unser Kernforschungsinstitut sein, aber das liegt tiefer, das können wir jetzt nicht sehen. Aber dort unter uns muss David seinen Kleinkrieg gegen die Philister geführt haben. Und etwas weiter westlich verläuft die Straße nach Ägypten, auf der Ihr Josef mit seiner Frau Maria vor König Herodes geflüchtet sein soll.« Ich kann mich natürlich für den exakten Wortlaut nicht verbürgen, aber die angeführten Beispiele habe ich mit Sicherheit alle aus seinem Mund gehört. Ein dreitausendjähriges, historisches Kontinuum – und alles gehörte zur Geschichte seines Volkes!

Als wir die erwähnte kleine Stadt in der Wüste erreichten, waren wir wieder in der Gegenwart, und in was für einer Gegenwart! Die ganze Stadt mit ihren zwanzigtausend Einwohnern war auf den Beinen, denn ihr eigener Staatspräsident und vergleichbare Würdenträger kamen fast nie dorthin – und ein ausländischer Präsident schon gar nicht. Es spielte auch keine Rolle, dass ich Deutscher war. Die ältesten wie die jüngsten Einwohner, vom vierjährigen Kindergartenkind bis zum dreiundachtzigjährigen Rabbi, schwenkten Fähnchen, solche mit dem Davidstern und schwarz-rot-goldene. Jetzt begriff ich auch: Ich war in Weizmans politischer Heimat, er hatte mich gewissermaßen in seinen Wahlkreis gelockt.

Aber natürlich verfolgte er damit zugleich eine längerfristige politische Absicht. Beim Abschluss des Friedensvertrags zwischen Ägypten und Israel habe sein Land die Verpflichtung zur Freigabe der Sinai-Halbinsel übernehmen müssen. Infolgedessen sei es notwendig geworden, die im Sinai lebenden israelischen Siedler zurückzuholen und an anderer Stelle anzusiedeln. Damals sei ihm klar geworden, dass sich Ähnliches auch auf der Westbank und im Gazastreifen wiederholen werde. Da sei er zu der Überzeugung gelangt, dass es dringend nötig sei, die Wüste Negev, in der es praktisch nur an Wasser fehle, fruchtbar zu machen, und die Bestrebungen dazu habe er jetzt seit zwanzig Jahren energisch unterstützt. Es war nicht sehr schwierig, von hier aus zu begreifen, warum König Hussein, Shimon Peres und Avi Primor bei ihrer Darstellung der Oslo-Abma-

chungen immer solches Gewicht auf die Möglichkeit einer Wasserpipeline legten. Die Palästina-Politik Europas sollte das jedenfalls
nie vergessen.

Das Volksfest in jener kleinen israelischen Stadt erinnerte mich
an eine entfernt vergleichbare Szene, die ich bei einem Besuch bei
der jüdischen Gemeinde in Paris erlebt habe. Dort traf ich mich mit
deren führenden Männern, und wir führten etwa eine Stunde lang
ein sehr ernstes Gespräch. Plötzlich meldete sich einer der Teilnehmer zu Wort und stellte mir eine Frage, die ich nie erwartet hätte. Er
fragte: »Herr Bundespräsident, glauben Sie denn, dass Deutsche und
Juden jemals wieder zusammen lachen können?« Ich entschied mich
in Sekundenschnelle für eine ehrliche, allerdings auch frontale Antwort: »Ja, das glaube ich sehr wohl. Aber Sie müssen damit anfangen.« Um es kurz zu machen – wir *haben* an diesem Vormittag damit
angefangen. Es wurde noch eine fröhliche Unterhaltung, die zudem
in aller Offenheit geführt wurde.

Akteure des Oslo-Prozesses

Nachrichten über die Verhandlungen in Oslo, die eine friedliche
Neuordnung Palästinas zum Ziel hatten, sind meines Wissens erst an
die internationale Öffentlichkeit gedrungen, als die Gespräche bereits weitgehend abgeschlossen waren; mich jedenfalls haben sie keinen Tag früher erreicht. Als ich dann davon hörte, rief ich den israelischen Botschafter Avi Primor an und bat ihn um einen Besuch. Er
erschien unverzüglich in Bonn in der Villa Hammerschmidt, wo ich
mich damals aufhielt, und informierte mich, selbst noch immer verblüfft und voller Hoffnung. Unsere Köpfe schwirrten förmlich von
Plänen für die Zukunft eines befriedeten, kooperativen Palästina,
und schon in diesem Gespräch tauchte der Plan einer von Israel und
Jordanien betriebenen, direkt auf der gemeinsamen Grenze verlau-
fenden Wasserpipeline zwischen dem Golf von Akaba und dem Toten Meer auf, die absolut nötig sei und zudem ein Signal für die
gesamte Region werden könne. Ich fand ein solches Unternehmen
höchst attraktiv; freilich habe ich, wie ich noch genau weiß, schon

an diesem Tag auch daran gedacht, wie leicht eine solche Leitung durch Attentäter in die Luft gejagt werden kann. Ich brachte es aber nicht übers Herz, das sogleich deutlich auszusprechen.

In den folgenden Tagen meldeten sich König Hussein von Jordanien und Shimon Peres bei mir mit der Bitte um Termine, die sie natürlich sofort erhielten. Sie bereisten offenbar eine ganze Reihe von Staaten, um die dortigen Regierungen über Details der beabsichtigten Palästina-Politik zu unterrichten, und Deutschland war natürlich einer ihrer wichtigsten Gesprächspartner. Noch heute ist mir in plastischer Erinnerung, wie hoffnungsvoll, ja enthusiastisch sie beide waren. Als ob sie sich an eine vereinbarte Sprachregelung hielten, verwendeten sie fast die gleichen Formulierungen und Bilder, und die Pipeline zwischen dem Toten Meer und dem Golf von Akaba kehrte ebenfalls in beiden Darstellungen wieder. Aus der Hoffnung von damals ist inzwischen auch bei den Optimisten, die die Sache noch nicht verlorengeben wollen, tiefe Skepsis geworden. Ich kann aber bezeugen, dass die Männer, die in Oslo Türen aufstoßen wollten, weder Träumer noch Utopisten waren, sondern Visionäre im besten Sinne des Wortes, und wenn ich sehe, wie Shimon Peres in einem Alter, in dem andere längst zurückgezogen leben, immer noch jede Gelegenheit zu einer Friedenspolitik im Nahen Osten ergreift, dann muss ich diesen Mann ganz einfach bewundern.

Als besonders liebenswert habe ich den 1999 verstorbenen König Hussein von Jordanien in Erinnerung. Wie oft ich ihn getroffen habe, kann ich beim besten Willen nicht sagen; denn er hatte eine besondere Vorliebe für das Hotel auf dem Petersberg über Bonn gefasst. So oft er in Europa war und einen Abstecher nach Bonn einrichten konnte, suchte er das Hotel auf, um dort wenigstens eine Nacht zuzubringen, und wenn ich zur gleichen Zeit in Bonn war, trafen wir uns zu einem Gedankenaustausch. Dadurch habe ich ihn besser kennengelernt als viele andere Staatsoberhäupter, und als ihm 1998 in Baden-Baden der Deutsche Medienpreis verliehen wurde, habe ich die Laudatio auf ihn gehalten. (Damals waren übrigens alle noch lebenden Akteure des Oslo-Prozesses in Brenner's Parkhotel versammelt: König Hussein mit seiner Gemahlin, Königin

Nur, Shimon Peres und Yassir Arafat, von deutscher Seite außer mir noch Bundesaußenminister Klaus Kinkel.)

Menschlich war er außerordentlich liebenswürdig, ja warmherzig, und zwar, soweit ich es beurteilen kann, auch gegenüber einfachen Leuten, wie das folgende Beispiel zeigt: Ein Kommandeur unseres Wachbataillons erzählte mir einmal, dass Hussein bei den Soldaten seines Bataillons besonders beliebt sei, weil er beim Abschreiten der Ehrenformation jedem einzelnen Soldaten in die Augen schaue. Politisch wusste er aber stets ziemlich genau, was er wollte und was er mit den schwachen Kräften seines kleinen Staates ausrichten konnte. Dabei halfen ihm eine wache Intelligenz, vor allem aber eine jahrzehntelange Erfahrung als der verantwortliche Mann seines Staates – und es gab wohl kaum etwas, was er in diesen Jahrzehnten nicht erlebt und erfahren hätte. Ich habe mich auf weitere Kontakte nach dem Ende meiner Amtszeit gefreut. Aber daraus ist nichts mehr geworden. Er ist viel zu früh gestorben.

Der Staatsbesuch Ezer Weizmans

Im Januar 1996 stattete Ezer Weizman der Bundesrepublik Deutschland einen förmlichen Staatsbesuch ab, den wir lange ins Auge gefasst hatten und der, meist wegen innenpolitischer Krisen in Israel, schon einige Male verschoben worden war. Das herausragendste Ereignis des Besuchs war Weizmans Rede vor dem Bundestag am 16. Januar, die mich in manchen ihrer historischen Reminiszenzen an unseren gemeinsamen Flug in die Negev-Wüste erinnerte. Er sprach von Erinnerung und Gegenwart. Er zeichnete die Geschichte des Judentums, die Geschichte des Exils und der unsteten Wanderung nach und umriss die Hoffnungen, die mit dem in Gang gekommenen Friedensprozess mit den Palästinensern verknüpft waren: »Mit dem Rucksack der Erinnerungen auf meinen Schultern und dem Stab meiner Hoffnung in den Händen trete ich auf die große Kreuzung der Zeitläufe am Ende des 20. Jahrhunderts«, sagte er in seiner Ansprache, die naturgemäß nur das anregen konnte, was zwischen Deutschland und Israel noch auf lange Zeit nötig sein wird: immer wieder den Spagat zwischen dem schwierigen Verhältnis der Völker und der schon fast traditionellen Freundschaft der Staaten zu vollziehen.

Während dieses Staatsbesuchs sorgten zwei Ereignisse für Überraschung meinerseits. Das erste war unser gemeinsamer Besuch im KZ Sachsenhausen bei Berlin. Ich selbst war aufs Äußerste angespannt, weil ich ja nicht wissen konnte, wie die Reaktionen meines Gastes sein würden. Soweit ich es beurteilen kann, zeigte er aber überhaupt keine Reaktionen, sondern zwang sich zu absoluter Selbstbeherrschung; während des gesamten Besuchs hat er keine zehn Sätze gesprochen, und auch danach sprach er kaum. Ich weiß nicht, ob das seine Art war, mit Trauer, Entsetzen und Wut fertig zu werden. Es ist auch durchaus möglich, dass er sich nur mit Rücksicht auf die protokollarische Höflichkeit so zusammennahm. Wie auch immer – ich habe diese Stunde nicht vergessen, und auch nicht, mit welcher Disziplin er sie durchgestanden hat.

Das zweite war unser Besuch in der ehemaligen NS-Strafanstalt Plötzensee, der Gedenkstätte für die Frauen und Männer des deutschen Widerstands. Bei den Verhandlungen über Weizmans Besuchsprogramm hatte ich Weisung gegeben, ihm jeden Wunsch zu erfüllen, auf einem Besuch in Plötzensee aber unter allen Umständen zu bestehen. Besondere Standfestigkeit in dieser Frage war dann aber gar nicht nötig gewesen; die israelische Seite ging auf unseren Vorschlag ohne weiteres ein.

Von der Hinrichtungsstätte war Weizman sichtlich beeindruckt, vor allem von den Fleischerhaken, an denen die Widerstandskämpfer nach Unrechtsurteilen der NS-Justiz aufgehängt worden waren. Erschütterung offen zu zeigen war nicht die Sache des alten Soldaten. Aber er wandte sich plötzlich zu mir und sagte leise: »Das ist fast schlimmer als in Sachsenhausen.« Da war ich nicht ganz seiner Meinung, aber wahrscheinlich war der Komparativ nur eine Folge des Umstands, dass in Sachsenhausen die Scheußlichkeit der NS-Verbrechen längst nicht so direkt dargestellt werden konnte wie in Plötzensee. Über dieses Thema haben wir uns aber nicht mehr unterhalten.

In den Dokumentationsräumen der Gedenkstätte trafen wir auf die letzten Überlebenden des 20. Juli 1944, die ich dorthin eingela-

Bundespräsident Roman Herzog empfängt den israelischen Staatspräsidenten Ezer Weizman auf dem Flughafen Berlin-Tegel mit militärischen Ehren.

den hatte, unter ihnen Eberhard Bethge. Mit ihnen führten wir ein etwa einstündiges Gespräch, in dem das Ehepaar Weizman unermüdlich Fragen stellte und geduldig die Antworten anhörte. Besonders eindrucksvoll war, dass unsere Gesprächspartner, die alle nur knapp der Hinrichtung durch die Gestapo entgangen waren, wiederholt mit Nachdruck darauf hinwiesen, sie hätten während der folgenden Monate nur überleben können, weil sie von unbeteiligten Personen versteckt und immer wieder von Unterkunft zu Unterkunft weitergereicht worden seien. Am Ende seien es Hunderte, wenn nicht Tausende gewesen, die für sie Leben, Freiheit und Gesundheit aufs Spiel gesetzt hätten.

Vor allem Reuma Weizman war von diesem Gespräch tief bewegt. Sie bat ihren Mann um die Erlaubnis, sich ins Gespräch mischen zu dürfen, und sagte dann in aller Offenheit, dass sie vom deutschen Widerstand noch nie etwas gehört habe und sich für die Berichte der letzten Übriggebliebenen besonders bedanken wolle. Während des anschließenden gemeinsamen Flugs nach Bonn hatte sie mit den uns begleitenden Journalisten kein anderes Gesprächsthema mehr, und sie schied letztlich viel deutschlandfreundlicher, als sie gekommen war. Ihr Herz sei, so sagte sie, bei ihrer Ankunft vereist gewesen, jetzt aber sei das Eis gebrochen.

Auf dem Weg zur King-Hussein-Bridge

Mein letzter Besuch im Nahen Osten fand im November 1998 statt. Das war eine Zeit, in der sich die Situation dort wieder einmal besonders zugespitzt hatte. Premierminister Israels war damals der knallharte Benjamin Netanjahu, und auf der Seite der Palästinenser hatte Yassir Arafat um sein Ansehen und seine Durchsetzungsfähigkeit zu kämpfen – wie so oft. Obwohl er in jener Phase eher zu den Ruhigen und Besonnenen zu rechnen war, hatte er gerade vor meinem Abflug aus Deutschland in einer Ansprache vor seinen Anhängern den Israelis mit unüberbietbarer Deutlichkeit eine bewaffnete Auseinandersetzung angedroht.

Was nun kam, hat Ignatz Bubis, der Vorsitzende des Zentralrats der Juden in Deutschland, folgendermaßen geschildert: »Gerade während des Besuchs in Israel im November 1998 und nach einem Vier-Augen-Gespräch mit dem israelischen Ministerpräsidenten Netanjahu kam es noch am selben Tag zu einer Unterredung mit Arafat in Jericho. Zu diesem Zeitpunkt gab es sowohl von israelischer als auch von palästinensischer Seite scharfe Erklärungen, die zu einer Explosion hätten führen können. Es war der Bundespräsident, dem es an diesem Tag in den beiden Gesprächen, ohne ein Blatt vor den Mund zu nehmen, gelungen war, mäßigend auf beide Seiten einzuwirken, was zu einer Entspannung geführt hat. Von der israelischen Presse wurde es auch am nächsten Tag entsprechend gewürdigt.«[46]

Diese Darstellung bedarf doch einer Ergänzung, weil sonst meine Verdienste in einem unverdient hellen Licht erstrahlen. Die Situation, in der mein Besuch stattfand, wird von Bubis absolut richtig wiedergegeben; auch Ezer Weizman, mit dem ich am Tag meines Eintreffens noch zu Abend speiste, sah sie so und schilderte sie mir in drastischen Worten. Ob ich auf Netanjahu, mit dem ich am nächsten Morgen zusammentraf, irgendeinen Einfluss ausgeübt habe, weiß ich aber nicht. Gewiss habe ich die Position des Friedens und der Entspannung auch ihm gegenüber mit aller Deutlichkeit vertreten. Ich hatte aber eher den Eindruck, dass er noch so wohlgemeinte Ratschläge aus europäischem Munde ziemlich leid war; jedenfalls gab er mehrfach zu erkennen, dass er von Leuten, die nicht selbst in der Situation Israels leben müssten, nicht gern Ratschläge entgegennehme. Mich selbst hat er zwar offenbar nicht in diesen Personenkreis einbezogen, aber er verfügte über einen wirklich außergewöhnlichen Charme, den er immer dann in die Waagschale warf, wenn das Gespräch eine ihm nicht ganz so angenehme Wendung zu nehmen schien, und das geschah mehrfach während unserer Unterredung. Seine Kritik richtete sich besonders gegen jene Ratgeber, die nicht nur auf einen Palästinenserstaat, sondern auch noch auf dessen Souveränität drängten. Er werde jedenfalls nicht zulassen, dass auf dem Gebiet dieses Staates unter Berufung auf dessen Souveränität Raketen gegen Israel aufgestellt werden dürften. Da musste ich ihm allerdings beipflichten. Ob eine Vertragsklausel, die das verbietet, eine Beschränkung der Souveränität wäre, ist allerdings eine Rechtsfrage, die ich mit ihm nicht erörtern wollte.

Nach dem Gespräch mit Netanjahu flog ich nach Jericho, um Yassir Arafat zu treffen. Nach einer kurzen militärischen Begrüßungszeremonie wurde ich in sein Arbeitszimmer geführt, und dort erwartete mich eine Überraschung. Kaum hatten wir uns begrüßt, da kam Arafat (dessen blaue Augen mich übrigens sofort faszinierten), ohne jedes Zögern auf seine letzten Äußerungen zu sprechen. Er habe das mit der Waffengewalt gar nicht so gemeint – dass er es nicht so *gesagt* habe, behauptete er allerdings nicht! – und die Sache sei ihm furchtbar peinlich. Ob ich ihm denn keinen Ausweg zeigen könne? Ich überlegte kurz, kam aber rasch zu dem Ergebnis, dass es unter den obwaltenden Umständen keinen Sinn machte, sich auf eine Fehlinterpretation durch die Medien oder ein sonstiges Missverständnis hinauszureden. Also riet ich ihm, zu Beginn unserer ohnehin angesetzten Pressekonferenz nochmals den Verzicht auf bewaffnete Auseinandersetzungen zu erklären und Fragen, die sich auf seine letzten Äußerungen bezögen, einfach nicht zu beantworten. So geschah es denn auch. Kritische Fragen blieben sogar weitgehend aus, wohl weil die neuerliche Erklärung ohnehin schon Sensation genug war und sogleich in die Welt gemeldet werden musste. Im Übrigen gaben wir bereitwillig Auskunft über unsere sonstigen Gesprächspunkte, die sich durchaus im damals üblichen Rahmen hielten. Erst bei einem Gespräch mit deutschen Journalisten, das einige Stunden später stattfand, fragte mich Ulrich Sahm, wie mein Einfluss auf Arafats Erklärung denn zustande gekommen sei – ob ich eher als Ratgeber oder eher als Katalysator gewirkt hätte. Ich sagte »als Katalysator« und habe damit wohl das Richtige getroffen. Insoweit muss ich also auch Ignatz Bubis berichtigen. Aber für vierundzwanzig Stunden war ich im Nahen Osten doch ein großer Mann.

Nach dem Treffen mit Arafat, den ich übrigens als liebenswürdigen und aufgeschlossenen Gesprächspartner kennengelernt habe, wurden meine Frau und ich an den Jordan gebracht, zur weltbekannten King-Hussein-Brücke, die israelisches und jordanisches Staatsgebiet miteinander verbindet, lange Zeit für jeglichen Verkehr gesperrt gewesen war und meines Wissens von mir als erstem europäischem Staatsmann überquert werden durfte. Ich muss zugeben, dass das für mich ein großes Erlebnis war. Jericho und die Jordanfurt von Gilgal haben in der Geschichte Palästinas jahrtausendelang eine zentrale Rolle gespielt, waren immer Grenze und Verbindungsader gleichzeitig, und ich sollte nun, durchaus in politischem Kontext, diese Verbindungsader entlanggehen und zugleich die Grenze überschreiten. Diesen Weg bin ich sehr bewusst, sehr nachdenklich und auch entsprechend würdevoll gegangen.

Auf der anderen Seite des Jordans empfing uns nicht, wie es eigentlich protokollarisch richtig gewesen wäre, der Freund König Hussein. Er war damals schon schwer krank und hielt sich in einer amerikanischen Klinik auf. Ihn vertrat sein Bruder, Kronprinz Hassan, den ich noch nicht kannte, mit dem ich mich aber bald bestens verstehen sollte. Hassan begrüßte uns herzlich und fragte mich dann, ob ich den Weg nach Amman lieber mit dem Konvoi des Protokolls zurücklegen oder allein mit ihm in seinem Lieblingsjeep vorausfahren wollte. Ich entschied mich natürlich für den Jeep, den er selbst steuerte und mit dem wir, ohne jede Begleitung, der übrigen Wagenkolonne einfach davonfuhren. Das gab uns Gelegenheit, ein-

ander kennenzulernen und erste, von keinem Protokoll kontrollierte
Gedanken auszutauschen. Ich lernte in Hassan wieder einmal einen
Visionär kennen, dem es gegeben war, große weltpolitische Zusammenhänge zu sehen, seien es die ökologischen Probleme der
Menschheit, die er selbst als Mitglied des Club of Rome studiert
hatte, oder die religiösen, philosophischen und politischen Probleme, für die ich den Begriff »Regionalisierung der Welt« zu verwenden pflege. Wir hatten und haben uns immer noch viel zu sagen
und halten einen – wenn auch losen – Kontakt bis heute aufrecht.

Den Abend verbrachten wir im Haus des Kronprinzen in an-
regender Gesellschaft und mit nicht weniger anregenden Themen,
worüber der katholische Theologe und Publizist Hans Küng, der dabei war, berichtet hat.[47] Vorher aber traf ich mich noch mit dem damaligen jordanischen Kabinett. Hassan gab dabei noch einmal einen
Überblick über die Probleme der Welt, so wie er sie sah. Weniger als
ich scheint er allerdings begriffen zu haben, dass eine Regierung vorrangig konkrete Probleme ihrer Zeit lösen muss – seine Minister haben ihn, wie an ihren Gesichtern abzulesen war, eindeutig nicht so
gut verstanden wie ich.

Unter diesem Gesichtspunkt wurde der nächste Tag interessant.
In meiner Umgebung kursierten schon seit einiger Zeit Vermutungen, dass Kronprinz Hassan nach dem Ableben seines Bruders Probleme mit den politischen Kräften Jordaniens bekommen werde und
dass daraus neue Schwierigkeiten für den Nahen Osten entstehen
könnten. Der älteste Sohn Husseins, Prinz Abdullah, wurde daher
schon zu dieser Zeit als der wahrscheinlichere Nachfolger gehandelt. Ich selbst habe mich an solchen Spekulationen nicht beteiligt,
zumal ich die Betroffenen ja noch gar nicht kannte. Bei dem Zusammentreffen mit dem Kabinett begann ich allerdings zu ahnen, dass
solche Unkenrufe nicht ganz unbegründet sein könnten, und ich beschloss, in jedem Fall dem Prinzen Abdullah besondere Aufmerksamkeit zu widmen.

Der Tag begann damit, dass der Kronprinz und ich, wieder im
Jeep und dem Konvoi voraus, in den Norden des Landes fuhren, wo
ich eine Wasserstation eröffnen sollte, die dort mit deutscher Hilfe
gebaut worden war. Die Gespräche, die während der Fahrt geführt

wurden, bestärkten mich in dem Eindruck, dass Hassan ein umfassend gebildeter und weit in die Zukunft schauender Politiker war, den mancher von den anderen Akteuren sich als Vorbild nehmen könnte.

Die Rückfahrt nach Amman legte ich nur zum Teil in seinem Jeep zurück. Ich hatte nämlich noch die Freude, die Jordan University for Science and Technology in Irbid zu besuchen und dort eine Ehrendoktorwürde entgegenzunehmen. Hassan dagegen hatte Termine in Amman und beschränkte sich vereinbarungsgemäß darauf, mich bis zur Universität zu bringen und sich dann zu verabschieden. Ich habe ihn erst im Frühjahr 2000 wiedergesehen, als mir die Evangelische Akademie Tutzing ihren neu geschaffenen »Toleranz-Preis« verlieh und Hassan aus diesem Anlass die Laudatio auf mich hielt.

Von den Feierlichkeiten aus Anlass meiner Ehrenpromotion ist nichts Besonderes zu berichten. Wichtig ist aber, dass sich an die Zeremonie ein großes Festessen anschloss und dass Prinz Abdullah, für den ich mich so sehr interessierte, dabei die Rolle des Gastgebers übernahm. Wir saßen Seite an Seite, unterhielten uns fast ausschließlich miteinander und konnten uns also zwei Stunden lang nach allen Regeln der Kunst beschnuppern. Ich erkannte in ihm einen durch und durch versierten Politiker, der die Probleme der Region offenbar seit Jahren mit wachen Augen beobachtet hatte und der alle Voraussetzungen für die ausgleichende, ja lavierende Politik mitbrachte, zu der das kleine, rohstoffarme Jordanien in seiner geografischen Lage verurteilt ist. Eine solche Politik – das kam ebenfalls zum Ausdruck – konnte er sich auch leisten, weil ihm jeder von vornherein, neben allen anderen Fähigkeiten, den machtpolitischen Rückhalt im Lande zutrauen musste. Zu der Zeit, als ich ihn traf, war er Drei-Sterne-General der jordanischen Armee, und zwar nicht ehrenhalber in seiner Funktion als Prinz, sondern er war ein sorgfältig ausgebildeter, »gelernter« Truppenführer. Das konnte bedeuten (und das hat sich mittlerweile auch bestätigt), dass er zum einen wie sein Vater eine maßvolle, friedensorientierte Politik aus einer Position der Stärke betreiben konnte (was gerade im Nahen Osten entscheidend sein kann) und zum anderen bei innerjordanischen Auseinandersetzungen stets auf die Loyalität der Armee vertrauen konnte, die sich immer noch weitgehend aus absolut königstreuen Beduinen rekrutiert. Dass seine Frau, die heutige Königin Rania, aus einer palästinensischen Familie stammt, ist ein weiterer Vorteil für ihn.

Abdullah und ich haben uns auf Anhieb bestens verstanden. Das hat sich auch bei weiteren, allerdings stets nur kurzen Zusammenkünften bestätigt. So sehr ich Prinz Hassan immer noch schätze, bin ich doch sicher, dass die Nachfolgeregelung, für die sich König Hussein letztlich entschied, die glücklichere Lösung war. Die ersten, teilweise sehr schwierigen Jahre seiner Regierung hat König Abdullah II. jedenfalls grandios überstanden.

Wie die Entscheidung Husseins gegen seinen Bruder und für seinen ältesten Sohn zustande gekommen ist, weiß ich allerdings nicht. Bekanntlich ist er in seinen letzten Lebenswochen, von der Krankheit schon schwer gezeichnet, noch einmal aus Amerika zurückgekommen und hat die Thronfolgeregelung, die jahrzehntelang gegolten hatte, binnen weniger Stunden umgeworfen. In welcher Form das geschehen ist, ist mir nicht bekannt – auch Entscheidungen, die nach außen ziemlich abrupt aussehen, können intern durchaus verständnis- und rücksichtsvoll getroffen werden, und ich vermute fast, dass König Hussein es so gehandhabt hat. Andernfalls hätte ihn die Krankheit in seinem Wesen doch sehr verändert. Prinz Hassan habe ich, wie gesagt, seither nur ein einziges Mal gesprochen. Dabei habe ich nicht feststellen können, dass er sich über den toten König anders als früher geäußert hätte.

Apropos: Armut und Würde

Über meinen Staatsbesuch in Äthiopien gäbe es viel zu berichten. Ich will es aber bei zwei Episoden belassen, die mich besonders bewegt haben.

Im Rahmen dieses Besuchs musste ich auch ein Lager besichtigen, das die Vereinten Nationen für Flüchtlinge errichtet hatten, die, aus welchem Grunde auch immer, nach Äthiopien gekommen waren. In den Zeitungen der Welt ist viel – und zu Recht – über das Elend geschrieben worden, das in solchen Lagern herrscht. Die ganze Tragik dieser Menschen wird aber erst klar, wenn man weiß, dass die UN oft Mühe haben, sie nach dem Ende des Krieges oder der Terrorherrschaft, denen sie entflohen sind, zur Rückkehr in ihre Heimat zu veranlassen – weil es ihnen im Lager immer noch besser geht als in ihrer Heimat.

Dass das nicht nur die Flüchtlinge selbst, sondern auch die Menschen in der Umgebung des Lagers betreffen kann, ist mir dort bewusst geworden. Das Lager, das ich besuchte, verfügte über zwei Lazarettzelte, in denen Kranke und Verletzte Aufnahme fanden. In meinem Leben habe ich viel Elend gesehen und auch gelernt, seinen Anblick zu ertragen. Die Verhältnisse in jenen Zelten waren aber so grässlich, dass ich sie nicht ertrug. Ich habe zwar versucht, einigermaßen die Fassung zu bewahren, aber ich gebe zu, dass ich den Rückzug so schnell angetreten habe, wie es nur möglich war.

Vor dem Zelt standen ein paar Äthiopier und redeten auf mich ein, ruhig und höflich, aber, wie ich spürte, doch sehr leidenschaftlich. Natürlich verstand ich sie nicht. Der Dolmetscher, der mich begleitete, erklärte mir jedoch ihr Anliegen. Sie waren die Ältesten aus einigen umliegenden Dörfern und baten ebenfalls um solche Lazarettstationen! »Sie möchten auch so etwas Schönes«, übersetzte er.

Die andere Episode ereignete sich in der gleichen Region. Ich sollte irgendwo einen Brunnen in Gang setzen, den die Bundesrepublik Deutschland – selbstverständlich in zahlreichen Exemplaren – äthiopischen Dörfern geschenkt hatte. Der Weg dorthin betrug sieben oder acht Kilometer, und die Beamten, die das Gebiet bei einer »Vorausreise« abgefahren hatten, bereiteten mich auf eine schwierige Fahrt vor. Der Weg, den wir zu nehmen hätten, sei im Gelände kaum mehr zu erkennen, in langen Jahren ausgefahren und bestünde eigentlich nur noch aus einer Aneinanderreihung von Löchern.

Nichts von alledem war dann aber wirklich der Fall. Natürlich war keine Asphaltstraße aus dem alten Weg geworden. Als Lehmstraße war er aber in bester Ordnung, die Löcher waren verschwunden und die Ränder sauber befestigt.

Wir haben sehr schnell herausgefunden, worauf das zurückzuführen war. Die Vorsteher (oder Ältesten) der an der Straße liegenden Dörfer hatten aufgrund der »Vorausreise« erfahren, dass irgendein ausländisches Staatsoberhaupt in ihre Gegend kommen würde. Da hatten sie sich zusammengesetzt, beraten und schließlich entschieden, es zieme sich nicht, einen solchen Gast über einen so miserablen Weg fahren zu lassen. Also hatten sie ihre Gemeindemitglieder zur gemeinsamen Ausbesserung aufgerufen, und diese hatten dem Aufruf Folge geleistet und die Straße aus eigenem Antrieb ausgebessert – so gut es ihnen eben möglich war. Ich habe es wirklich so verstanden und sage ohne jede Ironie: Sie haben ihre Würde vor dem fremden Gast gewahrt.

In Deutschland hätte man ganz anders gehandelt: Man hätte die Presse herbeigeholt, und diese hätte nach dem Staat gerufen!

China

Li Peng und Jiang Zemin in Deutschland

Eine Kostprobe von den Problemen Chinas in Geschichte und Gegenwart bekam ich schon in meinem ersten Gespräch als Bundespräsident mit einem hohen chinesischen Würdenträger. In den ersten Tagen meiner Amtszeit im Jahre 1994 besuchte mich der damalige chinesische Ministerpräsident Li Peng, der besonders in Menschenrechtsfragen als Hardliner galt. Trotzdem war er für uns sehr wichtig, weil er nicht nur Premierminister der Volksrepublik China war, sondern auch zu jenen sieben Personen gehörte, die die Kommunistische Partei Chinas und damit das gesamte dortige System steuerten. Die Gespräche zwischen mir und ihm waren stets von beiden Seiten sehr offen, man könnte auch sagen, wir hätten uns gegenseitig nicht sehr viel geschenkt. Als ich ihn auf die Frage der Menschenrechte ansprach (was er wohl als unfreundlichen Akt betrachtete), gab er darauf nicht nur die seinerzeit üblichen Antworten, sondern er brachte auch ein Argument vor, das mir sehr zu denken gab und das ich bis heute stets ernst genommen habe. Wie es um die Menschenrechte bestellt sei, sagte er, könne man unter anderem daran erkennen, dass ihm die Amerikaner jüngst empfohlen hätten, in China doch endlich die Freizügigkeit, das heißt die Reise- und Niederlassungsfreiheit, zu gewähren. Wenn er das täte, ergäbe sich für China daraus aber folgende Situation: Da es neben ungemein reichen und fortschrittsträchtigen Küstenprovinzen außerordentlich arme Binnenlandprovinzen gebe, würden sich viele Menschen sofort auf den Weg an die Küste machen, um an der dortigen Prosperität teilzuhaben. Wenn ich den Dolmetschern trauen darf, sagte er dann wörtlich: »Wenn ich Glück habe, setzen sich hundert Millionen Menschen in Bewegung, wenn ich Pech habe, sind es zweihundertfünfzig Millionen.« Die würden sich um die großen Städte herum in Slums niederlassen. »Und ist das vielleicht kein Verstoß gegen die Menschenrechte?« Ich habe natürlich sofort darauf hingewiesen, dass sich daraus keine Rechtfertigung für Folter und Umerziehungslager herleiten lässt. Die Richtigkeit seiner Argumentation in Sachen Freizügigkeit konnte ich ihm aber nicht bestreiten. Seitdem habe ich dieses Argument wiederholt selbst verwendet.

Gelernt habe ich aus diesem Gespräch zweierlei: Zum einen erweist sich auch in der politischen Praxis die unterschiedliche Betonung der einzelnen Menschenrechte durchaus als sinnvoll – selbst das Grundgesetz, das die Rechte des Menschen bewusst ganz groß auf seine Fahne geschrieben hat, unterscheidet ausdrücklich zwischen Menschenrechten (Art. 1 Abs. 2 GG) und Grundrechten (Art. 1 Abs. 3 GG). Zum anderen aber lag der Argumentation Li Pengs die Sorge um eine Sollbruchstelle im großen chinesischen Reich zugrunde – der Bruch zwischen den Küsten- und den Binnenlandprovinzen.

Inzwischen zeichnete sich für mich mehr und mehr ab, dass es noch während meiner Amtszeit zu einem Staatsbesuch in China kommen würde. Li Peng hatte zwar noch keine Einladung ausgesprochen, doch kurz nach seinem Besuch kam mein Vorgänger Richard von Weizsäcker von einer Chinareise zurück und überbrachte mir eine mündliche Einladung des Staatspräsidenten Jiang Zemin. Diese Einladung wollte ich unbedingt annehmen – sowohl wegen der absehbaren und wachsenden Bedeutung Chinas als auch – offen zugegeben – weil ich das Land, in dem ich noch nie gewesen war, unbedingt kennenlernen wollte.

Zunächst stand allerdings noch der Besuch Jiang Zemins in Deutschland an, der im Juli 1995 stattfand. Jiang Zemin ist zwar konservativ, aber nicht so radikal wie sein Rivale Li Peng. Wenn es um chinesische Grundüberzeugungen und Interessen geht, verfolgt selbstverständlich auch er seine Linie mit aller Entschiedenheit. Sonst aber ist er viel flexibler als die so genannten Hardliner. Er hat das Kriegsrecht aufgehoben, die Versöhnung mit den Studenten in Gang gebracht und neben der wirtschaftlichen auch eine ideologische und politische Reform vorangetrieben. In der Form gibt er sich aufgeschlossen und humorvoll, und vor allem ist er im Gespräch für offene, unkonventionelle Worte zugänglich – seine Antworten fallen dann allerdings ebenso aus. Da er gut Englisch spricht, sind mit ihm auch Unterhaltungen ohne Dolmetscher möglich. Viele meiner Gespräche mit ihm fanden folglich unter vier Augen statt. Dass ich diese Unterredungen vertraulich behandle, versteht sich von selbst.

Aus den Unterhaltungen, die im Kreis der beiderseitigen Delegationen stattfanden, ist mir – zu meiner Überraschung – klar geworden, wie skeptisch die chinesische Führungsschicht noch heute gegenüber westlichen Völkern ist, weil diese China im 19. und beginnenden 20. Jahrhundert nicht nur sehr arrogant behandelt, sondern auch auf teils hinterhältige, teils gewalttätige Weise übervorteilt, ja ausgeraubt haben. In seinem Eingangsstatement setzte sich Jiang Zemin massiv mit diesem Teil der gemeinsamen Geschichte auseinander. Allerdings waren die durchaus nicht unberechtigten Vorwürfe ausschließlich gegen England, Frankreich, Russland und die USA gerichtet (die sich in dieser Beziehung besonders hervorgetan hatten), nicht gegen Deutschland.

An diese Einführung schloss sich ein Meinungsaustausch an, der zwischen anderen Staatsoberhäuptern auf diese Weise wohl nicht möglich gewesen wäre. Ich hörte mir die Klagen über Chinas Behandlung in der Geschichte an, gab dann aber Zeichen von Ungeduld von mir und versuchte, das Thema mit einem großen (und richtigen) Kompliment vom Tisch zu räumen. Für mich bestehe gar kein Zweifel, dass die Europäer und Amerikaner China in der Vergangenheit miserabel behandelt hätten, nur verstünde ich nicht, warum er darüber heute noch so klage. Heute sei China doch eine allseits respektierte, sogar gefürchtete Großmacht, befinde sich auf dem Weg zur Supermacht und werde dieses Ziel wohl zu unseren Lebzeiten noch erreichen. Es war nur ein Experiment, aber das war genau die Art, durch die ein solches Kompliment »ankam«, und es war wohl auch der Ton, in dem mein Gesprächspartner sich ebenso gern unterhielt wie ich.

Jedenfalls war das Eis gebrochen. Das wurde wenige Minuten später deutlich. Ich wies nämlich darauf hin, dass an den Demütigungen Chinas im 19. und 20. Jahrhundert nicht nur die USA, Russland, England und Frankreich beteiligt gewesen seien, sondern einmal auch Deutschland. Das Kaiserreich hatte nämlich als Rache für die Toten des so genannten Boxeraufstands im Jahre 1900 ein Expeditionskorps unter dem Oberbefehl von Feldmarschall Alfred Graf von Waldersee entsandt. (Die Bezeichnung »Boxeraufstand« ist übrigens irreführend; sie charakterisiert eine besatzerfeindliche chinesische Bewegung »in Rechtschaffenheit vereinigter Faustkämpfer«.) Jiang Zemin nahm diese Korrektur seiner Darstellung lächelnd zur Kenntnis und sagte dann, es gebe in China folgendes Sprichwort: »*Einen* Fehler verzeiht man dem Freund.« Das war eine Basis, auf die man bauen konnte.

Diskussionen über die Einhaltung der Menschenrechte wurden während dieses Staatsbesuchs überwiegend unter vier Augen geführt, was mich zur Verschwiegenheit verpflichtet. Nur ein konkreter Fall wurde im Plenum der beiden Delegationen erörtert und nahm eine so seltsame Wendung, dass er mir mitteilenswert erscheint. Im Jahre 1995 beschäftigte der Fall des Dissidenten Wei Jingsheng, wegen seines Einsatzes für Demokratie und Bürgerrechte in China »der Verschwörung zum Sturz der Regierung« für schuldig befunden und zu vierzehn Jahren Haft verurteilt, die gesamte Weltpresse und viele Regierungen. Ich hatte selbstverständlich vor, auch ihn im kleineren Kreise zur Sprache zu bringen. Jiang Zemin erwähnte ihn aber im Plenum und beklagte sich heftig über die internationalen Einmischungen sowie über die Verworfenheit des erwähnten Dissidenten und darüber, dass Amerika auch noch seine Herausgabe verlange.

Nun hätte ich natürlich zu einer allgemeinen Vorlesung über Begriff und Wesen der Menschenrechte und zu einem angemessenen Tadel für China ansetzen können. Das wäre zwar politisch korrekt gewesen, hätte letztlich aber wenig genützt. Mich ritt jedoch der Teufel, und ich sagte ungefähr Folgendes: »Also, da verstehe ich Sie nicht. Wenn der Mann wirklich so schlimm ist, wie Sie meinen, warum wollen Sie ihn dann um jeden Preis behalten? Sollen ihn doch die Amerikaner nehmen, wenn sie schon bereit sind, ihn aufzunehmen!« Meine Mitarbeiter sind bei diesen Worten wahrscheinlich erstarrt. Bei den Chinesen gab es aber keine sichtbare Empörung, sondern einige Zwischenlaute, die man als Interjektionen des Aufmerksamwerdens hätte interpretieren können. Jiang Zemin begann leise zu lachen und warf seinen Mitarbeitern über die Schulter einen schwer zu deutenden Blick zu. Er enthielt sich jeder Äußerung. Doch Wei Jingsheng wurde später freigelassen und durfte in die USA ausreisen, wo ihm unter anderem der Menschenrechtspreis der Demokratie-Stiftung des US-Kongresses verliehen wurde.

Es sei in aller Klarheit betont, dass ich nicht der Meinung bin, seine Abschiebung in die USA sei eine Wirkung meiner Intervention gewesen. Mein Eindruck war damals eher, dass ich mit meinen Worten eine Argumentationslinie getroffen hatte, die teilweise auch in der chinesischen Führung vertreten wurde. Jedenfalls hatte ich schon am Ende meiner Unterredung mit Jiang Zemin den vagen Eindruck, China werde sich in dieser Sache bewegen.

In diesen Zusammenhang gehört auch die folgende Episode, die ein bezeichnendes Licht auf die Einstellung der Chinesen zum Thema »Dissidenten« wirft. Nach der Unterredung, die ich mit Li Peng während meines Staatsbesuchs in der Halle des Volkes hatte und in der es natürlich auch um die Dissidentenfrage ging, begleitete er mich vor das Portal der Halle. Da außer uns nur ein Dolmetscher anwesend war, fragte ich ihn ganz offen, warum die chinesische Führung sich denn auf diese dreitausend Menschen so einschieße und sich damit solche Probleme im internationalen Verhältnis einhandle. Schließlich gebe es 1,2 Milliarden Chinesen, im Verhältnis zu denen dreitausend Oppositionelle überhaupt nicht ins Gewicht fielen. Er schien die Frage irgendwie erwartet zu haben, denn seine Antwort kam wie aus der Pistole geschossen: »Am Ende des Langen Marsches waren wir auch nicht mehr Leute, und heute regieren wir das Land.« Ich hätte dagegen mit guten Gründen argumentieren können, aber dazu war an jenem Tag keine Gelegenheit mehr, und sie hat sich auch später nicht mehr ergeben.

Bei späterem Nachdenken habe ich diese Äußerung als Hinweis auf eine weitere Konstante der chinesischen Geschichte und die damit verbundenen traumatischen Erfahrungen erkannt. Das riesige chinesische Reich war wegen der ungeheuer großen Räume, die es zu bewältigen hatte, wegen der in der Vergangenheit – wie in allen anderen Großreichen der Geschichte – nur in geringem Maße möglichen administrativen Durchdringung dieser Räume und wegen der Heterogenität der Untertanen und ihrer geistigen Hintergründe über die Jahrhunderte hinweg stets für Sektenbildungen und Geheimbündeleien empfänglich. Wurden diese Gruppierungen zu groß und fanden sie charismatische Führer, so konnten sie zu einer ernsten Bedrohung für das ganze Reich werden. Das gilt bis in die unmittelbare Gegenwart hinein –und auch der erwähnte Boxeraufstand gehört in diese Thematik.

Übrigens geriet der Staatsbesuch in China, zu dem mich Jiang Zemin am Ende seines Besuches noch einmal herzlich einlud und den ich nicht minder herzlich zusagte, in den folgenden Monaten noch einmal ziemlich in Gefahr. Der Deutsche Bundestag verabschiedete nämlich seine berühmt gewordene, von Helmut Schmidt aber als »anmaßend« empfundene[48] Tibet-Resolution, die natürlich zu einer schlagartigen Abkühlung des Verhältnisses zwischen China und Deutschland führte. Peking versetzte damals Deutschland eine Menge schmerzlicher Nadelstiche, von denen ich aber offenbar bewusst verschont blieb. Den Staatsbesuch hätte ich unter unsicheren Umständen auf keinen Fall angetreten, weil China in meiner politischen Vorstellungswelt zu wichtig war – aber das hätte mir auch niemand zugemutet, weder in Deutschland noch in China. Im Frühjahr 1996 reiste jedenfalls Bundesaußenminister Klaus Kinkel noch einmal nach Peking und glättete die Wogen. Der Staatsbesuch konnte im Herbst 1996 also stattfinden.

Staatsbesuch in China

Diesen ebenso wichtigen wie schwierigen Staatsbesuch haben meine Mitarbeiter und ich so sorgfältig vorbereitet wie keinen anderen. Das begann schon mit der Überlegung, lange vor Antritt der Reise der großen, traditionsreichen chinesischen Kultur eine ganz persönliche und deutlich sichtbare Reverenz zu erweisen. Ich habe bereits erwähnt, dass es in meinem 1988 erschienenen Buch *Staaten der Frühzeit* ein fünfzigseitiges Kapitel über die Geschichte Chinas von den ersten Anfängen bis etwa zur Zeit von Christi Geburt gibt. Das konnte kein anderes Staatsoberhaupt auf der Welt aufweisen. Die deutsche Botschaft in Peking, die damals von dem erfahrenen Diplomaten Konrad Seitz geleitet wurde (ich hatte ihn 1995 noch als Botschafter in Rom kennen und schätzen gelernt), empfahl daher, dieses Kapitel ins Chinesische übersetzen zu lassen und in China so weit wie möglich zu streuen. Die Personengruppe, auf die es ankam, hat die Broschüre jedenfalls erreicht, und sie hat ihren Zweck nicht verfehlt. Übrigens habe ich mit dieser Maßnahme nur Erfahrungen aufgegriffen, die deutsche Unternehmen in großen Teilen der Welt machen: Die Kenntnis der Kultur ihrer Gastländer und der offen bekundete Respekt vor ihr erleichtert meist die Zusammenarbeit und fördert die Geschäfte. Das ist jedenfalls besser als die Belehrungen, die nicht selten dem Mund deutscher, aber auch europäischer und amerikanischer Kontaktleute entspringen. (Nebenbei bemerkt, später wurde auf chinesischen Wunsch hin mein ganzes Buch übersetzt. Mit meinem Staatsbesuch hatte das nichts zu tun.)

Mit dem Thema »Reverenz vor fremden Kulturen« hängt auch folgende spätere Episode aus Schanghai zusammen, die nur peripher mit dem Staatsbesuch in Beziehung steht. Auf dem Programm des fraglichen Tages stand der Besuch in einem Betrieb, der sich mitten in der Stadt befand. Für diesen Besuch hatte man eindeutig zu viel Zeit eingeplant, und die Folge davon war, dass ich eine gute Stunde zu früh wieder auf der Straße stand. Meine chinesischen Betreuer hatten allerdings schon ein Zwischenprogramm organisiert, das sicher interessant gewesen wäre. Da zeigte jemand auf ein Gebäude auf der anderen Seite des Platzes und sagte, das sei ein Museum und enthalte eine großartige Sammlung chinesischer Bronzen aus vorchristlicher Zeit. Damit kannte ich mich damals aus, und dafür interessierte ich mich brennend. Also beschloss ich, das Museum zu besuchen. Mir erschien das ganz unproblematisch; damals bin ich oft vom offiziellen Programm abgewichen. Meine Betreuer aber brachte ich damit in erhebliche Schwierigkeiten. Später habe ich erfahren, dass für das Museum eine andere Polizeibehörde zuständig war als für den soeben besuchten Betrieb. Ich setzte mich aber einfach in Bewegung, der ganze Tross folgte mir, und als wir gemessenen Schrittes den Platz überquert hatten, waren offenbar auch die polizeilichen Zuständigkeitsprobleme befriedigend gelöst. Der Museumsbesuch konnte also stattfinden.

Sofort stand auch ein Führer bereit, wahrscheinlich der Museumsdirektor selbst, der über ein reiches Fachwissen verfügte und sich durch meinen Besuch aufs Höchste geehrt fühlte. Mir gab das den willkommenen Anlass, noch einmal meinen Respekt vor der altehrwürdigen chinesischen Kultur zum Ausdruck zu bringen (was sicher umgehend nach Peking gemeldet wurde). Ich glaube auch nicht, dass ich das überschätze; denn als ich mich einmal umdrehte, konnte ich feststellen, dass hinter mir ein weiterer Mitarbeiter des Museums stand und jede Frage, die ich stellte, genau aufschrieb. Da war ich froh, einigermaßen Bescheid zu wissen.

Doch zurück zu den Vorbereitungen für den Staatsbesuch. Das Gespräch mit Li Peng hatte mir gezeigt, dass eine ernsthafte Diskussion mit den Chinesen über die Frage der Menschenrechte sehr leicht Missverständnisse aufkommen ließ. Wenn man immer nur allgemein von Menschenrechten sprach, konnte es passieren, dass der deutsche Gesprächspartner dabei an das Folterverbot oder an die Meinungsfreiheit dachte, während der chinesische Partner an Freizügigkeit und als mögliche Folge davon an die Slums dachte. Ich kam also rasch zu der Überzeugung, dass es sinnvoll sein könnte, die Frage der Menschenrechte etwas differenzierter – und vor allem öffentlich – zu behandeln. Die Chinesen würden das mit Gewissheit sofort erfahren und die deutschen Medien und Bürger könnten, so hoffte ich, daraus auch etwas lernen und sich zumindest auf die Linie einstimmen, nach der ich in China vorzugehen beabsichtigte (und die im Übrigen meinen langjährigen Erfahrungen mit Menschenrechten und meinen daraus gewonnenen Überzeugungen entsprechen sollte). Ich beschloss also, einen Namensartikel zur Frage der Menschenrechte zu verfassen und die renommierte Wochenzeitung *Die Zeit* um den rechtzeitigen Abdruck zu bitten.

Der Artikel erschien am 6. September 1996.[49] Zwar stieß er da und dort auf Widerspruch, in der Regel war die Reaktion auf ihn jedoch positiv – wahrscheinlich wagte sich auch niemand mit einem gewieften Verfassungsrechtler anzulegen. Darin griff ich folgende Grundgedanken auf:

1. In der Menschenrechtspolitik geht es nicht darum, die rechte Gesinnung zu zeigen, sondern tatsächliche Verhältnisse tatsächlich zu bessern, und das kann auch geduldiges Argumentieren und Verhandeln bedeuten.

2. Neben einem Menschenrechtskern, über den kein Kompromiss gemacht werden darf, gibt es auch weniger bedeutende Rechte, die schon innerhalb des Westens verschieden interpretiert und gehandhabt werden und hinsichtlich derer man infolgedessen gegenüber Staaten der Dritten Welt nicht päpstlicher als der Papst sein sollte.

3. Es gibt Staaten, die sich erst seit kurzem und unter erheblichen Schwierigkeiten auf dem Weg zur Demokratie oder zumindest zum Rechtsstaat befinden, denen man daher, wenn sie sich ernsthaft um die Menschenrechte bemühen, auch Geduld entgegenbringen sollte.

4. Es könnte sein, dass die praktische Bedeutung des einzelnen Grundrechts in den verschiedenen Weltgegenden aufgrund der dortigen Traditionen anders gesehen wird als im Westen.

5. Der Westen solle nie vergessen, dass auch er die Menschenrechte, so wie er sie heute sieht, erst sehr spät und in einem langen, mühevollen Prozess entwickelt hat.

6. Sanktionen wegen Menschenrechtsverletzungen müssen stets auf den konkreten Staat und die konkrete Situation abgestimmt werden; denn es geht eben, wie schon gesagt, nicht darum, Linientreue zu praktizieren, sondern tatsächliche Verhältnisse tatsächlich zu verbessern.

Abgesehen von meinen Erfahrungen als Verfassungsjurist und Verfassungsrichter waren es vor allem zwei Tatsachen aus der jüngsten Vergangenheit, die mich zu dieser differenzierten Betrachtung veranlassten:

Bei meinen Reisevorbereitungen sprach ich auch mit einer kleinen Delegation von Amnesty International. Dort erfuhr ich etwas, was ich in keiner meiner anderen Unterlagen gefunden hatte. China war gerade zu jener Zeit im Begriff, eine Art von Rechtsweg gegen Willkürakte lokaler Behörden und Parteiinstanzen zu schaffen. Diese Ausschüsse konnten zwar die inkriminierten Hoheitsakte nicht aufheben (die musste der verletzte Bürger also letztlich hinnehmen), aber der Bürger hatte wenigstens einen Anspruch auf Ersatz des erlittenen Schadens. Mein Gesprächspartner sagte mir, dass wohl etwa ein Drittel dieser Anträge von Erfolg gekrönt seien. Das war genau die Rechtslage, wie sie sich in Deutschland seit dem Preußischen Allgemeinen Landrecht von 1794 herausgebildet hatte (»Dulde und liquidiere«); die verwaltungsgerichtliche Generalklausel gibt es ja erst seit 1946! Und *wir* wollten in dieser Frage die Chinesen belehren (die unsere Geschichte natürlich genauestens gekannt haben dürften)?

In dem Artikel setzte ich mich am Rande auch mit der seinerzeit gängigen Forderung auseinander, man müsse Staaten, die gegen Menschenrechte verstoßen, international »isolieren«. Ich habe ausdrücklich eingeräumt, dass es Staaten gibt, bei denen das möglich ist, und habe aus der Geschichte Beispiele dafür angeführt. Dann habe ich mir allerdings schon die Frage erlaubt, wie man sich das denn eigentlich vorzustellen habe: einen Staat von mehr als einer Milliarde Menschen zu isolieren? Ich halte diese Frage noch heute für höchst berechtigt, wenn sie natürlich auch zu unerfreulichen Schlussfolgerungen führt. Mittlerweile hat sich die Situation sogar zugespitzt, gerade was China betrifft. Wer noch 2003 nach der wirtschaftlichen Bedeutung Chinas für Deutschland, ja für Europa gefragt worden wäre, der hätte wahrscheinlich nur erwidert, dass dieses Land für Europa ein zwar schwieriger, aber riesiger Absatzmarkt sei. Seit Anfang 2005 würde er wohl hinzufügen, China sei für uns auch ein ernst zu nehmender Konkurrent auf bestimmten Rohstoffmärkten, vor allem für Stahl (was in absehbarer Zeit aber aufhören dürfte, weil das Land dann vermutlich selbst genug Stahl produziert) und für Erdöl (was wahrscheinlich viel länger andauern würde). Wenn man die Entwicklung der chinesischen Kleinwagenindustrie und das schrittweise Voranschieben ihrer Produktionsstätten nach Westen verfolgt, beginnt man allerdings zu ahnen, dass binnen weniger Jahre der Westen auch für bestimmte chinesische Produkte – und nicht nur für die sattsam bekannten Textilien – zum Absatzmarkt werden könnte. Dann wird sich die Frage »Menschenrechte oder Wirtschaftsbeziehungen?«, die in den neunziger Jahren von bestimmten Seiten so hochgespielt wurde, von selbst erledigen, und es wird sich erweisen, wie kurzsichtig solche ethischen Rigorismen sind.

Bestehen bleiben wird freilich die weitere Frage, die damals auch mir gestellt wurde: Wenn man gegenüber China mit der Einforderung von Menschenrechten aus wirtschaftlichen Gründen zurückhaltend ist, wie rechtfertigt man es dann, dass diese Zurückhaltung anderen, kleineren Staaten gegenüber keineswegs praktiziert wird? Man darf ein und dieselbe Frage nicht verschieden beantworten, je nachdem wie sie gestellt wird. Es gibt einen Theologenwitz, mit dem man dies trefflich erläutern kann: Zwei Geistliche, ein Benediktiner und ein Jesuit, hatten über die Zulässigkeit gleichzeitigen Betens und Rauchens gestritten und jeder für sich eine Stellungnahme des Vatikans eingeholt. Dem Benediktiner, der gefragt hatte, ob er beim Beten rauchen dürfe, wurde geantwortet, beides gleichzeitig sei verboten. Dem Jesuiten dagegen wurde das gleiche Verhalten erlaubt; er hatte allerdings gefragt, ob er beim Rauchen beten dürfe. So ist es auch in dem oben angesprochenen Fall: Soll es wirklich verboten sein, gegenüber kleineren Staaten die Menschenrechte durchzusetzen, nur weil man das – als ebenfalls kleiner Staat – bei einigen Supermächten nicht schafft und deshalb auf gutes Zureden und Argumentieren angewiesen ist?

Mein Staatsbesuch in China stand jedenfalls von Anfang an unter einem glücklichen Stern. In der besserwisserischen deutschen Presse wurde zwar moniert, ich sei auf dem Flugplatz nicht von Jiang Zemin, sondern nur vom Landwirtschaftsminister begrüßt worden. Aber da war eine protokollarische Begrüßung noch gar nicht vorgesehen, weil in den ersten beiden Tagen touristische Besichtigungen vereinbart waren, was international noch als Privatbesuch bewertet wird. Erst am dritten Tag begann der eigentliche Staatsbesuch mit einem feierlichen Empfang in der Halle des Volkes, deren gewaltige Ausmaße mir vor allem dadurch bewusst wurden, dass das militärische Zeremoniell, zu dem bestimmt ein ganzes Bataillon der Armee aufgezogen war und das im Innern der Halle durchgeführt wurde, wie unter freiem Himmel vollzogen wirkte.

Bundespräsident Roman Herzog wird von Staatspräsident Jiang Zemin in der Großen Halle des Volkes mit militärischen Ehren begrüßt.

In den nun folgenden Gesprächen mit der chinesischen Führung, und zwar sowohl in den gemeinsamen Beratungen beider Delegationen als auch in den viel wichtigeren zahlreichen Einzelgesprächen, stellte sich sehr rasch heraus, dass sie alle meinen *Zeit*-Artikel kannten und ihn als geeignete Grundlage für weitere, offene Verhandlungen betrachteten. Großes Interesse wurde auch gezeigt hinsichtlich deutscher Hilfe beim Ausbau rechtsstaatlicher Gerichtsverfahren, und zwar erkennbar nicht nur »for show«. Bundesaußenminister Kinkel hat später alles getan, um diesen Wünschen einigermaßen gerecht zu werden. Wie die Dinge heute stehen, entzieht sich allerdings meiner Kenntnis.

Natürlich konnte ich meine Gesprächspartner mit dem Hinweis auf meinen Artikel nicht einfach über das Menschenrechtsthema hinweghuschen lassen. Auf jeden der erwähnten Lobsprüche habe ich also geantwortet, man müsse nicht nur die etwas relativierenden Passagen zur Kenntnis nehmen, sondern vor allem den Abschnitt, der sich mit dem unverzichtbaren Kern der Menschenrechte befasse. Was Deutschland betreffe, sei das nämlich auch der Kern der Meinungsverschiedenheiten und unserer kritischen Anfragen – was immer andere westliche Regierungen sonst noch kritisieren sollten. In diesem Punkt gab es selbstverständlich nach wie vor erhebliche Meinungsverschiedenheiten, die sich freilich nicht in allen Einzelgesprächen in gleicher Schärfe ausdrückten. Li Peng zum Beispiel fragte mich ganz offen, warum wir das Thema denn immer wieder zur Sprache brächten. Darauf antwortete ich mit einem Bibelzitat: »Wenn du gegen jemand eine Sache hast, nimm dir zwei Zeugen, geh zu ihm und sag's ihm.« Darauf er: »Die Bibel gilt hier nicht.« Und ich: »Ich sage es aber trotzdem.«

Der Artikel hatte für mich übrigens auch wichtige taktische Vorteile geschaffen, auf die ich zwar von Anfang an gehofft hatte, mit denen ich aber nicht unbedingt hatte rechnen können. Gewöhnlich mussten westliche Politiker, die die Menschenrechtsfrage ansprechen wollten, diese von sich aus zur Sprache bringen – und die Chinesen reagierten darauf mitunter doch sehr verschnupft. Mein Artikel bewirkte dagegen, dass meine Gesprächspartner das Thema von sich aus ansprachen, und ich konnte dann offen alles sagen, was ich für nötig und richtig hielt.

Im Übrigen war der Staatsbesuch ein voller Erfolg. Jiang Zemin erwies sich als höchst aufmerksamer Gastgeber – beim üblichen Staatsbankett ließ er für mich sogar deutsche Volkslieder spielen. Vor allem setzte er aber alles daran, sich so oft wie nur irgend möglich mit mir in der Öffentlichkeit sehen zu lassen; er nahm sogar an einem Konzert teil, das die Philharmonie der Nationen unter Justus Frantz in einer Provinzhauptstadt gab, sowie an der Eröffnung einer Gemäldeausstellung mit Bildern moderner europäischer Malerei, die das Sammler-Ehepaar Ludwig präsentierte. Außerdem war dafür Sorge getragen, dass ich die berühmte Armee des Ersten Kaisers Ch'in Shi Huang-ti in An-jang (heute Xian) besichtigen konnte, was mir zugleich wichtige Eindrücke von einer der armen Binnenlandprovinzen vermittelte. Selbst die reiche Küstenprovinz Khojiang, deren Gouverneur abweichend vom Vorschlag der Pekinger Zentrale gewählt worden war, konnte ich besuchen. Dabei habe ich wiederholt sehen können, wie schwierig es ist, ein Land, von dem einzelne Teile praktisch nach den Regeln der Marktwirtschaft leben, in seiner ökonomischen Entwicklung von oben zu steuern. Der Gouverneur erzählte mir nämlich, die Wirtschaft seiner Provinz habe im vergangenen Jahr eine Zuwachsrate von achtzehn Prozent zu verzeichnen gehabt, und als ich ihn darauf hinwies, Peking habe aber doch nur neun Prozent vorgegeben, antwortete er mit der Gegenfrage, wie er das denn hätte beeinflussen sollen. Ich wusste es auch nicht.

Selbstverständlich war ich auch einige Tage in Schanghai, wo Jiang Zemin vor seiner Berufung zum Staatspräsidenten örtlicher Parteichef gewesen war (und übrigens den Studentenunruhen von 1989 ohne Blutvergießen ein Ende gesetzt hatte). Wenn ich heute an diese Stadt zurückdenke, sind meine Eindrücke unverändert zwiespältig. Niemand wird die ungeheure Aufbauarbeit, die dort geleistet wird, gering schätzen – im Gegenteil: Wer Augen hat zu sehen, der wird den Selbstbehauptungswillen, aber auch den auf die ganze Welt gerichteten Durchsetzungswillen der Chinesen fühlen und sich fragen, wie der selbstgefällig und weich gewordene Westen dem irgendetwas entgegensetzen will. Trotzdem haben die hohen Türme, die dort in wenigen Jahren entstanden sind, in mir gleichzeitig die Erinnerung an den Turmbau von Babel erweckt. Was wird aus dem riesigen Reich werden, das so energisch, aber auch so bedenkenlos nach oben strebt? Wird es mit dem Westen, der ursprünglich genauso aggressiv war, kooperieren, oder wird es ihn ganz einfach an die Wand drücken? Wird es überhaupt Bestand haben im Spannungsfeld zwischen Han-Chinesen, Tibetern, Mandschuren und Uiguren, in der Spannung zwischen den reichen Küsten- und den blutig armen Binnenlandprovinzen, in den Fehlentwicklungen, die eine jahrzehntelange Ein-Kind-Familienpolitik herbeigeführt hat, in der Konkurrenz mit dem wieder erstarkenden Russland und dem aufstrebenden Indien?

Dem Staatsbesuch in China, den ich nach wie vor als den wichtigsten und wohl auch schwierigsten meiner ganzen Amtszeit betrachte, hatte ich von Anfang an einen zweiten, weit weniger wichtigen, für mich aber doch nicht weniger emotional beherrschten angefügt: nach Nepal, das ich mehr als zwanzig Jahre vorher als Tourist bereist hatte. Die Flugroute dorthin führte über die endlose Wüste Takla-Makan, die in der Geschichte jahrhundertelang eine dramatische Rolle im Kampf der sesshaften Chinesen gegen die mongolischen und türkischen Nomaden der eurasischen Steppe gespielt hatte. Stundenlang flog ich über die Wüste, deren Ränder stets mit hoch entwickelten Oasenherrschaften besetzt waren, und diese Oasen hatten sich immer mehr mit der zunehmenden Verwüstung auseinanderzusetzen sowie mit der Entscheidung zwischen den stets unruhigen und räuberischen Nomadenstämmen und den Chinesen, die durch einen an wechselnden Orten amtierenden Protektor und durch Truppen vertreten waren – durch Truppen, die so weit vom Heimatland entfernt waren, dass sie auch für die Jahre nach ihrer Dienstzeit keine Rückkehr in das Kulturgebiet erhoffen konnten. Immer wieder sind Hunderttausende von Chinesen in diese Gebiete eingeströmt und haben sie unter ihren Pflug genommen – wenn das Reich stark war. Fast genauso oft sind sie aber auch wieder zurückgeströmt, wenn es im Reich drunter und drüber ging. Man möchte fast sagen, sie seien so versickert wie die Flüsse, die in den Gebirgen um die Wüste entspringen und in ihr allmählich vertrocknen, die also nirgendwo münden. Erst in unseren Tagen ändert sich das, möglicherweise. Die Zukunft wird lehren, was daraus wird.

Jiang Zemin habe ich seit jenem Besuch nur noch ein einziges Mal gesehen: bei den Feierlichkeiten zur Übergabe der portugiesischen Stadt Makao an die Volksrepublik China, zu der mich die Bundesrepublik Deutschland im Dezember 1999 als Sonderbotschafter entsandte. Für ein Gespräch war damals verständlicherweise keine Zeit.

Apropos: »Pfiat di God, Herr General!«

Eine ebenso verblüffende wie nette Geschichte ist mir bei meinem letzten Truppenbesuch passiert. Er fand bei den Reichenhaller Gebirgsjägern statt, in Anwesenheit des damaligen Inspekteurs des Heeres. Abgesehen davon, dass ich schon von einem Alphornbläsertrio in Empfang genommen wurde und auch den letzten bei der Bundeswehr noch verwendeten Mulis meine Aufwartung machen durfte – den Schwerpunkt bildeten die Vorführungen einer ganz besonderen Einheit, die aus erfahrenen Bergführern der verschiedensten NATO-Armeen zusammengesetzt war und unter der Führung eines deutschen Stabsfeldwebels stand. Diese Gruppe hatte einen Spezialkurs in Hochgebirgsalpinistik hinter sich und gab sich nun alle Mühe, ihr Können im hellsten Licht erstrahlen zu lassen.

Das tat sie volle vierzig Minuten lang. Bei dem Schwierigkeitsgrad der Übungen und fast noch mehr bei dem Tempo, in dem sie vorgeführt wurden, standen mir die Haare zu Berge. Bei meinem maßvollen Kenntnisstand von derlei Dingen wäre das noch kein Maßstab gewesen, aber ich konnte bei den anwesenden Gebirgsjäger-Offizieren ganz ähnliche Regungen beobachten wie bei mir, und wenn diese Spezialisten genauso empfanden wie ich, dann musste das ja wohl stimmen.

Mit den Vorführungen sollte mein Besuch zu Ende gehen. Vorher musste mir die Gruppe, die sich für mich so mächtig ins Zeug gelegt hatte, nach einem entsprechenden Lob noch »abgemeldet« werden. Sie trat also an, und nun musste der Gruppenführer, also besagter Stabsfeldwebel, bei seinem höchsten Vorgesetzten, dem Inspekteur des Heeres, »abmelden«, damit dieser dann gewissermaßen die gesamte Gebirgstruppe bei mir »abmelden« konnte – und da geschah das völlig Unerwartete, um dessentwillen ich diese Geschichte hier berichte.

Der Stabsfeldwebel baute sich nämlich vor seinem General auf, und statt die üblichen Floskeln des Abmeldens zu verwenden, sprach er im reinsten Bayerisch die geflügelten Worte: »Also pfiat di God, Herr General!«

Als Bayer weiß ich, dass das ein etwas familiärer, keineswegs aber respektloser Abschiedsgruß ist. Für andere deutsche Ohren jedoch ist er schwierig, schon weil er, von allen Verständnisproblemen abgesehen, kaum korrekt ins Hochdeutsche übersetzt werden kann. »Also: behüt' dich dann Gott, Herr General!« ist zwar eine wörtliche Übersetzung, gibt aber die entspannte Stimmung, die im bayerischen Urtext steckt, nur höchst unvollkommen wieder.

Man wird verstehen, dass ich Mühe hatte, nicht laut aufzulachen oder wenigstens ein bisschen zu grinsen. Ich habe dieses vermeiden können und wartete nur auf die Reaktion des Inspekteurs. Der stutzte, freilich nur für den Bruchteil einer Sekunde. Dann dankte er für die Abmeldung und meldete nun seinerseits bei mir ab, als ob nichts geschehen wäre.

Als uns niemand anderer hören konnte, sagte er zu mir: »Den hätte ich eigentlich anpfeifen müssen. Nach den Leistungen, die er mit seiner Gruppe gezeigt hat, habe ich das aber nicht übers Herz gebracht.« Ich habe ihm zugestimmt.

Seit diesem Tag weiß ich, was Selbstbeherrschung und was innere Führung sind. Respekt vor einer solchen Truppe!

Ausklang

Nach dem Grundgesetz wird der Bundespräsident für eine fünfjährige Amtszeit gewählt. Eine einmalige Wiederwahl auf weitere fünf Jahre ist ohne weiteres möglich. Theoretisch kommt sogar eine dritte Amtsperiode in Frage, allerdings muss ihr dann eine Zwischenphase ohne Amt vorausgehen. Das ist in der Bundesrepublik Deutschland bisher aber noch nie geschehen, und die Möglichkeit dazu ist der Öffentlichkeit im Allgemeinen auch gar nicht bekannt.

Ich war von Anfang an entschlossen, mich nur auf eine einzige Amtszeit einzulassen. Durch die Übernahme des Amtes hatte ich ohnehin meine Lebensplanung erheblich ändern müssen, und außerdem erreichte ich mit dem Ende der ersten Amtsperiode zufällig auch das Ende meines fünfundsechzigsten Lebensjahres, also den Zeitpunkt, zu dem der Deutsche gewöhnlich in Rente bzw. Ruhestand gehen muss. Ich hatte nicht vor, diese Grenze weit zu überschreiten und meinen Mitbürgern das Bild eines Menschen zu geben, der sich nicht von seinen Würden trennen kann und nichts mit seinem Ruhestand anzufangen weiß.

Diesen Entschluss hätte ich der deutschen Öffentlichkeit schon vor meiner Wahl zum Bundespräsidenten mitteilen können.[50] Ich habe das aber unterlassen, weil es mir lächerlich vorgekommen wäre, einfach vorauszusetzen, dass nach Ablauf der fünf Jahre überhaupt Bedürfnis und Bereitschaft zu meiner Wiederwahl bestehen würden. Natürlich hätten meine Wähler an einer solchen Mitteilung ein gewisses legitimes Interesse gehabt. Aber auch ihnen gegenüber fühlte ich mich zu nichts verpflichtet. Ich war in einer nicht gerade einfachen Lage hilfreich eingesprungen, und damit konnte es genug sein.

Dass mein Entschluss der Öffentlichkeit dann doch noch im Verlauf des Jahres 1994 bekannt wurde, hing mit einem Zufall zusammen, den ich dann allerdings auch ganz bewusst nutzte. Ich besuchte schon sehr früh die Europäische Kommission in Brüssel, deren Präsident damals Jacques Delors war, und sollte auch vom Bürgermeister im Rathaus der Stadt begrüßt werden.

Der Bürgermeister hatte am Sonntag vorher für seine Wiederwahl kandidiert und war dabei durchgefallen, was für ihn verständlicherweise schwer zu verwinden war. Also schloss er seine Begrüßungsansprache mit den Worten: »Und wenn Sie in fünf Jahren wieder nach Brüssel kommen, werde ich wieder hier sein und Sie wieder begrüßen!« Es lag ihm offensichtlich sehr daran, seinen Willen zu einer erneuten Kandidatur schon jetzt zum Ausdruck zu bringen, und als ihm das geglückt war, war ihm erkennbar wohler.

Ich hätte diese Bemerkung übergehen können, aber irgendwie ritt mich der Teufel, und der zwang mich zu sagen: »Aber dann bin ich nicht mehr Bundespräsident!« Dabei dachte ich gar nicht an meinen Entschluss, keine zweite Amtszeit anzustreben. Ich wollte lediglich klarstellen, dass die von meinem Gastgeber angestrebte Wiederwahl, wenn überhaupt, nach dem Ende meiner laufenden Amtszeit liegen würde und man eine Wiederwahl, wenn sie denn überhaupt diskutabel wäre, nicht als selbstverständlich annehmen konnte.

Meine Äußerung wurde zunächst von niemand als verbindliche Absage an eine zweite Amtsperiode verstanden, die deutschen Medien nahmen von ihr mit Recht keinerlei Notiz. Erst gute drei Wochen später berichtete *Bild* plötzlich völlig unmotiviert darüber und machte daraus sogleich einen verbindlichen Verzicht. Was die Redaktion geritten hat, sich so spät und ohne Anlass auf dieses Gleis zu begeben, weiß ich nicht. Ich vermute allerdings, dass keine freundliche Absicht dahintersteckte.

Ich hätte die Sache leicht klarstellen können. Bei der Art unserer medialen Berichterstattung hätte sich daraus aber eine neuerliche Verwirrung ergeben können, und außerdem begriff ich nach kurzem Nachdenken, dass mir eine einmalige Chance in die Hände gespielt worden war. Irgendwann hätte ich die Öffentlichkeit ja doch von meiner Absicht unterrichten müssen, und es war fraglich, ob sich je wieder eine so günstige Gelegenheit dazu anbieten würde. Damals standen keine größeren Landtags- oder sonstige Wahlen ins Haus, die mit Sicherheit zu Spekulationen verleitet hätten. Entgegen dem Rat meiner Mitarbeiter blieb ich also bei der Verlautbarung, als ob ich sie bewusst lanciert hätte, erzählte vom Schlaganfall als der typischen Todesursache meiner Familie (was er wirklich ist) und davon, dass er meist in der zweiten Hälfte der Sechziger eintritt (was bis dahin ebenfalls stimmte). Selbst die Mahnung, öfter an die Sterblichkeit des Menschen zu denken, habe ich – übrigens aus voller Überzeugung und nicht nur als publizistischen Trick – wiederholt ausgesprochen. Aber damit hatte ich wenig Erfolg – die Menschen denken nicht gern an das Sterben.

Die deutsche Öffentlichkeit gewöhnte sich allmählich an meinen frühen Verzicht auf eine Wiederwahl. Alle nun kommenden Wahlergebnisse konnte ich in Ruhe zur Kenntnis nehmen, ohne überlegen zu müssen, wie eine Ankündigung gerade jetzt wirken würde, und selbst der heiklen Bundestagswahl 1998 konnte ich – jedenfalls unter diesem Aspekt – mit Gelassenheit entgegensehen.

Übrigens ermöglichten mir die klaren Verhältnisse, die damit geschaffen waren, auch die Frage der Amtszeit des Bundespräsidenten offen anzusprechen. Ich war (und bin) nämlich der Meinung, dass es besser wäre, diese Amtszeit von fünf auf sieben Jahre zu verlängern und dafür auf die Möglichkeit der Wiederwahl zu verzichten. Mir hätte es jedenfalls an Themen gefehlt, um zehn Jahre halbwegs so interessant zu gestalten, wie mir das nach allgemeinem Urteil in meinen fünf Amtsjahren gelang. Gewiss muss in der Politik gerade ein richtiger Gedanke viele Dutzende Male wiederholt werden, ehe er annähernd verstanden und von den Bürgern aufgegriffen wird. Den Medien aber, die am liebsten zu jeder Tages- und Nachtzeit eine neue Sensation hätten, wäre das alsbald langweilig geworden. Sie hätten das natürlich lautstark zum Ausdruck gebracht, und das Volk hätte auch das abgenommen – und nachgeredet. Daher (und gewiss auch von der biologischen Tatsache her, dass jeder Amtsträger in seiner zweiten Amtszeit einfach fünf Jahre älter ist als in der ersten) dürfte es übrigens kommen, dass man von allen drei Bundespräsidenten, die zwei Amtsperioden durchliefen, nur Ereignisse, Reden und Leistungen aus ihrer ersten Amtszeit in Erinnerung hat.

Sieben Amtsjahre lassen sich dagegen ausfüllen. Darauf hätte ich mich durchaus eingelassen – allerdings wäre das nicht mehr für mich selbst in Frage gekommen, weil die Verlängerung einer bereits laufenden Amtszeit aus verfassungsrechtlichen Gründen höchst anrüchig, ja wahrscheinlich sogar unzulässig gewesen wäre. Ich bedauere es jedenfalls noch heute, dass meine Anregung, die ja auch von anderen Seiten wiederholt und unterstützt wurde, letztlich abgelehnt wurde, und zwar von Leuten, die nur verfassungsrechtliche Glasperlenspiele betrieben, über die inneren Gesetzlichkeiten der Amtsführung eines Staatsoberhauptes aber keinen einzigen Augenblick nachgedacht haben können.

Als Kronzeuge gegen eine Verlängerung der Amtszeit Zug um Zug gegen den Ausschluss der Wiederwahl wird übrigens meist auch mein Vorgänger Richard von Weizsäcker zitiert. Ob es stimmt, bin ich mir aber nicht ganz sicher. Ich weiß definitiv, dass er zu Beginn seiner Amtszeit die gleiche Ansicht vertrat wie ich noch heute. Er hat das in einem Gespräch mit einigen Verfassungsrichtern, das aus Anlass einer Richterernennung in der Villa Hammerschmidt stattfand, in meiner Anwesenheit ausdrücklich gesagt. Dann aber forderten Hinterbänkler aus der CSU, die er mit irgendeiner Äußerung in Wut versetzt hatte, genau diese Verfassungsänderung, und da er das nicht zu Unrecht als eine gegen ihn gerichtete Strafaktion interpretierte, schwenkte er um. Ich halte zwar trotzdem an meiner und seiner ursprünglichen Meinung fest, kann sein Verhalten aber gut verstehen. Nur: Ein Kronzeuge in dieser Frage ist er doch wohl nicht.

Gegen Ende meiner Amtszeit, im Sommer 1998, kam es noch einmal zu heftigen Debatten um die Frage einer zweiten Amtszeit, und wieder hatte das Rathaus von Brüssel damit zu tun. Das hing mit dem absehbaren Ergebnis der in diesem Jahr anstehenden Bundestagswahl zusammen. Damals hat man wochen-, wenn nicht monatelang mit einem Ergebnis gerechnet, wie es erst sieben Jahre später, am 18. September 2005, Wirklichkeit wurde. Die Meinungsumfragen sagten 1998 nämlich fast einhellig voraus, dass weder die regierende Koalition aus CDU/CSU und FDP noch die denkbare rotgrüne Koalition die absolute Mehrheit der Mandate erhalten würde und dass infolgedessen die neokommunistische PDS das Zünglein an der Waage bilden würde. Für einen Bundespräsidenten, noch dazu einen, der über die Regierungsartikel des Grundgesetzes einen daumendicken Kommentar geschrieben hatte, war das durchaus ein

AUSKLANG

Grund, sein Verhalten im vorstellbaren Fall nach allen Richtungen exakt zu überdenken und dabei auch die Frage seiner eigenen Amtszeit noch einmal auf den Prüfstand zu stellen.

Das allseits – und in den meisten Fragen zu Recht – gelobte Grundgesetz enthält zu den Fragen der Regierungsbildung und Regierungsstabilität nämlich Bestimmungen, die man nicht in allen Punkten als der Weisheit letzten Schluss betrachten kann. Das ist nicht weiter verwunderlich. Diese Vorschriften wurden ja von Politikern gemacht, die damit die Wiederholung von Fehlentwicklungen der Weimarer Zeit verhindern wollten. Diese können aber nicht genauso gewesen sein, wie die Väter und Mütter des Grundgesetzes sie sahen; denn die waren ja selbst überwiegend an den Weimarer Fehlern und Irrtümern beteiligt gewesen, konnten die damalige Situation also mit Sicherheit nicht völlig objektiv erkennen und bewerten. Mit anderen Worten: Sie müssen dem Grundgesetz diese Fehlentwicklungen nicht so zugrunde gelegt haben, wie sie *waren*, sondern nach dem Bild, das sie sich selbst davon *machten*. Das beginnt schon beim konstruktiven Misstrauensvotum. Gewiss wird dadurch verhindert, dass ein Kanzler durch Fraktionen gestürzt wird, die selbst weder imstande noch bereit sind, statt seiner die Regierungsverantwortung zu übernehmen. Was aus dem nicht abwählbaren Kanzler dann aber wird, darauf hatten sie keine Antwort. Das ist auch nicht in allen Fällen gleich. Fest steht lediglich, was ein solcher Regierungschef *nicht* hat, nämlich die Mehrheit im Parlament. Er muss also um jedes Gesetz, das er für seine Politik braucht, betteln, verhandeln, Kompromisse eingehen, Gegenleistungen erbringen – und in der Außen- sowie in der Europapolitik, die heute vorwiegend über das Schicksal des Landes bestimmen, ist natürlich bekannt, dass er zu Hause keine Mehrheit mehr hat und infolgedessen zum Abschuss frei gegeben ist. Sehr viel ist das konstruktive Misstrauensvotum also nicht wert.

Mit den Verfassungsvorschriften, die bestimmen, was zu geschehen hat, wenn nach wochenlangen Abstimmungen immer noch kein Kandidat die absolute Mehrheit erhalten hat, verhält es sich nicht viel anders. Hier gibt es nach dem Grundgesetz nämlich nur zwei Möglichkeiten:

- Entweder ernennt der Bundespräsident einen Minderheitskanzler, der dann seinerseits eine Minderheitsregierung bildet. Dann tritt ein, was ich soeben geschildert habe: Man hat einen Kanzler, der weder die nötigen Gesetze durchsetzen kann noch die erforderliche außenpolitische Power besitzt.
- Oder der Bundespräsident löst den soeben neu gewählten Bundestag auf und schreibt Neuwahlen aus. Aber dann ist es äußerst unwahrscheinlich, dass das Volk anders wählt als ein paar Wochen vorher. Man braucht nur an das überraschende Wahlergebnis von 2005 zu denken. Da wären bei einer erneuten Wahl höchstens einige Stimmen von der FDP zu den Unionsparteien zurückgeflutet, am Gesamtergebnis aber hätte sich mit Sicherheit nichts geändert, und guter Rat wäre teuer gewesen.

In den Jahren vor 1998 waren mehrere von meinen europäischen Kollegen schon in einer ähnlichen Lage gewesen. Über die Thematik hatten wir auch untereinander eingehend gesprochen und waren übereinstimmend zu dem Ergebnis gelangt, dass eine Parlamentsauflösung nicht schon dann ausgesprochen werden sollte, wenn eine Koalitionsbildung von den Parteien verweigert würde, sondern erst, wenn überhaupt keine Koalition *möglich* wäre. Mit anderen Worten: Auf die mangelnde Bereitschaft der Parteien, eine an sich mögliche Koalition einzugehen, sollte es nicht ankommen. Einige meiner Kollegen hatten das schon mit Erfolg praktiziert, und auch ich war dazu entschlossen.

Den Weg einer Minderheitsregierung wäre ich aus den genannten Gründen nie gegangen. Trotzdem wären aus dem Lager der Unionsparteien (aber wohl nicht von Helmut Kohl selbst) Ratschläge in dieser Richtung zu erwarten gewesen, zumindest wenn Union und FDP zusammen noch eine relative Mehrheit gehabt hätten. Aber solchen Ratschlägen hätte ich widerstehen müssen, selbst wenn sie mit einigem Druck verbunden gewesen wären. Ich hatte ohnehin nichts zu verlieren, und ich hätte die Medien mobilisieren müssen. Erfreulich waren solche Aussichten bestimmt nicht. Aber ausgewichen wäre ich ihnen auch nicht. Dazu war meine Haltung zu lange und zu genau vorher überlegt.

Im Klartext bedeutete das (und Bundespräsident Horst Köhler

hat es 2005 genauso erlebt), dass in dem angenommenen Fall eine Große Koalition herbeigeführt, notfalls sogar erzwungen werden musste – und im Weiteren hieß es, dass auch gegen ihre leichthändige Wiederauflösung alles nur Denkbare unternommen werden musste. Das wiederum bedeutete, dass es mehr als sonst auf die Person und das Gewicht des Bundespräsidenten ankam, und wenn ich mich in meinem Leben mitunter auch überschätzt habe, so ging ich doch davon aus, dass ich besser als viele andere imstande gewesen wäre, eine Große Koalition zu erzwingen und auch über einen ausreichenden Zeitraum aufrechtzuerhalten. Zusammen mit einem Staatsvolk, das auf mich hörte, hätte ich das mit ziemlicher Sicherheit bewirken können.

Aus diesen Überlegungen heraus erklärte ich im Sommer 1998, ich bliebe zwar bei meiner ursprünglichen Entscheidung, keine zweite Amtszeit anzustreben, es könnten aber Situationen eintreten, in denen sich das als absolut notwendig erweise, und dann sei ich dazu auch bereit. Ich ging dabei davon aus, dass Deutschlands Politiker und Journalisten intelligent genug seien, sich die Situation, an die ich dachte, selbst vorzustellen. Sie selbst auszumalen, hielt ich einerseits für unnötig, andererseits wäre es weder der Sache noch mir gut bekommen, wenn ich nun angefangen hätte, denkbare Wahlergebnisse vorwegzunehmen und meine Reaktion auf sie öffentlich zu verkünden. Es war also wieder einmal eine Lage da, auf die reagiert werden musste, ohne dass eine ausreichende Begründung opportun war.

Die Reaktionen der Öffentlichkeit waren jedenfalls heftig: Die einen waren dafür, die anderen dagegen, die einen wiesen darauf hin, dass sie es doch gleich gesagt hätten, die anderen suchten persönliche Motive und dachten schon darüber nach, ob mir irgendjemand in der Bundesversammlung seine Stimme verweigern könne. Am meisten berührten mich die Stimmen, die mich des Wortbruchs bezichtigten, obwohl ich nie irgendjemandem mein Wort gegeben hatte, nicht wieder zu kandidieren. Am schlimmsten trieb es Rudolf Augstein im *Spiegel,* der mich bis dahin immer aufs Nobelste behandelt hatte (ich weiß freilich nicht, ob aus Respekt vor mir oder vor dem Amt). Er beförderte mich in einem Herausgeberartikel in den tiefsten Orkus, nach der Grundmelodie, nun habe auch der Einzige, auf den man sich noch verlassen konnte, die Fahne des Anstands eingeholt. (Wenige Wochen vor seinem Tod erhielt ich allerdings einen Brief von ihm, in dem er sich für diesen Artikel zwar nicht gerade entschuldigte, wohl aber Verständnis für meine damalige Handlungsweise zeigte. Er wolle mir, schrieb er, das mitteilen, obwohl ich mir, so wie er mich kenne, seinen Angriff wahrscheinlich ohnehin nicht sehr zu Herzen genommen hätte – und da hatte er auch wieder Recht.)

Bestimmt wird man sich fragen, wie ich denn im Ernstfall die Große Koalition hätte erzwingen wollen – denn populär war sie damals so wenig wie im Herbst 2005, und schon gar nicht waren die beiden großen Parteien auf sie vorbereitet. Exakt lässt sich so etwas natürlich nicht sagen; dazu enthielt die Rechnung zu viele Unbekannte. Aber ich hatte doch ein ganz respektables Instrumentarium zur Hand, zumindest wenn die Medien bereit gewesen wären mitzumachen und meine Haltung in der Bevölkerung ausreichenden Rückhalt gefunden hätte.

Neben den ohnehin erforderlichen Gesprächen mit den führenden Politikern kamen öffentliche Appelle und die Drohung mit ihnen in Betracht, ferner die Darstellung der negativen Folgen von Minderheitsregierung und Parlamentsauflösung (einschließlich des wohl besonders wirksamen Hinweises auf die Kosten von Neuwahlen), vor allem aber die frühzeitige Ankündigung, keinen Minderheitskanzler zu ernennen, und die Drohung, gegebenenfalls die Schuldigen am Scheitern von Koalitionsverhandlungen öffentlich zu benennen. Am Ende hätte ich, wenn ich eine Minderheitsregierung ausschloss (und dabei bleiben wollte), den Bundestag auflösen müssen, aber bis dahin hätte ich also eine ganze Reihe von Folterwerkzeugen vorzuweisen gehabt. (Eine ganz andere Frage ist selbstverständlich, ob das alles wirklich notwendig geworden wäre. Das Jahr 2005 hat immerhin gezeigt, dass die Verantwortlichen in den beiden großen Volksparteien nach einigem Murren und Zögern von sich aus so einsichtig waren, eine Koalition einzugehen.)

Ich stand noch vor einer weiteren Frage. Ob ich wirklich eine zweite Amtszeit ansteuern musste, hing natürlich auch davon ab, wie sich eine Große Koalition, wenn man sie eingegangen war, in

ihrem Inneren gestaltete. Konnte man mit einer fairen Zusammenarbeit rechnen, so hätte ich wahrscheinlich getrost in den Ruhestand
gehen können. Hätten beide Partner sich aber nur gegenseitig belau-
ert, um die Koalition baldmöglichst wieder zu verlassen und sich
dafür eine denkbar günstige Ausgangsposition zu schaffen, so wäre
die Lage ganz anders gewesen. Dann hätte der Bundespräsident
nach einem abgelehnten Vertrauensantrag sehr rasch wieder vor den
gleichen Fragen gestanden. Man kann sich also vorstellen, dass ich
dem Wahltag, dem 27. September 1998, mit größter Spannung und
vor allem mit gemischten Gefühlen entgegensah.

Am Wahltag selbst, kurz nach 13 Uhr, telefonierte ich dann mit
Helmut Kohl. Er hatte bereits die ersten Zahlen aus den Nachbefra-
gungen von Wählern. Sie besagten genau das, was sich später als
endgültiges Wahlergebnis herausstellte: Abwahl der bisherigen Koalition, die sich immerhin fast sechzehn Jahre gehalten hatte, und eine
absolute Mehrheit für ein rot-grünes Bündnis. Das mag zwar nicht
ganz das gewesen sein, was sich der Kanzlerkandidat der SPD, Gerhard Schröder, erhofft hatte – er hatte wohl eher auf eine Große
Koalition unter seiner Führung spekuliert –, aber jedenfalls gab es
die sichere Aussicht auf eine absolute Mehrheit ohne die PDS. Ich
atmete auf, all meine strategischen und taktischen Überlegungen
waren unnötig gewesen.

Und außerdem: Rot-grün hatte durch diesen Kantersieg auch
die Mehrheit in der Bundesversammlung. Eine zweite Amtszeit war
für mich also nicht einmal theoretisch erreichbar. Es hatte sich erwiesen, wie weise meine frühzeitige Entscheidung in dieser Frage
war.

Anmerkungen

1 *Evangelisches Staatslexikon*, hg. von Hermann Kunst und Siegfried Grundmann in Verbindung mit Wilhelm Schneemelcher und Roman Herzog. Stuttgart/Berlin [1]1966, [2]1975, [3]1987.

2 Roman Herzog, *Allgemeine Staatslehre*. Frankfurt a. M. 1971.

3 Roman Herzog, *Wie der Ruck gelingt*. München 2005, S. 80ff.

4 Diese Rede ist nur in einem Vereinsblatt abgedruckt: *Veröffentlichungen der Freunde des Hans-Carossa-Gymnasiums Landshut*, Heft 9, September 1979, S. 20ff.

5 BVerfGE 69, 315ff., hier S. 359.

6 Grundsätzlicher dazu jetzt: *Wie der Ruck gelingt*, a.a.O., S. 36ff., 99ff.

7 Roman Herzog, »Die Vollstreckung von Entscheidungen des Bundesverfassungsgerichts«, in der Zeitschrift *Der Staat* 1965, S. 37ff.

8 Dieter S. Lutz (Hg.), *Demokratie als Friedensstrategie. Reden und Beiträge des Bundespräsidenten*, Baden-Baden 1997, S. 183ff., insbesondere S. 187ff.

9 Abgedruckt in: Stefan Reker, *Roman Herzog*. Berlin 1995, S. 239ff.

10 Siehe dazu: Dieter S. Lutz Hg.), *Demokratie als Friedensstrategie*, a.a.O., S. 192ff.

11 Roman Herzog, *Staaten der Frühzeit*. München [1]1988, [2]1998, S. 198ff.

12 Text der Rede in: Manfred Bissinger (Hg.), *Roman Herzog. Wahrheit und Klarheit*. Hamburg 1995, S. 13ff. und in: Stefan Reker, *Roman Herzog*, a.a.O., S. 253ff.

13 Siehe Manfred Bissinger (Hg.), *Roman Herzog. Wahrheit und Klarheit*, a.a.O., S. 19ff.

14 Roman Herzog, »Entscheidung und Gegenzeichnung«, in: *Festschrift für Gebhard Müller*. Tübingen 1970, S. 117ff.

15 Michael Jochum, in: *Die Zeit*, 10. Februar 2000.

16 Klemens Beitlich (Hg.), *Meine Begegnung mit Roman Herzog*. München 1999, S. 25ff.

17 Ebenda, S. 33f.

18 Manfred Bissinger (Hg.), *Roman Herzog. Wahrheit und Klarheit*, a.a.O., S. 119ff.

408 ANMERKUNGEN

19 Ebenda, S. 111ff.; ferner Michael Rutz (Hg.), *Roman Herzog. Die Zukunft der Erinnerung.* Stuttgart 1999, S. 133ff.

20 Manfred Bissinger (Hg.), *Roman Herzog. Wahrheit und Klarheit*, a.a.O., S. 129ff.; ferner Michael Rutz (Hg.), *Roman Herzog. Die Zukunft der Erinnerung*, a.a.O., S. 29ff.

21 Theo Sommer, *1945. Die Biographie eines Jahres.* Reinbek 2005.

22 Manfred Bissinger (Hg.), *Roman Herzog. Vision Europa. Antworten auf globale Herausforderungen.* Hamburg 1996, S. 173ff.; Henrik Schmiegelow (Hg.), *Roman Herzog. Preventing the Clash of Civilizations. A Peace Strategy for the twenty-first Century.* New York 1999.; deutsche Ausgabe hg. von Theo Sommer, *Roman Herzog. Wider den Kampf der Kulturen. Eine Friedensstrategie für das 21. Jahrhundert.* Frankfurt a. M. 2000, S. 3ff. (im Folgenden zitiert nach der deutschen Ausgabe).

23 Unveröffentlicht.

24 Manfred Bissinger (Hg.), *Roman Herzog. Vision Europa*, a.a.O., S. 194ff.; Henrik Schmiegelow (Hg.), *Roman Herzog. Wider den Kampf der Kulturen*, a.a.O., S. 17ff.

25 Mohammad Chatami: *Frankfurter Allgemeine Zeitung*, 1. August und 26. September 1998 – Roman Herzog: *Frankfurter Allgemeine Zeitung*, 30. April 1999.

26 Henrik Schmiegelow (Hg.), *Roman Herzog. Wider den Kampf der Kulturen*, a.a.O., S. 61ff.

27 Henrik Schmiegelow (Hg.), *Roman Herzog. Preventing the Clash of Civilizations. A Peace Strategy for the twenty-first Century.* New York 1999.

28 Henrik Schmiegelow, *Roman Herzog. Wider den Kampf der Kulturen*, a.a.O., S. 81ff.

29 Ralf Dahrendorf, *Auf der Suche nach einer neuen Ordnung.* München 2003, S. 125, 128.

30 Roman Herzog, *Wie der Ruck gelingt*, a.a.O., S. 13ff.

31 Siehe auch ebenda, S. 121f.

32 Manfred Bissinger (Hg.), *Roman Herzog. Das Land erneuern.* Hamburg 1997, S. 31ff.; Michael Rutz (Hg.), *Roman Herzog. Zukunft bauen. Erziehung und Bildung für das 21. Jahrhundert.* Stuttgart 1998, S. 192ff.

33 Jetzt auch in: Roman Herzog, *Staat und Recht im Wandel.* Goldbach 1993, S. 33ff.

34 Roman Herzog, *Wie der Ruck gelingt*, a.a.O.

35 Manfred Bissinger (Hg.), *Roman Herzog. Das Land erneuern*, a.a.O., S. 171ff.

36 Dazu eingehend: Roman Herzog, *Wie der Ruck gelingt*, a.a.O., S. 13ff.

ANMERKUNGEN 409

37 Roman Herzog, »Grundrechte und Gesellschaftspolitik«, in: *Berliner Festschrift für Ernst E. Hirsch*. Berlin 1968, S. 63ff.

38 *Die Welt*, 28. Mai 2001.

39 Manfred Bissinger (Hg.), *Roman Herzog. Das Land erneuern*, a.a.O., S. 235ff.

40 Dazu näher: Roman Herzog, *Wie der Ruck gelingt*, a.a.O., S. 117ff.

41 Ebenda, S. 47f.

42 Ebenda, S. 62.

43 Dieter S. Lutz (Hg.), *Demokratie als Friedensstrategie*, a.a.O., S. 41ff.

44 Ebenda, S. 227ff.

45 Ebenda, S. 121ff.

46 Klemens Beitlich (Hg.), *Meine Begegnung mit Roman Herzog*, a.a.O., S. 74.

47 Ebenda, S. 106.

48 Klemens Beitlich (Hg.), *Meine Begegnung mit Roman Herzog*, a.a.O., S. 161.

49 Weitere Abdrucke bei Dieter S. Lutz (Hg.), *Demokratie als Friedensstrategie*, a.a.O., S. 209ff. und Schmiegelow, *Roman Herzog. Wider den Kampf der Kulturen*, a.a.O., S. 31ff.

50 Siehe dazu: Ernst Maria Lang, *Das wars – wars das? Erinnerungen*. München 2000, S. 509.

Literaturangaben

Beitlich, Klemens (Hg.): *Meine Begegnung mit Roman Herzog.* München 1999.

Bissinger, Manfred (Hg.) *Stimmen gegen den Stillstand. Roman Herzogs »Berliner Rede« und 33 Antworten.* Hamburg 1997.

Bissinger, Manfred und Jörges, Hans-Ulrich (Hg.): *Der unbequeme Präsident. Roman Herzog im Gespräch mit Manfred Bissinger und Hans-Ulrich Jörges.* Hamburg 1994.

Herzog, Roman: *Allgemeine Staatslehre.* Frankfurt a M. 1971.

Ders.: *Das Land erneuern. Reden zur Lage der Nation,* hg. von Manfred Bissinger. Hamburg 1997.

Ders.: *Freiheit des Geistes. Reden zur Kultur,* hg. von Manfred Bissinger. Hamburg 1999.

Ders.: *Mut zur Erneuerung. Bilanz einer Amtszeit.* Berlin 1999.

Ders.: *Staat und Recht im Wandel.* Goldbach 1993.

Ders.: *Staaten der Frühzeit.* München [1]1988, [2]1998.

Ders.: *Vision Europa. Antworten auf globale Herausforderungen,* hg. von Manfred Bissinger. Hamburg 1996

Ders.: *Wahrheit und Klarheit. Reden zur deutschen Geschichte,* hg. von Manfred Bissinger. Hamburg 1995.

Ders.: *Wie der Ruck gelingt.* München 2005.

Lang, Ernst Maria: *Das wars – wars das? Erinnerungen.* München 2000.

Lutz, Dieter S. (Hg.): *Demokratie als Friedensstrategie. Reden und Beiträge des Bundespräsidenten,* Baden-Baden 1997.

Rutz, Michael (Hg.): *Roman Herzog. Die Zukunft der Erinnerung.* Stuttgart 1999.

Ders. (Hg.): *Roman Herzog. Zukunft bauen. Erziehung und Bildung für das 21. Jahrhundert.* Stuttgart 1998.

Schmiegelow, Henrik (Hg.): *Roman Herzog. Preventing the Clash of Civilizations. A Peace Strategy for the twenty-first Century.* New York 1999.; deutsche Ausgabe hg. von Theo Sommer: *Roman Herzog. Wider den Kampf der Kulturen. Eine Friedensstrategie für das 21. Jahrhundert.* Frankfurt a. M. 2000.

Sommer, Theo: *1945. Die Biographie eines Jahres.* Reinbek 2005.

Biographie

1934	5. April: Roman Herzog wird als Sohn eines (späteren) Archivars in Landshut/Bayern geboren.
1953–1957	Studium der Rechtswissenschaften an der Ludwig-Maximilians-Universität in München. 1957 erstes juristisches Staatsexamen.
1958	Promotion zum Dr. jur. bei Prof. Theodor Maunz in München (»Grundrechtsbeschränkung nach dem Grundgesetz und Europäische Menschenrechtskonvention«). August: Heirat mit Christiane Krauß, aus der Ehe gehen zwei Söhne hervor.
1958–1964	Wissenschaftlicher Assistent bei Prof. Maunz an der Juristischen Fakultät der Universität München.
1961	Zweites juristisches Staatsexamen.
1964	Habilitation in München (»Die Wesensmerkmale der Staatsorganisation in rechtlicher und entwicklungsgeschichtlicher Sicht«.
ab 1964	Mitherausgeber des Grundgesetzkommentars *Maunz-Dürig-Herzog*.
1964/65	Privatdozent an der Universität München.
1965–1969	Ordentlicher Professor für Staatsrecht und Politik an der Freien Universität Berlin.
1966	Mitherausgeber des *Evangelischen Staatslexikons*.
1967/68	Dekan der Juristischen Fakultät und Mitglied des Senats der FU Berlin.
1968/69	Prodekan der Juristischen Fakultät der FU-Berlin.
1969–1972	Professor für Staatslehre und Politik an der Hochschule für Verwaltungswissenschaften Speyer.
1970	Eintritt in die CDU.
1971–1980	Vorsitzender der Kammer für öffentliche Verantwortung der Evangelischen Kirche in Deutschland.
1971–1972	Rektor der Hochschule für Verwaltungswissenschaften Speyer.
1973–1978	Staatssekretär und Bevollmächtigter des Landes Rheinland-Pfalz beim Bund in Bonn.
1973–1991	Ordentliches Mitglied der Synode der Evangelischen Kirche in Deutschland (EKD).
1978–1980	Minister für Kultur und Sport des Landes Baden-Württemberg.
1978–1983	Bundesvorsitzender des Evangelischen Arbeitskreises der CDU/CSU.
1978–1983	Mitglied des Bundesvorstandes der CDU.

1980–1983	Mitglied des Landtages von Baden-Württemberg. Innenminister des Landes Baden-Württemberg.
1981–1994	Mitherausgeber der Wochenzeitung *Christ und Welt – Rheinischer Merkur*.
1983–1987	Vorsitzender des Ersten Senats und Vizepräsident des Bundesverfassungsgerichts in Karlsruhe.
1984–1994	Als Honorarprofessor Lehrauftrag an der Hochschule für Verwaltungswissenschaften Speyer.
1986–1994	Honorarprofessor an der Eberhard-Karls-Universität Tübingen.
1987–1994	Präsident des Bundesverfassungsgerichts (weiterhin als Vorsitzender des Ersten Senats).
1988	Veröffentlichung von *Staaten der Frühzeit. Ursprünge und Herrschaftsformen*.
1994	Januar: Der CDU-Bundesvorstand nominiert Herzog zum Kandidaten für das Bundespräsidentenamt. 23. Mai: Wahl zum siebten Bundespräsidenten der Bundesrepublik Deutschland. August: Zum fünfzigsten Jahrestag des Warschauer Aufstands reist Herzog nach Polen. Seine Rede mit der »Bitte um Vergebung« am Mahnmal des Warschauer Aufstands wird sowohl in Polen als auch in Deutschland einhellig gelobt.
1995	Vor dem Europäischen Parlament in Straßburg spricht Herzog sich für die Europäische Währungsunion aus.
1996	Herzog führt den »Tag des Gedenkens an die Opfer des Nationalsozialismus« in Deutschland ein.
1997	Auszeichnung mit dem Internationalen Karlspreis der Stadt Aachen. Zusammen mit dem tschechischen Präsidenten Václav Havel wird Herzog in New York als »Europäischer Staatsmann des Jahres 1997« ausgezeichnet. April: Seine so genannte »Ruck«-Rede (Berliner Rede) findet große Beachtung. Herzog tritt dafür ein, dass ein »Ruck« durch Deutschland gehen müsse, um die verkrusteten Strukturen zu durchbrechen. Juli: Erster offizieller Besuch Herzogs im Weißen Haus in Washington. 31. August–4. September: Als erstes deutsches Staatsoberhaupt nach der Wiedervereinigung reist Herzog nach Russland.
1998	April: Der Zentralrat der Juden in Deutschland verleiht Herzog den Leo-Baeck-Preis. Oktober: Ehrenbürgerwürde der Stadt Berlin. November: Staatsbesuch in Israel und in den palästinensischen Autonomiegebieten zur Unterstützung des Nahost-Friedensprozesses.

BIOGRAPHIE 413

1999	Mai: Sein letzter offizieller Staatsbesuch als Bundespräsident führt Herzog nach Litauen und Lettland.
	Für eine zweite Amtszeit kandidiert er nicht.
	23. Mai: Johannes Rau wird als Nachfolger von Roman Herzog zum neuen Bundespräsidenten gewählt.
1999–2000	Herzog leitet den ersten europäischen Konvent zur Erarbeitung einer Charta der Grundrechte der EU.
2000	Juni: Tod seiner Frau Christiane.
	Herzog ist heute in zweiter Ehe mit Alexandra Freifrau von Berlichingen, geb. von Vultejus, verheiratet.
2005	Der Presse Club Hannover ehrt Herzog mit dem »Leibniz-Ring-Hannover«.

Personenregister

Abdullah, Prinz, dann
als Abdullah II.
König von Jordanien
374ff.
Ackermann, Eduard
152
Adalbert von Bayern,
Prinz 207
Adenauer, Konrad
43, 207
Ahtisaari, Martti 346
Aiken, Howard H. 270
Akihito und Michiko,
japan. Kaiserpaar
355
Albright, Madeleine
329
Amin, Idi 262
Apel, Hans 53f.
Arafat, Yassir 362,
368, 371ff.
Augstein, Rudolf 403f.
Backhaus, Michael 152
Badinter, Robert 142f.,
171, 323
Barrios de Chamorro,
Violeta 358
Barzel, Rainer 30
Benda, Ernst 115
Bergsdorf, Wolfgang
41, 44
Berisha, Sali 293f.
Bethge, Eberhard 370
Beuys, Joseph 45
Biedenkopf, Kurt 158
Birendra, Bir Bikram
Shah Dev 203

Bissinger, Manfred 157
Blair, Tony 299, 330
Blech, Klaus 250
Bohley, Bärbel 324
Bölkow, Ludwig 258
Böll, Heinrich 44
Braibant, Guy 297, 301
Brandt, Willy 45, 51,
138
Bubis, Ignatz 191, 201,
371
Caprivi, Leo von 60
Carstens, Karl 151,
163
Castro, Fidel 203
Chasbulatow, Ruslan
250f.
Chatami, Mohammad
240f.
Chirac, Jacques 300,
302
Chrétien, Jean 173
Christie, Agatha 34
Clinton, Bill 173f.,
327f.
Clinton, Hillary 173
Dahrendorf, Ralf 254
Dedecius, Karl 206
Delors, Jacques 398
Dettling, Warnfried 42
Diepgen, Eberhard 283
Dürig, Günther 25
Eduard Georg, Herzog
von Kent 197
Eisenhower, Dwight D.
204
Elizabeth II. 202, 331

Enderlein, Hinrich
98
Engelhardt, Hanns D.
24
Engler, Helmut 66f.
Erhard, Ludwig 43,
290
Filbinger, Hans 64ff.,
67f.
Frank, Henning 131
Frankl, Katharina
13, 18
Frantz, Justus 391
Franz von Bayern,
Herzog 208
Gaddum, Johann
Wilhelm 57
Gaßner, Hyazinth
15f.
Genscher, Hans-
Dietrich 54
Gerstein, Kurt 326
Gerstenmaier, Eugen
43
Giscard d'Estaing,
Valéry 303, 305
Gligorov, Kiro 143
Goes, Albrecht 132
Goldsmith, Peter Lord
298
Göncz, Árpád 184
Gorbatschow, Michail
137, 334, 350, 352
Gore, Al (Albert Arnold)
178f., 204f., 242,
327f.
Gotto, Klaus 43

PERSONENREGISTER

Graf, Luise 13
Gross, Johannes 321ff.
Grosser, Alfred 323
Grundmann, Siegfried
24f.
Hahn, Wilhelm 64ff.,
68
Hamm-Brücher, Hilde-
gard 153, 160
Hanz, August 31
Hassan, Kronprinz von
Jordanien 373ff.
Hausenstein, Margot
207ff.
Hausenstein, Wilhelm
207f.
Havel, Václav 184,
328, 341ff.
Heinemann, Gustav
151, 163
Heitmann, Steffen
152f.
Herzog, Chaim 202
Herzog, Christiane
173, 226, 333
Herzog, Georg 13, 17f.
Herzog, Theo 13, 18ff.
Heuss, Theodor 151,
156, 182
Hilf, Willibald 29ff.
Himmler, Heinrich 202
Holbrooke, Richard
196
Horn, Gyula 351
Huber, Erwin 156
Hundhammer, Alois
61
Huntington, Samuel P.
186, 221f., 229, 242,
247
Hussein I. von Jorda-
nien 362, 365, 367,
373
Iliescu, Jan 135f.
Iqbal, Mohammed 229

Jakowlew, Alexander
137, 352
Jansson, Gunnar 297
Jean von Luxemburg,
Großherzog 196
Jelzin, Boris 135, 176,
250, 334ff.
Jiang Zemin 379f.,
382ff., 389f., 392f.
Jingsheng, Wei 382
Jinnah, Mohammed
229
Johannes Paul II. 242ff.
Jospin, Lionel 302

Kahn, Jean 191
Karasek, Hellmuth 154
Kiep, Walther Leisler
329
Kinkel, Klaus 362, 368,
384, 390
Kissinger, Henry
221, 242, 325
Klaus, Václav 341f.
Klein, Franz 39
Klemperer, Victor 326
Klestil, Thomas 184
Kluge, John 329f.
Knies, Wolfgang 23
Köcher, Renate 277
Kohl, Helmut 28, 30f.,
41, 54, 57ff., 87,
116, 153, 157f., 163,
165, 171, 202ff.,
286, 318, 325, 334,
337, 362, 402, 405
Köhler, Horst 402
Kováč, Michal 184
Krone, Heinrich 42ff.
Kučan, Milan 184
Küng, Hans 374
Kunst, Hermann 24
Kurras, Karl-Heinz
27
Kutschma, Leonid 184

Kwaśniewski, Aleksan-
der 184, 339f.
Lafontaine, Oskar 138
Lambrecht, Rolf 154
Lambsdorff, Otto Graf
326
Lang, Ernst Maria 182
Lebed, Alexander
Iwanowitsch 337
Li Peng 173, 379f.,
383, 386, 391
Lohkamp, Roland 163
Lübke, Heinrich 151
Lücke, Paul 43
Ludwig, Irene und Peter
391
Mahatir, Mohammed
240f.
Mahrenholz, Ernst
Gottfried 133, 152
Maier, Hans 82
Major, John 179, 330f.
Maunz, Theodor 22,
24f., 39
Mayr, Marianus II. 16
Mehta, Zubin 355
Mendes de Vigo, Inigo
297
Meri, Lennart 140f.,
347
Merkatz, Hans-Joachim
von 43
Mertes, Alois 31, 37
Meyer, Jürgen 300
Meyer, Otto 57
Milberg, Joachim
268
Mitterrand, François
170ff., 174, 204
Montesquieu, Charles
de 320ff.
Morsey, Rudolf 29
Mubarak, Hosni 241
Müller, Gebhard 172
Müller, Josef 61

Müller-Armack, Alfred 290

Nasarbajew, Nursultan 341

Netanjahu, Benjamin 371f.

Neukirchen, Johannes 42

Neusel, Hans 163

Nur, Königin von Jordanien 367f.

Oellers, Günther 45

Ohnesorg, Benno 27

Pahlewi, Resa Schah 27

Pawlak, Waldemar 178

Peres, Shimon 361f., 365, 367f.

Philip, Herzog von Edinburgh 203

Pouille, André 322

Primor, Avi 361, 365f.

Prodi, Romano 303

Rabin, Itzhak 361f.

Rabin, Lea 362

Rania, Königin von Jordanien 376

Rau, Johannes 86f., 152, 154, 158f.

Reagan, Ronald 137

Rehnquist, William Hubbs 325

Robespierre, Maximilien de 45

Robinson, Mary 341

Rommel, Manfred 148

Rousseau, Jean-Jacques 45

Ruder, Robert 88

Rüttgers, Jürgen 269

Sahm, Ulrich 373

Scalfaro, Oscar Luigi 184

Scharping, Rudolf 28

Schäuble, Wolfgang 153

Scheel, Walter 51, 151, 163

Schelew, Schelju 343

Schewardnadse, Eduard 350f.

Schick, Walter 22

Schimmel, Annemarie 166f., 238f.

Schleyer, Hanns-Martin 55

Schmidt, Helmut 54, 87, 289, 384

Schmiegelow, Henrik 242

Schrempp, Jürgen 325

Schröder, Gerhard (CDU) 154

Schröder, Gerhard (SPD) 288, 405

Schröder, Richard 153

Schulze, Ernst 13

Schumann, Ekkehard 23

Schwarz, Werner 43

Schwarzhaupt, Elisabeth 43

Seite, Berndt 165

Seitz, Konrad 385

Smith, Adam 276

Sólyom, László 135

Sommer, Theo 205

Sorkin, Valeri 135

Spangenberg, Dietrich 163

Späth, Lothar 67, 82, 87, 89

Staudacher, Wilhelm 164f., 283, 287, 358

Stern, Klaus 22

Stoltenberg, Gerhard 54

Stratthaus, Gerhard 106f.

Strauß, Franz Josef 54, 57, 61, 288

Szczypiorski, Andrzej 177ff.

Tandler, Gerold 101

Teltschik, Horst 42

Thielicke, Helmut 280

Thoma, Ludwig 60, 162

Töpfer, Klaus 283

Toyota, Shoichiro 355f.

Tschernomyrdin, Viktor 337

Vogel, Friedrich 115

Wagener, Frido 49

Waigel, Theo 157

Waldersee, Alfred Graf von 382

Wałęsa, Lech 174, 178f., 181, 338f.

Walser, Martin 201

Weber, Juliane 57

Weizman, Ezer 361ff., 364f., 368ff.

Weizman, Reuma 370

Weizsäcker, Richard von 129, 151, 163, 183, 185, 400

Wiesel, Elie 194

Wohlleb, Leo 207

Wörner, Manfred 140

Zeidler, Wolfgang 115, 129

Zimmermann, Dominikus 15

Zimmermann, Friedrich 98

Zoll, Andrzej 135

Zuse, Konrad 270, 273f.